本著作受教育部人文社会科学研究规划基金项目"幼儿园STEAM教育优质项目资源开发与应用研究"（21YJA880049）资助。

U0455812

幼儿园 STEAM 教育

优质项目资源开发与应用研究

彭杜宏　著

南京大学出版社

图书在版编目(CIP)数据

幼儿园 STEAM 教育优质项目资源开发与应用研究 / 彭杜宏著. --南京：南京大学出版社，2024.10
　　ISBN 978-7-305-27556-2

　　Ⅰ.①幼…　Ⅱ.①彭…　Ⅲ.①科学知识－教学研究－学前教育　Ⅳ.①G613.3

中国国家版本馆 CIP 数据核字(2024)第 017880 号

出版发行　南京大学出版社
社　　址　南京市汉口路 22 号　　　邮　编　210093
书　　名　**幼儿园 STEAM 教育优质项目资源开发与应用研究**
　　　　　YOUERYUAN STEAM JIAOYU YOUZHI XIANGMU ZIYUAN KAIFA YU YINGYONG YANJIU
著　　者　彭杜宏
责任编辑　丁　群　　　　　　　编辑热线　025-83597482
照　　排　南京开卷文化传媒有限公司
印　　刷　苏州市古得堡数码印刷有限公司
开　　本　787 mm×1092 mm　1/16　印张 18　字数 415 千
版　　次　2024 年 10 月第 1 版　2024 年 10 月第 1 次印刷
ISBN 978-7-305-27556-2
定　　价　68.00 元

网　　址：http://www.njupco.com
官方微博：http://weibo.com/njupco
官方微信号：NJUPress
销售咨询热线：(025)83594756

前　言

世界百年未有之大变局加速演进,新一轮科技革命和产业变革深入发展,科技创新在大国博弈中愈发成为关键变量。前沿技术迭代和新科技生态构建加速,科技创新在变局之中从来没有像今天这样深刻影响着国家的前途命运。围绕科技制高点的人才竞争不断加剧,世界各国面临 STEAM 人才培养与储备的挑战。STEAM 教育随之被众多国家提升到国家战略的高度。学前期儿童对世界充满好奇,他们头脑中装着十万个为什么,有着丰富的想象与创造,天生热爱 STEAM 学习,同时对 STEAM 领域产生兴趣和身份意识的最好时期在幼儿园和小学。发源于高等教育阶段的 STEAM 教育日益延伸到学前阶段,成为一种势不可挡的发展趋势。与此同时,党的二十大提出加快建设高质量教育体系,为我国教育事业发展明确了目标,为推动实现中国式教育现代化指明了方向。我国 STEAM 教育事业发展应充分顺应儿童的天性,把握 STEAM 兴趣发生发展的敏感期,大力探索面向学龄前儿童的高质量 STEAM 教育,为每一个年幼的孩子提供高质量的早期 STEAM 学习体验,为我国未来科技创新领域创新人才源源不断涌现奠定"最前端"的坚实基础。

本书在高质量发展的时代背景下,聚焦探索幼儿园 STEAM 教育优质项目资源的开发与应用。具体而言,以幼儿园 STEAM 教育优质项目资源开发的理论建构、项目资源开发、实践应用为逻辑主线,从理论引领—资源筑能—实践探索层层递进,共形成13 章 31 节的内容体系。理论建构部分由第 1~5 章构成,包括学前 STEAM 教育的高质量发展诉求、目标研究、内容选择、模式探索和指标体系建构等,由此夯实幼儿园 STEAM 优质项目资源开发的理论根基。资源筑能部分由第 6~9 章构成,包括基于幼儿真实问题、世界前沿真实问题、微真实问题的幼儿园 STEAM 项目开发以及真实问题驱动的幼儿园 STEAM 项目资源库建设。实践探索由第 10~13 章构成,通过实践应用进一步检验 STEAM 项目探究的可行性、效果与反馈,同步反思透视幼儿园 STEAM 优质项目资源应用必要的支持与保障条件。

纵观全书,主要有以下特点:

1. 系统深入的理论建构与实践探索。本书既向前追根溯源地挖掘 STEAM 优质项目资源的理论根基,厘清关键的理论问题,明确顶层设计的框架思路,又向后进入幼儿园落地实践探索并针对性地提出实践应用的必要支持保障。前后合力并举,让系统开发的幼儿园 STEAM 教育项目资源具有发展再生的生命力、实践应用的可行性与推广性,形成 STEAM 优质项目资源开发的有效机制。

2. 力求幼儿园 STEAM 项目优质精要。本书一方面深挖 STEAM 项目开发的理论根基,另一方面寻求 STEAM 项目实践的反应反馈。一方面扎根幼儿生活中自己遇到的真实问题;另一方面面向未来,关注与捕捉在幼儿生活中有映射的前沿科技工程问题与现实难题。一方面聚焦适宜于幼儿园小中大班的 STEAM 项目资源开发,另一方面融入中小幼更广学段纵向一体化的考量。一方面在 STEAM 项目样例及资源开发过程中融入循证思路,另一方面在幼儿园开展 STEAM 项目的实践应用与效果考察。一方面重点开发 STEAM 项目资源,另一方面同步考量实践应用所需的条件保障,多重视角确保 STEAM 项目资源的整体品质。

3. 完全真实问题驱动。不同于从学科领域挖掘(跨学科)主题,指向核心概念、跨学科概念的知识结构思路,本书的整体架构是真实问题驱动,即直接以幼儿身边发生或映射的真实问题为切入点,以好的问题贯穿整个 STEAM 项目资源的开发建设,形成真实问题引发与核心问题引领下的幼儿 STEAM 项目探究,让幼儿在感知与探索现实真实问题的过程中敏感于身边看似平常的(前沿)真实问题现象,培养幼儿的问题意识、钻研热情与动手动脑尝试解决问题的习惯,呵护与启蒙幼儿的想象创造力和跨学科思维等。

4. 引领教师角色的深刻变革。幼儿园 STEAM 优质项目探究中,教师最重要的角色是支持辅助者、观察倾听者、记录跟随者,而非主导主宰者、讲授传道者。教师主要角色的转变有助于幼儿历经真实的 STEAM 探究过程和实现真实的儿童本位。

5. 指向儿童毕生学习与发展。高质量学前 STEAM 教育理论建构与幼儿园 STEAM 优质项目资源开发共同为儿童的毕生学习与发展服务。如高度重视学前儿童 STEAM 探究兴趣的激发、想象创造天性的保护、积极学习品质的塑造、问题意识与 STEAM 思维的启蒙等。这些也是不确定性时代公民素质的必然需求以及我国未来科技创新人才涌现的宝贵基础。

2023 年联合国教科文组织正式宣布在上海设立国际 STEM 教育研究所。2024 年我国进一步发布了《STEM 教育 2035 行动计划》,推进 STEAM 教育越来越成为教育强国建设的重要议题。在国家的 STEAM 教育战略中,学前 STEAM 教育事业起着固本培元的作用,推动我国学前 STEAM 教育事业实现高质量发展意义深远。希望此书的本土化探索能为我国学前 STEAM 教育的高质量发展引擎,为高质量中国特色 STEAM 教育体系建设助力,为教育强国、科技强国、人才强国建设等提供基础支撑。

目　录

第一章

学前 STEAM 教育的高质量发展诉求

建设高质量教育体系是新时代教育改革的重要目标。为实现这个目标,我国提出把高质量发展的要求贯穿到各级各类教育发展的全领域与全过程,且坚持把高质量发展作为各级各类教育的生命线。STEAM 教育作为直面人类社会生活中真实问题解决的跨学科教育理念已扎根于我国的基础教育实践之中,成为全球范围内国家竞争的重要发展战略。对 STEM 领域产生兴趣和身份意识的最好时期是在幼儿园和小学(Russell,Hancock,Mcculough,2007),学前阶段是激发儿童对 STEM 学科兴趣的关键时期(姜浩哲,黄子义,2020)。STEAM 教育向幼儿园阶段延伸已成为国际教育发展的一大趋势(杨柳玉,杨晓萍,2021)。作为高质量发展体系前端构成的学前 STEAM 教育,追求卓越与高质量,刻不容缓且意义深远。

第一节 STEAM 教育的兴起与学前 STEAM 教育

一、STEM 教育的兴起

(一) STEM 教育缘起

STEM(Science,Technology,Engineering,Mathematics)教育是科学、技术、工程、数学等跨学科融合的科学教育(Bybee,2010;Wang,2012)。1986 年,美国国家科学委员会发布指导性文件《本科的科学、数学和工程教育》,提出了 STEM 教育发展的指导性意见,成为提倡 STEM 教育的战略开端(National Science Board,1986),STEM 教育成为美国过去二十年来基础教育领域最大的教育改革项目。如 2005 年,美国的相关机构为确保美国在 21 世纪继续在科学、工程等领域处于领先地位,向美国国会提出了《驾驭风暴:有活力地工作为美国经济更加辉煌的未来》的报告(National Academy of Sciences,2005),分析揭示了美国当前面临的紧急问题,并研究了具体对策。2006 年,美国总统布什在《美国竞争力计划》中提出加强科学、技术、工程和数学（STEM）教育；2007 年，美国国会一致通过《国家竞争力法》（U. S. Government Publishing Office, 2007）。该法案决定美国将在随后两年间为联邦层次的 STEM 教育和研究计划投入约 433 亿美元，增加对 STEM 师资培训以及本科阶段的 STEM 研究计划的投入。2007 年，美国国家科学委员会还推出了《国家行动计划：应对美国科学、技术、工程和数学教育系统的紧急需要》，该报告旨在加强国家对 K-12 阶段和本科阶段 STEM 教育的主导作用，STEM 教育由此正式下延到中小学（National Science Board, 2007）。近年，美国政府陆续发布《STEM2026：STEM 教育创新愿景》（2016）、《绘制成功之路：美国的 STEM 教育战略》（2018）、《在发现与创新、STEM 人才开发与研究收益交付方面领先世界》（2022）、《提高标准，面向所有学生的 STEM 卓越计划》（2022）等国家文件，STEM 教育持续成为美国确保科技领先与全球竞争力的重要国家战略。美国各州也制定促进 STEM 教育发展的有效标准及措施，例如"州 STEM 教育网络""区域 STEM 中心""K-8 阶段学生计划项目"等（魏晓东，于冰，于海波，2017）。其他国家或地区深刻意识到这一未来发展趋势，先后发布了各类 STEM 教育相关政策。例如，澳大利亚 2015 年发布《国家 STEM 学校教育战略 2016—2026》，芬兰 2023 年发布《芬兰国家 STEM 战略与行动计划》，爱尔兰 2023 年发布《到 2026 年 STEM 教育实施计划》，中国 2017 年成立 STEM 教育研究中心，2024 年发布《STEM 教育 2035 行动计划》等。提高全体公民的 STEAM 素养，加快创新型人才培养日益成为世界各国的重要发展战略。

（二）从 STEM 到 STEAM

STEM 教育的推进没有像期望的那样能吸引大批年轻人投身科技或工程领域（Mooney & Laubach, 2002；Galloway, 2008；US Bureau of Labor Statistics, 2009）。教育者们越来越认识到"人文艺术"的不可或缺性。2008 年，弗吉尼亚理工大学学者亚克门将代表人文艺术的 Arts 融入 STEM 教育中，提出 STEAM 教育（Yakman, 2008）。STEAM 教育继承了 STEM 跨学科融合的核心理念，它是一种融合了"艺术"的 STEM（Arts-integrated STEM）。不少学者认为 STEAM 教育更吸引人，更可触及，更能提供创造性学习 STEM 的机会（Yakman & Lee, 2012；Kofac, 2017；Conradty et al., 2019），更有利于培养全面发展的创新型人才（Miller, Knezek, 2013）。自此，美国开启了 STEAM 教育的新纪元（Connor et al., 2015；范文翔等，2018）。英国、德国、加拿大、澳大利亚、芬兰、以色列、日本及韩国等国家也先后投入 STEAM 教育改革浪潮中，将其定为国家发展战略（朱立明等，2023）。各国都在积极探索如何通过 STEAM 教育来抢占科技创新人才培养的先机。STEAM 教育也迅速跃升为国际教育界的新热点，成为诸多国家科技竞争、人才培养和社会发展的重要战略。

STEAM 教育将艺术与 STEM 融为一体，旨在提高学生的参与度、创造力、创新能力、问题解决能力和其他认知效益等（Perignat, Katz-Buonincontro, 2019），它是一种期望将科学教育与人文教育融合的理念（Salmi, Thuneberg, Fenyvesi, 2017；Fenyvesi, Koskimaa, Lavicza, 2015）。STEM 与 STEAM 有着许多共通的地方，比如:真实问题驱动,着眼现实世界的真实问题;跨学科性,学科之间不是分割孤立的,而是融合起来的;注重工程技术的动手实践能力、问题解决能力与创新创造能力等。但STEAM中包含了"Arts",这使得STEAM教育在创新创造的目标上更为凸显,同时更具趣味性、个性化,更具可触及性和可获得性。因为艺术是每个人都可以尝试的,STEAM也变得更易亲近,更容易获得。在STEM的实践过程中也发现,纳入"艺术"(Arts)课程而形成STEAM,会更有助于儿童获得认知性、情感性、具身性的能力(钟启泉,2022)。STEAM教育继承了STEM教育跨学科融合的核心理念,都体现了现实问题解决中学科交叉融合的实质。STEAM教育为我国中小幼阶段的教育改革提供了新的思路与参考,适应了我国人才培养的新需求。

二、STEAM教育的本质内涵与突出特征

当前教育界对STEAM教育的认识还不够清晰,有一些关键问题亟须澄清,比如STEAM教育的内涵是什么等(彭敏,郭梦娇,2018)。实践中,有很多人对STEM教育到底是什么、要如何实施感到困惑(周淑惠,2021)。一些幼儿园老师反映,看到一些教科书或参考书上面写的STEAM教育,做的和幼儿园里此前的手工活动、制作活动、科学小制作等差不多,不知道是否是STEAM教育,也不知道是否是STEAM项目探究,感觉都差不多。由此可见,明确STEAM教育的本质内涵、关键特征等非常迫切。下面就进一步廓清STEAM教育的本质内涵与突出特征,为理解何谓STEAM教育、如何判断是否是STEAM教育、如何辨别STEAM教育与其他教育类型等提供必要的参考借鉴。

(一)STEAM教育的本质内涵

美国国家科学基金会教育与人类自由理事会副理事长朱迪丝·拉玛雷表示,STEAM教育主要是通过让学生解决实际问题将各项知识整合起来,从而促使未来人才适应全球化过程中日益复杂的大趋势(Ramaley,2001)。国内外学者也一致认同STEAM教育是指向真实问题的问题解决学习和跨学科融合的问题解决过程(彭敏,郭梦娇,2018;吴永和等,2019;Eroglu et al.,2022)。我国《江苏省基础教育STEM课程指导纲要(试行)》(2018)明确提出STEM课程的内容选择应直面现实世界的复杂和真实问题。STEM课程来源于现实大挑战——当地社区、国家层面或者全球范围内还未解决的问题(曹琦等,2023)。综上,STEAM教育实质是真实问题驱动、基于真实问题解决的跨学科融合教育理念,即STEAM教育的本质是挑战、解决问题,是指向真实问题解决的综合应用,指向解决人类社会生活中遇到的真实难题、现实问题,涉及创造、改造世界。表1-1尝试对STEAM教育核心要素进行简要透视。表1-1显示:(1)科学的本质是探索、认识自然世界。在于发现事实、探究规律,如探索与发现地球宇宙、星辰大海、自然物质等原本存在的现象与事实、规律与机制。科学探索的问题以"是什么"和"为什么"为主。(2)工程的本质是创造。在于面对真实问题、困境时的创造、设计、开发、发明、解决。工程是致力于解决社会需求问题或现实复杂问题的系统思考、规划与考量,是综合运用科学、技术、数学等知识以改造世界或改善社会的实践活动,也是融设

计、开发、创造等对社会有用的系统或产品的动态过程。(3) 技术的本质是为满足人们生活需要来设计产品、提高生产效率、解决问题等。(4) 数学源于对现实世界的抽象，是对客观现象的抽象概括。数学是借助数量关系、符号关系、形状、空间形式、运算、模式建构等推理过程理解和表述现实世界中事物的本质、关系和规律。它也是探讨数量关系、空间形式的科学。(5) 艺术的本质是自由表达。艺术是对世界万象的一种表达，以美的方式、个性化的方式、清楚明白的方式等来呈现、表现、表达。有学者指出，艺术要创造一种美的"形式"，是要表达或表现作者的主观感觉，"表现"是艺术中最主要和最核心的元素(张奎志等,2024)。亚克门教授对 STEAM 各要素之间的关系进行了阐述："我们生活在这样一个世界，对科学的理解离不开技术，而技术又依赖于工程来呈现它的相关研究和发展，如果没有对艺术和数学的理解，就没有工程的创造(Yakman,2008)。"他还指出，科学、技术、工程、数学、艺术之间存在结构上的顺序关系，在人们分析和改造世界中发挥着各自的作用。在 STEAM 教育中，科学支持人们认识世界的规律；工程与技术支持人们根据社会需求改造世界；艺术帮助人们以美好的形式丰富世界；数学则为人们发展与应用科学、工程、艺术和技术提供思维方法和分析工具(赵慧臣,陆晓婷,2016)。综上，STEAM 各要素之间具有内在的紧密关系，在真实的世界与问题面前，它们融为一体。任何一个现实的真实难题往往都需要多学科的通力合作。STEAM 理念复原了生活，复原了问题本身，由此为儿童提供系统的、全方位的真实探索。

表 1-1　STEAM 教育核心要素内涵剖析

核心要素	本质内涵	目标	举例
S(科学)	科学的本质是实验，是发现，是探究过程，是探究与发现已存在于世界的事实与规律	解决"是什么""为什么"的问题	新陈代谢、万有引力
T(技术)	技术是应用，是解决问题的具体方法和手段，是目标导向的设计行为、改进与发展行为，是对自然元素做出创新和改变以满足人类需求	解决"怎么做"的问题	中国高铁技术、激光技术
E(工程)	工程的本质是创造与解决问题，是创造出新的事物或技术，解决人类社会中的综合性复杂问题(真实问题)的一套方法；工程是科学、数学、技术等的综合应用，常以设计方法去明确目标和实施方案，并运用实践和迭代以满足人类的需求	解决"如何满足各种需要""如何最优设计/改造""如何高效达成目标"的问题	航空航天工程、港珠澳大桥工程、城市地铁枢纽工程
A(艺术)	艺术的本质是表达，借助艺术使看不见的东西或规律被看见，是多样性与内在性的统一，是以美好的方式丰富世界	解决"怎么创造美"或"如何释放创造的能量"等涉及个体表达表现层面的问题	略
M(数学)	数学源于对现实世界的抽象，是借助数量、符号关系、形状、运算、模型建构等推理过程理解和表述现实世界中事物的本质、关系和规律	解决"如何抽象描述事物的本质与共性""如何推导关系和建模"的问题。为人们认识世界提供思维方法和分析工具	略

（二）STEAM 教育的突出特征

有学者概括，STEAM 教育具有情境性、实践性、项目式、过程性、跨学科性等特征（宋乃庆等，2024）。在此基础上，下面进一步分析 STEAM 教育的几点突出特征。

1. 跨学科性与跨学科自然融合

STEAM 教育是科学、技术、工程、艺术、数学等跨学科融合的教育理念（Yakman，2008；CLA，2014）。不论跨越多少个学科，它是一种跨越学科思考的学习与思维取向，也是学科融合、跨越学科的教育方式。STEAM 教育有利于消除传统教学中各学科知识割裂、学科壁垒、不利于学生综合解决实际问题的障碍。这种消除又不是刻意的，也不是学科知识的拼盘，STEAM 教育在其面向的真实问题解决过程中，学科间会自然有机融合，会自然经历不同学科境脉间的转换，达到更为丰富和完善的理解。一个现实的、复杂的真实问题的解决往往都需要多个学科的通力合作。

2. 真实问题及其复杂性

STEAM 教育是一种基于现实生活中的真实问题及其解决的跨学科融合教育理念。它直指真实世界的疑难问题——这些问题与学习者生活有着各种连接，同时融合了科学、技术、工程、数学等学科知识的应用（Lantz，2009；Tippett，Milford，2017）。正如美国《STEM2026：STEM 教育创新愿景》指出的，用跨学科方法解决"大挑战"（Grand Challenges）——当地社区、国家层面或者全球范围内还未解决的问题，如节约水或改善水质问题，如何更好地发现、预防、治疗脑疾病或损伤的新方法等。基于真实任务展开、以真实问题解决为导向是 STEAM 教育的突出特点（朱德全等，2018；吴永和等，2019）。与现实生活相结合，在复杂的大挑战解决过程中帮助学生们更好地理解 STEAM 与生活之间的相通性，更好地经历、体验多学科间境脉的转换与融合。

3. 跨学科合作的过程性

过程性是 STEAM 教育价值体现的重要保障。一些学校或机构实施 STEAM 教育常常以做出来某个产品为目标。事实上，STEAM 教育的优势潜力发挥重在现实复杂问题解决过程中的跨学科思路与视角的碰撞、团队讨论与头脑风暴、假设检验与改善设计再尝试等。STEAM 教育的本质内涵里，并不包含非要做成某个产品、作品——可以摆放出来供参观、供评价、供欣赏的实物；不是为了"盆栽式"展示——实物或产品的呈现或呈现的产品或作品高级复杂、美观漂亮等。例如，傍晚，公园里没有灯，或光线不够，滑滑梯周围渐渐变暗，怎么办？小朋友可能会说可以安装更多的灯，但谁来开关这些灯呢？如何既有灯发光照亮又能环保节约能源？这可能引发如何利用自然界的太阳能与绿色环保的跨学科探索过程。聚焦生活中问题解决的跨学科探究过程是 STEAM 育人价值的突出体现。

4. 旨在培养跨学科思维、创新创造能力与复杂问题解决能力

STEAM 教育不是为了传递科学、技术、工程、艺术、数学等各学科领域的知识，而

是旨在培养能创造性地解决现实复杂问题的复合型科技创新人才,旨在培养个体的创新能力、合作能力、问题解决能力等综合性能力与跨学科素养。STEAM 教育的愿景是培养具有优秀综合素养的人才,促进学生综合解决问题能力的发展与提升(黄海旺,叶兆宁,2018)。它注重培养学生的综合素质和问题解决能力,帮助学生获得将课程和真实世界的问题或经历联系起来的学习经验(赵慧臣等,2017)。芬兰 STEM 教育在未来也将聚焦于真实问题情境的高阶能力培养等(杨盼等,2019)。

(三)STEAM 教育与科学教育

科学的本质在于探究——探索与发现自然世界的现象事实、规律机制。科学教育重在提问、猜想假设、实验、调查、观察、记录、分析解释、做结论等探究过程以及在过程中发展情感态度,获得相关知识经验。如梁启超先生曾指出,科学教育要以科学方法和科学精神的价值理性为教育转向(杨晓,张杨阳,2019)。我国《3—6 岁儿童学习与发展指南》也指出,幼儿科学学习的核心是激发探究兴趣,体验探究过程,发展初步的探究能力。当代科学教育的目标以素养为导向——重在培养青少年儿童的科学素养。如美国1993 年制定《科学素养基准》。我国 2021 年国务院印发《全民科学素质行动规划纲要(2021—2035)》;2023 年教育部办公厅印发《基础教育课程教学改革深化行动方案》,提出课程教学重点任务之一"科学素养提升行动";教育部等十八部门发布《关于加强新时代中小学科学教育工作的意见》,明确提出工作原则:激发中小学生好奇心、想象力和探求欲,培养学生科学兴趣,培养科学精神,继而提高学生科学素质,培育具备科学家潜质、愿意献身科学研究事业的青少年群体。

STEAM 教育的兴起旨在打破长期以来固化的学科壁垒而实现跨学科融合。作为一种基于真实问题情境的跨学科融合教育理念,STEAM 教育的内容源于真实世界的复杂问题——需要科学、技术、工程、艺术、数学等多学科知识的整合应用。STEM 教育并不是科学、技术、工程和数学教育的简单叠加,而是要将四门学科内容组合形成有机整体,以更好地培养学生的创新精神与实践能力(余胜泉等,2015)。STEAM 教育重在全面提升学生的科学素养、技术素养、工程素养和数学素养(赵慧臣等,2017),让儿童"像艺术家一样去想象以展现自我的真实,像科学家一样去思考以彰显理性的权威,像工程师一样去行动以释放知识的力量,像正常人一样去生活以汲取生活的滋养,从而真正实现教育过程中真、善、美的统一(郑旭东等,2021)"。

三、学前 STEAM 教育

美国教育部与研究所 2016 年联合发布《STEM2026:STEM 教育创新愿景》(STEM 2026:A Vision for Innovation in STEM Education),提出"开展早期 STEM 教育"将成为未来 STEM 教育的八大挑战之一。

学前 STEAM 教育即学前期儿童 STEAM 教育的缩写。国内,学前儿童广义上指从出生到 6 岁儿童;狭义上指 3~6 岁儿童,此阶段一日活动主要在幼儿园小中大班度过。国外以美国为例,儿童自出生到小学三年级前(0~8 岁)称为儿童早期(Early

Childhood）。其中,学前儿童（Preschooler）一般指 3～5 岁儿童（0～3 岁称为婴儿与学步儿, Infants & Toddlers）。5～6 岁儿童进入小学一年级前一年的幼儿园（kindergarten）学习。可见国内的学前期基本对应国外的儿童早期。本书中学前 STEAM 教育主要指我国幼儿园阶段（3～6 岁儿童）的 STEAM 教育。文献搜索梳理过程中,囊括了儿童早期 STEAM 或 STEM 教育的相关研究与实践。如郑葳在《中国 STEAM 教育发展报告》（2017）前言中指出,尽管至今人们抛出 STEM、STEAM、STREAM 等多个词语,但 STEAM 是其中最符合该类教育的创造性本质的用语,因此全书倾向于将它们统一用 STEAM 表述,但在文献中原本使用 STEM 教育的地方本书尊重原文献的用语。本书借鉴该思路,全书统一用 STEAM 表述,但同时尊重原文献中的表述。

第二节　学前 STEAM 教育的研究与实践现状

一、学前 STEAM 教育的研究进展

(一) 国内外 STEAM 教育研究概述

从研究的历程来看,学界最先是对 STEM/STEAM 的概念本质展开探讨。以拜比为代表,他于 2010 年在 Science 上发表"什么是 STEM 教育"一文,认为 STEM 教育是一种跨学科融合的科学教育理念（Bybee, 2010）。自 STEAM 被提出后,关于 STEAM 教育的概念内涵探讨没有停止过（e.g., Maeda, 2013; Liao, 2016; Kofac, 2017; Quigley, Herro, Jamil, 2017）。前文"STEAM 教育的本质内涵"中梳理了学界与政策对 STEAM 本质内涵的相关界定,当中一致认为,STEAM 教育是基于真实问题解决的跨学科融合教育理念。澳大利亚科廷大学教授钦恩（Khine）等在其主编的《STEAM 教育:理论与实践》一书中指出,STEAM（科学、技术、工程、艺术和数学）是一门新兴学科,其独特之处在于它希望提供全面的教育方法（Khine, Areepattamannil, 2019）。美国加州大学圣地亚哥分校 STEAM 教育中心指出,STEAM 使教师能够采用基于项目的跨五个学科的学习,并营造一个所有学生都能够参与和做出贡献的包容性学习环境;使用 STEAM 理念的教育工作者将不同学科结合在一起并使各学科之间协同作用。韩国科技与创造力促进联合协会（Korea Foundation for the Advancement of Science & Creativity）指出,STEAM 教育是增强学生对科学技术的兴趣与理解以及提升学生真实世界问题解决能力的教育（Kofac, 2017）等。这些代表性的内涵探索有助于我们更好地理解何谓 STEAM 教育。其次,自 STEAM 教育提出后,不少学者认为 STEAM 教育具有巨大的潜力,并展开了有关 STEAM 教育的潜力与践行意义的阐述或论证（Allina, 2013, 2017; Land, 2013; Pilecki, 2013; Jones, 2014; Michaud, 2014）。如兰德发表《全速推进 STEAM:把艺术整合入 STEM 的益处》（Land, 2013）;艾琳提出

STEAM 对青少年具有更大的吸引力,更具有教育效应,尤其是在发展学生的创造力上(Allina,2013,2017)。STEAM 教育有助于提高学生的学习参与度、创造力、创新能力、问题解决能力等(Perignat et al.,2019)。再次,研究者也展开了 STEAM 教育中有关艺术、工程如何融入的探讨。例如,如何在 STEAM 教育中将艺术与设计融入(Costantino,2018),如何在 STEAM 教育中做好工程教育(Sochacka,Guyotte,Walther,2016),以及对其他问题的不同程度的思考,包括学生的 STEAM 职业兴趣与职业决策(Aeschlimann,Herzog,Makarova,2016;Kant,Burckhard,Meyers,2018;Horvath,Goodell,Kosteas,2018)、STEAM 师资培养(Wynn,Harris,2012;Herro,Quigley,2016;2017;Kim,Bolger,2017;Giamellaro,Siegel,2018)、STEAM 教育教学模式(Barry,Kanematsu,Nakahira,Ogawa,2018;Thuneberg,Salmi,Bogner,2018;Bakermans,Plotke,2018)等。

我国 2007 年开始引介美国的 STEM 教育战略,2011 年出现 STEAM 教育相关文献,2016 年往后明显增长,随后我国 STEAM 教育研究日益受到关注。研究内容从对美国 STEAM 教育理念、特点、经验等的介绍(赵慧臣等,2016;范文翔等,2018;李王伟等,2018 等)发展到对我国 STEAM 教育的本土化研究(宋乃庆等,2019;袁磊等,2019等;黄宁等,2022;詹泽慧等,2022;张会庆等,2024)。如詹泽慧等(2022)提出 STEAM教育本土化途径之一——文化本位的跨学科学习;宋乃庆等(2019)提出了我国基础教育 STEAM 课程改革的可能路径;袁磊等(2019)对小学 STEAM 课程设计展开了探讨;黄宁等(2022)立足本土化需求探索了中小学 STEAM 教育评价体系等。这些探索为促进我国 STEAM 教育的有效实施提供了及时的信息参考,也充实了我们对 STEAM教育本土化研究的理解。

综上,国内外展开了对 STEAM 教育的广泛研究。从研究对象上看,目前研究仍以中小学阶段的 STEAM 教育为主。从研究内容上看,学界对 STEAM 的概念本质、STEAM 教育的潜力意义、STEAM 教育教学模式、STEAM 师资状况与培养等问题展开了探索。这些探索拓展并启发了我们对何谓 STEAM 教育、如何开展 STEAM 教育、如何培养学生 STEAM 兴趣等的认识。同时,本土创新的 STEAM 教育研究与实践日益受到重视。

(二)国内外学前 STEAM 教育研究概述

STEAM 强调探究性学习与真实问题解决能力培养的理念天然地与学前教育相吻合。儿童头脑中装满了十万个为什么,他们迫切地想要去探索和发明。纵览国内外面向学前儿童的 STEAM 教育研究,其概貌与进展表现如下:

1. 学前期 STEAM 教育的适合性、必要性与意义价值的探讨

全美科学教师协会指出,儿童早期教育中,教师可以通过捕捉儿童的兴趣、经验和先前知识,在有目的的游戏中自然地扩展与儿童一起投入的科学与工程类活动(National Science Teachers Association,2014)。一些研究证实,STEM 能力开发的最

佳时期远远早于高中、初中和小学,在幼儿生命的前几年便已经产生(Chesloff,2017;韦倩倩,2020)。蒂佩特等通过考察不同主体对 STEM 教育的感知发现,幼儿教师认为幼儿园里融入 STEM 教育是很有意义的,儿童能主动地投入 STEM 学习中,家长能积极响应幼儿园里的 STEM 教育,由此得出学前教育中融入 STEM 教育是适宜的(Tippett,Milford,2017)。另有学者提出,儿童是天生的科学家、工程师(Brophy,Klein,Portsmore,Rogers,2008;Petroski,2003),儿童的 STEAM 学习始于很早的时候,其 STEAM 学习能力是不容忽视的(Moomaw,2012,2013),STEM 教育必须从儿童早期便开始着手(Briseno,Joseph,2015),儿童早期是发展 STEAM 兴趣的关键(Hackman,2015),儿童早期的 STEAM 教育研究是一个富有潜力的领域(Tippett,Milford,2017)等。

2. 学前 STEAM 教育目标阐述或研究

近年来,美国国家与州层面分别出台了儿童早期科学、技术与工程的学习与发展标准,例如,田纳西州对 4 岁儿童提出“收集、探索与解释信息”“选用合适工具做观察和检测科学问题”等学习标准(Tennessee Department of Education,2018)。佛罗里达州就“工程与技术”提出“对简单工具和机器是如何解决问题或创造物体/结构的现象感兴趣”的学习标准(Florida Office of Early Learning,2017)。2013 年,澳大利亚首席科学家办公室颁布的相关文件中指出,幼儿和基础教育阶段应侧重培养孩子对 STEM 领域的兴趣和好奇心;2017 年,澳大利亚特恩布尔政府推出了以兴趣为驱动的“澳大利亚 STEM 早期学习计划”(Early Learning STEM Australia,ELSA)。美国人工智能专家 Mitch Rosenberg(2017)指出,在儿童早期教 STEM 重在让他们热爱和喜欢上 STEM。另有学者认为,STEAM 教育不应期望儿童记住一堆的科学知识,而应当期望他们学会科学地思考(Thuneberg et al.,2018)。上述反映了学界或政府政策对学龄前儿童 STEAM 教育目标的关心与探索。

3. 学前 STEAM 教育策略、方式模式研究

最早对幼儿园 STEM 教育进行系统探讨的代表性人物辛辛那提大学莫牧教授在其专著《儿童早期的 STEM 教学》(*Teaching STEM in the Early Years*)中提出幼儿园实施 STEM 教育的六个途径,即建立学习中心、寓教育于一日生活之中、开展户外教育、基于项目的课程、有效的手工活动、实地考察(Moomaw,2013)。约翰等在基于问题探索的 STEM 课程下,就学前 STEM 教育提出迭代参与的设计取向(Iterative Participatory),即在 STEM 课程取向下,无论教师或幼儿,都可以参与设计(John et al.,2018)。作者运用工程设计过程(the Engineering Design Process,简称 EDP)来使学习过程和操作具体化,这些过程包括:(1)辨别问题并定义成功解决的标准;(2)通过头脑风暴搜集解决方案;(3)选择可检验的解决方案;(4)创造解决方案;(5)检验和改善解决方案;(6)与他人分享解决方案。另有学者检验了小组同伴(Group Membership)这一社会线索在学前儿童 STEM 学习效果中的影响,研究发现基于小组任务的 STEM 学习比基于个体任务的 STEM 学习更有利于增强其 STEM 学习的坚持

性、学习业绩、自我效能感及对小组学习的兴趣,并指出小组学习是一条激励儿童 STEM 学习动机的有效策略(Master et al.,2017)。国内也有学者提出了学前 STEAM 教育的项目方式(王巍等,2018;张茉等,2018)、幼儿园 STEAM 课程设计整体思路(郭雨桐,2019)、基于典型生活现象的教育模式(彭杜宏,2019),以及如何在 STEAM 教育中做好工程教育(任秋燕,2018)等。这些微观或中观的探索不同程度地为学前阶段 STEAM 教育的具体实施提出了构想。不过也有学者指出,已有研究对"如何教"的问题缺少教学系统性和儿童发展性的视角(张茉等,2018)。

4. 学前 STEAM 教育案例研究

学界已有借助具体案例阐述园所机构的 STEAM 教育或进行案例开发的实践研究(Sharapan,2012;Weatherly et al.,2017;胡英慧,2018;吕翠灵,2018;贾亚南,2019;王馨,2019;王欣,2019),也出现了以婴儿与学步儿童 STEM 教育案例(Barbre,2017)、儿童早期 STEAM 教育案例(Carey et al.,2016)阐述为主的教材。这些探索开拓了学前 STEAM 教育究竟教什么、如何教的视野和具体参考。

5. STEAM 教育效果或 STEAM 学习效应阐述或研究

儿童越早得到 STEAM 教育,越有利于其自身发展和社会进步(王巍,袁磊,2018)。研究也表明,在早期教育阶段,通过 STEAM 教育可以提高幼儿初步解决问题的能力、创造能力、沟通能力和操作能力,有助于形成积极的情感体验和态度(Zhang,Yang,Wang,2019),STEAM 教学活动有利于中班幼儿多元智能的发展(王馨,2019)。另有学者指出,因儿童早期 STEM 教育模式具有趣味性、问题性、协作性和创新性,所以对幼儿良好学习品质的培养具有极其重要的意义(陈大琴,2018),幼儿园可为幼儿创设良好的学习环境推动早期 STEM 教育的有效开展,促进幼儿主动学习,培养幼儿良好的学习品质等(俞莉,2019)。STEAM 教育通过跨学科整合,给予了幼儿更多的活动和思考空间,有助于幼儿发散性思维和创造性思维的形成(李学书,范国睿,2020)。STEAM 教育以大自然中松散的零件(如花朵、贝壳、树叶等)为媒介,能促进幼儿早期认知能力的发展,且幼儿使用的自然资源越多,思维越广泛(Siti,Rina,2021)。不过学界对 STEAM 教育效果或学习效应的实证研究积累依然有限。

综上,国内外学前 STEAM 教育研究呈现出多层面上的触发。深入分析发现,已有研究总体处于初步阶段。例如,一方面各视角下的研究数量有限;另一方面大多研究以探讨或观点阐述为主,系统性建构或实证性研究较少。有学者指出,我国学前教育阶段的 STEAM 教育理论和实践研究十分匮乏(王巍,袁磊,2018;胡慧睿等,2019;李艺璇,2019),以"STEM 课程"或者"STEAM 课程"内容设计为研究对象的文献较少(胡英慧,2018)。近年来,高质量日益成为当今国际教育领域发展的大趋势。大量研究也揭示儿童能否从幼儿园获益的关键在质量(Bauchmüller,et al.,2014;Hill,et al.,2015;Lehrl et al.,2016;Phillips et al.,2017;Lipsey et al.,2018)。未来学前 STEAM 教育研究如何置于"高质量"的时代背景、目标期望与发展趋势下展开本土化探索,例如,如何开发高质量的 STEAM 教育资源等,亟待获得推进与发展。

二、我国学前 STEAM 教育的实践状况

为客观了解我国学前 STEAM 教育的当下实践状况,下面一方面梳理对我国学前 STEAM 教育实践现状的描述或调查,归纳总结其观点或发现;另一方面采取个案研究对当地园所机构 STEAM 教育实践状况进行调查,由此获得对我国学前 STEAM 教育当下实践现状的了解。

(一) 我国学前 STEAM 教育实践现状的文献梳理

目前国内 STEAM 教育实践主要集中在中小学阶段。广大教师在设计和实施 STEAM 活动过程中也遇到了不少困惑或问题。就所涌现的一些值得注意的问题而言,包括:

1. 对 STEAM 本质认识困惑与误解

如对 STEAM 概念的理解不清、盲目照搬(郑葳,2017),STEAM 教育理论与实践不相匹配(李王伟等,2018),STEAM 理念在各地区的实践中大多仍停留在劳动技术、通用技术等校本课程的层面(袁磊等,2019)。这种偏差似乎较为普遍,在 STEM 教育中人们往往会有一个错误的假设,即认为 STEM 教育就是提供技术,就是让孩子学习如何使用工具(安德森,季娇,2017)。

2. 目标偏离

当前 STEAM 教育实践存在着目标错位、商业利益介入等问题(袁磊、刘开玲,张志,2020)。如有些学校和机构认为 STEAM 教育主要培养学生的动手操作能力或培养学生的编程能力或让学生自己探索新知识,这三种理解都是片面的,忽视了 STEAM 教育培养学生创新能力、合作能力、问题解决能力等综合能力的目标。耗费了大量人力物力的 STEAM 教育实践一旦脱离了它的真正目标,无论出现多少"明星学校""明星团队""明星个人",也很难对我国教育改革有实质性的贡献(袁磊等,2020)。也有学者呼吁,STEM 教育不能滑入推广创造发明的歧途(余胜泉,胡翔,2015)。

3. 课程与教学层面问题

有学者指出,目前开设的大量 STEAM 课程存在着诸多问题(卫麓羽等,2019),STEAM 教育课程开发仍是多数学校开展 STEAM 教育中遇到的最大问题(李剑等,2020),如盲目照搬、机械模仿,缺乏科学的课程模式与教学策略(郑葳,2017),对课程整合、项目化教学模式、学科知识重构等知识内容之间的跨学科融合研究较少(袁磊等,2019)。中小学在将 STEAM 教育理念转化成课程与教学的过程中缺乏深度的活动内容,任务活动重"做"轻"学",课堂教学形态水平较低(仲娇娇,2018)。实践中 STEM 教育普遍存在"玩具化""娱乐化""肤浅化"等倾向(吴向东,王继华,2017),或停留在技术层面(袁磊等,2019),缺乏明确定位,存在形式主义(李学书,2019)等。

4. 缺乏规划,优质资源匮乏

有学者指出,目前我国 STEAM 教育实践缺乏宏观系统规划,课程资源与环境建

设滞后（胡畔等，2016），STEAM 教育教学资源匮乏（袁磊、刘开玲，张志，2020），有质量的 STEAM 教育课程资源开发极度稀缺（李剑等，2020），开发优质的 STEM 课程迫在眉睫（闫寒冰等，2020）。

近年 STEAM 教育日益向学前阶段的园所机构教育实践延伸。尽管有些幼儿园积极响应 STEAM 教育，但可能由于我国尚未出台相关的学前 STEAM 教育政策，同时缺乏学前 STEAM 教育优质资源与参考范例，实践中也不乏问题与困惑（郭雨桐，2019；张新立等，2019）。如调查表明，幼儿园园长、幼儿教师总体上对 STEAM 教育认识不足（魏哲等，2022）。另外调查显示，幼儿园 STEAM 课程实施中存在五个问题：幼儿教师对课程目标的认识有偏差；课程内容整合不够，缺少本土化；材料投放前后变化不明显，幼儿探索欲望不强；教师 STEAM 理念欠缺；缺乏 STEAM 课程评价的完整体系（张雅卿，2021）。另有学者指出，在幼儿园 STEM 教育中，工程教育存在将动手操作等同于工程教育、重作品呈现轻探索过程、教师指导失当等问题（张璐，2019），对 STEAM 理解偏差、机械模仿、忙于活动与材料却没有问题指引（张茉，王巍，袁磊，2018），或盲目照搬、案例零碎，幼儿园 STEM 教育实践存在大量误区（高翔等，2019；杨晓萍等，2020）。实践中许多幼儿园对 STEAM 教育存在诸多困惑（肖英娥，2021）。有的幼儿园则以直接购买机构的 STEAM 教育资源来作为活动依据或把给青少年开展的 STEAM 教育资源直接用于幼儿教育。综上，当前园所 STEAM 教育探索与实践过程中，也不乏种种困惑、问题或偏离，我国学前 STEAM 教育实践质量亟待改善。

对于刚刚起步的学前 STEAM 教育，深入了解其实践状况与实践质量，有助于及时调整方向与着力点。通过上述文献回顾可以看到，跨学科融合的 STEAM 教育新理念并不是想象中的那么容易把握。STEAM 教育是一个既充满机遇又充满挑战的领域。

（二）我国学前 STEAM 教育实践现状的实证调查

本书对我国 S 市标有 STEM/STEAM 教育的培训机构以及该市幼儿园教师的 STEAM 教育素养进行抽样调查，从这两方面初步提供园所机构 STEAM 教育实践现状的本土数据参考。

1. S 市教育培训机构 STEM/STEAM 教育现状调查

随着 STEM 教育理念风靡全球，国内一些教育机构也如雨后春笋般引入 STEM/STEAM 教育理念。本研究通过查询当地标榜 STEM/STEAM 教育的机构或公司并实地考察，从其数量、分布、规模以及个案访谈来全面了解 S 市 STEM/STEAM 教育的实践情况。具体程序为借助网络，结合关键词搜索，查询 S 市范围内标记有 STEM/STEAM 教育的公司和机构，对其网站公布的基本情况进行描述性统计分析。然后通过事先拟定提纲对选定个案公司员工进行访谈，了解其 STEAM 教育的理念与实践。

（1）S 市 STEM/STEAM 教育培训机构基本情况

S 市 STEM/STEAM 教育培训机构（含公司）的数量、性质、规模、服务人群、教育活动涉及领域、教育理念等基本情况如表 1－2 所示。表 1－2 显示，S 市有关 STEM/STEAM 教育的机构/公司共有 43 家（其中公司 7 家、教育机构 2 家、培训院校 1 家、科创中心 1 家），涵盖 0～18 岁各个年龄段。除了优贝乐 STEAM 专攻 0～8 岁外，其他机构都囊括 6～12 岁小学阶段。以上机构/公司教育涉及的领域涵盖 STEM/STEAM、编程、机器人、建构等。其中标榜 STEM/STEAM 的 40 家，未标榜 STEM/STEAM 但实践了有关 STEM/STEAM 教育元素的 3 家。就教育理念而言，一方面表现为较为宽泛的理念，如"中西结合，传统文华与现代科技相结合"；另一方面表现为较为普遍的教育理念，如"寓教于乐，慧学会玩"。少数机构凸显了"动手做""跨领域""项目学习"等理念。综上，各种品牌机构都有不同的特色，遵循的理念、实际操作方法、使用的材料和师资水平各不相同。

表 1－2　S 市 STEM/STEAM 教育机构基本情况

名称	性质	培训领域	年龄段	数量规模	宣扬的理念
趣到・STEM	培训院校	机器人、少儿编程、电子电路、机械工程	3～12 岁	3 家	跨领域、动手做、生活应用、解决问题、五感学习
昂立 STEM	公司	科学、技术、工程	3～12 岁	5 家（全国加盟店 65 家）	国际 STEM 教育理念为理解而教，为创新而学
艾科思 STEM 儿童科技创新中心	公司	科学探究、少儿编程、机器人、工程实践	3～12 岁	3 家（全国加盟店 236 家）	建构主义
西题迪斯儿童科技营	教育机构	科学、技术、工程、数学	3～12 岁	1 家（全国加盟店大于 3 000 家）	体验、创造、自信、快乐
百思 STEM 中心	公司	乐高、编程、围棋、全脑教育	2～16 岁	1 家（全国连锁店大于 300 家）	青少年儿童的体验式创新科技教育
第七感 steam 课程	公司	科学、技术、工程、艺术、数学	3～18 岁	4 家	跨学科专案导向式项目学习希望学生们适应技术转变
英萌 STEAM	公司	科学、技术、工程、艺术、数学	6～18 岁	1 家	以学习者为中心的培养模式让教育回归本质

名称	性质	培训领域	年龄段	数量规模	宣扬的理念
蜜柚 STEAM	科创中心	生物、物理、机械、建筑、电子、数学、工程、艺术	3～12 岁	1 家	寓教于乐、以儿童为中心、创客教育精神
凤凰 STEM 机器人	公司	机器人、编程	3～16 岁	20 家（全国加盟学校大于 550 家）	建构主义、流畅感理论、多元智能理论
蔚来宝贝 STEAM	教育机构	机器人、scratch、Python、C/C++	3～18 岁	1 家	编程思维、逻辑推理、创新意识
北京寓乐世界教育科技有限公司（寓乐湾）	公司	建构类、电子类、机器人类、编程类、工具类、科学探究类、数学类	3～18 岁	1 家（全国直营加盟合作办校 200 家左右）	寓教于乐，慧学会玩
上海糖豆金颗粒机器人科技有限公司	公司	乐高探索、动力机械、少儿编程	3～16 岁	1 家（全国 35 家）	中西结合，传统文华与现代科技相结合
优贝乐STEAM	早教机构	认知、探索、运动、建构、艺术、科学	0～8 岁	1 家（全国近 300 家）	美式 STEAM 教育理念（即线上＋线下，父母＋孩子的上课模式）

（2）S 市 STEM/STEAM 教育培训机构个案访谈

为深入了解上述 STEM/STEAM 教育公司或机构的教育理念、目标、课程、条件等，本研究进一步选择了两家代表性公司门店负责人进行访谈（访谈提纲请见附录1）。对访谈内容简要概括如下。

其一，公司注重自身品牌形象，但呈现出赶热点与临时转向倾向。例如受访者回答，公司 A 在马来西亚和香港经过 3 年时间对亚洲青少年学习的 STEAM 系统课程进行测试，教学教案得到马来西亚教育局和香港学校认可。所带学生队伍成为 2018 年进入剑桥大学科创比赛的唯一亚洲青少年组。公司 B 是 XX 传媒集团旗下高端机器人教育学校，致力于为 3～16 岁的青少年提供科技创新教育，以及"学习科学知识，开发创造力与动手能力，培养学生团队协作能力"的平台。

其二，对 STEAM 教育有一定理解，但总体趋于笼统与片面。如公司 A 门店负责人指出："STEAM 教育注重实践操作，重视人工智能、电子化产品，STEAM 通过课程来体现。STEAM 是一个综合性科目，帮助儿童拓宽逻辑思维，提升他们的创造力，让儿童动手动脑，全面发展。STEAM 教育的核心与重点是培养学生的创新创造能力。"公司 B 门店负责人认为："STEAM 是从国外引进的一种教育理念，它的多学科融合的理念是非常先进的。但是对于这样的理念，完全照搬过来肯定是不切实际的，我们应该结合中国教育的实际情况，重点学习 STEAM 的思维，重点训练儿童的 STEAM 思维。"

其三,STEAM 教育凸显英语特色、乐高与编程等。如公司 A 门店负责人指出:"课程与教案都围绕 STEAM 展开,孩子跟着教案进行学习。STEAM 教育的特色是全浸入式英语体验,以及编程课程,在学习编程中,孩子们成功做了项目,他们共同制作网站,他们通过实地参观农场,帮助农民伯伯使用红外传感器接收警报。会用到的主要教学材料和工具是电脑和其他可操作材料,所有材料由老师准备,有专门的材料包。材料是初级材料,学生可以进行加工、操作。"访谈后实地观察到教室内摆满电脑、电路板、电线、木板、胶枪、纸杯、彩色卡纸、木块、马克笔等材料和工具。公司 B 门店负责人指出:"我们的特色是不同年龄段有不同的课程,3~6 岁主要是乐高课程,培养幼儿的创造性思维;6~12 岁是慧鱼课程,培养儿童的内在探索能力,帮助他们学习一些物理、工程等方面的原理;9~14 岁则是编程课程,包括动画、程序、游戏设计和人工智能。教师在教学过程中扮演的其实是一个'提问者'的角色,不是直接告诉幼儿如何做,而是不断地提问,在潜移默化中教给幼儿一些数学、科学等方面的知识。我们用到的材料主要是乐高和慧鱼。"访谈后实地观察到所访谈的分店里一共有五个房间:一间乐高教室、两间慧鱼教室、一间计算机教室和一间办公室。教室里主要配备了一体机、长方形桌子、白板和几把椅子,周围堆放着玩具和教具。教学是小班化教学。

其四,师资学历与专业背景较为突出,但仍匮乏专业 STEAM 师资和综合专业积淀。如公司 A 里的教师都是本科学历以上的老师,有教育专业和计算机专业的,没有艺术专业的。教师流动性较大,并不是固定的。公司 B 里的教师都是理工类出身,大多是机械类相关专业,本科学历起步。教龄最低有两年,公司会对这些教师提供教育类培训,比如儿童发展心理学、教育心理学等。

综上,上述两家公司都积极吸纳着 STEAM 教育作为新的拓展领域,尤其在教育目标上都明确指向创新创造与思维力的培养。但在课程和教学上,主要采用乐高、编程或机器人等先行存在的课程、环境和材料,尚未真正挖掘 STEAM 教育的实质,比如它究竟与传统的或近年火热起来的乐高、编程、机器人等有什么区别。STEAM 教育作为一种新的跨学科教育理念,对于青少年儿童而言,教学材料和工具作为一个载体,可能并不需要特别复杂,难的是软件的配备,比如,如何真正基于幼儿生活中的真实问题解决来展开 STEAM 教育,这需要教育者理念的更新和思维方式的变化,专业的师资必不可少。

2. S 市幼儿园教师的 STEAM 教育素养调查

本研究采用自陈量表与任务量表(详见附录 1),对当地幼儿园 32 位教师的 STEAM 教育素养进行了小范围的调查。

(1)参与调查的幼儿园教师基本情况

如表 1-3 所示,接受调查的幼儿教师中,女教师 31 人,男教师 1 人。35 岁以上的人数最多,30~35 岁的人数次之。大部分幼儿教师的教龄在 10 年以上,其次是 5~10 年。所有教师学历都是本科及以上(大部分为专升本)。从教师的职称来看,53.1% 的教师是幼教一级,31.3% 的教师是幼教二级,幼教中高级和未评定的幼儿教师较少。

表 1-3　参与调查的幼儿教师基本信息

类别		人数	比例
年龄	25 岁以下	4	12.5％
	25～35 岁	12	37.5％
	35 岁以上	16	50.0％
教龄	3 年以下	5	15.6％
	3～5 年	1	3.1％
	5～10 年	3	9.4％
	10 年以上	23	71.9％
学历	本科	30	93.8％
	研究生以上	2	6.2％
职称	幼教二级	10	31.3％
	幼教一级	17	53.1％
	幼教中高级	1	3.1％
	未评定	4	12.5％
性别	女	31	96.9％
	男	1	3.1％

（2）幼儿园教师 STEAM 教育素养的基本情况

如表 1-4 所示，基于幼儿教师自评的 STEAM 教育素养平均分为 3.61，最低分 2.37，最高分 4.68，标准差为 0.59。就各维度而言，STEAM 教学理念、STEAM 教育自我效能感、STEAM 教育专业成长、STEAM 课程开发与整合、STEAM 教学实施的各分维度的平均值都在 3～4 分之间（高于 3 分低于 4 分）。其中，教师 STEAM 教育专业成长的均值最高（3.99），可见幼儿教师希望自己能获得这方面的专业成长。在前五个维度中，幼儿教师的 STEAM 教育自我效能感均值最低（3.29）。在科学领域知识的任务测评中，教师平均得分 6.77（总分 23），最大值与最小值相差较大。反映出调查中的幼儿教师科学领域知识较为薄弱，个体差异也较大。

表 1-4　幼儿教师 STEAM 教育素养描述性统计分析

维度	人数	取值范围	最小值	最大值	均值	标准差
STEAM 教学理念	32	1～5	2.13	5.00	3.73	0.64
STEAM 教育自我效能感	32	1～5	2.00	5.00	3.29	0.88
STEAM 教育专业成长	32	1～5	1.00	5.00	3.99	0.92
STEAM 课程开发与整合	32	1～5	2.00	5.00	3.48	0.90

维度	人数	取值范围	最小值	最大值	均值	标准差
STEAM 教学实施	32	1～5	1.00	5.00	3.56	1.06
总 STEAM 教育素养 1	32	1～5	2.37	4.68	3.61	0.59
科学领域基础	32	1～23	4.50	9.50	6.77	1.09
总 STEAM 教育素养 2	32		3.31	4.99	4.14	0.48

注:总 STEAM 教育素养 1 是基于自陈量表调查结果,总 STEAM 教育素养 2 是融合自陈量表与科学领域基础调查结果。

（3）小结

基于自陈量表的幼儿教师 STEAM 教育素养均值略高于临界值（$M=3.61$,总分5）,各维度（STEAM 教育教学理念、STEAM 教育自我效能感、STEAM 教育专业成长、STEAM 教育课程开发与整合、STEAM 教育教学实施等）均分也在 3～4 分之间（总分 5 分）。基于任务测评的幼儿教师科学领域知识得分偏低（$M=6.77$,总分 23）。两者综合反映出接受调查的幼儿园教师 STEAM 教育素养总体处于中等水平。上述结果为我们及时了解幼儿园教师 STEAM 教育素养提供了数据参考,为幼儿园教师 STEAM 教育素养培训提供了针对性启示。

综合文献梳理与现状调查,得出我国 STEAM 教育实践质量有很大的提升改善空间。未来 STEAM 教育研究有待更加深入的理论探索,包括厘清 STEAM 教育的实质与目标、有效的活动模式、高质量标准等基本理论问题。同时,亟需高质量取向下的 STEAM 教育资源开发,以高质量定位来提供优质资源,结合实践的反馈不断修正,最终为实践的推广提供有章可循的必要参考。综上,高质量本土化的 STEAM 教育创新是未来研究的一个重要方向和关键问题,如何为其高质量发展的方向引航十分迫切。

三、学前 STEAM 教育之高质量诉求

（一）全球学前教育高质量发展的大势所趋

"高质量发展"已成为当今世界各国诸多领域的重要主题与奋斗目标。如世界经合组织 2015 年发布《强势开端 IV:监测早期教育与保育质量》,旨在探索各国如何使用"监测体系"以改进儿童早期教育与保育质量（OECD,2015）。联合国可持续发展目标（4.2）呼吁让所有儿童都能获得高质量的早期教育（Tang et al.,2024）。相关国际会议也锚定高质量的儿童早期教育话题展开。例如,2023—2024 年第九届国际领导力研究论坛（幼儿教育分会）的会议主题聚焦如何在复杂环境下引领高质量的早期教育。2024年,中国教育学会学前教育专业委员会学术年会聚焦"未来·创新·优质:学前教育高质量发展进路"主题展开深度研讨与交流。2024 年,全美幼教年会（NAEYC）工作坊拟进一步探讨如何能给幼儿园儿童提供有趣且有效的高质量学习体验。国家政府层面,

英国发布《学前教育质量对儿童发展的影响：来自英国大数据长期跟踪研究的结果》；澳大利亚发布儿童早期教育全国质量框架并施行质量评定系统；美国不仅各州实施质量评定与完善系统（QRIS），且国会从发放经费资助上来支持各州扩大高质量的儿童早期教育。我国"十四五"规划及随后教育部相关文件对构建高质量教育体系做了一系列的阐述。2024 年我国政府工作报告进一步提出加强高质量教育体系建设，坚持把高质量发展作为各级各类教育的生命线。为坚定不移地推进学前教育的高质量发展，2024 年持续召开了"幼儿园课程高质量发展学术研讨会""优化师幼互动，聚力质量提升——幼儿园高质量发展实践研讨会"等全国性或地区性会议。实现高质量发展是强国建设、可持续发展与中国式现代化的本质要求，高质量发展成为当前我国全面建设社会主义现代化国家的首要任务。综上，随着我国学前教育进入高质量发展的新阶段，发展重心、发展任务等亟待实现转型升级。

学前 STEAM 教育作为学前教育的重要构成部分，在我国高质量教育体系建设的目标任务驱动下，高质量成为学前 STEAM 教育的必然选择。与此同时，要使学前 STEAM 教育为我国科教兴国战略、创新驱动发展战略的实施打下坚实基础，就必须让我国学前 STEAM 教育从一开始就走上高质量轨道，实现其高质量发展。而如何使得我国刚刚起步的学前 STEAM 教育能从一开始就朝向科学合理的方向、走上高质量轨道成为一个非常重要的问题。美国儿童早期 STEM 教育工作小组率先呼吁给每一个儿童提供高质量的 STEM 早期学习体验（Early Childhood STEM Working Group，2017）。美国教育部 2022 年进一步发布《提高标准，面向所有学生的 STEM 卓越计划》（Raise the Bar：STEM Excellence for All Student），旨在加强从学前到高等教育所有学生的高质量的 STEM 教育；美国国家科学院、工程院和医学院（National Academies of Sciences，Engineering，and Medicine，NASEM）2024 年再次强调促进全美 STEM 教育公平的重要性并呼吁确保所有青少年儿童都有获得高质量 STEM 教育的机会。综上，未来亟待大力加强"高质量发展"的时代背景与发展趋势下我国学前 STEAM 教育的研究与实践。

（二）我国学前 STEAM 教育实践现状的内在呼吁

只有有质量的、高质量的早期教育才能让儿童真正受益已成为一种国际共识。同理，质量是儿童能否从园所机构 STEAM 教育实践中获益的关键前提，并非只要开展 STEAM 教育就一定是正向作用，并非 STEAM 教育就一定能培养具有创新素养的复合型人才，低质量的学前 STEAM 教育反而会破坏、抑制儿童的发展，有时这种破坏可能影响儿童的一生。如美国推行 STEM 教育由来已久，却没有切实提高美国中小学生的 STEM 素养，学生的科学、数学水平依旧低于亚洲国家并且群体间差异性较大（张燕军，2013）。因此，质量是园所机构 STEAM 教育的生命线，是园所机构 STEAM 教育存在或发起的关键性前提。转变现状，实践高质量的 STEAM 教育是园所机构的内在使命与迫切需求。

作为 STEAM 教育的开端与起点的学前阶段，承载着个体 STEAM 兴趣与热情的呵护与培养的重任,是 STEAM 创新人才培养的基础。因此,其质量问题需要摆在与 STEAM 教育同等重要的地位。研究学前 STEAM 教育,就需要在高质量的战略背景与思维视角下展开。

第三节　研究的整体思路框架与意义

一、研究目标与思路框架

(一) 研究目标

1. 总目标

推动我国学前 STEAM 教育走上高质量发展轨道,是本书研究的宏大初衷。

2. 具体目标

聚焦开发幼儿园 STEAM 教育优质项目资源,即系统开发面向幼儿园的、具有代表性、引领性的 STEAM 项目资源,为幼儿园提供可借鉴学习的 STEAM 优质项目开发思路与模板,以及有理论根基的 STEAM 优质项目资源库。为确保所开发的 STEAM 项目资源的优质或高质量,一方面,要在理论层面审视并建构具有方向性、指导性、奠基性的高质量学前 STEAM 教育理论体系;另一方面,实践层面要在幼儿园班级内实践循证具体项目与活动,由此反馈完善 STEAM 项目的开发与资源库建设。

(二) 研究思路

首先,从开发幼儿园 STEAM 优质项目资源所必需的理论依据的探索出发,先梳理、厘清并提炼、建构高质量的学前 STEAM 教育理论体系,以使幼儿园 STEAM 优质项目资源的开发有理论根基和理念参照。然后,在此基础之上系统开发幼儿园 STEAM 优质项目资源。开发过程中,又包括两个层面的具体操作:(1) 设计开发幼儿园 STEAM 优质项目样例,由此提供幼儿园可自主学习和可再生的模板与思路,并借助循证自下而上地检验与优化 STEAM 项目样例。(2) 系统开发幼儿园 STEAM 优质项目资源库,为拓展幼儿园 STEAM 项目的开发思路以及应用便利提供直接支持。最后,抽取样例个案进行循证和实践探索,为资源开发提供必要的反馈与优化反思。同时,结合实践探索进一步融合中宏观视角,针对性地阐述幼儿园 STEAM 优质项目资源应用必要的内外支持与条件保障。

简言之,通过严谨科学的理论建构与方向引航来开发优质项目资源,继而通过所开发项目的实践应用反馈来检验和优化项目资源的质量。只有在一开始就明确高质量的方向,才能有助于促进我国学前 STEAM 教育从一开始就走上高质量的发展轨道。只有明确高质量的具体特征与标准、高质量的活动内容与模式、高质量的项目探究、环境创设与活动示例等,才能真正搭建起从理论到实践的高质量桥梁,也才能落地并扩大优质项目资源的实践应用。

(三) 研究的整体框架

本书研究的整体框架如图 1-1 所示。遵循前文所述的研究思路,本书由三大版块构成:

第一大版块为理论探索。要聚焦开发幼儿园 STEAM 优质项目资源,就必须先深入探讨并解决何谓优质,何谓高质量的学前 STEAM 教育,对学前阶段儿童而言,适合他们的高质量 STEAM 教育目标定位或核心目标是什么,高质量的内容源泉在哪里,又有哪些突出特征,高质量的活动模式是怎样的等系列根基性问题。因此本模块站在高质量学前 STEAM 教育的高度,从教育目标、教育内容、教育模式、高质量标准等展开理论框架的系统探索。由此为后续研究奠定科学合理的方向性理论参考。

第二大版块为资源开发。该部分着重解决如何设计与开发高质量的学前 STEAM 教育项目,有哪些优质的 STEAM 项目资源可供幼儿园直接借鉴与使用等问题。基于前面的理论指引,一方面,进一步明确幼儿园 STEAM 具体项目的设计思路与具体活动的开发,包括充分思考如何选择内容、如何展开项目活动、如何顺应幼儿的学习心理与认知特点、如何体现 STEAM 教育本质、如何跨学科有机融合等,提供可借鉴学习的思路与策略,从而发展幼儿园教师自主开发与再生 STEAM 项目的能力。另一方面,广泛捕捉与收集典型真实问题,开发与建设幼儿园优质的 STEAM 项目资源库。以真实问题所表现出的典型现象、真实问题背后的核心科技工程问题贯穿不同年龄班级,以递进性问题链推进每一项目的深度探究,并以进阶应用模式实现年龄适宜的连续性推进学习,在问题解决过程中自然实现跨学科融合学习。上述两方面共同努力,提供可学习、可再生、具有启发性与代表性的项目模板与丰富的项目资源库。

第三大版块为实践应用。该模块贯穿在资源开发过程的始终。着重解答如何在实践层面进一步确保所开发的幼儿园 STEAM 项目资源的优质性,即重在通过所开发项目资源的循证反馈或实践应用来完善、优化项目资源,确保 STEAM 项目与相应探究活动的优质高效,同时进一步明确项目高质量实践落地所需的必要支持与保障条件。

上述构成了"幼儿园 STEAM 教育优质项目资源开发与应用研究"的总体规划和内容体系。中国教育科学研究院副院长曾天山曾指出,STEM 教育在中国的发展想要落地生根,必须做到"三落实":师资落实、课程落实、内容落实。本书聚焦幼儿园 STEAM 教育优质项目资源开发的课题研究,也是对课程落实、内容落实、师资落实的一种回应。

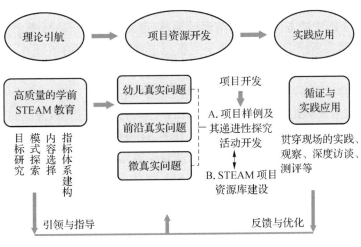

图 1-1 研究的整体框架

二、研究的理论与实践意义

本著作着眼学前 STEAM 教育,从高质量的学前 STEAM 教育出发,聚焦高质量的、优质的学前 STEAM 项目资源展开深入探索,研究具有丰富而长远的理论意义与实践价值。

1. 理论意义

伴随 STEAM 教育的提出和成为国际学术研究热点过程中,国内外学者围绕大中小学阶段的 STEAM 教育展开了较多的研究。相比之下,学前阶段或儿童早期 STEAM 教育从理论到实践均处于探索阶段。本著作研究的重要理论价值具体表现为:(1)有助于弥补"高质量发展"新时代背景下我国学前 STEAM 教育高质量发展研究的匮乏与不足,继而推动我国高质量定位的学前 STEAM 教育理论创新与实践探索。(2)在项目探究日益融入 STEAM 教育的国际趋势下,有助于推动学前阶段的 STEAM 项目探究系统理论建构,也有助于启发中小幼 STEAM 项目探究的一体化研究或一体化的 STEAM 项目资源建设。(3)有助于充实我国学前阶段 STEAM 教育的理论与实证研究,以及启发更小年龄段儿童——婴幼儿 STEAM 学习的早期推进。如 2024 年即将召开的全美幼教年会(NAEYC)拟聚焦探讨的专题之一即如何在儿童早期拥抱 STEM 和 STEAM 学习。(4)有助于启发学前阶段 STEAM 项目探究的质量评价研究以及高质量 STEAM 项目探究的学习效应探索等。

总之,本著作把准我国学前 STEAM 教育的目标与航向,开创我国学前 STEAM 教育的高质量道路,搭建理论到实践之间的桥梁,填补全球高质量发展趋势下学前 STEAM 教育研究推进的中国参考。

2. 实践意义

其一,基于高质量理论指导下的幼儿园优质 STEAM 项目资源开发是我国园所机构 STEAM 教育高质量落地实践的有力支持。它不仅有助于破解当前园所机构 STEAM 教育实践中的方向性困惑与误区偏差,遏制借用 STEAM 概念在数量层面迅速扩张的低质量实践倾向,而且有助于更新与丰富幼儿教师的 STEAM 教育理念,支持幼儿教师运用或借鉴优质资源组织开展有质量、优质的 STEAM 项目探究,满足幼儿家长与幼儿自己对优质 STEAM 教育的内在需求。

其二,有助于保护儿童早期天生的 STEAM 学习兴趣与热情,为他们未来 STEAM 学习种下热爱与持续探究的种子。早期适宜的、优质的 STEAM 教育有助于培养儿童 STEAM 学习的兴趣、投入和热情,并产生随着年龄增长持续发展的级联效应,同时支持其随后进入小学、中学乃至大学的 STEAM 学习;也有助于累积儿童真实问题解决的跨学科探索经验,让儿童面对或进入真实世界时,多一些关心、敏锐、灵活和思路,少一些漠然、恍惚、固着或不知所措,让儿童的问题解决能力和实践智慧不断得到锻炼和提升。

其三,为我国学前 STEAM 教育活动评价、教师培训等提供诸多参考。学前 STEAM 教育高质量指标体系的建构是园所机构明确究竟什么是高质量的 STEAM 教育、如何进行 STEAM 教育活动评价的直接参考,也可为相关管理部门 STEAM 教育质量评估提供专业参考。同时,本书内容有助于职前职后幼儿教师对学前高质量 STEAM 教育理论与实践的系统学习,对于我国职前职后幼儿园 STEAM 师资培养培训,帮助教师获取 STEAM 教育质量改进的关键反馈信息,扩大高素质学前 STEAM 教育师资队伍等均有重要现实意义。

其四,有助于不断满足国家、民族与整个社会发展对 STEAM 创新人才的需求。未来的职业与经济很大部分来自科学与工程的创新与猛进,社会各层面的工作也都需要跨学科知识、技能与素养。学前 STEAM 教育是为社会培养未来合格公民的必要起点,也是全球高精尖科技原创竞争异常激烈背景下我国科技创新人才培养以及高水平科技自立自强的必要起点。

综上,本书的研究将有助于破解当前学前 STEAM 教育实践中的艰难点,对各场域下的学前 STEAM 教育实践、职前职后教师培训、教师专业成长、STEAM 教育质量评价、STEAM 人才培养等提供针对性的专业参考。有助于大面积地促进我国园所机构等 STEAM 教育质量提升,推动我国学前 STEAM 教育走上高质量轨道,由此有效抓取儿童 STEAM 学习兴趣培养的敏感期,为支持儿童日后 STEAM 有效学习和促进我国源源不断的 STEAM 创新人才培养奠定基础。最后,着眼学前 STEAM 优质项目资源的研究是我国高质量教育体系建设不可或缺的重要构成部分,也可能为我国"深入实施科教兴国战略,强化高质量发展的基础支撑"提供某种路径参考。

三、结语

自第四次工业革命以来,科技发展的速度不断飙升。STEAM 教育不仅是培养未来科技人才的关键,更是推动国家创新能力和竞争力的重要支柱。学前期是个体毕生学习与发展过程中一个十分关键的时期。高质量的学前 STEAM 教育对科技人才的早期孕育、占据人才竞争优势以及国家富强、民族振兴等具有深远现实意义。那么,如何让年幼儿童获得高质量的 STEAM 早期学习体验? 如何能为幼儿园儿童提供优质的 STEAM 教育? 本书立足我国高质量学前教育体系建设的战略目标,站在儿童毕生学习与发展的高度,聚焦幼儿园 STEAM 优质项目资源开发问题展开系统的本土化探索,力图为我国园所机构实现高质量的 STEAM 教育实践提供关键的支持,为推动我国学前 STEAM 教育从一开始就走上高质量发展轨道提供可能的支持。

本章先从多视角对幼儿园 STEAM 教育优质项目资源开发的课题研究进行导入性阐发。具体而言,先从 STEAM 教育的大背景(STEM 教育的兴起、从 STAM 到 STEAM 的发展脉络)切入,继而重点阐述了 STEAM 教育的本质内涵、突出特征等,为把握本书研究的关键概念之一奠定前提基础。然后,从 STEAM 教育转入聚焦到学前 STEAM 教育,从学前 STEAM 教育的研究概貌与进展、我国园所机构 STEAM 教育实践状况等两方面分别展开。由此为整体透视我国学前阶段 STEAM 教育的研究与实践概貌提供支持。在此基础上,指出高质量发展的全球趋势以及我国各级教育高质量发展的战略目标。"高质量"与"优质"既是学前 STEAM 教育未来发展的必然选择,也是我国学前 STEAM 教育当前发展的内在诉求。最后,就本课题研究的整体构想、目标、内容、价值意义等进行了简要分析,为把握本书研究初衷与内容体系提供清晰的脉络参考。

附录 1　园所机构 STEAM 教育现状调查工具

一、S 市 STEAM 教育代表性公司或机构个案访谈提纲

(一) 您能介绍一下贵公司的品牌吗?

(二) 您是怎样理解 STEAM 教育的,您觉得 STEAM 教育的核心与重点是什么?

(三) 贵公司是如何进行 STEAM 教育的?

(四) 在实施 STEAM 教育过程中,公司/机构遇到过困难或挑战吗?

(五) 贵公司的师资来源与背景情况如何?

(六) 其他据回应的追加提问。

二、幼儿教师 STEAM 教育素养调查问卷

(一) 指导语

亲爱的老师,您好!

下面是一份有关幼儿园 STEAM 教育的调查表。无需填写您的个人信息,调查仅作科研之用。衷心感谢您的大力支持!

（二）基本情况

1. 您的性别是（　　）。

A. 女　　　　　　　B. 男

2. 您的年龄是（　　）。

A. 20 岁以下　　　B. 20～25 岁　　　C. 25～30 岁　　　D. 30～35 岁

E. 35 岁以上

3. 您的教龄是（　　）。

A. 1 年以内　　　B. 1～3 年　　　C. 3～5 年　　　D. 5～10 年

E. 10 年以上

4. 您的学历是（　　）

A. 中专及以下　　B. 大专　　　C. 本科　　　D. 研究生及以上

5. 您当前职称是（　　）。

A. 幼教二级　　　　　　　B. 幼教一级

C. 幼教中高级　　　　　　D. 未评定

6. 您所任教的幼儿园园所类型是（　　）。

A. 省级示范园　　　　　　B. 市级示范园

C. 一级园　　　　　　　　D. 二级园

E. 其他_____

7. 您听说过幼儿园 STEAM 教育吗？（　　）

A. 没有　　　　　　　　　B. 听说过

8. 若听说过，您是否参加过 STEAM 教育相关培训或专门学习？（　　）

A. 参加过　　　B. 没有，自行学习　　　C. 听说而已，没培训也没自学

9. 您觉得您对幼儿园 STEAM 教育的了解程度大约处于（　　）。

A. 非常了解　　　　　　　B. 比较了解

C. 有一点了解　　　　　　D. 只是听说过，不怎么了解

10. 您所在的园开展过 STEAM 教育吗？（　　）

A. 没有　　　　　　　　　B. 开展过

（三）调查项目

1. 请您根据实际情况客观填写，并在相应位置下打"√"。

调查项目	完全不同意	比较不同意	比较同意	说不清楚
1. 课堂上让所有儿童都学习完全相同的材料很重要。				
2. 一次有质量的 STEAM 活动，其方法和概念可以都来自同一个学科领域。				

调查项目	完全不同意	比较不同意	比较同意	说不清楚
3. 为了理解儿童真正知道了什么,教师应检测他们特定技能的表现,而不是让他们迷惑于应用性问题。				
4. 如果你不明确儿童从你的 STEAM 课堂活动中应学到什么,你就不应花时间去教儿童 STEAM。				
5. STEAM 教育有利于儿童的发展。				
6. 教师应设计 STEAM 学习中心/区域以展开 STEAM 教育活动。				
7. 教师应以游戏为主的方式来进行 STEAM 教育。				
8. 教师应运用多种方法来评价 STEAM 学习结果。				
9. 我完全理解 STEAM 教育理念。				
10. 我愿意展开 STEAM 教育活动。				
11. 我具有 STEAM 相关理论背景知识。				
12. 我需要更好地理解或厘清 STEAM 教育理论。				
13. 我希望参加有关 STEAM 课程设计的学习或培训。				
14. 我需要扩充和积累 STEAM 教学策略。				
15. 我希望成为幼儿园 STEAM 教育活动开展上的专家型教师。				
16. STEAM 教育课程具有以幼儿为中心、聚焦典型生活现象或解决真实情境问题的特点。				
17. 我知道学前 STEAM 教育的适宜的、高质量的模式。				
18. 我能独立开发适合幼儿探索的 STEAM 探究活动。				
19. 在开发与整合 STEAM 课程过程中,我能有意识地建立培养幼儿独立思维、科学思维习惯与能力、创造性思维、动手操作与设计等的任务或目标。				
20. 我能够借助幼儿家庭、社区或周边资源营造适合的 STEAM 学习机会。				
21. 我能够创设和营造适合幼儿跨学科学习、STEAM 探究的教室区域环境。				

调查项目	完全不同意	比较不同意	比较同意	说不清楚
22. 我能围绕幼儿生活中的典型现象或真实问题用跨学科的理念开展 STEAM 探究活动，引领幼儿进行多种形式的学科融合的学习活动。				
23. 我能挖掘典型现象背后的关键科学问题(具备发现问题、确定问题、分析问题的能力)，并设计和实施项目式学习的活动，通过项目驱动的学习方式培养幼儿的 STEAM 素养。				
24. 我能够对 STEAM 课程的开发与实施进行反思与优化，不断完善和改进 STEAM 教学。				

2. 判断：请在您认为对的条目后请打"√"，错的打"×"。

（1）感冒病毒是引起感冒的唯一原因。　　　　　　　　　　　　　（　　）

（2）生物的一切特征都存储在 DNA 中。　　　　　　　　　　　　（　　）

（3）每个人的基因都不一样。　　　　　　　　　　　　　　　　　（　　）

（4）水是地球上唯一一种有 3 种自然存在方式的物质。　　　　　（　　）

（5）水在高山顶上无法沸腾。　　　　　　　　　　　　　　　　　（　　）

（6）光的传播速度是不变的。　　　　　　　　　　　　　　　　　（　　）

（7）水珠反射阳光形成了彩虹。　　　　　　　　　　　　　　　　（　　）

（8）电荷的定向流动形成了电流。　　　　　　　　　　　　　　　（　　）

（9）钢铁会热胀冷缩。　　　　　　　　　　　　　　　　　　　　（　　）

（10）声波需要介质才能传递。　　　　　　　　　　　　　　　　（　　）

（11）离地球越远，受到地球引力越小。　　　　　　　　　　　　（　　）

（12）宇宙越来越大。　　　　　　　　　　　　　　　　　　　　（　　）

（13）地球是最大的岩石行星。　　　　　　　　　　　　　　　　（　　）

（14）闪电是能量巨大的电火花。　　　　　　　　　　　　　　　（　　）

3. 选择：下列属于当今世界前沿的科学问题的是（　　　　　　　）。（不定向选择）

A. 是什么驱动生命系统的复制？

B. 我们可以预测下一次流行病吗？

C. 我们可以阻止自己衰老吗？

D. 什么是重力？

E. 为什么时间似乎只朝一个方向流动？

F. AI 可以代替医生吗？

G. 我们可以阻止全球气候变化吗？

H. 未来纯无人驾驶汽车是否能实现？

I. 为什么大多数人都是右撇子？

4. 请举一个适合设计幼儿 STEAM 探究活动的真实问题的例子，并描述。

第二章

高质量学前 STEAM 教育的目标研究

教育目标是教学活动的方向引领、出发点与归宿。学龄前儿童的 STEAM 教育不同于中小学段的 STEAM 教育,对于学龄前儿童而言,STEAM 教育科学适宜的核心目标是什么?高质量的学前 STEAM 教育对学前 STEAM 教育的目标定位与期望是什么?随着年龄班的变化,其目标又有何进阶体现?鉴于国内未有相关文件可供直接参考,本章在概览美国儿童早期科学(含工程、技术)领域学习与发展标准以及我国《3—6岁儿童学习与发展指南》等政策文件基础上,建构我国学前 STEAM 教育的核心目标体系,为高质量的学前 STEAM 教育研究与实践提供科学合理的方向导航。

第一节 国外儿童早期科学与 STEAM 学习标准解读

一、美国国家层面儿童早期科学学习标准解读

随着 STEAM 理念从大、中、小学延伸到幼儿园阶段,国外儿童早期科学领域学习标准中也相应地增加了 STEAM 学习标准。下面以美国儿童早期科学与工程技术学习标准为例,从中归纳其主要的内容与特点,为我国学前 STEAM 教育目标的本土化探索拓宽视野。

迄今为止,美国规模最大的儿童早期发展项目——开端计划(Head Start)政府办公室于 2000 年、2010 年、2015 年分别发布了儿童早期学习与发展标准。如表 2-1 所示,"开端计划"中最新版的儿童科学学习总标准是"科学推理"(Scientific Reasoning),包括了科学探究(Scientific Inquiry)、推理与问题解决(Reasoning and Problem-solving)两大维度。下面的六个子维度都指向科学探究过程,反映出儿童早期科学学习标准的过程取向。

表 2－1　美国"开端计划"儿童早期科学学习与发展标准

发布年份	领域名称	一级维度	二级维度	适用年龄
2015 第三版	科学推理	1. 科学探究	1. 观察与描述现象 2. 科学性对话 3. 比较与分类	3～5 岁
		2. 推理与问题解决	4. 提出问题、收集信息、做出预测 5. 计划与执行调查和实验 6. 分析结果、做出结论、交流结果	

　　与此同时,美国"开端计划"在明确儿童早期科学学习的核心目标指向基础上,对不同年龄段儿童(3～5 岁学前儿童)科学学习的连续性目标也提出了具体标准(如表 2－2 所示)。这些标准重在明确不同年龄的适宜性目标以及不同年龄段的学习如何连续性地推进。因为总的目标维度是过程取向、能力取向,因而表 2－2 反映的是随着年龄增长,儿童需要不断递增的科学思维习惯和科学思维能力。以目标 4 儿童能提出问题为例,从 3 岁到 5 岁,标准的连续性推进表现为:提出简单问题、提出复杂问题、提出需要调查才能获知的问题,凸显的是对儿童问题提出能力不断发展的期望。

表 2－2　美国"开端计划"儿童早期科学学习标准进阶

科学推理		36～48 个月	48～60 个月	60 个月时
科学探究	目标 1	儿童能观察与描绘他们所看见的现象(物体、材料、有机体、事件等)。		
		1. 能运用感官观察事物与现象。 2. 能用简单的口头语或手势语进行描述。 3. 在成人帮助下能通过画画等方式对看得见的现象进行表征。	1. 对事物与现象能进行日益复杂的观察。 2. 能进行更为细致的描述。 3. 表征可见现象时更为复杂,如所画的图更细致。	1. 能区分五大感官(嗅觉、触觉、视觉、听觉、味觉)并运用它们进行观察。 2. 能运用可观察的工具(如放大镜、显微镜、望远镜、听诊器等)来延伸五大感官的能力。 3. 能用客观的语言与标签来描述看见的现象,如柠檬是苦涩的,生面团黏黏的。 4. 能用画画、简图/示意图、3D 模型来表征见到的现象。
	目标 2	儿童能投入科学性对话中。		
		1. 在成人榜样和支持下开始运用科学词汇。 2. 有时反复使用从成人那学得的词语。	1. 能更大量地运用科学词汇。 2. 重复运用从成人那学得的新词,对不熟悉的词语会问成人。	1. 能运用科学探究过程词汇,如观察、描述、比较、对比、提问、预测、实验、反思、合作和测量。 2. 在调查和描述可观察的现象时能运用科学内容词汇,如动植物或物体的构成部分。

科学推理		36～48 个月	48～60 个月	60 个月时
科学探究	目标 3	儿童能对观察到的现象进行比较与分类。		
		1. 能基于简单属性（如颜色）对物体进行分类。 2. 借助支持，能运用测量工具对现象进行测量与比较。	1. 基于更多属性（如重量、声音、材质）独立分类的能力更强。 2. 运用测量工具来测评可观察现象的特征。	1. 能根据事物的属性（如外形、重量、功能、材质、颜色、气味、声音等）分类。 2. 用测量工具（如尺子、天平、滴管、单位积木、温度计、量杯）来测量事物并比较异同/多少。
推理与问题解决	目标 4	儿童能提出问题，收集信息，做预测。		
		1. 提简单问题。 2. 借助成人来收集信息。 3. 通过成人支持与示范，做简单预测，如"我猜高尔夫球比乒乓球重一些"。	1. 提复杂问题。 2. 借助成人及其他途径（如书或其他专家）收集信息。 3. 运用背景知识和经验来做预测。	1. 提出需要调查才能获知的问题。如"植物需要哪些条件才能生长？"或"我们班的同学都来自哪些国家？"。 2. 通过查询书或与他人讨论来收集有关问题的信息。 3. 基于先前知识和经验做预测和用头脑风暴法获取解决方案，如"我认为植物需要水分才能生长"或"我想在紫色颜料中加入黄色会变为棕色"。
	目标 5	儿童能做计划并进行调查与实验。		
		1. 在成人帮助下投入简单的调查和实验，如运用教室外面的材料搭建一座"桥"并观察它在垮掉前能承受多少娃娃。 2. 在老师帮助下做记录，多数情况下是通过画画或记号的方式。	1. 能日益独立地投入复杂的调查或实验中。 2. 能日益清楚地表述做一个调查所需的具体步骤。 3. 运用更复杂的方式来收集和记录数据，如在成人帮助下能作图显示儿童喜欢的点心。	1. 清楚地表述做一项调查或一个实验所需要采取的步骤和相应的材料。 2. 运用相应步骤和材料来探索可检测的问题，如"植物需要水分才能生长吗？"，种下一些种子，给一部分浇水，另一部分不浇水。 3. 运用感官和简单工具进行观察，收集并记录数据，如收集班上同学来自哪里的信息并用图表呈现来自不同国家儿童的信息。
	目标 6	儿童能分析结果，做出结论并交流结果。		
		1. 在成人帮助下分析和解释数据。 2. 做出结论并对结果提供简单的描述。例如，成人建议儿童数一数桥梁垮掉之前能放多少个娃娃，伴随着儿童数数的过程，成人提问："如果再放一个会发生什么？"儿童回答："桥垮了！"	1. 分析、解释数据和做结论的独立能力日益增长。 2. 在成人帮助下，将结果与先前的预测进行对比，继而提出新的问题或新的设计。 3. 通过多种方法用日益复杂的方式，交流结果、方案和结论。	1. 分析和解释数据，总结调查结果。 2. 做出结论，进行解释，表达/说明因果关系。 3. 在成人支持下，将结果与预测进行比较，并提供为何得到检验或没得到检验的证据，基于结果提出新的可检测的问题。 4. 通过多种方式交流结果、方案和结论。

综合表 2-1 和表 2-2 发现,美国儿童早期科学领域的学习将科学思维置于标准的核心。如儿童早期科学学习的总目标是科学推理,分目标是科学探究、推理与问题解决,所有进一步的目标阐述全是科学研究的具体过程,以及科学研究的具体能力。由此不难得出,美国儿童早期科学教育旨在帮助儿童形成科学思维的习惯、科学思维的方式、科学思维的能力等。无论是早期或初级目标还是逐渐升级的标准,都聚焦科学探究过程、科学思维过程,而非落脚在科学知识的识记或掌握上。

二、美国州层面儿童早期科学与 STEAM 学习标准解读

美国"开端计划"儿童早期学习与发展新标准的发布也督促了美国各州陆续研制本州儿童早期学习与发展新标准。下面对进行过三次及以上修订的新文件进行整理,将其中涉及科学领域的学习标准进行归纳(如表 2-3 所示)。

表 2-3　美国州层面儿童早期科学学习与发展最新标准

州名	发布年份/版次	领域名称	一级维度	二级维度	适用年龄
威斯康星州	2017/第五版	科学思维	1. 运用观察收集数据;2. 运用工具收集信息,比较观察的结果,通过积极的调查来获取问题的答案;3. 假设和做预测;4. 在试验、观察和探索的基础上形成结论		0~6 岁
亚桑纳州	2018/第四版	科学	科学探究与应用	探索、观察与假设;调查;分析与做结论;交流	3~5 岁
田纳西州	2018/第三版	科学	1. 物理科学	描述与分类;观察、预测、描述;计划与执行调查等	4 岁
			2. 生命科学	辨认、辨别;描述;解释等	
			3. 地球科学(地球系统)	调查与辨别;观察与讨论;分析与解释;运用模型预测等	
			4. 地球科学(地球与人类活动)	观察、描述、比较;讨论;探索;运用模型表征;解释;交流等	
			5. 工程、技术与科学(工程设计)	收集、探索与解释信息;运用模型与支持,用图表记录和组织数据、科学日志等;基于观察做预测;提问和回答等	
			6. 工程、技术与科学(工程、技术、科学、社会的整合)	辨认工具;运用简单工具探索环境;选用合适工具做观察和检测科学问题等	

续　表

州名	发布年份/版次	领域名称	一级维度	二级维度	适用年龄
爱荷华州	2017/第三版	科学	1. 科学调查	收集与解读信息	0～3 岁
				收集信息、展开调查、进行检验	3～5 岁
			2. 科学推理	运用推理来理解环境	0～3 岁
				运用推理来理解信息，并设计解决问题的方案	3～5 岁
			3. 科学交流	分享与理解经验	0～3 岁
			4. 形状与空间推理	分享与理解经验	3～5 岁
印第安纳州	2015/第三版	科学基础	1. 物理科学	1. 探索物体的能力；2. 物体物质属性意识	0～6 岁
			2. 地球与空间科学	1. 认识地球与天空；2. 认知季节与天气的相关变化	
			3. 生命科学	生命意识（含好奇、辨认、描述等）	
			4. 工程	工程设计技能（含兴趣、使用工具、解决问题、创造等）	
			5. 科学探究与方法	科学好奇心（含好奇、运用工具实验、交流结果等）	
新泽西州	2014/第三版	科学	1. 发展探究技能；2. 观察与调查物质与能量；3. 观察与调查生命物；4. 观察与调查地球；5. 获得技术使用经验		3～5 岁
堪萨斯州	2013/第三版	科学	1. 运动与静止：力与相互作用；2. 能量；3. 从分子到有机体：结构与过程；4. 地球系统；5. 地球与人类活动		0～6 岁

　　通过表 2-3 的归纳整理发现，科学在各州儿童早期学习与发展标准中已成为举足轻重的独立领域。在该领域的命名上，大部分州以"科学"命名，个别州以"科学与技术/工程""科学探究""科学思维""科学基础"作为领域名称。进一步透视其领域下的一级维度发现，有内容取向与过程取向两大倾向特征。如有的州为单纯内容取向，即一级维度由物理科学、生命科学、地球与空间科学等领域命名；有的州为单纯过程/能力取向，即一级维度由科学探究与应用、科学调查、科学推理等主要的科学探究过程要素构成，领域名称直接为科学过程；有的州为过程取向与内容取向的融合，如一级维度既包括了"物理科学""生命科学"等具体领域命名，又包括了"探索与发现""科学探究与方法"等过程要素的命名。在这些标准或目标的适用年龄上，既有适用于 3 岁入园后的幼儿的，又有适用于 3 岁以下的婴幼儿的。总体都在 0～8 岁儿童早期这个大范围内。由此不

难得出,看似复杂的科学领域、科学探究过程,在美国儿童早期科学教育中,都有了实施和开展的具体依据、参照标准。尤其是,在科学探究的过程中,在科学思维能力的发展上,这些标准具有很清晰的指导性与参照性。

三、核心概念与跨学科概念

美国科学教育内容经历了从 20 世纪 60 年代强调科学知识结构,20 世纪 80 年代强调传授科学方法、过程,发展到 2011 年提出的强调发展学生对科学核心概念、跨学科概念的理解。"科学核心概念"是内容标准中统领性的、重点强调的内容,它用少数的核心概念,将各种具体的事实性知识归纳整合起来,通过更少更精的内容去帮助学生形成学习更多内容的能力;它能够支持人们更好更高效地获得科学知识,理解科学知识内涵,提高科学学习效果和实践能力(高潇怡,李艾欣;2016)。跨学科概念是从多种科目中抽取出的与其他科目有关的组织结构良好的知识,它们在各种学科领域会反复出现,在科学和工程学当中都有重要意义(高潇怡,2017)。跨学科概念超越了学科边界,在各个领域都普遍适用,能够为学生提供一个组织框架,将不同学科的知识连接到一起(Rutherford,Ahlgren,1990)。它可以将不同学科的概念知识进行整合,形成有系统的、连贯的、综合的知识体系和思维模式,形成对科学整体的理解。本部分着重梳理美国儿童早期学习与发展标准中涉及科学核心概念、跨科学概念的内容部分。

(一) 科学核心概念

以美国全国性文件《新一代科学标准》(Next Generation Science Standards,NGSS,2013)与州立性文件《宾夕法尼亚州儿童早期学习标准(2014)》为代表,梳理当中论及幼儿园阶段儿童学习的科学核心概念标准以参考。

1.《新一代科学标准》中的核心概念

生命科学:生物体中物质和能量流动的组织。

物质科学:力与运动、力相互作用的类型、能量与力的联系、能量守恒和能量的传递。

地球与空间科学:天气和气候、生物地质学、人类对地球系统的影响、自然资源、自然灾害。

工程、技术和科学的应用:定义和界定一个工程问题。

2. 宾州儿童早期学习标准中的核心概念

生物科学:有机体和细胞、基因、进化。

物质科学:化学、物理。

地球与空间科学:地球结构、过程和循环、宇宙的起源和进化。

环境和生态:生态学。

流域和湿地:流域、湿地、水域生态系统。

　　自然资源：自然资源的使用、自然的有用性。

　　农业和社会：食物和纤维系统、科学的运用、技术的影响。

　　人类和环境：可持续性、综合害虫管理、污染、废物。

　　电脑和信息技术：科技出现的影响、数字的公民身份、计算机硬件、输入技术、软件应用、数字媒体、技术研究、事业中的技术。

　　综上，两份文件在众多科学领域发布了儿童早期学习的科学核心概念标准，同时反映了这些是儿童在科学领域学习的重要构成内容。不过，美国不是所有文件都注重核心概念，从上文中的表 2-1、表 2-2、表 2-3 来看，其他一些州立文件或国家文件高度重视儿童的科学探究过程、科学思维习惯、科学思维能力或跨学科思维能力。

（二）跨学科概念

　　美国《新一代科学标准》中，跨学科概念被设置成科学教育内容的三大维度之一，并且根据不同的年级对具体标准进行了细化的规定（高潇怡，2017）。如提出的跨学科概念包括模型，因果关系，规模，系统与系统模型，能量与物质：流动、循环以及保存，结构与功能，稳定性与变化。新加坡小学科学教材提出以"多样性、循环、系统、能量、相互作用"五大跨学科概念架构课程内容（孙慧芳，2024）。除了以跨学科概念为中心架构课程内容，他们还将跨学科概念转化为关键探究问题（如"什么是系统？""不同部分如何协同工作来实现功能？"等），通过将跨学科概念转化为问题驱动学生认知参与。我国《义务教育科学课程标准（2022 年版）》也提出了物质与能量、结构与功能、系统与模型、稳定与变化等跨学科概念。

　　上述文件或教材中列出的具体科学领域核心概念、跨学科概念等可为学前 STEAM 教育期望达成的内容目标探索打开视野，为了解与把握科学领域的核心概念、跨学科概念提供多样参考。然而，在儿童早期的 STEAM 教育中，究竟需要怎样的目标定位，如是以核心概念、跨学科概念知识掌握为主，还是以 STEAM 探究兴趣、热情或 STEAM 思维为主，抑或以学业成就表现为主，还需进一步的反思与论证。如美国自身曾反思过幼儿园—高中（K-12）的科学教育：先前的科学教育过于看重科学教育的知识广度，而忽视了科学教育的深度，以致儿童没有真正明白究竟如何做科学研究，因而也并没有达到预期的科学教育效果（Board on Science Education，2012）。STEAM 教育也不应期望学生记住一堆科学知识，而应当期望学生学会科学地思考（Thuneberg，Salmi，Bogner，2018）。教师对科学探究的理解狭义化，往往关注操作性的内容，忽视思维的本质（曾雅婷，王祖浩，2021）。综上，学前 STEAM 教育目标是一个值得深入探索本土化的关键问题。

第二节　学前 STEAM 教育的核心目标与进阶目标

一、STEAM 教育目标的重要性

目标是教学活动开展的基本依据，是课程教学的出发点与归宿。教育目标决定着活动指向、教学内容、教学方式、效果评价等的选择决策。因此，目标具有目的的规定性和行动的导向性（游知祥，1990），起着导教、导学和导评作用（吴红耘等，2020）。要设计好幼儿园的课程，第一步就是确定目标（蔡伟忠，2010）。《江苏省基础教育 STEM 课程指导纲要（试行）》（2018）也指出，要通过"目标导向"来规范引领 STEM 教育实践。那么，学前阶段的 STEAM 教育需要怎样的目标导向？其适宜的核心教育目标是什么？不同年龄儿童 STEAM 教育目标有何连续性体现？对此，在前期研究基础上，紧密结合当前学界有关 STEAM 教育目标的探讨与政策导向等，进一步深入探索学前STEAM 教育的目标定位及其连续性推进的动态进阶目标问题，既而系统建构学前STEAM 教育纵向一体化的目标体系。这些探索与建构对于科学把握学前 STEAM 教育价值，明确学前 STEAM 教育的关键重点、目标设置和适宜推进，提升幼儿园STEAM 探究活动实施质量，促进学前 STEAM 教育的科学评价等有重要奠基价值，对于推动我国园所机构 STEAM 教育实践逐渐走上高质量轨道有深远的现实意义。

二、有关学前 STEAM 教育目标的研究与借鉴

学界有关 STEAM 教育目标的观点散见于 STEAM 教育研究的相关文献中。如国外学者系统分析 STEAM 教育研究的文献发现，近半数文献论及 STEAM 教育的目的，有学者认为 STEAM 教育是让学生投入 STEAM 学习中，培养学生的创造力或提升学生真实世界的问题解决能力（Perignat，Buonincontro，2019）；有学者认为早期STEM 教育重在让儿童热爱和喜欢上 STEM，保持儿童对科学探究的天然兴趣，让儿童学会科学思考（Thuneberg et al.，2018；Peng et al.，2021）。科学对于年幼儿童而言，最主要的是发展他们的科学思维习惯，如好奇、提问、对新观点持开放态度、坚持探索等（Vermont，2015）。国内学者指出，幼儿园 STEAM 教育目标重在思维启蒙和思维方式的培养（张末，王巍，袁磊，2018），STEAM 教育要促进幼儿主动学习，注重幼儿学习品质的培养（俞莉，2019；陈大琴，2018），要唤起幼儿"情感愉悦、思维沸腾"的表现（沈颖，2021）等。综上，国内外学界在探索 STEAM 教育相关问题时较为一致地强调STEAM 教育要注重对儿童的兴趣、科学或工程思维、问题解决、学习品质等的促进。这为我们思考学前阶段 STEAM 教育的目标定位、核心目标等提供了参考。

此外，自 STEM 教育提出，美国一些州在儿童早期学习与发展标准最新版文件中增添了工程、技术领域的学习标准（参见前文表 2 - 3），从这些标准内容可以看到，美国

对儿童早期科学与工程技术的学习关注的是儿童对科学和工程技术的兴趣、科学探究过程与科学探究技能,旨在帮助儿童形成科学思维的习惯与科学探究的能力。澳大利亚在《STEM 学校教育国家战略 2016—2026》框架下指出,幼儿园 STEM 教育以激发幼儿 STEM 学习的好奇心与参与感,增强幼儿 STEM 的学习体验和提高幼儿 STEM 学习的可持续性为基本目标(韦倩倩,2020)。我国国务院印发《全民科学素质行动规划纲要(2021—2035 年)》,提出要"激发青少年好奇心和想象力,增强科学兴趣、创新意识和创新能力,培育一大批具备科学家潜质的青少年群体,为加快建设科技强国夯实人才基础"。《中国儿童发展纲要(2021—2030)》提出了"儿童科学素质全面提升,科学兴趣、创新意识、实践能力不断提高"等教育目标。我国《3—6 岁儿童学习与发展指南》也指出,"幼儿科学学习的核心是激发探究兴趣,体验探究过程,发展初步的探究能力。"上述国内外政策内容一定程度上反映出,儿童的探究兴趣(探究欲)、想象创造能力、科学探究与实践能力等是儿童早期 STEAM 教育的重要目标。

三、学前 STEAM 教育核心目标的本土化探索

(一) 学前 STEAM 教育核心目标的建构

在借鉴国内外学界与政策中有关 STEAM 教育目标阐述的基础上,结合我国《3—6 岁儿童学习与发展指南》科学领域目标及"重视儿童学习品质培养"等理念,本书提出学前阶段 STEAM 教育的目标须定位于儿童的兴趣、学习品质与思维。具体而言,学前阶段儿童 STEAM 教育的核心目标在于三点:(1) 保护与激发儿童的 STEAM 探究兴趣。即保护与激发儿童探究真实科学与工程问题的兴趣,引发儿童爱提问、爱思考、爱动手操作去尝试解决问题。保护儿童天生的 STEAM 探究的好奇心与冲动,发展儿童 STEAM 探究的持续兴趣,实现其探究兴趣与钻研热情的持续增长,为日后从浓厚的兴趣发展到投身 STEAM 领域奠定基石。(2) 保护与塑造儿童的积极学习品质。即保护与塑造儿童的专注力、坚持性、创新创造、能力动机、灵活性、好奇心、主动性等学习品质(彭杜宏,2020)。(3) 启蒙与发展儿童的 STEAM 思维。即启蒙与发展儿童的科学思维、工程思维等。幼儿科学思维包括提问、提出假设、设计与执行实验、进行观察、证据评估、做出推论等(彭杜宏,田丽丽,张迅,2022)。提出一个问题比解决一个问题更重要,提问是科学思维的起点。工程思维是一种有目标的、创造性的、系统的思维方式(Waks et al.,2011)。美国国家工程科学院(National Academy of Engineering)在《K-12教育中的工程:理解现状和提升未来》报告中指出,工程思维即工程的"思维习惯"。我国《江苏省基础教育 STEM 课程指导纲要(试行)》指出,工程思维具有科学性、逻辑性、艺术性、容错性、迭代性等特点。国内有学者从工程决策、工程设计和工程实施三方面观察幼儿的工程思维(王珂,2021)。上述国内外有关科学与工程思维的界定与研究有助于丰富和启发我们对幼儿 STEAM 思维的认识。STEAM 思维启蒙主要在于引导幼儿逐渐养成科学思维的习惯(如观察、提问、假设、检验、交流、反思等)和工程思维的习惯(如目标意识、系统设计、应用工具、操作实施、解决问题等)。这些核心目标构

成学前阶段 STEAM 教育教学实践的着眼点和落脚点。即园所机构 STEAM 教育实践须着重思考如何让儿童的兴趣与思维投入 STEAM 探究活动中,如何发展儿童的探究兴趣、学习品质与思维能力,让幼儿在跨学科的真实问题解决活动中,实现探究兴趣、动手操作与思维能力、积极学习品质等的发生发展。

(二)核心目标的主要特点

上述目标定位与核心目标凸显的特点包括:(1)目标的精要性与多维性有机融合。三个核心目标既是学前 STEAM 教育目标中的关键要点,也是 STEAM 教育的个性化要点。不是目标众多让实践顾此失彼、难以把握,而是抓取关键,精要透彻。同时兴趣与热情属于情感维度,学习品质属于行为与态度倾向维度,思维属于认知与能力维度,认知、情感、态度多维目标融合。(2)突出过程性目标。兴趣、学习品质与思维目标主要在过程中达成,在过程中考察,由此破除脱离和忽视过程、单一追求结果目标的痼疾,为过程性评价、表现性评价提供了参考依据。(3)不指向功利结果(如完美作品或获奖证书等)。是否成功制作出产品、是否在竞赛中获奖或是否记住概念等不是学前阶段 STEAM 教育的关注点。(4)为儿童随后的中小学 STEAM 学习奠定坚实基础。STEAM 探究的持续兴趣和钻研热情、积极学习品质和 STEAM 思维能力,这些对于日后持续的 STEAM 学习至关重要。杜威指出,学校为学生所能做或需要做的一切,就是培养他们思维的能力……只有当他亲身考虑问题的种种条件,寻求解决问题的方法时,才算真正在思维。让学习真正发生,就是让思维真正发生。(5)其他学习结果会自然获得。如若园所机构充分理解了上述三个核心目标,并围绕其展开 STEAM 探究活动或区域学习环境创设,那么其他学习结果,如核心概念、跨学科概念、科学知识、语言及数学等领域知识乃至科学态度、科学精神等会伴随聚焦核心目标的探究活动悄然获得。顺便指出,在美国,无论大中小学还是幼儿园教师很少给学生讲解知识点,而是不断提出各种各样的问题,在观察、发现、思考、辩论、体验和领悟的过程中,学生逐步掌握了发现问题、思考问题、寻找资料、进行研究、得出结论的思维习惯和思维能力。

(三)基于核心目标的进阶目标分析

上述 STEAM 教育核心目标随幼儿年龄的增长如何适宜地连续推进?对此,表 2-4 着重探索了 3~6 岁学前儿童 STEAM 教育的动态进阶目标问题。

表 2-4 3~6 岁学前儿童 STEAM 教育的动态进阶目标

核心目标	进阶目标		
	3~4 岁	4~5 岁	5~6 岁
STEAM 探究兴趣	STEAM 探究的兴趣与好奇心	STEAM 探究的兴趣与好奇心	STEAM 持续探究的兴趣与好奇心、钻研热情
积极学习品质	专注、灵活性、想象创造	专注、主动性、灵活性、想象创造、坚持性	专注、主动性、灵活性、想象创造、坚持性、合作

续　表

核心目标	进阶目标		
	3～4 岁	4～5 岁	5～6 岁
STEAM 思维		STEAM 思维参与（如科学与工程思维参与）	STEAM 思维参与和发展（如科学与工程思维习惯与能力初步发展）
行为指标列举			
	1. 对眼前的真实问题现象（或问题探究情境与材料）会驻足，看一看、想一想、摸一摸、动一动 2. 能坐下来或蹲下来探究一段时间（如 10 分钟或以上） 3. 动手操作探究过程中，有尝试不同工具、材料与方法的努力行为	1. 对眼前的真实问题现象（或问题探究情境与材料）表现出探究的急切与热情 2. 主动坐下或蹲下专注地投入探究 3. 探究过程中，在教师支持下能进一步明确界定问题，提出假设或方案，根据设想动手操作探究，必要时尝试不同工具、材料与方法并据结果进行调整 4. 能基于观察到的结果形成结论或解决问题，能分享交流	1. 对身边的真实问题现象有主动关注和探究的兴趣以及持续寻求探究的兴趣，对眼前所提供的真实问题现象（或问题探究情境与材料）表现出探究的急切与热情 2. 主动专注地投入探究，能与小朋友分工合作探究 3. 能反思或界定要探究的具体问题，在教师支持下进一步提出假设或方案，做计划或进行设计，动手操作解决问题过程中灵活尝试不同工具、材料与方法并据结果进行调整，敢于想象创造 4. 失败或遇到困难仍坚持并有强烈的问题解决意愿 5. 能做简单观察记录并据结果形成结论或观点，能分享交流，并倾听教师的提升总结

　　表 2-4 显示，对于 3～4 岁的小班幼儿，STEAM 教育重在呵护其好奇心，激发儿童对 STEAM 探究活动的兴趣，让儿童的注意与兴趣参与其中并能保持，鼓励幼儿灵活选用或调换工具，专注于解决问题。"呵护"意味着不破坏、不压抑、不扼杀儿童的好奇心与兴趣。要达到此目标，除了提供生动形象有趣的问题，还需给幼儿提供动手操作的机会，鼓励幼儿亲自尝试。对于 4～5 岁的中班幼儿，STEAM 教育在呵护其好奇心的同时进一步发展儿童的 STEAM 探究兴趣、钻研热情。鼓励幼儿主动动手动脑，灵活选用工具材料，主动想象，创造尝试，专注于问题解决并努力坚持，在动手操作探究、解决问题的过程中，引导幼儿的 STEAM 思维参与其中。对于 5～6 岁的大班幼儿，STEAM 教育重在激发和维持幼儿 STEAM 持续探究的兴趣与主动钻研的热情。如幼儿能主动留意到身边真实的科学或工程问题，回家后仍有自主持续探究与钻研的兴趣与热情。幼儿不仅在园所集体或区域探究活动时兴致高，活动结束后钻研兴趣也依然浓厚，有主动探究与钻研的行为倾向，甚至对某特定领域现象或问题产生持续探究的兴趣与反复思索的努力。STEAM 教育要在幼儿主动探究、多方法灵活尝试、坚持解决真实问题的过程中启蒙其 STEAM 思维习惯，初步发展儿童的 STEAM 思维能力，让儿童天马行空地想象，感受科学严谨的论证，体会动手操作探究的乐趣。

　　上述连续性指标体系的主要特点包括：(1) 紧扣学前 STEAM 教育核心目标，并在幼儿连续性发展的时间轴上进一步具体化。(2)内容在数量层面持续递进。如小班幼儿的 STEAM 教育聚焦在 STEAM 探究兴趣与积极学习品质上,中大班在此基础上增加引导幼儿 STEAM 思维参与的目标。(3)内容在程度层面持续递进。如中班重在鼓励、引导幼儿 STEAM 思维参与,大班在此基础上初步发展儿童的 STEAM 思维习惯和 STEAM 思维能力。(4)就 STEAM 探究兴趣与积极学习品质而言,小中大班也体现出随幼儿年龄增长、认知情感等发展而递进变化的特点。如兴趣程度的持续加深,学习品质塑造要素的逐渐递增(表 2-4 重在凸显各年龄班须聚焦呵护培养的学习品质,不代表特定年龄班必须限于表内所举要素)。同时专注力、灵活性、想象创造等要素贯穿 3～6 岁 STEAM 教育目标全程。STEAM 教育的初衷是培养复合型创新人才和学生的真实问题解决能力,因而 STEAM 教育应高度关注儿童的认知灵活性、想象创造等。同时幼儿的认知处于天马行空、想象与创造最丰富的时期,因此有必要保护和提升他们的这些宝贵品质与天性。此外,上述连续性目标体系尽量考究了目标的清晰性、适宜性、递进性、重点性、系统性等方面。

四、结语

2021 年国务院发布《中国儿童发展纲要(2021—2030 年)》,明确提出儿童科学素质全面提升,科学兴趣、创新意识、实践能力不断提高的目标。2022 年党的二十大报告深刻阐述了"科技是第一生产力,人才是第一资源,创新是第一动力"。遗憾的是,有调查显示,世界教育面临的三种学习危机之一便是学生没有学习兴趣(World Development Report,2018)。我国新近调查发现,当前具有科学兴趣的学生比例在下降,科技职业志愿率偏低(龙琪等,2020)。五大领域学习中儿童的科学与艺术领域得分最低,探究兴趣与态度、探究方法与能力得分在合格线之下(原晋霞,2021)。提升青少年儿童科学与 STEAM 学习的内在兴趣,继而让他们未来愿意在科技领域持续创新创造是一个迫切的问题(Higde et al.,2022)。

对此,打造高质量的 STEAM 教育,确保各年龄阶段学习者都能享有优质 STEAM 学习体验成为美国 STEAM 教育创新发展和近十年政府教育工作的重点(白逸仙,2019)。我国学前教育也正处于从高速度增长向高质量发展转型的重要时期。本章着眼于学前阶段高质量的 STEAM 教育,着重从教育目标角度展开我国学前 STEAM 教育高质量发展的本土化探索。从源头和方向上明确年幼儿童 STEAM 教育的核心目标与目标体系,既是对当前国际发展趋势与国内发展需求的回应,也是对当前我国园所机构 STEAM 教育实践目标偏离与困惑的回应。通过深度剖析学前阶段 STEAM 教育的核心目标"是什么",由此也明确了学前阶段 STEAM 教育的目标"不是什么"。如学前阶段 STEAM 教育的核心目标是:兴趣的点燃、思维的启蒙与品质的塑造。即保护与激发儿童的 STEAM 探究兴趣与钻研热情,保护与塑造儿童的积极学习品质,启蒙与发展儿童的科学与 STEAM 思维。不同年龄班幼儿 STEAM 教育围绕上述核心目标适宜推进:小班重在激发儿童的 STEAM 探究兴趣,塑造儿童的积极学习品质;中班重在支持儿童的 STEAM 探究兴趣,塑造积极学习品质,鼓励儿童的 STEAM 思维参与;大班重在挑战儿童持续探究兴趣与钻研热情,塑造积极学习品质,发展 STEAM 思维,由此形成核心目标引领下的纵向一体化目标体系。因此,面向学前阶段儿童的 STEAM 教育,应当始终把儿童的兴趣、好奇心放在首位,要让活动指向过程,指向儿童探究过程中的学习品质表现和思维活动表现,要触及触动儿童的思维,引发儿童的思维发生发展,而不是为了让儿童记住或掌握特定的概念与知识,不是为了活动的结果与成功,不是为了光鲜或高端的作品与成果等。唯有采取科学合理的方向导航,园所机构 STEAM 课程内容的选择、课程活动的设计、课程评价的组织等,才能真正为儿童的毕生学习与终身可持续发展奠定所需要的重要素质基础。为实现上述美好愿景,有待进一步围绕学前阶段 STEAM 教育的核心目标,捕捉与精选学前儿童感兴趣的、有长远发展价值的高质量 STEAM 教育内容,探索适宜于学前儿童 STEAM 探究的高质量活动模式,夯实指向核心目标的学前 STEAM 教育质量评价体系等,从而为核心目标、递进性目标的顺利达成提供必要支持。

综上,顺应儿童的天性,让儿童在 STEAM 探究中产生兴趣,种下儿童对真实问题探究的兴趣种子,培养与发展其相对持久的兴趣,在问题探究和问题解决过程中启蒙儿童的科学与 STEAM 思维,保护儿童想象创造的热情,塑造儿童积极的学习品质与钻研精神等,这些对学前阶段 STEAM 教育而言是最有价值的目标,也是园所机构 STEAM 教育活动开展首先要着眼考虑的目标。只有深刻理解这些核心目标,才可能转变根深蒂固的知识技能取向、学习结果取向、非教不可取向、立竿见影功利取向等,才可能把握学前阶段 STEAM 教育的实质与儿童 STEAM 教育的重点,打通学前 STEAM 教育课程决策的思路,真正迈入学前 STEAM 教育高质量发展的轨道。

附录 2　幼儿科学思维发展评估

科学的核心在于探究,科学教育的核心在于科学思维。科学思维(Scientific Thinking)是一种建立在事实和逻辑基础上的理性的思维方式(张俊,2006),是一个循环和累积的目的性知识寻求过程(Kuhn, 2011; Zimmerman, 2007)。科学思维是儿童认知发展的一个核心特征(Koerber, Osterhaus, 2019),是儿童领域知识获得的重要机制(Van Graaf et al., 2018)。与科学过程相关的一些技能早在婴儿期便开始出现,如儿童用他们的感觉器官和提各种问题来探索他们周围的世界与环境(Yildiz, C., Yildiz, 2021)。启蒙儿童一些基本科学思维能力既是顺应儿童发展的需要,又是适应 21 世纪人才发展的需要。由此,国际上一些有关儿童早期科学学习与发展标准的文件,如美国开端计划和威斯康星等州的儿童早期学习标准,都将科学领域的学习与发展目标界定为"科学思维"。国内专家也提出,科学教育的目标之一就是启蒙孩子的科学思维,教儿童科学地思考(张俊,2006;刘占兰,2008)。然而,目前我国幼儿园在如何展开科学教育方面仍存在一些问题。例如,过多关注科学知识的掌握而忽略幼儿问题解决能力的培养(李学书等,2020),看似热闹的教学却不能体现科学教育的探究本质,缺少"科学思维"这一灵魂(张俊,2006),将探究混为"动手操作",为探究而探究的现象屡见不鲜(高潇怡,2017),或让儿童匆忙穿梭在各种活动和材料中而较少引发深度思考(张莱等,2018)等。鉴于当前国内较缺乏着眼幼儿科学思维发展测评的实证探索,下面拟对国外聚焦幼儿科学思维发展测评的研究进行全面梳理,引进与提炼适用于幼儿科学思维的观测与评估方法,为我国幼儿园儿童科学思维的发展评估提供支持,为有效了解幼儿科学思维发展特点、个性化支持幼儿科学思维发展提供保障,也为幼儿园科学教育活动设计的优化、幼儿园科学教育政策决策提供借鉴。

一、幼儿科学思维的本质与内涵

科学思维通常被认为是一种有目的的知识寻求,包括提问、检验假设、进行观察、识别模式、做出推论(Kuhn,2011;Morris et al.,2012)。成熟的科学思维本质上是通过有意控制的方式使理论与证据协调(Kuhn,Pearsall,2000)。Klahr(2000)指出,科学推理包含三个核心成分:提出假设、实验和证据评估。之后,Kuhn 等(2008)进一步明确提出成熟的科学思维有三个不可或缺的重要基础:实验能力,如厘清多种因果关系对结果影响的策略能力;论证能力,即理论与证据协调的能力;对科学本质的认识论理解。

那么,年幼儿童的科学思维由哪些成分构成? 有学者指出,儿童的科学思维能力包含了基于理论、数据以及对过程的反思而提出、检验与评价假设的系列能力(Wilkening & Sodian,2005)。从心理学领域考察儿童科学思维的研究主要聚焦于:形成假设、设计与执行实验、观察、评价证据(Klahr et al.,2011)。例如,一些研究着重从变量控制策略(Control of Variables Strategy,CVS,即设计非混淆实验的能力)考察了儿童的实验能力(Jewett,Kuhn,2016)。Koerber 等(2015)主要从实验设计、实验策略(含 CVS)、数据解释(或证据评估)、对科学本质的理解等方面考察了儿童的科学思维。这些研究中的"儿童"多为年龄长于幼儿的儿童,指向幼儿园儿童科学思维的近新研究可提供更为针对性的信息。如 Graaf 等(2018)从实验、证据评估、领域知识三个维度对幼儿的科学思维进行了考察;Koerber 和 Osterhaus(2019)从实验、数据解释/证据评估、对科学本质的理解三个维度对幼儿科学思维进行考察。综上,上述跨度十余年的相关研究中,诸多学者对于通过形成假设、检验假设、实验(如变量控制策略等)、证据评估/数据解释、对科学本质的理解、科学领域知识等方面来测评儿童科学思维存在较大的共识。这些过程性能力也是幼儿科学思维的本质表现,为我们认识幼儿科学思维的发展表现、测量与评估幼儿科学思维的具体内容提供了直接参考。

二、幼儿科学思维发展的评估方法

思维的发展具有抽象性、隐蔽性等特点。因此,对个体科学思维进行准确与动态的测评无论对研究者还是教育者都有挑战性(Cloude et al.,2020)。对学龄前幼儿的科学思维评估更是如此。基于此,笔者着重对国外面向幼儿科学思维发展的研究中的测评方法与技术进行梳理与提炼。

（一）基于动手操作实验的动态评估

该方法取向是让幼儿自己动手操作来设计实验进行假设—检验和变量控制，是基于动手操作的评估（Hands-on Assessment），由此考察幼儿的科学思维能力。如 Graaf 等（2015，2018）运用了两个斜坡来考察幼儿对变量控制的理解（即实验能力）。评估中使用两个木制斜坡，斜坡包括坡道、坡道下的平坦区域（表面有标记距离的线条）。实验主试先让幼儿看斜坡上的起点门打开后，球会怎样滚下去，然后让幼儿自己打开门来看球会滚下去多远。实验者告诉幼儿，通过数平坦区域的线条格可以看到球滚了多远。同时进一步告诉幼儿，这两个坡道很特别，因为可以用许多不同的方式来改变和做实验，从而考察做了某个改变后球可以滚多远。用来考察幼儿变量控制策略（CVS）的变量共有四类：（1）斜坡的陡度（陡/不陡）；（2）球在斜坡上的起始点（高/低）；（3）斜坡表面（粗糙/光滑）；（4）球的质量（重/轻）。动态评估的过程体现在：幼儿先从一类变量（水平 1）开始设计实验，然后可以逐渐增加变量（最多四类变量）。每一水平设计 4 个实验，每个实验考察不同的变量。如水平 1 设计 4 个实验，每个实验考察一类变量（比如，实验 1 考察其他条件一致情况下，球在光滑还是粗糙的坡面上滚得更远；实验 2 考察球在起点高的位置还是起点低的位置放下时滚得更远，依此类推）。水平 2 即同时设计两类变量（比如坡度和坡面），水平 3 即设计三类变量（比如坡度、坡面和起始点），水平 4 即设计所有四类变量。共设计 16 个实验，涉及 40 个变量。测试提供两次机会，当幼儿第一次尝试不正确时给予第二次尝试机会（只有第一次不正确才进行第二次尝试）。同时，只有当幼儿至少正确设计了上一个水平中的一个实验时，才允许进入下一水平的实验设计，否则停止测试。对幼儿实验能力的评估是基于幼儿正确设计实验的总数和正确设置变量的总数，即幼儿可获得实验正确得分和变量正确得分两类得分。实验得分即设计正确实验的个数，最高分 16 分，无论第一次或第二次尝试，每正确设计得 1 分，不正确得 0 分。变量得分即所有实验中正确设计变量的个数，最高分 40 分。每正确设计一个变量得 1 分，不正确得 0 分。

此外，设置影子任务、闪烁探测器任务等也是基于动手操作实验的动态评估。如设置影子任务包含物体的大小和物体与光源的距离两个变量，如果要设计一个非混淆的实验，则需要控制当中的一个变量，由此探测幼儿对变量控制的理解。闪烁探测器任务（the Blicket Detector Paradigm）是一台可以发光和播放音乐的机器，当上面放某特定物品而不是其他物品时才发光和播放音乐，此评估也被一些学者用来考察幼儿假设-检验水平（Legare，2012；Gopnik & Sobel，2000）。

该评估取向的突出特点体现在：（1）自主动手操作的真实验；（2）聚焦控制变量的实验能力评估；（3）水平递进的动态评估。基于动手操作的评估让我们能观测到幼儿如何观察情境，如何运用材料，如何控制变量等，可以直观地看到幼儿问题解决的过程、方法与水平。相对于用问卷（要求回答有关实验设计的问题）来考察儿童对 CVS 的理解而言，该方法具有更直观、更有趣、更不受语言表达能力限制等优势。我国《3—6 岁儿童学习与发展指南》提出"引导幼儿通过观察、比较、操作、实验等方法，学习发现问题、分析问题和解决问题",基于动手操作实验的动态评估方法与《指南》理念不谋而合。其动手操作、观察比较、实验设计与调整尝试等完全符合幼儿阶段的认知特点与学习规律。同时,这一评估方法存在很大的问题空间和水平层级,是一个可以引发深度思考、深度学习的问题情境与评估任务。如实验的自变量可以不断增加,实验设计可以不断变复杂,任务可以实现递进式探测与评估。整个过程幼儿有很大自主性,也由幼儿当前操作水平来决定进退。因此,该评估方法有效实现了动态地、个性化地测评与挖掘幼儿的科学思维潜力。

(二)基于故事情境的递进性访谈评估

该方法取向是先设置故事情境,在此情境下连续设置几个问题(结合图片呈现)询问幼儿,通过幼儿的回答情况评估其科学思维能力。以口香糖任务(Piekny et al.,2014;Koerber, Sodian, Thoermer, & Nett, 2005)为例,该任务是通过幼儿的回答表现来测评幼儿的证据评估能力或数据解释能力,即幼儿如何评估各类证据(如确凿性证据、部分证据、不确定性证据),如何理解各类证据。具体操作程序:在一堆印着小朋友的卡片上显示了小朋友的牙齿或好或坏(每张卡片上印着一个小朋友)。他们手里拿着口香糖,口香糖的颜色或红色或绿色。然后告诉幼儿,有一只小白兔名叫莱昂,他认为有一种颜色的口香糖会导致牙齿不好,即绿色的口香糖会导致坏牙。然后开始提问幼儿,首先是关于莱昂信念的:"莱昂认为咀嚼哪种颜色的牙齿会导致牙齿不好?"当幼儿没有回答"绿色"时,再给幼儿解释莱昂的信念三次。如果幼儿仍没有正确回答问题,测试就停止了。接下来给幼儿出示卡片。首先给幼儿呈现确凿证据卡片,即所有卡片都指向是红色而不是绿色口香糖会导致坏牙。提问幼儿:"你认为当莱昂仔细看过这些卡片后,他此刻相信什么? 莱昂会认为哪种颜色的口香糖导致坏牙齿?"最后让幼儿回顾一下莱昂最初的想法。此过程中,当幼儿的回答错了一个或两个时,测试就停止。否则(如果答对),继续问幼儿 5 个问题。其中,3 个问题是关于部分证据(即大部分卡片指向同一个结论,如 20 张卡片中 16 张卡片指向同一个结论)的问题,1 个是关于确凿证据的问题,1 个是关于不确定证据(即不能作出结论的证据,如四张卡片指向一个结论,另四张卡片指向另一个结论)的问题,交替出现,共 8 个问题,每个问题回答正确得一分。在考察幼儿数据解释能力(即证据评估能力)时,Koerber 等(2019)也通过提问性访谈来考察,另有学者采取非结构化的深度访谈考察学习者的科学思维(Gamlunglert et al., 2012)。

该评估取向的突出特点体现在:(1)以某个特定故事情境展开,并以图片方式呈现问题情境。(2)所设计问题均围绕该故事情境,聚焦评估幼儿科学思维某一维度的表现(如证据评估能力或数据解释能力)。(3)以"提问—回答"的方式来进行评估。该测评方法以简要的故事情境导入,借助图片展现故事中的人物与具体表现,围绕这个故事情境一步步设问,询问幼儿的意见/反馈,继而集中考察幼儿科学思维某个方面的表现。这样的情境导入与测评程序符合幼儿具体形象认知的发展特点,也能吸引幼儿的兴趣与注意。

(三) 基于多个独立问题的选择性评估

该方法取向是向给幼儿提出多个简短的独立问题后,提供多个(一般 3 个)图片方式呈现的选项,让幼儿从中选出一个他认为正确的,据此评估幼儿科学思维多个方面的表现。以 Koerber 等(2019)的研究为例,如问题 1:红红想知道明明是否擅长拼拼图,那么,她需要做什么呢? 给幼儿提供三个选项:A. 让明明把他喜欢的拼图拼起来;B. 让明明把只含几块图片的拼图拼起来;C. 让明明把含许多图片的拼图拼起来(正确选项)。这个任务中幼儿需要能区分检测条件(如给受测者许多拼图图片由此能考察出他是否擅长于拼拼图)与效果产生条件(如给受测者很少的拼图图片由此可以看到他能很快地拼好)。如果幼儿运用了科学思维,他们就能区分。由此考察幼儿对结论性实验的理解程度(如理解产生效应与检验假设的区别)。问题 2:如果红红想检测植物是在冷水中生长得更好还是在温水中生长得更好,她需要进行哪种实验? 给幼儿提供三个选项:A. 给一棵棕榈树浇温水,给另一棵棕榈树浇冷水(正确选项);B. 给一棵棕榈树浇温水,给一棵雪花莲浇冷水(缺乏实验控制);C. 给一棵玫瑰树浇温水,给另一棵雪花莲浇温水(隔离了错误变量)。由此考察他们能否在多种变量中找出某个变量的效果,或是否能应用变量控制策略,如知道分离变量、控制变量的原则(即幼儿对 CVS 的掌握情况)。问题 3:这儿有三个小朋友,他们哪一个是在做科学研究呢? 呈现三个图片选项:A. 红红在思考为什么黄色与蓝色颜料混合会变成绿色(正确选项);B. 明明看他的爸爸把不同颜色颜料混合起来;C. 丁丁帮他爸爸给墙壁刷上颜料。由此考察幼儿对科学本质的理解,如能否区分科学是思考为什么还是帮助他人,或幼儿是否理解科学家们努力提出关于世界现象的解释(而不是简单地收集关于世界状况的事实),以及科学家以系统的方式描述世界以产生系统的证据。另外,Graaf 等(2018)在考察幼儿特定领域知识(如植物与生长、漂浮与下沉、太阳与影子、纸飞机)时设计了 40 个问题,这些问题都是先提出简短问题,然后呈现图片形式的三个答案选项,让幼儿从中进行选择,每选对一题得一分,由此评估幼儿领域知识的掌握情况。

该评估取向的突出特点体现在:(1) 以某个假设情境提出问题或以图片方式呈现问题。(2) 问题之间相互独立,如要评估幼儿科学思维的不同方面表现,可设计不同的独立问题。(3) 以幼儿在多个选项(均以图片方式呈现)中作出的选择情况来进行评估。该方法可以设计多个独立问题,不同问题涉及幼儿科学思维的不同方面,由此实现对幼儿科学思维多个方面的考察。

综上所述,这些评估方法以幼儿感兴趣的方式和符合幼儿认知发展特点的形式展开,具有良好的年龄适宜性(如动手操作、故事情境、图片呈现问题与选项等)。评估的终极目标上具有一致性,即都是对幼儿科学思维能力的评估,探测的都是科学思维本质以及指向综合的科学思维能力(如实验能力、证据评估能力等),也都需要用与幼儿介绍说明的一对一方式测评。当然,不同评估方法各有其特点,包括评估的具体维度和内容范围、评估的操作程序、任务的难度大小、具体适宜的年龄段,等等。比如基于动手操作实验的动态评估,抓取了科学思维的关键与重点——实验,通过设置变量或控制变量的真实实验来考察幼儿的科学思维,由此无论对于准备材料的实验者,还是对于接受测评的幼儿,都具有一定的挑战。相比之下,其他两种取向的评估从其他构成要素或维度上考察科学思维,其每一个测评过程相对独立、清晰和简单。相比于动手操作的实验评估,后两者在测评任务准备和实际测评时间上也显得更为经济。不过在研究或实践中,可以根据特定目标选用不同的评估取向与测量任务,或者综合使用多种方法。

三、启发与借鉴

高素质创新大军的建立与科技原创能力的涌现都离不开全民科学素养的普遍提高。激发每一个儿童的科学探究热情,培养每一个儿童的科学思维,形成重视科学的教育环境与文化氛围,具有深远的社会价值和现实意义。上文归纳的评估方法为我国幼儿园儿童科学思维的观察测评、理解支持打开了一扇窗。具体的启发与借鉴包括:

(1)科学思维在幼儿期已开始萌芽,幼儿园科学教育须启蒙儿童的科学思维,满足儿童的认知发展需求。由此,幼儿园科学教育活动不应只落在认识蔬菜水果等基本常识或简单事物上。在幼儿好奇心旺盛的时期,不应简单、肤浅或空洞地对待儿童的"十万个为什么"。科学教育要激发幼儿科学探究兴趣,启蒙幼儿的科学思维。

(2)明确幼儿科学思维的本质及其与科学知识的区别。如科学思维是过程性、能力性概念;科学知识是结果性、记忆性概念。幼儿的科学思维不仅包括观察、比较、分类、测量、交流等基本的科学思维(Meador,2003),或提问、假设、检验、观察、作结论、分享等一般过程性思维,而且包括综合的科学思维,如变量控制思维、基于结果或数据的证据评估思维、对科学本质理解的思维等。实践中,"如何基于对幼儿思维的解释拓展他们的学习"是教师实施生成性课程时遇到的瓶颈(Broderick,Hong,叶小红,2022)。上述为教师觉知与理解儿童的科学思维提供了及时支持。

(3)采用多途径、多方法观察评估幼儿的科学思维。其一,幼儿园一日活动中实现幼儿基本科学思维的观察记录。如一日活动的不同环节中,有的儿童爱提问,提出科学性问题,提出自己的假设,或要求老师帮忙一起验证自己的预测等,此时可以用核查表的方式做记录,或用"学习故事"做记录——用文本、图片或视频记录下当时的情境(儿童科学思维的具体表现)。园所教师与幼儿家长可以在日常生活情境中随时观察、非正式的连续记录,形成鲜活生动的评估。其二,对于平时非系统的随机观察所发现的基本科学思维发展突出的个体,可以运用一对一测评或小组测评,进一步评估考察幼儿综合科学思维水平、科学创新创造潜力。具体评估方法可采取上述归纳的"基于动手操作实验的动态评估"取向,选用斜坡任务,对幼儿综合科学思维能力发展进行充分评估。当然,时间和条件允许的情况下,综合运用其他方法,可以提供更丰富的数据参考。其三,对于平时非系统的随机观察所发现的科学思维发展滞后的个体,可以运用一对一测评,进一步考察该个体幼儿科学思维具体滞后的程度和表现。具体评估方法可采取"基于多个独立问题的选择性评估"或"基于故事情境的递进性访谈评估",从而获得确切的数据参考。

(4)与相关机构研究人员或专家学者合作,实现幼儿园儿童科学思维发展的大范围正式评估。鉴于当前我国幼儿园班级规模大、师幼比小,单纯依托幼儿园班级教师会有较大的难度。但大范围的观测与评估并非不需要,而是需要区域层面的政策支持、人力和财力支持。正如国际上青少年学习与发展的比较评估项目 PISA(Programme for International Student Assessment)是自上而下展开的大量专业人员投入的评估工作。

对幼儿科学思维发展的观察与测评有助于我们追溯问题的源头,有助于园所机构、家庭社会启蒙所有儿童的科学思维,也有助于园所、学校对科学创造力资优儿童的早期发掘和及时支持,继而为日后青少年科学思维与科学创造力的整体发展奠定基石,为拔尖创新人才早期呵护与培养奠定基石。未来研究也可以考察儿童早期科学思维发展对日后成熟的科学思维能力的影响(Osterhaus,Brandone et al.,2021),或探索我国幼儿科学思维的发展机制、影响因素、早期培养与支持质量等。

第三章

高质量学前 STEAM 教育的内容选择

一切教育的关键在于教学内容的选择(雅斯贝尔斯)。物性不良,虽易牙烹之,亦无味也(袁枚)。STEM 跨学科课程活动设计中,难点在于如何选择活动内容,如何将所有活动有机整合在一起(杨元魁,叶兆宁,2018)。好的内容原料是实现优质 STEAM教育的关键基础,是 STEAM 教育核心目标达成的重要保障。本章在梳理国内外有关STEAM 教育内容的基础上,聚焦探索学前 STEAM 教育高质量内容的活水源头与精选之要。

第一节 学前 STEAM 教育内容研究与实践述评

一、学前 STEAM 教育内容

(一)何谓学前 STEAM 教育内容

教育内容是关乎"教什么""学什么"的问题。教育内容一般体现在课程内容、活动内容、教与学内容上。巧妇难为无米之炊,内容是各级各类教育教学活动展开的原料与载体。学前 STEAM 教育内容即学前阶段 STEAM 教育中教与学活动所涉及的原料——究竟以什么内容而展开,究竟带领幼儿探索什么、学习什么等。活动内容的选择是幼儿园 STEM 教学活动设计的核心环节之一(吴振华等,2023)。由于 STEAM 教育本身的特性,STEAM 教育在活动内容的选择与把握极具挑战性。

(二)学前 STEAM 教育内容的重要性

教学内容是课程的核心(袁磊,张昱昕,2019)。纵观国际幼儿园科学教育改革与发展,无一不以对幼儿科学教育内容的研究和探讨为核心,改革的焦点就是对科学教育内容的调整和完善(高潇怡,2017)。2022 年我国教育部发布的《科学课程标准》明确强调,精选对学生终身发展有价值的课程内容(教育部,2022)。2022 年联合国在"教育变革峰会"上强调,提供更加优质的教学内容和创新的教学方式。教学内容与师幼互动是直接关系学前儿童学习质量的重要变量(Maier et al.,2022;Nores et al.,2022)。综上,高质量 STEAM 教育内容供给是高质量 STEAM 教育实践落地的关键基础。

二、学前 STEAM 教育内容研究与实践现状

(一) 学前 STEAM 教育内容研究进展

目前国内学界对学前 STEAM 教育的研究涉及引介国外幼儿园 STEAM 教育经验(胡恒波,2017;马慕青等,2018;韦倩倩,2019),进行 STEAM 教育实践应用的本土探索,如 STEAM 教育理念如何应用于学前儿童科学教育(杨晓萍等,2018;李学书等,2020 等,以及 STEAM 课程或项目活动设计(张茉等,2018;赵辉等,2019)等。学前或幼儿园 STEAM 教育内容问题逐渐引起关注,如吴振华等(2023)就幼儿园 STEM 活动内容的选择问题进行了较为深入的探讨,提出了幼儿园 STEM 活动内容选择的原则,即目的性原则、适宜性原则、生活性原则、价值性原则,幼儿园 STEM 活动内容的来源是幼儿的生活世界和早期学习标准,幼儿园 STEM 活动内容从幼儿的生活中随机生成,以促进幼儿更好地生活和发展为核心。此外,国内更多的是面向中小学阶段 STEAM 教育的内容探索。代表性学者袁磊等提出 STEAM 课程内容来源于三大领域:学科领域、项目领域、综合生活领域,指出将具体学科作为课程的基础内容,培养学生的思考与学习能力;通过完成项目实现能力进阶,让学生具备实践与动手拓展能力,课程内容与生活领域关联,有利于发展学生的交往意识与公民道德意识,这三大领域设计项目有助于学生对事物的全新认识及其生活经验的增长(袁磊,张昱昕,2019)。尽管如何设计好 STEM 教育的课程内容是全世界所关注的热点,目前我国对 STEM 教育的课程内容设计研究处于刚刚起步阶段(胡英慧,2018)。如何追根溯源地寻找学前 STEAM 教育内容的活水源头? 又如何精选体现 STEAM 教育实质且有助于学前 STEAM 教育核心目标达成的真实问题? 面向学前阶段的 STEAM 教育内容问题值得引起关注和重视。

(二) 国内外园所机构 STEAM 教育内容现状

我国幼儿园 STEAM 教育处于初步探索的实践阶段,加上科学理论借鉴不足和缺乏经验指导,具体实施过程中不免涌现诸多混沌与困惑。当中,实施 STEAM 教育的突出难点是找不到 STEAM 教育的机会或体现 STEAM 教育实质的内容。如有幼儿园园长指出,幼儿园 STEM 活动存在内容"失真"、儿童"失语"、价值"失缺"问题(张蕊,2022);以及盲目照搬中小学内容,或者以固定学科标准提出一些"假"问题,让幼儿寻找"唯一"答案(张蕊,2022)。有的园所直接使用从市场购买的材料以开展 STEAM 教育,出现融入幼儿生活不足、解决真实生活问题体现不明显等问题(洪燕

等,2021)。有的园所机构则依托原有科学课程进行 STEAM 教育,学科融合性较差,课程内容单一或过分注重机器人、3D 打印、编程技能(苏彤,2019)。此外套用概念、换汤不换药等,STEAM 教育实践弥漫在各式各样的口号之中。幼儿园 STEAM 教育的机会究竟从何而来?如何捕获体现 STEAM 教育本质又紧随幼儿兴趣,且具有终身学习发展价值的高质量内容?这是幼儿园 STEAM 教育实践面临的真切而突出的难题。

三、高质量学前 STEAM 教育的内容定位

只有体现 STEAM 教育实质的实践,方可真正发挥 STEAM 教育的潜力与优势。反之,脱离现实世界真实挑战的问题,则不能构成 STEAM 教育。如,简单的知识拼接或是程序化的动手操作都不能称之为真正的 STEM 教育(杨柳玉,杨晓萍,2021)。STEAM 教育是通过锚定真实问题、聚焦真实问题而实现跨学科的有机融合,是基于真实问题解决而实现跨学科自然融合的教育理念。这些问题是人类社会生活中、现实世界里待解决、有挑战的现实难题或前沿未决问题——背后蕴含核心科技工程问题——需要科技、工程、数学、艺术等多学科通力合作,而不是人为设计的、学科抽象的、虚拟模拟出来的问题,或单一学科领域问题,更不是假问题或无问题。通过解决真实生活情境中遇到的问题,儿童发现和创造了自己的知识(Broderick,Hong,2022)。要在众多孤立学科中搭建一个以儿童为中心、为儿童提供跨学科认识世界的整合系统,首要的是寻找与精选现实世界中真实的好问题。

因此,学前 STEAM 教育内容选择基本定位即围绕和聚焦"真实问题"。学前 STEAM 教学可以问题为学习的起点,以问题为主轴架构学习内容,问题的解决贯穿整个教学过程(王梅,2022)。凡属"从根本上脱离了 STEAM 教育的本质"(袁磊,郑开玲,张志,2020),没有问题、假问题(如以固定学科标准提出一些"假"问题)、非真实性问题的 STEAM 教育都不在高质量学前 STEAM 教育内容选择的话题探讨之内。

据此,须树立的两个重要理念:(1)STEAM 教育强调教师敏感于真实问题。真实问题本身具有天然的跨学科性。STEAM 教育是通过高质量的真实问题而实现跨学科的自然融合。它并不是强调教师刻意整合多个科目的教学内容,努力增加学科之间的关联性,也不是刻意为整合不同学科而整合不同学科,为打破学科界限而去寻找主题或内容。现实问题不会以单一学科的面貌出现(丁杰等,2013)。现实世界真实问题的解决往往不是单一学科、单一个体或单一部门能胜任,它们需要多学科、多领域、跨学科的协同努力与有机整合,因此具有天然的跨学科性。(2)一个特定真实问题究竟融合了多少个学科由解决该真实问题的探究过程决定。其跨学科性并不局限于科学、技术、工程、艺术、数学这五个学科,也不一定非要科学、技术、工程、艺术、数学五个领域全部囊括。如有学者指出 STEM 教育不应将重点放在某个特定学科或者过度关注学科界限,应当将重心放在特定问题上,对问题有新的、更广泛的视角,对复杂问题的相互关系有更深的理解(Morrison,2018)。国外婴幼儿 STEAM 教育相关教材中也呈现出,不同

STEAM 探究活动所蕴含的 STEAM 元素不同,覆盖的 STEAM 领域随问题不同而不同(详见附录 3)。

四、面向未来的 STEAM 教育

教育不仅是对我们已经知道的或已经存在的事物的复制,也是对新的开始和新人进入这个世界的方式有真正的关注(比斯塔,2018)。教育是面向未来的事业,它需要具有预见性和前瞻性(王北生,王程程,2017)。2021 年加拿大英属哥伦比亚大学线上举办的第六届 STEM 国际教育大会指出,面对新冠疫情、气候变化、就业转型等诸多现实挑战,STEM 教育工作者比以往任何时候都需要为世界复杂问题提供解决方案(李刚,2022)。面对信息技术、人工智能、云计算、大数据带来的科技巨变,科学教育改革应该着眼于学生未来生活,尽早让学生们了解不同问题解决的新思路和新方式,让他们更好地为未来做准备(李川,2022)。然而,中山大学校长、中国科学院院士高松指出,我们的教育基本是用过去的知识教给现在的学生,希望他们去解决未来的问题。因此,教育要真正面向未来,就必须认真检视当下的课程内容:究竟哪些内容是儿童未来生活真正需要的?教育者应该精心选择,将那些对儿童未来发展最有价值和意义的部分在课程中呈现给他们(许可峰,2015)。探索具有中国特色的 STEAM 课程改革需建立融时代要求与现实情境的 STEAM 课程内容体系(宋乃庆,高鑫,陈珊,2019)。

以真实问题解决为本质特征的 STEAM 教育需要面向世界、面向未来、面向前沿、面向人类社会真实的艰巨挑战,需要打开儿童认知的视野,呈现给孩子们开放的世界与未来。那么,瞄向世界前沿(未决)真实问题,不失为 STEAM 教育面向未来的一种实践取向,或儿童 STEAM 教育课程内容优化升级的一种补充。即锚定在青少年儿童生活中有映射、有体现的世界前沿未决真实问题或我国前沿未决科技工程难题,作为 STEAM 教育内容获取的一种思路与源泉,并在其中进行认真考究、精心挑选。世界前沿真实问题不仅能形成有序递进的课程内容体系,给不同学段青少年儿童螺旋上升的操作探究空间,虚心倾听青少年儿童对世界前沿未决真实问题的感受、思考,也有可能启发我们对这些前沿问题解决的新思路、新视角、新途径,为科技界和人类社会提供灵感与智慧,或有可能更好地整合人文艺术的视角,发挥 STEAM 跨学科探究优势,既而真正通向问题解决之正道。新一轮的前沿科技迭代与人工智能迅猛发展,世界百年未有之大变局加速演进。青少年儿童在前沿真实问题的感知与探索中也有助于发展其广泛的适应力、整体的认知力、综合的判断力和融合的想象创造力等。

第二节　高质量学前 STEAM 教育的内容源泉与遴选策略

一、高质量学前 STEAM 教育的内容源泉

高质量发展的重要表现是提高供给质量。对教师而言,一项艰巨的任务便是协助孩子找到一个够大、够难的问题,可以让幼儿投注最多的精力并长时间思考(卡洛林·爱德华兹等,2006)。就 STEAM 教育而言,从哪去寻找切实有待或需要解决的真实问题? 哪些途径可以捕捉到幼儿生活中有价值、够大够难的真实问题? 我国《幼儿园教育指导纲要(试行)》指出:幼儿园教育活动内容的选择应遵循"既适合幼儿的现有水平,又有一定的挑战性","既符合幼儿的现实需要,又有利于其长远发展","既贴近幼儿的生活来选择幼儿感兴趣的事物和问题,又有助于拓展幼儿的经验和视野"的原则。基于此原则以及前文的梳理分析,下面尝试提出学前 STEAM 教育内容的三类活水源头。

(一)幼儿真实问题

"幼儿真实问题"是指幼儿在生活中自己直接经历、"遭遇"或碰上的真实问题。"相遇"场所包括幼儿小脚所到的地方,在家生活、在园一日活动,或在户外、公园玩耍等中他们自己"遭遇"的真实问题都属于幼儿真实问题。如幼儿园阅读区书架上的绘本容易掉落,怎么给书架增添设计,能让绘本稳稳地放着不掉落呢(沈亚琴,2019)? 雨天路滑,如何设计一双防滑的雨鞋(袁磊,张昱昕,2019)? 下雨天好想像小猪佩奇一样踩水踩泥坑玩,可是怎么能让雨鞋不易打滑摔跤呢? 或暑假要外出旅游了,如何给自己宠爱的小狗做一个定时供给食物和水的装置,等等。这类问题纯粹是幼儿视角下的、幼儿自己有切身困惑或需求的待解决的真实问题。综上,幼儿真实问题通常呈现出以下特点:(1) 幼儿自己遇上的、有困惑或苦恼的、有迫切解决需求和愿望的真实问题。(2) 大多是微小的、零碎的、常规或常识性的真实问题。(3) 对幼儿而言或有一定挑战,或完全没有挑战——出于畏难而成为的问题。生活中幼儿自己"遇见"的真实问题是真实问题的重要来源。不过,由于幼儿通常生活在包裹好的环境里,这类问题的来源可能变得狭窄、浅显或微小,以至于难以提炼出适合 STEAM 教育的活动内容。因此幼儿真实问题不是幼儿园 STEAM 教育内容的唯一来源。

(二)微真实问题

"微真实问题"是指相对人类当前认知而言已解决的、普通常见的真实问题,同时也是幼儿在生活中看到、听到、感知或体会到的真实问题。在幼儿周围世界、幼儿生活所触及的地方,不乏各种各样的常见真实问题。如某小区电瓶车起火导致重大火灾或单元电梯坏了,家里马桶或水管堵塞,某学校楼梯拥挤发生踩踏或公园垃圾桶臭味熏天,

等等。这些问题不一定是幼儿自己碰巧"遭遇",但幼儿在生活中有见闻、有感知或有真切体会。因此微真实问题通常是幼儿日常生活中感受到的真实发生、存在或有待解决的现实问题,它们对幼儿而言有一定挑战但对人类认知、成人世界而言是已知领域、有确切解答的常规问题。微真实问题通常呈现出以下特点:(1)是幼儿在生活中看到、听到、感受到的真实问题。(2)相对于人类认知或成人世界而言,是已知的、常规的、无挑战的普通或老旧问题,相对于幼儿而言是有挑战的、未知的、棘手的新问题。(3)问题可能宏大也可能微小,可能形成长时间的 STEAM 深度探究活动,也可能仅 1—2 次STEAM 探究活动就完全解决问题。

(三)前沿真实问题

"前沿真实问题"是相对于"微真实问题"而言,即就人类当前认知而言是有挑战的、至今尚未解决的前沿性真实问题。这样的问题同时在幼儿生活中有体现、有映射、有现象表现。通常政府部门或相关学术机构会发布和更新人类至今未决的科学问题,或一段时间内有挑战的重大科学、工程技术难题。如 2021 年上海交通大学携手《Science》共同发布 125 个人类当前与未来面临的重大科学问题(任朝霞,江倩倩,2021),或中国科协每年发布的重大科技难题(自 2018 年始)。如 2022 年中国科协发布 30 个重大问题难题,2023 年发布 29 个具有前瞻性、创新性和引领性的前沿科学问题、工程技术难题和产业技术问题。这些前沿真实问题可能涵盖了数理化基础科学、地球科学、生态环境、制造科技、信息科技、先进材料、资源能源、农业科技、生命健康、航天科技等不同学科领域,属于对世界或对我国有挑战的、综合性的、跨学科性的真实难题。研究发现,与简单的任务相比,具有挑战性的任务会带来更高的好感度和参与度得分、更大的瞳孔反应等(Sayalı,Heling,Cools,2023)。美国重构 STEM 课程时也强调在解决大挑战的过程中深化概念理解。从最广阔的视野里去获取信息,把世界前沿未决科学工程技术问题的具象或原型带到儿童面前而不是囿于已知的领域,年复一年地重复过时的内容。这是幼儿园 STEAM 教育内容不可或缺的来源。正如荷兰哲学家比斯塔所指出,教育不仅是对我们已经知道的或已经存在的事物的复制,也是对新的开始有真正的关注。这种导向可能首先涉及我们如何帮助我们的孩子参与这个世界中(比斯塔,2018)。面向世界、面向未来的 STEAM 教育需要有仰望星空、关注前沿的意识。前沿真实问题通常呈现出以下特点:(1)在幼儿生活中有现象表现或有映射、有延伸,同时是世界前沿的、人类未决的、实时更新的真实问题。(2)对人类社会或对我国当前有巨大挑战、亟待攻克的难题。(3)有利于形成较长时间深度探究的 STEAM 项目,甚至形成从幼儿园—中小学—大学一体化的探索项目。

(四)幼儿真实问题、微真实问题与前沿真实问题的异同

幼儿真实问题、微真实问题与前沿真实问题有相同点也有明显区别。表 3-1 从多个维度对其相同之处与主要区别进行了分析概括。

表 3-1　幼儿真实问题、微真实问题与前沿真实问题的比较分析

		幼儿真实问题	微真实问题	前沿真实问题
异	来源特征	生活中幼儿自己遇上的真实问题	生活中幼儿有感知、有见闻的非前沿真实问题	在幼儿生活中有映射、有体现的世界前沿、人类未决的真实问题
	实例列举	如何照顾好不幸摔落下的受伤雏鸟（碰巧遇见）？	高楼发生火灾时，怎么让消防车的云梯升得又高又安全？	（夏天持续高温、异常炎热）如何利用遥感科技对地球健康开展有效诊断、识别？
	相对于人类当前的经验与认知	已知的、普通的、简单的真实问题	已解决的、常规的、普通的真实问题	未（完全）解决的、错综复杂的、对人类有巨大挑战的真实问题
	问题涌现的一般特征	随机的、零碎的、微小的、不确定的	半随机的、普遍或广泛存在的、或大或小的	非随机的、国际社会或学术机构归纳的、宏大的、较长时间或长期存在的、变化更新的
	可能形成的 STEAM 探究项目	微小项目或短期项目	微小项目或短期项目	大型项目或长期项目（如可实现大中小幼一体化持续探究项目）
	侧重对应的《纲要》原则	贴近幼儿的生活，符合幼儿的现实需要，适合幼儿的现有水平	贴近幼儿的生活，符合幼儿的现实需要，适合幼儿的现有水平	有一定的挑战性，有利于其长远发展，有助于拓展幼儿的经验和视野
	主要产生方式	观察、倾听与跟随	观察、倾听与引导	收集发现、预设与生成
同	幼儿生活关联度	幼儿生活中的，与幼儿的生活有关联，在幼儿生活中有映射、有体现		
	问题性质	（1）有需求、待解决的现实真实问题，非编造假想问题、非抽象问题或无问题（2）这些现实的真实问题背后同时蕴含了核心科技工程问题		
	对应《纲要》原则	都符合《纲要》的内容选择原则		
	相对幼儿自身当前的经验与认知	生活中现实的、待解决的、有挑战的新问题与真实问题		

表 3-1 显示，以幼儿是否自己"遭遇"来看，"幼儿真实问题"是幼儿在生活中自己直接遇上的真实问题，"微真实问题"和"前沿真实问题"是幼儿在生活中有见闻、有感知体会的真实问题。也即，幼儿真实问题是幼儿自己在生活中遇上、碰到的困难、麻烦、问题——幼儿自己有解决问题的迫切需求。微真实问题、前沿真实问题是在幼儿生活中有映射、有体现，幼儿有一定的感知或体验的真实问题（如某高层住宅的水管堵塞影响到该栋楼里一些幼儿的生活）——他们不一定有关注或迫切解决的心理需求。以相对于人类当前认知与经验而言，"幼儿真实问题""微真实问题"相对于人类当前认知而言是已知已决的、常规常见的普通真实问题，"前沿真实问题"是未知未决的、错综复杂的、有巨大挑战的前沿性真实问题。

三者可能有重叠的时候,比如,"幼儿真实问题"碰巧可能是"前沿真实问题"或"微真实问题"。这样的耦合并不妨碍对以上三种来源的清晰划分,更多的时候这三者是相对独立地存在于幼儿生活中。三类问题同时具有以下共同点:都遵循 STEAM 教育内容选择的基本定位——聚焦"真实问题";都与幼儿的生活有关联——源于幼儿生活、在幼儿生活当中和现实场景下;都遵循《纲要》中的内容选择原则;相对于幼儿当前的经验与认知而言,都是有挑战、待解决的新问题。三类真实问题表象背后都蕴含或隐藏了核心科技工程问题,由此,问题解决的探索过程可能触及科技工程领域的核心概念或跨科学概念,可以实现跨学科的自然融合。

二、高质量学前 STEAM 教育的内容遴选策略

选择教育内容的过程,就是确定"什么知识最有价值"的过程(斯宾塞)。不是所有真实问题(无论哪种来源真实问题)都适合幼儿园开展 STEAM 教育,也不是所有真实问题都能给幼儿提供 STEAM 学习核心经验与长远发展价值。什么样的真实问题和哪些真实问题能吸引儿童的注意并保持其持续探究的兴趣? 如何锚定真正体现 STEAM 教育本质且能有效达成学前 STEAM 教育核心目标的好问题? 对此,下面着重探讨如何在三种真实问题中遴选代表性的高质量真实问题。

(一)选择有典型现象表现的真实问题

任何真实问题都会有其外部现象表现,有的偏隐蔽,有的偏外显;有的比较细微,有的比较宏大;有的普通常见,有的新奇有趣;有的平淡无奇,有的非同寻常;有的鲜活生动,有冲击力、震撼力……对于年幼的儿童而言,需要能直观地感知、体会到新奇有趣、突出凸显、有冲击力的具象现象。STEAM 教育内容要选择有典型现象表现的真实问题,借助突出的典型现象首先冲击幼儿的感官系统,从感官上牢牢吸住幼儿的注意力,先让他们的注意投入其中,既而引发他们思考探究的兴趣、持续探究的钻研热情等。而那些对比鲜明、非同寻常、鲜活生动、奇妙有趣、一目了然、印象深刻、令人惊奇震撼或疑问丛生,能激发儿童认知不平衡状态与好奇心,能开启伴随惊讶、兴奋、激动、疑惑、期待等情感体验的主动探索之旅的现象都属于典型现象(彭杜宏,2019)。研究表明,当个体看到与预期相反、不确定性、令人吃惊、反常或反直觉的奇异事物或现象时也最能引发其好奇心(Lewry et al.,2023)。对儿童而言,最重要的不是掌握科学,而是以直观的图片和形象来充实他们的精神世界(雅斯贝尔斯)。对儿童而言,最重要的也不是掌握核心概念,而是触动内心,点亮他们的好奇心,唤起他们对身边真实问题的探究兴趣与持续钻研的热情。如学前 STEAM 教育的首要核心目标是兴趣的点燃(参见第二章)。因此选择有典型现象表现的真实问题,呈现令人震撼、令人惊奇、能引发认知冲突的典型现象至关重要。

(二)选择蕴含核心科技工程问题及其问题链的真实问题

现实的、待解决的真实问题背后一般都自然融合了科学、技术、工程问题。但是否

蕴含了核心科技工程问题及其递进性问题链须进行分析与判断。比如,"我们可以创造一种环保的塑料替代品吗?"这一世界前沿性真实问题背后蕴含了"塑料要经过多久才会腐烂或消失? 日常居家生活可以不用塑料品吗? 能否用环保材料替代日常生活中的塑料用品以及如何做?"等核心科学工程问题以及由核心问题驱动的层层递进、螺旋上升的递进性问题链(彭杜宏,2023)。如同形成 1+N 链式问题,可纵向加深、横向拓展,有巨大的动态问题探究空间。这些问题也构成了儿童 STEAM 探究活动的重要线索与依据。正如采用阶梯式上升的项目确立方式有利于保证 STEAM 课程的连续性、延续性和系统性(王迪,2021),成长式问题化学习(Growing Problem-Based Learning,GPBL)的核心也在于难度渐增的真实问题设计,从而实现学生高阶认知能力的渐进式成长变化(邓鹏,2020)。相关研究发现,任务动态探究空间有利于促进个体的学习投入和认知努力(Sayalı et al.,2023)。此处所指出的核心科学技术工程问题分析,旨在强调呈现在幼儿面前的典型现象是具有多维发展价值、值得深入探究的真实问题。至于幼儿震撼于典型现象的同时会提出什么问题,有哪些疑问,对何处感兴趣,教师需进行倾听、记录、梳理,继而跟随、顺应、提炼幼儿提出的所有问题中值得深入探究的部分。

需说明的是,背后蕴含核心科学工程技术问题的真实问题往往同时关乎了"是什么、为什么、怎么办、怎么做"等多个层面,是既包含了探索自然世界事实规律又需要人类进行改进创造的跨学科问题。真实问题牵引,核心科学工程技术问题驱动、串联、贯穿整个真实问题的解决过程,在真实问题解决过程中自然引发多学科的融入与跨学科融合。因此,这样的真实问题也是跨学科性指数高的问题。

(三)选择能实现幼儿亲自动手操作探究的真实问题

操作学习是一种重要的学习类型(陈佑清,2010)。动手操作、身体行动是学前儿童 STEAM 学习的重要机制。儿童以亲自动手的操作性来触动思维、理解问题和解决问题而不是以观看、观察的旁观学习或思辨探讨来探究问题。学习是一种具身的行动(叶浩生,2022),认知是通过身体活动"生成的"(叶浩生等,2019)。我国《3—6 岁儿童学习与发展指南》强调要让幼儿体验探究过程,在其直接感知、亲身体验和实际操作中进行科学学习。因此,所选真实问题的探究要充分考虑到能让幼儿亲自动手操作探究。无法让幼儿亲自动手操作来感知体验探究的问题不适合选出来。

(四)选择有趣且能引发幼儿持续探究兴趣的真实问题

幼儿的认识活动受需求和兴趣的直接影响与控制,需求和兴趣是使认识活动得以维持和获得成功的首要前提(刘占兰,2008),因此跟随幼儿的注意、兴趣与好奇心是精选真实问题的必要考量。所选真实问题不仅是幼儿自己感兴趣或好奇的,而且能引发幼儿持续探究兴趣与钻研热情,既有足够的趣味性,又有长远发展价值。因而前三点策略也直接或间接地指向了趣味性、持续探究性以及思维启蒙性。如果幼儿感兴趣又持续投入思考,那么也反映了所选问题是适宜的。适宜意味着园所教育教学一方面契合儿童当下的认知发展与生活经验,另一方面帮助每个孩子实现有助于其持续发展和学习的具有挑战性和可实现的目标(Copple et al.,2014)。

　　综上,精选学前 STEAM 教育内容时要选择现象典型、蕴含核心科技工程问题、具有可操作性、有趣且适宜的真实问题,也即现象典型性、跨学科性、动手操作性、有趣性等指数高的真实问题。实现学前 STEAM 教育以现象典型的真实问题驱动,核心科学工程技术问题引领,导向幼儿 STEAM 探究兴趣与 STEAM 思维,继而实现学前儿童 STEAM 兴趣的点燃、STEAM 思维的启蒙与学习品质的塑造等教育目标。

三、寻找与发现各类真实问题的具体途径

　　寻找与发现适合学前儿童的高质量 STEAM 课程内容是高质量 STEAM 教育实践落地的根本保障。上文提出学前 STEAM 教育内容的三种主要来源:幼儿真实问题、微真实问题、前沿真实问题,相对于幼儿自身的当前经验与认知而言,它们都是扎根幼儿生活中的待解决、有挑战的新问题。这三种来源的真实问题可作为幼儿园 STEAM 教育课程内容资源建设的重要参考。需要进一步思考的是,如何有效寻找、发现或获取这些不同类型的真实问题?

　　下面六条途径供参考:(1)随机观察、倾听与记录幼儿在园一日活动中遇到的、聊起的真实问题。(2)与幼儿交流讨论他们在生活中遇到的、想解决的真实问题,或让幼儿画一画他们感兴趣的真实问题,再辅以询问交流以明确他们的所思所想。(3)向家长调查了解平时幼儿在家或出外玩耍时看到的、感兴趣的真实问题。(4)在特定环境(如公园里、科技馆、消防站)参观时、自由活动(如阅读区、图书馆或种植地)中教师敏锐观察、倾听与记录幼儿的兴趣点、提问与疑问等(上述都可为幼儿真实问题、微真实问题的获取途径提供参考)。(5)关注幼儿生活周围的社区与社会,乃至国内国际一些新闻报道,对发生在成人世界里的某些热点或事件保持关心与关注。或近或远的身边事件与真实问题是微真实问题捕捉的有效途径。(6)关注与收集国内外权威科学机构、官方网站、政府部门等重大科技工程难题的新近信息,可为前沿真实问题的捕捉提供行之有效的策略和途径。找到适合学前 STEAM 教育的真实问题之活水源头,明确从中进行精选的策略与要领,由此打开了学前 STEAM 教育优质内容资源建设的大门。

　　在学前 STEAM 教育内容选择过程中,教师的重要角色之一是观察与倾听、发现与记录,有意识、有目的地积累高质量的内容资源。观察倾听、捕捉记录、分析精选、动态积累高质量的内容资源正是尊重儿童的真实表现。教师敏感地积累高质量的内容资源也有助于更好地跟随儿童的兴趣。比如,面对眼前的班级幼儿时,究竟选择哪个真实问题来设计探究活动,可以完全追随儿童的目光与兴趣。对于幼儿不感兴趣的问题,不去探索;对于幼儿比较感兴趣的问题,追随儿童的兴趣;对于幼儿很感兴趣的问题,可以持续探索,一个月、一个学期或一学年,无需规定期限。所精选问题背后的巨大探索空间足以让幼儿在当中自由驰骋。同时,对于班级里多样的兴趣,在特定的某个时段,可以采取从多到少选再到迫选,让幼儿自己选出他们当下最迫切期待解决的真实问题。此问题探究结束或探究到一定程度——比如幼儿的兴趣与兴致不高了,则接上前面选出的"次迫切"问题继续探究。尽管不同类型的问题、不同挑战大小或问题空间的真实

问题可以形成不同大小的 STEAM 探究项目,但究竟探究什么真实问题、究竟形成什么 STEAM 项目、究竟探究多长时间等,可以完全追随幼儿的兴趣、热情与投入程度。只要是围绕精选出的真实问题展开探究,幼儿的提问、推理、实验或天马行空的假设、想象、设计、创造乃至犯错、失败、改善等,都在启蒙与发展着幼儿的 STEAM 兴趣与跨学科思维。教师的目的不是让学习变得顺利或容易进行,而是借由更复杂、更深入、更凸显的问题去刺激学习的进行(卡洛琳·爱德华兹等,2006)。

四、结语

幼儿园 STEAM 教育的机会究竟从何而来?如何获取高质量的 STEAM 教育内容构成了园所机构 STEAM 教育实践的关键挑战之一。本章从 STEAM 教育实质与学前 STEAM 教育内容定位出发,提出学前 STEAM 教育内容获取的主要源泉是幼儿真实问题、微真实问题与前沿真实问题,高质量 STEAM 教育内容的精选策略包括:选择幼儿生活中现象典型、蕴含核心科技工程问题、可实现幼儿亲自动手操作、具有趣味性且适宜的真实问题。寻找与发现各类真实问题的途径包括:观察倾听、记录跟随幼儿在园一日活动中遇到的真实问题,询问调查家长反馈的幼儿感兴趣的真实问题,关注关心身边社会(重大)新闻事件,收集权威机构或官网期刊的信息发布等。掌握高质量内容的活水源头与精选之要,可为学前 STEAM 教育优质课程内容资源建设与学前STEAM 教育核心目标有效达成保驾护航。

附录3　国外面向婴幼儿 STEAM 教育教材的内容分析

教材是重要的课程资源。深入分析国外教材内容与编制特色对有效推进我国STEAM 教育实践有着特别重要的借鉴意义(何善亮,2019)。有关中小学科学教材中STEAM 教育的内容分析日益出现(何善亮,2019;蔡婷婷等,2020;黄晓等,2020),面向学龄前儿童 STEAM 教育教材内容的分析极少,这可能与学前 STEAM 教育的著作或教材偏少有关。下面精选了两本国外面向婴幼儿 STEAM 教育的教材,对其内容进行质与量的深度分析。通过分析其特点、学习其优点、避免其缺点,为我国学龄前的婴幼儿在家或在园的 STEAM 教育活动(如内容选择、活动设计等)打开视野,为复杂的STEAM 教育理念如何落实到日常探究活动中提供看得见、摸得着的思路与参考。

一、分析对象

虽然国内外的学前教育都涵盖科学教育领域,但目前国内极少有面向婴幼儿的STEAM 教育教材。笔者选取两本来自美国的面向婴幼儿的 STEAM 教育英文教材——《婴儿与学步儿的 STEM 学习》(*Baby Steps to STEM：Infant and Toddler*)(Jean，Barbre，2017)和《儿童 STEAM 启蒙》(*STEAM Kids*)(Carey，Dziengel et al.，

2016)作为分析与借鉴的对象。这两本教材既面向年幼儿童,又是由具有丰富 STEAM 教育经验者开发编写的,因而具有较高的可参考性。

《婴儿与学步儿的 STEM 学习》是 2017 年出版的面向最小的儿童(3 岁以下)的 STEM 教育教材。该书作者吉恩(Jean)博士是加州州立大学长滩分校儿童与家庭研究硕士、加州州立大学富勒顿分校咨询硕士、佩珀代因大学教育领导学博士。她有 30 多年的儿童和家庭工作经验,目前在社区学院和加州州立大学系统教授早期儿童课程。《儿童 STEAM 启蒙》是 2016 年出版的风靡英美的 STEAM 书籍,主要针对年幼儿童(4~10 岁)而设计的可动手操作的 STEAM 项目活动。该书的作者坚信 STEAM 教育对孩子的体验和学习很重要,他们中有工程师、教师、数学迷、艺术爱好者等。

二、教材内容及其特点分析

遵循自下而上的扎根分析思路,即客观深入地分析归纳各教材本身蕴含的特点,从"教材目标与整体架构"与"教材的内容组织"两大方面先分别分析各教材特点,然后整体归纳其共同点与不足之处。

(一) 教材目标与整体架构

1.《婴儿与学步儿的 STEM 学习》

《婴儿与学步儿的 STEM 学习》旨在介绍 0~1 岁的婴儿、1~2 岁和 2~3 岁的学步儿(以下简称"婴儿—学步儿")如何开展 STEM 学习。作者提出婴儿自出生就自带对世界的好奇,他们醒着的时候都在发现新的事物,学习新的经验。保教人员应从婴儿—学步儿起就有意识地为儿童提供 STEM 感知探索的多样化、高质量的环境,并注重家庭—园所的合作。全书主要由前言、四个主体部分(婴儿—学步儿是如何学习的、保教人员的角色与需做的重点、如何在小小孩中推进 STEM 学习、STEM 探究活动)和附录(术语、支持 STEM 学习的书目、STEM 探究活动概念索引、年龄索引、参考文献)构成。四个主体又可分为两大板块:第一大版块主要阐述婴儿—学步儿学习的规律以及如何在小小孩中推进 STEM 学习的基础理论知识(第 3~47 页)。第二大版块主要介绍了适用于不同月龄婴儿—学步儿的具体的 STEM 探究活动(第 48~147 页)。教材既有基础性、前提性的理论介绍与阐述,又有 STEM 教育实践的具体设计与指导。

2.《儿童 STEAM 启蒙》

《儿童 STEAM 启蒙》旨在激励下一代像科学家一样提问,像技术专家一样设计,像工程师一样建造,像艺术家一样想象,像数学一样推理演绎,像孩子一样游戏玩耍;旨在培养儿童的创新创造力与领导力。它是针对入园儿童与小学低段儿童(4~10 岁)而设计的 50 多个 STEAM 项目探究活动,其中一些探究活动做些改变后也适用于更年幼的儿童或更大一些的儿童。教师可以用它来做教学参考,它也可以作为在家中做亲子活动的学习资料。全书由建构(Build)、颜色(Color)、游戏(Play)、感知(Sense)、生长(Grow)五个项目构成,五个项目覆盖科学、技术、工程、艺术、数学领域。在框架编排上,全书主要分为三个版块:第一版块重点介绍上述五个项目的 STEAM 探究(第9~91页);第二版块则介绍这些不同的项目活动的灵活有效安排,例如如何安排到学校夏令营、春假、学校 STEAM 家校活动或夜活动中(第93~106页);第三版块为附录,含挑战性材料的列举、前面各项目的延伸学习资源(链接)、术语索引、作者介绍、日志范例(第107~130页)。

(二)教材的内容组织

1.《婴儿与学步儿的 STEM 学习》

纵观《婴儿与学步儿的 STEM 学习》,整本教材在内容组织上突出了理论基础和 STEM 实践活动指导并重的特点。同时,理论与理念的阐述在正文四个主体章节中占了三个(即婴儿—学步儿是如何学习的、保教人员应当扮演的角色、如何在小小孩中推进 STEM 学习)。这反映出本教材重视前提性、基础性理念的铺垫与夯实。理念与观念的转变也可能是在对这些年龄最小的儿童进行 STEM 教育时最先需要突破的。

在理论阐述中,覆盖了对下一步的 STEM 实践探究活动而言很重要的基础性知识与关键性理念,包括关乎儿童早期发展、学习心理、大脑发育等的基础性理论。例如,在"婴儿—学步儿是如何学习的"部分,阐述了儿童早期大脑的发育、直接经验学习、游戏的重要性、发展适宜性等。在"保教人员应当扮演的角色"部分,阐述了敏感性回应、为 21 世纪学习者准备(如 4C 技能——批判性思维、交流、合作、创造力)、早期学习环境创设(如 STEM 学习中心)、记录(即捕捉儿童学习的时刻)等。在"如何在小小孩中推进 STEM 学习"部分,阐述了科学探究(包括观察与倾听儿童、鼓励儿童提问、使用开放性提问等)、儿童的科学启蒙和儿童的数学、工程、技术学习等。全书强调高质量的保教,提出保教人员应该精通专业知识,充分具备 STEM 理念和自信,知道不同月龄段儿童应获得什么样的经验,发展到什么水平,能在安全、整洁并富于支持性的环境中给 0~1 岁婴儿、1~2 岁学步儿、2 岁左右儿童提供不同的高质量活动。

STEM 探究活动部分主要是设计适合不同月龄、涵盖不同领域的具体探究活动,共有 60 个。例如,漂亮的小花、宝宝玩泡泡、漂亮的蝴蝶、漂浮的橘子、泡泡魔杖、泡泡毛毛虫、滴画、冰山、树叶印画、彩虹罐子、我们玩球吧、魔镜呀魔镜、滚大骰子、风的鸣响、捏捏软肥皂、吹纸风车、敲钟等。每一个活动又包括如下成分:适用年龄、覆盖的 STEM 领域、可获得的学习结果、教学策略、活动材料、活动准备、活动指导(如何开展活动)、活动延伸、可学习的词汇、探究性提问与评价、家园共育、推荐书目等。

下面以"敲钟"为例进行具体分析。(1)适用年龄:适用于所有月龄段,即 0~1 岁婴儿、1~2 岁学步儿和 2~3 岁儿童(Infants,Toddlers,Twos)。(2)覆盖的 STEM 领域:科学(物理科学、地球科学)、科技(简单工具)、工程(工程)、数学(分类)四个元素。(3)可获得的学习结果:儿童增长对不同形状的钟和不同形状钟发出的不同声音的理解,以及增加风和动作是如何影响铃舌和钟发出来的声音的理解。(4)教学策略:钟和风铃的铃舌在撞击钟和风铃的表面时会发出声音。(5)活动材料:不同的钟和铃,比如摇铃、学校的铃、牛铃、风铃、哨子。(6)活动准备:将风铃挂在教室外面,引导幼儿听风吹动风铃的声音。(7)活动指导:给幼儿捧起、触摸、听每一个铃和口哨,讨论他们发出的不同的声音,解释风铃和钟都有铃舌,当铃舌撞击表面时,会发出声音。请幼儿先轻轻地摇铃,听声音,再用力地摇铃。解释口哨发声的原因以及为什么口哨声音和铃声不一样。提示:有些儿童对声音很敏感,教师可能需要去室外做活动。小心地照看小一点的幼儿,确保他们不吞食小物件。(8)活动延伸:A. 通过将纸巾筒从中间剪成两半来做手铃。用印相纸包裹纸筒,印相纸可以让纸筒更经久耐用。在纸筒两端离边沿 1 英寸的地方打孔,将两个摇铃分别用细绳穿过小孔,并系紧。请幼儿自己装扮外面,然后边摇边玩。B. 用铃做调整变化的提示。(9)可学习的词汇:铃、钟、风铃、铃舌、摇响、风、挂、噪音、响、柔和、声音。(10)探究性问题与评价:今天我们要来一起看看很多很多的铃,它们都会在我们摇他们的时候发出不同的声音。我们一起来听听这个铃的声音。摇铃和手铃听起来一样吗? 你最喜欢哪个铃,为什么? 你想来摇铃吗?(11)家园共育:邀请家长和孩子一起摇摇家里的铃,吹吹哨子,并把家里的铃带到学校来分享。(12)推荐书目:《今天是什么天气?》《什么导致了季节的变化?》《春天里风大的一天》《风在吹》等。

经统计,书中 57 个实验覆盖科学,37 个实验覆盖技术,17 个实验覆盖工程,50 个实验覆盖数学。反映出科学与数学是 3 岁以下婴幼儿 STEM 学习的重心。同时,有 12 个实验同时覆盖四个领域(即科学、技术、工程、数学),28 个实验覆盖三个领域,11 个实验覆盖两个领域,9 个实验覆盖单个领域。STEM 探究实验覆盖的领域相互渗透、交互融合、综合体现,仅覆盖单个领域的实验较少。

2.《儿童 STEAM 启蒙》

《儿童 STEAM 启蒙》是一本以项目贯穿、内设活动的教材。全书由五个大的项目构成,即建构、颜色、游戏、感知、生长。每个项目下又内设或包含 9～12 个不等的 STEAM 探究活动,共计 52 个探究活动。

教材主要版块是项目及其内设的活动介绍。下面以"建构"项目为例进行分析。建筑(Build)这一项目共包含 10 个独立探究活动,即昆虫旅馆、建构的挑战、玩具车改造、用 PVC 管子制作弹弓、电路故障、保护鸡蛋不摔碎、纸电路、制作弹射器、粘起来并搭建(如城堡等)、制作泥浆块。每一个独立探究活动都包含如下成分的分析:难度系数、用时预估、所需的活动材料、背后蕴含的 STEAM 学习、活动指导、活动延伸、覆盖的 STEAM 领域。以"昆虫旅馆"探究活动为例进行具体说明。昆虫旅馆活动是引导幼儿在后院里建构一个旅馆给昆虫,然后观察这些昆虫的进出等情况。(1)难度系数:3(最难为 5)。(2)预计活动时长:20 分钟。(3)所需的材料:泥盆/泥罐、铝箔、熔融石蜡、塑料吸管大把、麻绳。(4)蕴含的 STEAM 学习:这是一个不用捕捉昆虫而自然地聚焦观察昆虫的好活动。在建构与打扮旅馆中融入了工程与艺术学习;在需要用多少根吸管以及设计吸管的高度时会发生数学学习。(5)活动指导:A. 思考与决定在泥盆中放入多少根吸管。这与儿童所选用的泥盆大小、吸管粗细有关。B. 测评泥盆高度,把吸管剪到比泥盆稍低的高度以使得吸管能放进来。C. 把吸管捆成一把把的小捆。D. 在微波炉或蒸锅内熔一根蜡烛或蜂蜡。E. 在泥盆底部放入锡箔并在上面放烧融的蜡烛。F. 把这些吸管捆放入泥盆并插入融化的蜡烛上。G. 等石蜡冷却固定。H. 在后院找一个地方来安置旅馆然后等着观察吧。(6) 活动延伸：该活动适合年龄稍大一点的儿童,同时加入昆虫跟踪环节,可以观察哪些类型的昆虫光顾过这个旅馆。另外有趣的昆虫项目可以点击所提供的网址链接。(7) 覆盖的 STEAM 领域：该活动覆盖了科学、工程、艺术、数学四个领域。以上各成分的具体分析让拿到这本教材的保教人员或家长可在较短的时间内清晰地把握整个活动。教材中每一个探究活动都包含了上述成分的具体分析；不同的探究活动所蕴含的 STEAM 学习不同,覆盖的 STEAM 领域也有所不同。

教材的另一版块是灵活有效安排这些探究活动的建议。即在具体介绍完五大项目的各个活动后,作者提议了这些活动可以如何灵活、有效安排。以周为单位,每周的探究都涵盖五个项目,即每个项目中取 1 个活动,构成一周的 5 个活动。因此,这 5 个活动分别来自五个项目。例如第一周的探究活动,包括"建构"项目中的制作泥浆块、"游戏"项目中的瓶子火箭、"颜色"项目中的颜色变变变、"生长"项目中的水晶景观和"感知"项目中的彗星冻住了,然后总体列举了本周探究所需要的所有材料。此部分一共提供了 10 个平常周的安排建议,以及一个外出实践周的安排建议。经统计,五大项目 52 个探究活动中,覆盖五个领域(即科学、技术、工程、艺术、数学)的探究活动 3 个,覆盖四个领域的 6 个,覆盖三个领域的 18 个,覆盖两个领域的 20 个,覆盖一个领域的 5 个。

(三) 两本教材的异同

下面从教材结构框架、适用年龄、探究活动数量、活动编排与分析及覆盖领域等方面对上述两本教材展开整体的比较。如表 3-2 所示,两本教材的共同点包括：(1) 实践活动分析都是教材的主体构成。(2) 都重视年幼儿童的 STEM/STEAM 启蒙。两本教材都对教材的适用年龄进行了交代,也都适用于学龄前儿童(0~6 岁)。结合教材文本还可以看到,作者们认为可以用 STEAM 理念来引导年幼儿童的科学学习,即使是 3 岁以下的婴幼儿,也有必要在儿童早期熏陶其 4C 能力。作者们坚信 STEAM 教育对儿童具有深远的影响。(3) 每一个实践探究活动都展开了多维度、多角度分析,指导性强。如两本教材的活动分析共 15 类不同成分,不仅包括常规的活动材料、活动指导、活动延伸等分析；还有家园合作点、建议阅读书目、可能的学习成果、可获得的词汇建构、探究性问题设计、同类项目活动等,由此拓宽了保教人员或成人的教学思路,提供了更多思考与操作的空间和更具体、更切实可行的操作指导,便于保教人员或家长学习和使用。(4) 每一个实践探究活动都分析了活动所能覆盖的 STEM/STEAM 领域,且具体分析到究竟蕴含的主要是科学、工程 2 个领域的学习,还是科学、技术、工程、艺术、数学等 5 个领域的学习。(5) 将复杂的 STEAM 融入日常生活,使得 STEAM 教育寻常化、生活化。如教材中的 100 多个探究活动都与儿童的日常生活息息相关,包括活动材料多常见于日常生活,如纸、吸管、笔、树枝、泥土、小球、磁铁、玩具卡车、厨房量勺等。

又如鼓励幼儿提问,不论幼儿通过观察世界提出的问题在成人看来多小、多不重要,保教员都耐心、仔细、严谨地回答;帮助幼儿在游戏中获得如高度、质量、大小、尺寸、漂浮、平衡、吸收、斜坡、固体、重力、温度等相关概念。(6)注重趣味性且趣味性高。如《婴儿与学步儿的 STEM 学习》强调无论是所创设的 STEM 环境还是探究活动都要根源于儿童天然的好奇心与兴趣,强调高质量支持的重要性;《儿童 STEAM 启蒙》也强调所有的探究活动核心目标之一是让儿童像孩子一样游戏,玩得开心。由此可见,两本教材中的探究活动大多贴近儿童生活,趣味性高。

两本教材的不同点:(1)框架结构略有不同。《婴儿与学步儿的 STEM 学习》主要由基础理论与实践活动分析两大版块构成,尽管基础理论所占篇幅只有三分之一左右,但教材对前提性的基础理论进行了全面的阐述;而《儿童 STEAM 启蒙》尽管也有 1 页的导入性说明,但教材主体是实践活动分析。(2)适用年龄不同。《婴儿与学步儿的 STEM 学习》主要适用于 3 岁以下的儿童;而《儿童 STEAM 启蒙》尽管稍做改变也适用于年龄更小的儿童,但主要适用的是幼儿园儿童和小学低段儿童。同时,前一本明确了每一个实践探究活动的适用月龄/年龄儿童,注重发展的适宜性;后一本仅说明此书总体适用的年龄范围,至于每一个活动究竟适用于哪一年龄或年龄范围并未说明但交代了难度系数。(3)活动编排不同。《婴儿与学步儿的 STEM 学习》的 60 个活动中,活动与活动之间相互独立,并未进一步再归类;而《儿童 STEAM 启蒙》将其 52 个活动归属于五大项目,同一项目内包含 10 个左右的独立活动,即活动进行了组块归类。(4)具体每一个探究活动的分析略有不同。《儿童 STEAM 启蒙》有简要的"背后蕴含了哪些 STEAM 学习"的分析,而《婴儿与学步儿的 STEM 学习》仅分析到每一个活动所覆盖的 STEM 领域。《婴儿与学步儿的 STEM 学习》还有学习结果、教学策略、活动准备、词汇学习、提问与评价、家园共育、推荐书目等。而《儿童 STEAM 启蒙》也有难度系数、预估用时等《婴儿与学步儿的 STEM 学习》所未含有的成分。(5)《儿童 STEAM 启蒙》更图文并茂,在具体活动学习上显得更形象具体。

表 3-2 《婴儿与学步儿的 STEM 学习》与《儿童 STEAM 启蒙》的比较分析

教材名称	框架结构	适用年龄	活动数量	活动编排	活动分析成分	覆盖的 STEAM 领域				
						1	2	3	4	5
《婴儿与学步儿的 STEM 学习》	基础理论＋实践活动分析	0～3 岁	60 个	独立活动	12 个	0	11 (18.3%)	28 (46.7%)	12 (20%)	9 (15%)
《儿童 STEAM 启蒙》	实践活动分析	4～10 岁	52 个	项目组块	7 个	5 (9.6%)	20 (38.5%)	18 (34.6%)	6 (11.5%)	3 (5.8%)

(四)教材的主要不足

1. 两本教材各自独特之处正好为另一教材的薄弱点

两本教材各有其特有的设计或内容,其特有的部分正好是另一本教材的不足之处。

鉴于前文已对两本教材的不同点进行了分析，此处仅举个例说明。(1)《婴儿与学步儿的 STEM 学习》的独特理论版块正是《儿童 STEAM 启蒙》所缺乏的，即缺乏与之适用对象相一致的基础性理论导入版块。(2)《儿童 STEAM 启蒙》在实践探究活动分析中对每一个探究活动背后蕴含了怎样的 STEAM 学习进行了分析，这对于职前教师、新手教师甚至老手教师以及婴幼儿家长而言，都是更为具体的指导。而《婴儿与学步儿的 STEM 学习》仅分析到每一个探究活动所覆盖的领域，缺乏更进一步的深入分析或指导说明。(3)《儿童 STEAM 启蒙》图文并茂，清晰标出活动需要用到的材料并提供图片以及活动过程中某些操作环节的图片引导，方便指导活动的顺利进行。而《婴儿与学步儿的 STEM 学习》以文字为主且黑白色调，缺乏更形象的图标、图片和过程性图示，难以吸引保教人员或家长的好奇心和主动学习的愿望。(4)《婴儿与学步儿的 STEM 学习》对每一个探究活动都设计了探究性提问与评价，当中设计的系列提问有助于为成人所借鉴来启发儿童思考，以及形成问题引领的探究活动。而《儿童 STEAM 启蒙》一书却未明确标记出每一个探究活动所指向的问题或究竟由哪一个或哪些问题展开的探究等。

2. 指向生活世界的真实现象或应用延伸不充分

对于学龄前儿童而言，高质量的 STEAM 教育要扎根儿童生活的真实现象，基于儿童生活世界中的典型现象(彭杜宏，2019)。上述两本教材都较为重视探究活动的趣味性，以及儿童的感知与操作，但对于将探究活动进一步延伸到儿童的生活世界或生活中的真实问题上略显乏力，欠缺从生活中来、到生活中去的应用。以《儿童 STEAM 启蒙》中的"昆虫旅馆"为例，其探索主题的设计能瞬间捕捉住儿童的兴趣、注意力与好奇心。该活动是"建构"项目下的一个探究，重在学习如何操作建构"旅馆"。在完成了探究活动后的延伸学习部分，作者提出增加一张追踪昆虫轨迹表，从而观察哪些不同的昆虫还光顾了这一昆虫旅馆，由此适用于年龄更大的儿童探究。然而，作为"建构"项目的一个探究活动，与该探究活动同类的探究在幼儿生活中还有哪些体现？如果能将探究更多延伸到生活中的同类应用中会更利于培养儿童获得从生活中来到生活中去的应用意识与能力。例如，仍以"昆虫旅馆"为例，大多幼儿都见到过雨后的蚯蚓有时找不到回"家"的路，爬到了水泥或硬板路上被太阳晒干。那么，如何设计蚯蚓的"家"或蚯蚓回"家"的路，让它们不再丧失无辜的生命？或设计制作一栋舒适的小鸟"别墅"，放在后院小树权上等，都是延伸到儿童生活的应用中，由此拓展"建构"项目的深度学习，培养儿童观察生活、解决问题、设计加工、制作建构的能力。综上，项目探究的进一步推进可以充分延伸到儿童身边的生活应用中。

3. 活动之间缺乏内在逻辑，缺失递进性问题链与推进探究

高质量的 STEAM 教育要聚焦问题，以问题驱动，同时要聚焦关键问题，聚焦好问题，并且层层递进、深度探究，由此实现对儿童科学思维的启蒙与科学思维习惯的养成(彭杜宏，2019)。尽管《儿童 STEAM 启蒙》分为了五大项目，每个项目下由多个探究活动组成，但每个项目下的探究活动间并没有逻辑递进，而是自成独立活动。即每一项

目组活动之间缺乏递进性科学问题的贯穿与穿引,缺乏过程性的问题引领,缺乏递进性的、进一步深入探索的联系,因而不利于培养幼儿思考提问、假设检验、观察记录、作出结论、交流讨论等科学思维的培养。同时,作者在后面的每周探究灵活安排建议中,尽管每周从五个项目中各挑选一个活动组成一周的探究内容,看似考虑到项目的全面涉及,然而一周内各活动之间没有逻辑联系和递进关系,因而有五个项目的简单堆砌之嫌。同时,原本每个探究活动后还有进一步的延伸,还可以进一步地延伸到幼儿生活中,若教师过于强调丰富的活动类型和任务的完成,则会使活动失去很多的乐趣与意义。同样,《婴儿与学步儿的 STEM 学习》中尽管在每一个活动后设计有若干问题,但60 个探究活动之间都是独立的,没有再归类、整合,各探究活动之间也未设计内在的递进性,因而前后的探究活动显得零散,缺乏衔接性、深入性、系统性。

三、启发借鉴

(一)树立自婴幼儿开始的 STEAM 大教育观

从对国外面向婴幼儿 STEAM 教育教材的深入分析可以看到,即使是学前儿童,甚至 3 岁以下的婴幼儿,也可以展开 STEAM 教育启蒙。婴幼儿是天生的科学家,他们自出生就运用他们所有的感官去理解周围的世界,去组织他们日益获得的经验(Indiana Department of Education,2015)。国内学者也指出,婴儿是天生的"数学家""物理学家"(俞芳等,2009;郭力平等,2009)。美国印第安纳州儿童早期学习与发展标准第三版(2015)中明确了自婴儿到学前儿童在物理科学、生命科学、地球与空间科学、工程、科学探究与方法等领域的连续性发展表现。儿童天生的好奇与吸收性心智理应被看见,生活中无处不在的 STEAM 学习机会需要被抓取。对此,上述两本教材的深入分析提供了一定的实战参考。比如,面向学龄前儿童的 STEAM 教育,并不是每一个探究活动都须 STEAM 的五个领域都覆盖或融入;面向学龄前儿童的 STEAM 教育,一定要让儿童感知、操作、探究而不是关注科学知识的传授;同时自然性、生活化、趣味性是首要的。另有学者介绍,美国马萨诸塞州学前 STEM 教育明确强调提出问题是开展 STEM 教育的主要线索,要求教师在引导儿童探究主题项目时,能够向儿童提出一系列"是什么"的开放性问题,通过将儿童的注意力聚焦于问题的关键点上,引导儿童回答和解决自己的问题(胡恒波,2017)。因此,在支持年幼儿童的 STEAM 学习时,如何通过有价值的问题或核心科技工程问题以及递进性问题引领发展适宜性的深度探究,避免探究活动的碎片化、零散性则是未来本土化教育教学有待创新与突破的。

(二)重视学前领域教师 STEAM 教育素养的培养

无论活动的展开还是活动的延伸,都对婴幼儿保教人员提出了很高的素质要求。高素质的保教人员也是对婴幼儿开展 STEAM 教育的关键保障。对此,《婴儿与学步儿的 STEM 学习》中有章节专门阐释了教师的角色与素质需求,包括充分的回应性、深谙 0~3 岁的不同发展阶段、对 STEM 理念的充分理解、能安静地观察与记录、创造多样的感知环境、提供材料等。STEAM 教育师资培养是深化 STEAM 教育改革的重要路径之一(袁磊等,2020)。然而 STEM 教师教育一直以来都严重忽视了学前教师的培养(姜浩哲等,2020)。如果学前教师缺乏 STEAM 教育素养,儿童便会错过日常大量体验 STEAM 学习的好时机。因此要重视面向学龄前儿童 STEAM 教育的教师专业素质培养。这包括在职幼儿教师的专项培训以及职前幼儿教师 STEAM 教育素养的培养。在这点上,澳大利亚社会科学院院士、STEM 教育和工程教育领域的国际知名学者 Lyn 教授认为,这既需要"政策"和"经费"的保障,又需要高等院校的学前教育专业开设专门的 STEM 课程等(姜浩哲等,2020)。另有学者介绍了美国推出的系列政策措施,凝聚各方面力量支持 STEM 教师发展和培养高素质教师(李学书,2019)。这些可为我国学前 STEAM 教育师资培养提供借鉴。

(三)加快面向学龄前儿童 STEAM 教育本土化优质教材或资源开发

高质量本土化的 STEAM 教育与优质教育资源开发是我国 STEAM 教育改革与创新的努力方向(李维等,2017;白逸仙,2019)。国外教材为在职或职前保教人员提供了一定的学习材料,但未来仍有必要在借鉴国外教材优点的基础上,开发能弥补其缺点、创新其特点且适应本土实际的优质教材和教育资源,由此避免幼儿园 STEAM 教育实践中出现较少引发儿童的深度思考(张茉等,2018)、对 STEM 项目内涵理解不到位、项目难度把握不当(张丽霞,2019)、忽略幼儿生活现象与幼儿简单问题解决能力培养(李学书等,2020)等问题。综上,优质教材是高质量实践落地、目标达成与深入应用的重要载体。尤其是在跨学科或超学科的学习日益成为学前教育的共同取向(成子娟,2020)趋势下,面向学前儿童 STEAM 教育的本土优质教材和资源开发是我国未来研究与实践的努力方向。

高质量学前 STEAM 教育的模式探索

STEAM 教育能否获得广泛应用与长远发展的关键在于其有效落地。被选择的呈现知识的模式是意义建构和学习中必不可少的一部分(Jewiit,2008)。教师应学习那些能让学生在 STEM 探究过程中有所收获的特定模式(Eroglu, Bektas,2022)。那么,何种模式或展开方式可以吸引幼儿、推动幼儿的 STEAM 有效学习? 本章在概览国内外有关 STEAM 教育模式的基础上就学前 STEAM 项目探究的高质量模式进行探索,聚焦回应如何有效支持学前儿童的 STEAM 学习、如何实现学前 STEAM 教育的高质量实施等问题。

第一节 国内外 STEAM 教育模式研究述评

一、STEAM 教育模式与经验述评

由于 STEAM 教育实践发展时间尚短,目前尚无系统的关于 STEAM 有效教学的经验可循,但 STEAM 教育教学的有效性问题,是落实教学实践,决定 STEAM 教育能否长远发展与深入应用的根本性问题(彭敏,朱德全,2018)。由此在 STEAM 教育如何实施的问题上,国内外学界展开了多维度的思考与探索。

国外学界就 STEAM 教育如何具体实施提出的代表性观点有:基于探究的学习(Inquiry-based STEM, Thuneberg, Salmi, Bogner, 2018)、跨学科项目学习(Interdisciplinary Project-Based Learning, IPBL, Bakermans, Plotke, 2018)或基于项目的 STEM 学习(STEM Project-Based Learning, Capraro et al., 2013)、基于问题的 STEM 教与学(Problem-Based STEM Teaching and Leaning, MonashSTEM, 2019)、基于 5E 模式的 STEM 教育(Weng et al., 2022;Shahbazloo, Mirzaie, 2023)等。5E 模式最先兴起于科学教育领域,具体内涵为投入→探索→解释→应用阐述→评价。美国作为 STEAM 教育的起源地,自从倡导 STEAM 学科融合以来,已经开发出各种有

效的各学科融合方法，主要的方式有：问题学习方式、项目学习方式、工程学习方式（王娟，吴永和，2016）。其中，项目式学习在 STEM 教育中的作用受到广泛关注（王巍，2019）。不过，也有学者指出，已有教育模式的有效性还缺乏实证证据的支持（Thuneberg，Salmi，Bogner，2018；Perignat，Katz-Buonincontro，2019）。尤其是，就当前学生的 STEM 学习投入与学业成就而言，美国的 STEM 教育效果处于一个令人失望的水平，如何培养学生的 STEM 学习动机和提升其 STEM 学业成就是当前美国教育的重要问题（Master et al.，2017）。可见，STEAM 教育教学模式依然有较大的探索空间，如积累特定模式有效性检验的实证证据，以及特定取向或模式上的具体化等。

  国内在 STEAM 教育如何有效开展的问题探索上，主要体现在：(1) 对国外经验的介绍或总结。如总结美国 STEAM 有效教学的五个关键特征：以真实问题的解决为重要导向、以得当的学科整合为基本依托、以必需技能的培养为实践重点、以艺术的深度融合为发展趋势、以公平的教学参与为根本原则（彭敏，朱德全，2018）。(2) 分析国外有关 STEAM 教学过程和模式，认为其主要有 3 种教学观点：第一，基于项目的 STEAM 教学过程。STEAM 项目是围绕一个具体问题而进行计划、设计、改进、解决问题的过程。第二，基于证据的 STEAM 教学过程。至于如何获取证据，亚克门（Yakman，2010）提出以"教学过程卡"的形式向学生展示项目活动要素，引导学生选择需要的材料与工具，组织与实施活动程序。第三，CDIO 理念下的 STEAM 教学过程，即构思（Conceive）、设计（Design）、实现（Implement）和操作（Operate），是最新的工程教育理念（胡卫平，首新，陈勇刚，2017）。(3) 对国外实践个案的经验进行具体分析。如介绍美国德克萨斯州哈莫尼公立学校的 STEM-SOS（即 STEM Students on the Stage）教学模式（杨华平，2017），指出该模式是一个严谨的、跨学科的、以国家相关标准为重点的 K-12 阶段的 STEM 教学模式，它以基于项目的学习（PBL）和基于探究的学习（IBL）为基础，通过设计和完成项目，彰显以教师为引导、学生为主导的教学特点。其中项目主题源自学生现实生活中会遇见的真实问题，涉及科学、技术、工程、数学领域以及社会科学和英语语言艺术的知识和技能。(4) 就 STEAM 教育教学的开展实施展开本土化探索。如提出 STEAM 有效教学的基本操作程序包括创设情境、提出问题、自主探究、合作交流、总结反思、应用迁移（胡卫平，首新，陈勇刚，2017），或从活动目标、活动过程、活动评价提出了 STEAM 教学活动设计（如图 4-1 所示，仲娇娇，2018），或提出基于项目活动的幼儿 STEM 课程实施基本流程，即情景导入—明确问题—幼儿探索—测试优化—反思评价—创造延伸（王春林，2019）。

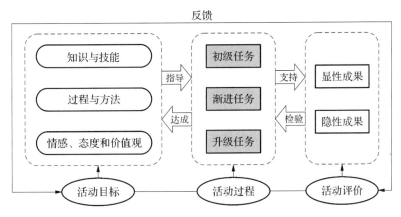

图 4 - 1 STEAM 教学活动设计模式

总体而言,目前国内外关于 STEAM 教育模式的探索或经验总结主要面向中小学阶段。它们拓展或打开了我们对有效开展 STEAM 教育的认识,对指导教师如何具体设计和展开 STEAM 教育活动有直接的参考价值。不过,随着幼儿园 STEAM 教育研究与实践的推进,面向幼儿园儿童 STEAM 教育的有效模式问题亟待引起重视。

二、基于项目的 STEAM 探究

项目化学习最早于 1921 年由克伯屈首次引入,作为项目方法吸引学生参与有目标的、内心驱动的学习活动中(方兆玉,2024)。其后,项目化学习逐渐发展、完善,并被定义为包含两个要素的教学法:一是具有一个用来组织或驱动活动的问题;二是这些回答问题或解决问题的学习活动会产生一系列人造物或产品(Kilpatrick,1921)。项目探究是一种对复杂、真实问题的探究过程(美国巴克教育研究所,2008),它以儿童为中心,追随儿童兴趣并围绕问题而展开连续的、有深度的整个调查或研究过程,而不是简单地呈现与某个主题相关的知识(Sargent,2011)。儿童早期教育领域,项目取向理念源自瑞吉欧课程。如 1989 年卡茨等出版了《让儿童投入学习:项目取向理论与实务》(*Engaging Children's Minds:The Project Approach*)一书,这种由一群幼儿一起深入探索某个独特主题的活动,被称之为"项目探究/项目活动"(project work,Katz,Chard,1989)。项目探究是协助幼儿全面地、深入地理解在他们的周围环境和经验中,值得他们注意的事物和现象。例如,对于"超级市场内发生什么事"或"如何盖房子",幼儿在一段时期内,亲自探索现象中的每个细节,这些活动包括直接的观察、向相关人员或专家询问问题、收集其他相关的物品,并且利用各种不同的形式,表达他们对观察到的事物所产生的想法、记忆、感觉、想象以及新的领悟(卡洛林·爱德华兹等,2006)。综上,项目探究是追随儿童兴趣的、问题驱动的、连续性的深度探究。

项目探究被认为是 STEAM 教育的一种有效模式,或是 STEAM 教育实践形态的一种新体现。早在 2013 年,罗伯特·M·卡普拉罗等人在《基于项目的 STEM 学习》一书中提出如何通过项目式学习法来完成科学、技术、工程、数学(STEM)的学习

(Capraro et al.,2013)。他们把"基于项目的 STEM 学习(STEM PBL)"定义为"在一个明确目标下的模糊定义的任务",这个模式注重逆向设计,由一个明确定义的目标启动,通过向老师提供当地、州或者国家的教育标准体系,指导学生完成模糊定义的任务,包括设计、解决问题或者完成制作。不过,这本书主要为中学教师编写,特别是那些有志于提高学生参与度,以及为学生提供情境化学习的教师。国内学者认为,STEAM 项目是围绕一个具体问题而进行计划、设计、改进、解决问题的过程,基于项目的 STEAM 活动是将分散的学科领域融合进应对具有挑战性问题和难题的活动(胡卫平,首新,陈勇刚,2017)。一个好的真实问题可以形成一个好的 STEAM 探究项目(彭杜宏,2023)。综上,STEAM 项目探究统整了项目取向与 STEAM 教育的关键共同点,在经由现实世界挑战性问题探索过程中,实现跨学科的有机融合与问题解决。因此,有学者指出,STEM 教育无需过度关注学科界限,而应当将重心放在特定问题上(Morrison,2018)。STEAM 教育让学生聚焦于问题解决而非学科内容知识,它需要基于真实的项目探究(Wu,2022)。

三、学前 STEAM 项目探究研究概览

在学前 STEAM 教育实施问题上,自从基于项目的 STEM 课程理念(Moomaw,2013)渗透到幼儿园,随后引起学界对幼儿园 STEAM 项目探究的兴趣。研究涉及 STEAM 项目活动开发(Carey et al.,2016)、基于项目的 STEM 课程样本列举(沈亚琴,2019)、STEM 项目活动流程或实践路径探讨(赵辉等,2019;张丽霞,2019;陈育芬,2022)、基于项目的 STEM 课程教学模式探索(王巍,袁磊,2018)等。如王巍等(2018)面向幼小衔接阶段儿童提出基于项目的 STEAM 课程教学模式。该模式从"问题—探究""怀疑—验证""想象—创造""模仿—改造"4 个维度列出 20 个操作流程,为年幼儿童 STEAM 项目模式的研究与实践提供了借鉴参考。不过该模式面向幼儿的特色或适切性略显薄弱,同时幼儿园小中班对象群体以及真实问题贯通的小中大班 STEAM 项目探究一体化问题未得到考虑。凯里等(Carey,2016)设计了 52 个活动并归入五大项目(即建构、颜色、游戏、感知、生长),但这些项目活动之间独立分离(如建构项目内包含昆虫旅馆、玩具汽车改造、鸡蛋高处掉落保护等 10 个独立活动),缺乏内在逻辑与关联,以及真实问题贯穿的深入探究性(彭杜宏,2021),因而有的项目或活动案例仅冠以 STEAM 项目之名,从根本上脱离了 STEAM 教育的本质(袁磊,郑开玲,张志,2020)。总的来说,目前用以指导学龄前儿童 STEAM 项目探究实施的理论探索尚不充分,理论与实践之间科学合理的桥梁搭建匮乏,基于项目探究的 STEAM 教育作为一种实践探索的新取向,是一种指向深度学习的新实践。园所 STEAM 项目探究发展时间尚短,在摸索与实施中涌现了不少困惑和问题,学前 STEAM 项目探究的有效模式亟待进一步系统思考与深度考量。

第二节　高质量的学前 STEAM 项目探究模式建构

一、模式探索的相关理论基础

(一) 学前儿童的具身认知与操作学习

近二十年来,伴随第二代认知科学倡导的"具身认知"(embodied cognition)运动蓬勃发展,身体与认知之间的紧密联系得到了充分的检验(Glenberg,2008)。具身认知认为,认知活动是人的身体跟外在的世界互动时所产生的现象。认知的特质来自身体的本质,身体从婴儿时期就开始与环境互动产生意义从而开始建构,意义是基于身体的经验(Johnson,2008)。学习与认知是身、心、脑的整体性投入,是情感、身体、认知、行为的整体性参与。如工程师可以通过亲身、主动的工程实践活动生成并表现出具有行动效应的情境化经验(陈玲辉,靳玉乐,2023)。可见,认知是通过身体活动"生成的",认知的起点是行动者在情境中怎样利用知觉来指导自己的行动(叶浩生等,2019)。具身认知是大脑、心智与身体的深度对话(陈巍等,2021)。身体在学习过程中具有重要作用,学习是一种具身的行动(叶浩生,2022)。皮亚杰认为儿童的认知发展要经历感觉运动、前运算、具体运算和形式运算四个阶段,反映出个体认知经历从直观(直觉行动)思维到形象思维,再到具体思维、抽象思维的发展历程。学龄前儿童主要是直观行动思维和形象思维,需要借助看得见、摸得着的实物或具象进行操作体验,离不开具身的行动。因此,学前 STEAM 项目探究模式的建构须充分融入对学前儿童具象思维特点与身体感知体验学习的考量,继而遵循身体行动、具身学习、操作体验、整体投入的认知机制与学习规律。发展具身认知也有利于通过培养科学直觉促进创新想法的生成(李丽萍,卢晓东,2023)。

(二) 现象学与现象教学

现象学是对现象或表象(Appearances)的研究(马克斯·范梅南,2018)。"回到事物本身"是现象学各流派的理论共识。现象学特有的取向在于"呈现"(Show)意义怎样揭示自身,让事物"呈现自身"。呈现意味着让事物被看见。从某种意义上说,所有的现象学都是指向实践的。实践现象学(A phenomenology of practice)是以实践为目的,同时也是实践性质的。实践现象学认为区分鲜活的此刻(直接此刻)和间接的此刻(间接此刻)极为关键,当我们试图通过口头或书面文字描述来捕捉鲜活存在的"此刻"时,总是已经太迟了(马克斯·范梅南,2018)。近年兴起的直观性教学(胡萨,2023)、现象教学(冉源懋等,2022)均不同程度地受其影响。如"现象教学"(Phenomenon-based Teaching and Learning)于 2014 年出现在芬兰《基础教育国家核心课程大纲》中,随后在全国范围内实施。现象教学提倡基于生活真实现象或话题,进行跨领域、多学科融合教学(陈式华,2016;李馨悦,2022)。现象教学的焦点在于"现象",现象往往是指可被观测的事实,在现象教学情境中的"现象"往往超越物理、化学等学科现象的边界,启发学生跨越学科的深度思考(于国文等,2020)。同时,现象教学着眼于未来与生活的复杂性与多样性,以现象为基础的学习是一种适合 21 世纪学习者的方式,这种方式代表着学习方式向一种新的跨学科方向转变(李艳,李家成,2022)。教育学之父夸美纽斯曾指出:"可以为教师找出一条金科玉律。一切事物都应该放在感官跟前。"因此,学前STEAM 项目探究的开启需要透过本源的、存在的、完整的、具身的、情感的、情境的、关系的现象充分唤起幼儿对真实问题的沉浸式体验,继而在惊奇或震撼中生发可能的疑问,追随问题,投入跨学科探索与问题解决之中。

(三)学前 STEAM 教育核心目标

第二章中指出,学前阶段 STEAM 教育的核心目标在于 STEAM 探究兴趣、学习品质与 STEAM 思维。活动模式须服务教育目标,以目标为导向。要实现上述目标,学前STEAM 项目探究模式须着重考量如何保护与激发幼儿 STEAM 探究的兴趣,持续探究与钻研的热情;如何触动与启蒙幼儿的 STEAM 思维而非追求知识的记忆或动手操作的技能;如何在项目探究中发展幼儿的专注、主动、想象、创造等积极学习品质。

二、模式建构

基于 STEAM 项目本质、STEAM 教育教学模式探索以及相关理论基础,本书提出学前阶段 STEAM 项目探究的"PP-O 模式",即由"现象"(Phenomenon)、"问题"(Problem)、"操作"(Operation)三个根基性要素有机联结,形成"现象呈现→问题引领→操作探究"的连续推进、内在贯通的活动模式。

(一)"PP-O 模式"的基本结构

1. 典型现象

"PP-O 模式"中的第一个"P"即现象——真实问题表现出的典型现象。项目探究的起点是捕捉与呈现待解决真实问题表现出的典型现象。待解决的真实问题通常会外显于具有直观性、可感性、整体性、情境性、唤起体验性的现象。视觉、听觉和触觉所提供的知觉是最原始的(马克斯·范梅南,2018)。让幼儿直接接触待解决的真实问题表现出的典型现象,回到事物本身,有助于幼儿找到意义的发源、发生的起点;有助于促进幼儿感受性理解,看见意义,生发洞见;有助于激发幼儿开放地、整体地、跨越学科地思考。在"PP-O模式"中,呈现的现象须满足"典型性",即(1)该现象是幼儿生活中待解决的真实问题所表现出的现象。(2)该现象富有感染力地凸显真实问题。如现象鲜活生动、奇妙有趣或非同寻常、触目惊心等。典型现象能使真实问题具象化,能凸显真实问题及其背后问题,可以让我们"看见"或者"把握"某事物(马克斯·范梅南,2018),同时所呈现的现象能瞬间吸引幼儿的注意,引发好奇心和疑问。(3)该现象能实现幼儿亲自动手操作探究。

STEAM 项目的开启便是捕捉精选真实问题并多通道地呈现其表现出的典型现象。

2. 聚焦问题

"PP-O 模式"中的第二个"P"即问题——问题引发与引领。也就是说,引发与产生问题,提出与界定问题,并在梳理分析中形成问题探究空间(引领 STEAM 项目探究的问题系列)。比利时哲学家梅耶认为,世界在叩问中发展(米歇尔·梅耶,2014);法国哲学家吉尔·德勒兹指出,"人类的历史就是提出问题的历史……生命从根本上说是在跨越障碍、提出问题和解决问题的活动中形成的(德勒兹,2002)。"人类所有的进步,不是从一个现成的答案到下一个现成的答案。因此学前 STEAM 项目探究的关键要点之一即激发幼儿去思考问题、提出问题或允许幼儿发问并以问题贯穿和牵引整个项目探究。表现出典型现象的真实问题及其背后蕴含的值得深入探究的科学工程技术问题,构成了学前 STEAM 项目活动生成与推进的重要线索。如美国马萨诸塞州学前儿童 STEM 教育经验包括"教师能够与儿童一起提出有价值的问题",教师的工作是要能够向儿童提出适宜的问题以引导儿童聚焦于关键地方,这也是开展 STEM 教育的主要线索(胡恒波,2017)。问题就是兴趣,问题就是机会,问题就是挑战。提出问题不是教师的专利,回答问题也不是幼儿的义务。相反,叩问构成智识活动不可超越的根基。综上,"PP-O 模式"中"问题"是(1)典型现象呈现与体验过程中幼儿自己的疑问,或教师启发引导下幼儿感兴趣的问题;(2)值得深入探究的真问题、富有价值的问题,不是简单表层事实性问题、假问题或无价值问题,而是聚焦于真实问题背后的核心科学工程技术问题。

3. 操作探究

"PP-O 模式"中的"O"即操作——动手动脑具身操作探究。即在一个相对清晰的问题脉络中,让幼儿带着自己的疑问或感兴趣的问题,一步一步围绕当下问题解决展开亲身体验的操作探究,实现脑、手、心三个身体部位的联结,破除"将探究混为动手操作"(高潇怡,2017)的"痼疾"。在真实问题的解决过程中,"操作探究"自然地融入跨学科性,具体体现在几个方面:(1)基于假设—检验的科学实验或调查。通过重复操作,检验假设,获得事实与规律,这是基于科学程序的行动(Doing and Acting)。(2)选用材料或工具进行一定的模仿加工,改造或改善某物品或工具,这是加工制作(Making)。(3)选用材料等进行想象设计创造,使不存在的东西存在或出现,如做出所需的工具物品并借助检测—再测等使其完善,这是创作(Creating)。(4)以艺术的方式呈现或表现想法或产品,也属创作创造。究竟需要怎样的动手动脑具身操作探究,随幼儿当下探究的分问题(内容与性质)而定。要确保操作探究是有问题引领的操作探究,让幼儿的兴趣与思维参与其中,动脑的思考活动得以看见,且结果可以是多元开放性的。STEAM 项目推进是问题引领下的动手动脑操作探究,教师跟随幼儿当下的兴趣与关注点,聚焦一个个具体分问题依次探究。

综上,"PP-O 模式"从现象→问题→操作,强调以待解决的真实问题表现出的鲜活生动、奇妙有趣的典型现象来开启 STEAM 项目探究,达到吸引注意、唤起体验、引发思考的目的,既而带着疑惑与问题主动投入动手动脑具身探究的问题解决过程。也即,它将真实问题表现出的"典型现象"作为学前 STEAM 项目探究的起点,"核心问题"贯穿幼儿动手动脑"操作探究"的全程,通过现象呈现→问题引领→操作探究的开放系统让真实问题的价值得以挖掘,探究历程得以显现,思维活动得以激活,深度学习得以实现。值得一提的是,"现象呈现→问题引领→操作探究"的"PP-O 模式"既贯穿整个项目探究全过程,又适用于连续推进的项目活动探究过程中。

(二)"PP-O 模式"的实践路径

模式的实践路径也是模式具体运用的进一步说明。一个特定的真实问题可作为一个特定 STEAM 项目的形成依据,但初步确定的 STEAM 项目究竟如何适宜有效地展开? 下面就初步确定的 STEAM 项目如何具体开展和实施进一步详细探讨(如图 4 - 2 所示)。

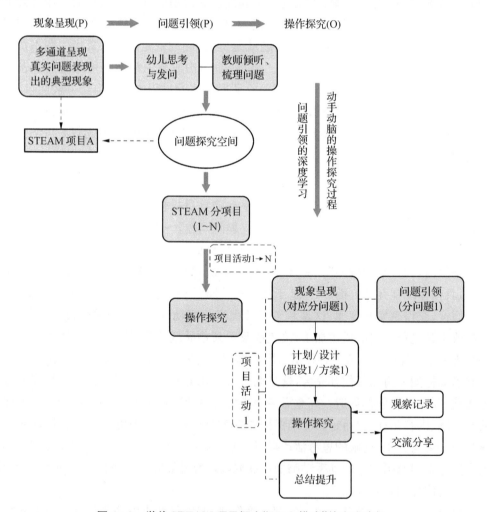

图 4 - 2　学前 STEAM 项目探究"PP-O 模式"的实践路径

1. 项目的形成阶段:现象呈现→问题引发

此阶段主要呈现某真实问题表现出的典型现象,通过多通道、多模态充分地把真实问题的典型现象呈现在幼儿面前,包括呈现的材料、方式、时间、机会等足够充分,如借助实物、模型、图片、绘本、视频、音频、动画、场馆、故事等多种方式给幼儿呈现该真实问题表现出的典型现象,不仅让幼儿通过视听觉感知典型现象,而且让幼儿触摸、嗅闻、操作体验典型现象。教师重在观察幼儿感兴趣的程度、好奇的地方、有哪些疑问、提出了哪些问题等,由此自下而上地收集与记录幼儿的兴趣与好奇、疑问与提问。与此同时,教师展开对问题的研读与分析,解读出真实问题背后值得深入探究的跨学科问题。在自下而上的倾听记录与自上而下的逻辑分析的双重整合梳理中形成问题探究空间——追随幼儿兴趣的问题探究空间。由此,经由现象呈现、问题引发与梳理,一个待解决的真实问题便可以形成一个值得深入探究的 STEAM 项目。

真实问题背后每一核心问题构成一个分项目,核心问题背后递进性分问题构成项目探究活动。每一个分问题构成一个或多个项目活动,即每一个分项目可以组织一次或多次项目探究活动(视幼儿提出的有价值分问题的数量以及特定分问题的探究需要而定)。综上,项目形成阶段,经由典型现象呈现(包含操作体验),引发由核心科技工程问题及其递进性分问题构成的问题探究空间。如有学者指出,教师在备课时应设计一系列与实际问题相关的由浅入深的问题链,这一系列问题链构成的问题空间不仅有利于提高学生的学习能力和解决问题能力,而且有利于提高课堂效率和教师专业素养(朱美华,奚鹰等,2020)。

2. 项目的实施阶段:问题引领→操作探究

幼儿园 STEAM 项目探究是围绕一个个核心问题及其背后层层递进的具体分问题而逐步展开的深入探究。因此 STEAM 项目实施阶段主要体现在问题引领下的动手动脑操作探究,即跟随幼儿当下的兴趣与关注点,聚焦一个个具体分问题依次探究,教师重在支架与观察、组织与倾听。具体探究某个分问题时,据实际需求从现象呈现(即分问题对应的现象)、问题引领(分问题)、计划设计、操作探究、观察记录、做结论、交流分享等环节中灵活选择。每一个具体项目活动的展开依然遵循现象呈现—问题引领—操作探究的模式,即呈现某个分问题的外显典型现象——特定项目活动对应的典型现象。此处呈现的仅仅是单个分问题的突出、典型现象,由此直接引导和聚焦到前一阶段幼儿提出的感兴趣的分问题上。因此,一次操作探究活动聚焦一个具体的问题,每一次探究活动聚焦解决一个小问题。幼儿的每一次操作探究都有明确的问题,带着具体问题展开思考与行动。在幼儿操作探究的过程中,教师重在支持、观察、倾听、跟随、回应、记录、反思。如计划设计过程中,教师重在鼓励幼儿大胆想象、头脑风暴,自主计划或设计,为幼儿提供充分的工具、材料、时间、机会以及轻松的氛围等,适宜适度地回应或点拨,最大放手、最优介入。操作探究结束,教师基于幼儿充分的亲身经历与鲜活体验进行总结提升。

综上,项目实施阶段,依然围绕典型现象、聚焦问题、操作探究而开展具体的项目探究活动。即在项目活动实施中具体探究某个分问题时,根据实际需求依然遵循现象呈现(即分问题对应的现象)—问题引领(分问题)—操作探究的核心模式。一个 STEAM 项目会持续多长时间依据幼儿的兴趣而定。如幼儿在该真实问题上兴趣不大或没兴趣了,则结束项目探究;如果幼儿仍感兴趣则一直探究下去。"现象呈现→问题引领→操作探究"贯穿整个项目探究全过程,同时贯穿于连续推进的单个项目活动探究过程中。

实施过程中值得注意的要点包括:(1)现象呈现要足够充分。包括现象典型、材料充分、方式充分(多通道、多模态地呈现)、时间与机会充分。当个体看到与预期相反的、不确定的、令人吃惊的、反常或反直觉的奇异事物或现象时最能引发其好奇心(Lewry et al.,2023)。(2)现象呈现的过程以及操作探究的过程,教师主要以观察倾听者、记录思考者、回应跟随者、支持支架者的角色出现。(3)教师的总结提升重在对幼儿的热情投入、主动探究、坚持性、灵活性等予以鼓励性反馈,提升幼儿持续探究的兴趣与钻研热情,同时基于幼儿当下鲜活的亲身体验多方式地启蒙幼儿的科学与工程思维。认知的广度取决于经验的广度,同时也取决于对经验加以追问和深思的程度(雅斯贝尔斯)。

三、动态变式

"PP-O 模式"作为一个弹性的开放系统,可以随不同年龄班儿童的认知发展水平、兴趣需求等而动态变化。如"PP-O 模式"的核心要素是呈现典型现象、聚焦核心问题、动手操作探究,这是最基本、最简要的模式,即基于"现象→问题→操作"的探究模式。其复杂一点的模式构成可以融入:呈现典型现象(Phenomenon)、聚焦核心问题(Problem)、计划假设或设计(Plan & Hypothesis or Design)、动手操作探究(Operation)、观察记录(Observation & Document)、做结论与交流分享(Conclusion & Communication)、总结提升(Promotion)等过程要素。不同年龄班"PP-O 模式"的动态变式与灵活运用如表 4-1 所示。

表 4-1　基于 PP-O 模式的不同年龄班儿童 STEAM 项目探究动态变式

年龄班	动态变式						缩写
小班 (3~4 岁)	呈现典型现象(P)	聚焦核心问题(P1)			动手操作探究(O)			PP-O
中班 (4~5 岁)	呈现典型现象(P)	聚焦核心问题(P1)	递进性问题(P1_{1-3})		动手操作探究—观察记录(O)	交流分享(C)		PP-O/ PP-OC
大班和幼小衔接阶段 (5~7 岁)	呈现典型现象(P)	聚焦核心问题(P1-3)	递进性问题(P1_{1-3},P2_{1-3}……)	计划/设计/假设(P)	动手操作探究—观察记录(O)	评估结论—交流分享(C)	总结提升(P)	PP-O/ PP-POCP

(1)幼儿园小中大班及幼小衔接阶段 STEAM 项目探究都可以遵循"现象→问题→操作"的"PP-O 模式",即基于典型生活现象、核心科学工程技术问题、动手操作探究的 STEAM 项目探究。

(2) 3～4 岁小班和 4～5 岁中班幼儿 STEAM 项目探究可直接采用"现象→问题→操作"的 PP-O 核心操作模式,即呈现现象、聚焦问题、动手操作的简要模式。对于年龄偏小的幼儿,重在多通道地呈现典型现象,让幼儿充分感知体验,由此引起幼儿注意和引发幼儿的好奇心,教师倾听或询问幼儿的问题、疑问,让幼儿自己带着一点疑问去动手操作、自由探究。

(3) 5～6 岁大班幼儿及幼小衔接阶段儿童(6～7 岁)可据实际发展与需求情况逐步进阶。如采用 PP-O 模式的复杂操作过程,增加改善设计、观察记录、做结论、交流分析、总结提升等环节。教师组织幼儿根据自己的探究过程与结果做出判断、做出结论,在班级内展开分享交流;同时多方式地提升其经验与兴趣,提升其问题探究兴趣与钻研热情,启发与触动他们的跨学科思维与能力。当中,涉及感知体验真实问题典型现象;畅所欲言地提出问题或界定问题,头脑风暴,思考问题解决方案;尝试科学小实验或调查的假设—检验;选用工具动手设计操作制作;实际使用,调整改善;交流总结与提升等。可见,面向大班或幼小衔接阶段稍大一点的儿童,STEAM 项目探究在"现象呈现→问题引发与引领→操作探究"的精要模式的基础上,可增添基于真实问题解决的更多操作环节,同时在探究的问题及其内容连续性、递进性上可拓展与加深。

(4) 从 3～4 岁小班到 4～5 岁中班、5～6 岁大班乃至小学一年级,STEAM 项目探究模式的进阶变化一方面体现在探究过程复杂程度的变化上;另一方面体现在探究问题的推进、细化与深入上。如小班幼儿头脑中带着某个核心问题,选用所提供的简单工具或材料进行动手动脑操作探究;中班幼儿头脑中带着某个核心问题下的具体递进性问题,选用所提供的工具或材料进行目标明确的动手动脑操作探究;大班及幼小衔接阶段儿童不仅可以从提出、界定与明确问题开始,而且可以聚焦不同核心问题及其相应的具体递进性分问题逐步探究,其操作过程可以囊括呈现典型现象、聚焦核心问题及其递进性问题链、计划假设与设计、选用工具材料或制作新的工具材料等进行指向问题解决的动手动脑操作探究与观察记录,进行分析评估、做结论与交流分享,总结提升等复杂要素。上述探究模式动态或进阶变化的运用建议也同步考量了与学前 STEAM 教育核心目标及其进阶目标保持一致。

综上,PP-O 模式是开放的、发展的、灵活的,是追求年龄适宜与个性化的。但究其根本而言,它们是现象—问题—操作的学前 STEAM 探究模式,是基于典型生活现象、核心科技工程问题、动手操作探究的 STEAM 项目探究模式。有些儿童对 STEAM 领域有特别兴趣或天赋(Stoeger et al.,2017;Dailey,2017),开放而灵活的 PP-O 模式提供了满足其突出的 STEAM 兴趣、寻求挑战或高认知需求的选择空间。正如华东师范大学终身教授钟启泉提出基于"主题—探究—表达"的"登山型"教学,教师的作用不是帮助学生填满知识的储罐,而是点燃智慧的灯火(钟启泉,2021)。康德 1765 年对他的读者写道:"学生应该学习的是思考活动,而不是思考的结果。"PP-O 模式在不同年龄班或不同幼儿班级的运用中,都跟随幼儿的探究兴趣并指向幼儿的思考活动与思维过程。

四、结语

本章展开了适合我国学前阶段 STEAM 项目探究的高质量模式探索。所建构的"PP-O 模式"力图遵循 STEAM 教育本质与 STEAM 项目探究特征,着力抓取学前阶段 STEAM 项目探究实施关键并凸显其过程性特征。所进行的探索与建构集中回答了学前阶段 STEAM 项目探究最好如何展开或究竟如何有效展开的问题。该精要模式可为园所机构践行高质量的 STEAM 项目探究提供有理有据的普适性参考。

"PP-O 模式"不仅直接指导着我国园所机构 STEAM 教育项目本土化开发与有效实施,同时也为园所机构 STEAM 学习区域环境创设提供了丰富启发。比如,STEAM 学习区域创设中,首要的是做好现象呈现,即多通道、多模态地呈现特定真实问题表现出的系列典型现象。通过视觉、听觉、触觉和动觉等多通道的整合呈现,让幼儿的身体与心理同步参与。其次,精选与呈现的同时要让现象自身显现或凸显出背后的核心科学工程技术问题,即自然诱发儿童朝向一些突出问题发问、提出问题或感到困惑。呈现足够典型的现象,让儿童充分感知,既而引发、激发儿童的深入思考,让思维参与进来,发现问题、提出问题、界定问题——带着问题去操作探究。再次,环境中所有准备和提供的材料都应具有可动手操作性,能让幼儿的小手动起来去捣鼓或摸索,而不仅仅是高大上或宏大美丽的不可触摸或表层尝试的观赏物。这三点也是幼儿园 STEAM 区域学习环境创设中最重要的。"PP-O 模式"也可为职前职后幼儿教师的 STEAM 教育能力提升提供借鉴,包括提升幼儿教师 STEM 教育效能感或 STEAM 项目活动开展能力等。如对教师而言,基于"PP-O 模式"的 STEAM 项目探究活动中,教师重在呈现、倾听、观察、记录、分析、支架,由此颠覆了教师的主导主控地位,还儿童参与活动的主体空间。当然,该模式对园所机构拨开 STEAM 项目探究的迷雾,把握 STEAM 项目探究的实质,践行高质量的 STEAM 教育提供了整体的针对性参考。

"PP-O 模式"的实践应用离不开内外环境的支持。从内部因素来说,教育者应该精心选择,将那些对儿童未来发展最有价值和意义的部分在课程中呈现给他们(许可峰,2015)。幼儿园教师需要对 STEAM 项目内容质量保持敏感——能敏锐捕捉幼儿身边待解决的、有代表性的、有价值的典型真实问题。而不是日复一日、年复一年地以固化的课程内容或常识体系充斥当前日益见多识广的幼儿头脑。从外部因素来说,离不开区域与园所层面对 STEAM 项目开展效果的科学合理评价。坚守从兴趣、品质与思维等过程性表现来评价效果,杜绝结果取向、功利取向、立竿见影取向、作品与成功取向,允许失败才能有真正的创新,才能让"PP-O 模式"在实践中有应用的空间。

最后,"PP-O 模式"具有广阔的拓展空间与延展开放性。它不仅适合学龄前儿童,而且"现象""问题"与"操作"这三个根基性要素也是青少年儿童 STEAM 项目探究中不可或缺的关键要素。因此,"PP-O 模式"如何延伸到大、中、小学的 STEAM 项目探究中,继而形成大、中、小、幼 STEAM 项目探究一体化的问题值得未来研究关注。

这个时代"最具深沉思考的教育思想家"比斯塔认为,"证据"是一个非常误导人的、毫无作用的术语。他的一个观点是,研究要在教育中发挥作用则应从对教育实践有意义的理解开始(祝刚,于明星,2023)。本模式的建构历时三年多,包括在学前教育专业必修课程《学前儿童科学教育》中 STEAM 教育专题的教学实践探索,指导省级大学生创新创业训练计划项目(202010332068Y)、校级大学生创新创业训练计划项目(2022009001X)等中 STEAM 课程资源开发探索,以及在当地幼儿园展开的若干初步实践探索。该模式是在过程中不断反思、梳理与提炼而形成的有意义理解与理论建构。尽管如此,"PP-O 模式"自身的未来发展仍然可以在实践检验中推进。如实证检验"PP-O 模式"的合理性或检验基于"PP-O 模式"的学前 STEAM 项目探究实际效果,纵向追踪基于"PP-O 模式"的学前 STEAM 教育学习与发展效应等。

第五章

高质量学前 STEAM 教育的指标体系建构

建设高质量教育体系是新时代教育改革的重要目标,而学前教育是高质量发展体系的前端构成。目前我国尚未对学前 STEAM 教育高质量标准提出纲领性文件,推动学前 STEAM 教育高质量发展的当务之急是廓清对"高质量"本身的认知混沌或匮乏状态,即首先必须明确什么是高质量的 STEAM 教育。学习发生于过程中,过程质量是影响儿童发展的关键因素(陈月文,刘宝根,2023)。越来越多的国家,如加拿大、中国、英国、法国、德国、新加坡、美国等已把提升动态过程质量作为教育改革的中心目标(Wang, Degol et al., 2020)。本章着重从微观过程视角并辅以中宏观层面探索"什么样的 STEAM 教育是理想的或高质量的"这一重要问题。

第一节 高质量 STEAM 教育特征与质量评价指标述评

一、高质量 STEAM 教育的特征

高质量的 STEAM 教育究竟是怎样的?本节通过概览国内外有关高质量 STEAM 教育特征的描绘,结合有关高质量 STEAM 教育的案例剖析等,综合思考与透视高质量 STEAM 教育的特征。

(一)来自学界的描述

在纷繁芜杂、良莠不齐的实践推广中人们越来越意识到质量的前提性。一些国家通过发布政策以促进 STEAM 教育走向高质量轨道。如强调高质量的 STEM 教育是美国创新生态系统中的基石(吴向东,王继华,2017),让所有美国人终身获得高质量的 STEM 教育成为美国未来几年 STEM 教育战略愿景与政府教育工作重点(李刚等,2019;白逸仙,2019),包括明确提出给每一个儿童提供高质量的 STEM 早期学习体验(Early Childhood STEM Working Group,2017)。那么,高质量的 STEAM 教育是什

么样子的？究竟什么是高质量的 STEAM 教育？目前除了呼吁"高质量"外也出现少量的简描。如发出"何谓高质量的 STEAM 教育"(Kasza，Slater，2017)、"什么是最有效的 STEAM 教育"(National Research Council，2011)、"高质量的 STEM/STEAM 教育有哪些典型特征"(朱德全等，2018)等追问。吴向东、王继华(2017)认为高质量的 STEM 教育至少具有以下三个特征：探究真实难题、融合工程实践、跨学科。国外有学者提出发展适宜性、文化回应性、应用工程设计、学业内容完好融入、技术结合的质量、与真实世界的连接、课程嵌入、表现性评价是学前 STEM 教育的高质量标准(Dubosarsky et al.，2018)。上述这些观点为探索学前阶段高质量的 STEAM 教育应然特征提供了一定参考。如内容上面向真实难题或与真实世界连接，探索过程中跨学科有机融入、发展适宜性等是其突出特征或内在要求。

(二) 来自实践案例的分析

下面在近年国内 STEAM 教育本土化探索案例中选取了满足以下 4 个条件的 STEAM 课程案例。即(1) 充分体现科学、技术、工程、艺术和数学的元素，将 STEAM 教育元素贯穿于课程的始终。(2) 案例有自己独特和突出的特点。(3) 设计理念、课程内容、具体实施方案、后续处理工作等环节完整。(4) 课程的设计内容契合 STEAM 教育理念的初衷，有助于提高学生的问题思考能力、问题解决能力和动手操作能力等。选取的案例分别是《STEM 教育视角下融合地区特色的小学科学案例设计》中的"牛奶大变身"(郭姣，张雅娴，2021)、《STEM 教育视角下美国高中物理课程教学案例评析》中的"制作防撞垫"(张静，张雪，丁林，2019)、《基于 STEM 理念的小学科学课程开发研究》中的"制作太阳能电风扇"(周玉华，2018)和杭州市保俶塔实验学校开设的"关怀与创造"STEM 项目课程"运动场上的关怀"(杨彩香，林颖红等，2020)。

综合分析上述四个案例后可以看到当中的共同特征：(1) 趣味性。如案例三中的制作太阳能电风扇，教师首先是通过角色扮演开启课程内容，让学生扮演工程师，假设自己在十分炎热的地区，尝试去思考分析问题，运用自己的知识解决问题，充分激发了学生的学习、探究兴趣。(2) 真实问题与真实情境。上述案例大都基于学生真实生活中的情境或问题而引发，课程的设计基于现实问题。如案例二"制作防撞垫"从美国机动车辆事故导致大量青少年死亡的现实问题出发，教师在真实情境中引出"防撞垫"这一 STEAM 课程。案例四"运动场上的关怀"基于本校开运动会的真实情境而生发，利用学生担任工作人员的经历而设计课程，充分引导学生思考真实情境中的问题，展现学校运动会的情况，同时运用学生的同理心，思考运动会上不同角色的困难和需求。(3) 协作性。如案例二制作防撞垫的环节中，需要学生以小组为单位共商计划，共同找寻各自身边的材料，通过不断试错去发现问题、解决问题。案例四中需要大家以小组为单位，谈一谈自己的切身感受和所见所闻，从而去确定产品的需求和使用范围，小组每个成员都要积极动脑贡献自己的思考成果。(4) 蕴含工程设计。工程设计是 STEAM 教育课程中对于学生来说比较有挑战性的一部分。如案例一中让学生自己动手去制作奶制品，去感受奶制品的制作工艺和之中暗藏的技巧和方法。案例二中的制作防撞垫，学生们通过绘制图纸,找寻身边可以利用的材料去制作简易而实用的防撞垫,在实践操作过程中再一次将所学知识进行巩固和强化。案例三中制作太阳能电风扇,学生需要自己设计方案去制作一个电风扇,将小组讨论的方案付诸实践,在检验中继续发现问题、完善方案、解决问题等。上述案例的共性在一定程度上反映了高质量 STEAM 教育的具体特征。

二、STEAM 教育过程质量评价指标透视

指标是一种具体的、可测量的、行为化的评价准则,是根据可测的或具体化的标准而确定的评价内容(袁振国,1996)。除了政治情境会对 STEM 教育产生重要影响外,最大的困境可能来自如何对 STEM 教育进行评估的问题(大卫·安德森,季娇,2017)。由此,相比之下,国内外有关 STEAM 教育评估或监测问题的研究总体数量有限。下面聚焦微观过程视角,对国内外有关 STEAM 教育质量评价或监测的探索进行概览梳理。

(一)微观视角下关注 STEAM 课程或项目活动质量

国外有研究者研制了 STEM 课程大纲评价量表,从课程内容中 STEM 知识、技能和价值观的整合程度,课程实践中学生的合作程度以及课程评价中真实性评价和学生自我评价的体现程度三方面对 STEM 课程质量进行评价(Corlu,2013)。另有研究者提出透视 PK-12 阶段 STEM 教育质量的过程要素,如:(1)使不同学习背景学生投入的潜力;(2)融合 STEM 的程度;(3)与非 STEM 学科的连接;(4)与学科内容标准的融合;(5)认知任务的质量;(6)能促进 STEM 职业选择;(7)发展学生的独立性与合作技能;(8)有评价;(9)应用工程设计;(10)技术融入的质量(Pinnell,Rowly et al.,2013)。国内有学者聚焦于 STEM 课堂教学,从课堂环境、课程结构、教学内容、学生表现建构 STEM 教育质量评价指标体系(李艳燕,董笑男等,2020);或从 STEM 项目角度建构评价指标体系,如提出项目需求、项目开发、项目实施(教学活动组织、学生参与度、项目完成度等)、学生成就(STEM 学习兴趣、STEM 学习能力、STEM 价值认同)、社会效益等五个一级评价指标(张芮,2019);以及建构了面向中小学 STEM 教育的评价体系,包括 STEM 教学目标评价、STEM 教学设计评价、STEM 教学评价反思(黄宁,雷敏等,2022)。

(二)微观视角下关注 STEAM 学习结果质量

就 STEAM 学习结果展开的评价探索有 STEM 兴趣或 STEM 职业兴趣测评(Kier et al.,2014;Milner et al.,2014)、工程技术素养评价(NAEP,2016;林静,2017)、STEM 横向技能评估(Butler et al.,2022)、STEAM 学习质量评价(张辉蓉等,2021)等。董陈琦岚(2017)针对基础教育阶段 STEM 项目学习的学生能力评价建构了包括三个维度九个具体指标的评价框架,即团队合作能力(合作意识、合作精神、合作技能)、项目操作能力(项目设计、项目完成度、结果分析)、信息表达能力(言语表达、文字表达、

实践表达）。

上述探索打开了我们透视基础教育阶段 STEAM 教育质量框架与指标的视野。如从微观教与学过程来看，目标、环境、内容、实施、学习表现等是国内外 STEAM 教育质量评价着重考量的维度。当中的一些评价指标也可成为学前 STEAM 教育高质量指标体系探索的重要启发。不过，评价指标不等于高质量指标。以张芮（2019）的 STEM 项目评价指标体系建构为例，该研究在"目标设计"维度下又具体化为"目标描述明确，设计结构清晰；目标体现跨学科的特点；目标操作性强，可检测"等指标。这些指标简洁、清晰、具体，从对指导一般层面的项目活动而言，也是合理的。然而，描述明确、结构清晰、体现跨学科特点、操作性强的目标不是一定会指向高质量。在目标内容存在偏离或不合理的情况下，再明确、清晰、可检测的目标也会南辕北辙。因此，脱离具体学段和高质量的方向导航的考量，则有可能出现"评价导向游离化"（刘晓敏，李刚，2024）等问题。

第二节　高质量学前 STEAM 教育指标体系建构：微观过程视角

一、教学过程的本质

教学过程是教师的教和学生的学的共同活动过程，当中最基本的要素是教师、学生和教学内容/教材（刘克兰，1988；顾明远，1990）。教学过程的基本构成要素包括教师、学生、目的、内容、组织/方法等（李秉德，1991；张传燧，2008）。另有学者指出，从教学的内在过程来看，教学法涉及对教学（内容）资源和教学工具的选择、对教学活动的安排，以及对学生学习过程提供反馈与评价等一系列行为（郭文革等，2022）。我国教育部 2022 年颁布的《幼儿园保育教育质量评估指南》中将"教育过程"视为质量核心构成，当中"活动组织""师幼互动"又是微观教学过程的重要构成要素。因此，教师、学生、目的/目标、组织/方法等是微观教学过程的基本构成要素，这些要素是构建学前 STEAM 教育活动过程高质量框架的必要参考与依据。

二、高质量保教与师幼互动过程

通常认为，幼儿园教育质量（Classroom Quality）一般包括：（1）结构性质量，即教室的物理特征以及它们是如何设计的（如师幼比、班级规模、教室内的材料等）；（2）过程质量，即教师与幼儿的互动本质与质量；（3）教学质量，即教师在教些什么以及如何教的（Maier et al.，2020）。当中，（2）与（3）涵盖了师幼互动质量、教学内容及组织质量。从师幼互动过程质量来看，国际上最具代表性的评定工具即 CLASS（the Classroom Assessment Scoring System；Pianta，La Paro & Hamre，2008）。透过 CLASS 高分段行为指标可以窥视其高质量的过程特征（如表 5-1 所示）。

表 5－1　幼儿园高质量师幼互动过程指标及其要点

核心维度	主要指标	高分段指标要点
情感支持	积极氛围	师幼间表现出积极的关系、情感、交流与彼此的尊重。
	消极氛围	教师和幼儿极少有强烈消极情感表现,教师极少有大吼行为,彼此没有相互讽刺或不尊重等。
	教师敏感性	教师有效关注到个体差异并个性化地予以支持与回应,有效关注到幼儿的问题和他们的注意点;幼儿寻求帮助或回答问题,表现自如。
	关注幼儿的看法	追随幼儿的关注点和兴趣而灵活控制自己的计划,支持幼儿的自主探索;幼儿有很多表达机会,能自行选择位置。
班级组织	行为管理	教师有清晰的行为规则与期望,对可能的问题有前瞻性,通过微妙暗示等有效纠正不当行为。
	产出性	学习时间最大化,常规好,过渡快,教师准备充分。
	教学组织与实施	借助多样化形式材料、多通道感知等使幼儿积极参与,幼儿对活动或课程表现出一贯兴趣,教师把幼儿的关注点引向学习目标。
教育支持	认知发展	教师鼓励幼儿分析、推理,支持幼儿创造,教师将知识点融会贯通并与现实生活相联系。
	反馈质量	教师提供适宜适度支架(如当幼儿有困难时),师幼间有较高频率的反馈回路,教师借助质疑或要求等促进幼儿思考,提供信息帮助他们理解,常鼓励幼儿以提高参与性与坚持性。
	语言示范	交流频率很高,教师有开放性提问,重复和延伸幼儿反应,使用高级语言等。

CLASS 质量评价框架中高分段行为表现显示,高质量的师幼互动过程质量包括整体氛围积极、教师敏感、追随幼儿兴趣、反馈适宜适度兼具启发性、促进幼儿高级认知发展、规则清晰、时间利用最大化等。这些高质量指标覆盖了幼儿园一日保教过程中的师幼互动特点。《指南》中"师幼互动"考察要点包括积极情感、支持自主、观察支持、表达记录、随机教育、回应支持、尊重差异等,表现出与 CLASS 的高度一致性。不过新近一些研究发现,不指向特定内容领域学习的 CLASS 过程质量指标与儿童的学习结果之间呈现弱相关(Guerrero-Rosada et al.,2021;McDoniel et al.,2022),过程质量有赖于教师对活动的设计规划和学习内容的选择(Nores et al.,2022)。另有对 51 个幼儿园教室的系统观察发现,教师给幼儿提供的学习内容丰富程度以及需认知参与的程度处于中等水平,而内容丰富的教学与幼儿的语言与数学发展结果均正相关(Maier et al.,2022)。综上,高质量既包括了高质量的师幼互动行为(如 CLASS),也包括高质量的教学内容选择、活动组织与特定领域支持。学前教育过程质量的多维性决定了高质量透视须综合上述视角,这与前文多视角下的"高质量"理解具有异曲同工之妙。

三、高质量学前 STEAM 教育活动过程指标

教育价值体现在过程中。唯有高质量的 STEAM 教育过程才能产生期望的结果。在前四章理论探索基础上,融合教学过程本质、高质量 STEAM 教育特征与高质量师幼互动过程特征等的深入系统分析,以及借鉴相关研究,在此对高质量的学前 STEAM 教育微观过程进行如下刻画与建构。

(一)指标体系的基本架构

聚焦 STEAM 微观教学活动过程,以"活动前的准备→活动中的组织实施→活动中的过程产出"为逻辑主线,从目标准备、内容准备、活动组织实施、幼儿学习表现 4 大维度出发,提炼出 12 个关键的高质量指标,以及 24 个指标要点,由此形成体现高质量学前 STEAM 教育微观活动过程分析框架及其对应的高质量指标体系(如表5-2所示)。在活动准备上,着重回答高质量的学前 STEAM 探究活动究竟应指向什么目标,应选择什么样的内容。在活动的组织实施上,着重回答高质量的学前 STEAM 教育活动究竟应怎样开启、怎样展开、怎样推进与怎样结束。在幼儿学习表现上,充分回答高质量的学前 STEAM 教育活动过程中幼儿的学习表现应体现在哪些方面,也即最有价值的学习究竟是什么的问题。

表5-2显示,活动前的准备主要体现在目标与内容准备上。目标准备即"紧扣学前 STEAM 教育核心目标"(A1),内容准备即捕捉与精选出"现象典型的真实问题"(A2)。在具体活动组织实施上,融合 5E 探究模式与现象教学理念,其高质量表现包括活动开启时"现象呈现极具吸引力"(A3),由此吸引幼儿的注意、好奇心与投入。活动展开时由"STEAM 核心问题引领"(A4),由此启蒙儿童思维,儿童带着问题真探究。活动推进时"操作探究真实充分"(A5),通过提供充分的工具与材料、时间与机会、过程与氛围,充分实现幼儿动手动脑的真探究。整个过程教师保持"观察记录敏锐"(A6)、"介入适宜富有启发"(A7),活动尾声落于"提升兴趣与思维经验"(A8)。纵观整个活动过程,教师"无干扰、破坏的言行与互动"(A9)。作为学习主体的幼儿高质量学习过程包括表现出"浓厚的探究兴趣"(A10)、"积极的学习品质"(A11)、"STEAM 思维参与其中"(A12)。这 12 个指标从活动前、活动中、过程产出三大方面描绘了高质量的学前 STEAM 教育微观过程全貌。同时,每一个关键指标有其具体的指标要点(行为内涵),共有 24 个指标要点。以 A2 为例,关键指标"现象典型的真实问题"包含 4 个指标要点:"源于幼儿生活世界或在幼儿生活中有映射的典型(有代表性)真实问题"(B2)、"现象凸显且鲜活生动或新奇有趣或不同寻常等"(B3)、"背后蕴含核心科技工程问题"(B4)、"能实现幼儿亲自动手动脑操作探究,有展现真实问题的足够典型、多元的直观材料"(B5)。这些要点既是对"典型性"的具体阐释和界定,又凸显出"内容重于形式"的价值取向,强调精选体现 STEAM 教育实质的探究内容的关键性。因此高质量的学前 STEAM 教育活动实施前是目标与内容上的充分准备;实施中是最大限度地激发与调动幼儿的兴趣与思维,让幼儿的兴趣与思维投入其中:既牢牢吸引住幼儿的注意、兴趣与好奇心,又引发幼儿的思考、提问、主动投入,以富有挑战性的、有价值的核心问题

引领贯穿幼儿亲自动手动脑操作探究的全过程。从幼儿对现实问题的探究兴趣到投入问题解决过程的跨学科思维熏陶,真正达到在学前阶段儿童 STEAM 素养的启蒙和奠基。

综上,高质量的学前 STEAM 教育完整图景为,聚焦核心目标(科学合理的方向导航)、真实问题及其典型现象的精妙导入(精选优质内容、精心开启活动)、STEAM 核心问题引领(启蒙思维的深度探究)、提供充分的动手动脑真探究过程(幼儿具身参与、思维与品质塑造)、强化核心目标的总结提升等。这些构成了学前高质量 STEAM 教育探究活动过程的关键表现。

表 5-2　高质量的学前 STEAM 教育微观活动过程指标体系

核心维度		关键指标	指标要点
活动前	目标准备	A1 紧扣学前 STEAM 教育核心目标	B1 紧扣"STEAM 探究兴趣与钻研热情""积极学习品质""STEAM 思维"核心目标
	内容准备	A2 现象典型的真实问题	B2 源于幼儿生活世界或在幼儿生活中有映射的典型(有代表性)真实问题
			B3 现象凸显且鲜活生动或新奇有趣或不同寻常等
			B4 背后蕴含核心科技工程问题
			B5 能实现幼儿亲自动手动脑操作探究,有展现真实问题的足够典型、多元的直观材料
活动中	活动组织实施	A3 现象呈现极具吸引力	B6 多感官通道、多角度、多模态呈现现象,鲜活生动、新奇有趣、非同寻常
			B7 瞬间吸引住幼儿注意力,引发强烈主体体验
		A4 STEAM 核心问题引领	B8 挑战性的科学工程核心问题及其递进性问题链贯穿整个探究活动过程
			B9 持续推进的每一探究活动聚焦的问题清晰具体且充分展开了头脑风暴的假设或计划
活动中	活动组织实施	A5 操作探究真实充分	B10 材料工具直接关联问题解决,数量充足,备用多元
			B11 幼儿亲自动手动脑操作探究的时间与机会充分
			B12 体现出一定的科学与工程实践过程,灵活开放而非刻板固化
			B13 安全温暖的探究氛围,允许与包容幼儿的自主探究或试误,师幼关系、同伴关系和谐

续　表

核心维度		关键指标	指标要点
活动中	活动组织实施	A6 观察记录敏锐	B14 敏锐观察记录班级幼儿探究过程中的疑问、投入表现、活动不同环节效果、个体差异等
			B15 提供给幼儿的观察记录纸适宜、清晰、有效
		A7 介入适宜富有启发	B16 教师的提示、点拨、帮助等适宜、适时、适度、适当
			B17 教师的提问、回应或引导能启发幼儿思考,能挑战幼儿的认知
			B18 活动的整体节奏根据需求或反应灵活调整
		A8 提升兴趣与思维经验	B19 教师借助图片、视频或实物等明确清晰、融会贯通地重现原理或概念,抓住鲜活体验提升幼儿的思维经验与思维习惯
			B20 正向反馈,提升幼儿持续探究与钻研的兴趣
		A9 无干扰、破坏的言行与互动	B21 教师在师幼互动中无干扰、控制、破坏等
过程产出	幼儿学习表现	A10 浓厚的探究兴趣	B22 幼儿在真实问题解决过程中表现出好奇、感兴趣与钻研热情
		A11 积极的学习品质	B23 专注投入,主动参与,灵活尝试解决问题,不轻易放弃等
		A12 STEAM 思维参与其中	B24 表现出科学与工程思维活动与思维习惯

(二) 指标体系的突出特点

该指标体系旨在深描高质量学前 STEAM 教育微观活动过程的关键行为图景,直接诠释学前阶段高质量的 STEAM 教育的过程特征。虽不一定尽善尽美,但有其突出初衷与特点,具体表现在以下四个方面:

1. 聚焦高质量

该指标体系旨在挖掘、萃取学前 STEAM 教育微观活动过程中杰出的、高端的、高水平的行为指标。普通质量标准或完整质量评价指标不是本研究的目的。高质量的指标体系是在基本质量或标准、门槛值或合格标准之上的。如英国 2012 年颁发了新修订的教师专业标准所保留的两个等级:《教师标准》和《杰出教师标准》,作为"杰出教师",是达到了《教师标准》的基本要求的同时且达到《杰出教师标准》的高水平表现(游森等,2021)。因此类似"目标清晰、适宜、重点突出"等基本质量标准尚未在表 5-2 中体现。以教学准备中的教学目标为例,高质量的学前 STEAM 教育教学必须是紧扣学前 STEAM 教育核心目标的,即必须指向提升幼儿 STEAM 探究兴趣、塑造幼儿积极学习品质、启蒙与发展幼儿 STEAM 思维。无论内容如何选择、活动如何展开、结果如何评价，都需要从这三个目标出发，围绕这三个目标并实现这三个目标。脱离了核心目标，即使再清晰或重点突出的目标表述，都可能导致方向性偏离或功利性误区。如结果或产品展示未纳入高质量指标体系中。尽管结果或产品展示交流是一个过程环节或结果表现，但不是高质量的必然体现，尤其对于当前结果导向、产品导向、证书导向的过度攀比偏离下，将展示作为高质量的体现会更加固这一顽疾。对于幼儿而言，有价值的、高质量的学习关键体现在过程中的 STEAM 探究兴趣、积极学习品质、STEAM 思维萌发上。

2. 遵循"第一性原理"，提炼底层关键指标

该指标体系抓取最能体现高质量，也最能驱动高质量的底层指标。各底层的关键指标既一致地指向高质量又各有其重任。如"内容准备"维度凸显"现象典型的真实问题"。STEAM 教育的本质即真实问题驱动，它是在真实问题解决过程中自然而然地实现跨学科有机融合的教育理念。因此，捕捉、精选生活世界中现实的、待解决的真实问题，对于学前儿童而言，尤其抓取现象典型的真实问题，是对 STEAM 教育本质第一性原理的尊重与遵循。在内容准备上仅提炼这一体现第一性原理的关键指标，由此避免指标复杂繁多、晦涩难懂、实践性差等问题，同时避免了缺失要害与关键指标的问题。又如活动尾声，关键指标是"提升兴趣与思维经验"——教师最大程度地提升幼儿的 STEAM 持续探究兴趣与钻研热情，强化幼儿的 STEAM 思维经验。背后的第一性原理是学前 STEAM 教育核心目标（详见第二章），落到 STEAM 兴趣与思维上才能真正让当下的 STEAM 教育指向幼儿毕生的学习与发展。

3. 彻底的过程思维及过程思维下的系统思维

该指标体系强调为高质量过程的充分准备，强调过程中的充分自主、问题引领与深度探究，强调过程中幼儿的学习表现。同时，过程与内容、教师与幼儿、教与学并举。缺失高质量内容有如无米之炊、无源之水，因此该框架体系既强调教师在活动前真实问题上选择准备的质量，又提炼了活动中系列高质量活动实施指标。教师高质量的引，幼儿高质量的学——师与幼、教与学全方位地系统透视其高质量的关键行为表现。由此充分体现出兴趣导入、问题引领、主动参与投入、动手动脑的操作探究等特色，体现出儿童中心、深度探究、启蒙思维、发展兴趣的特色。正如 STEM 课程强调"以学生为中心"，其关键在于能否促进学生自我主导地积极参与学习过程（Land et al.，2012）。

4. 清晰的操作性

以活动组织实施中的指标为例，A3—A8 直接指向 STEAM 教育活动的开启、展开与推进，合力实现幼儿在探究过程中"心、脑、手"的统一。同时从活动开启（注意和选择性知觉阶段）—活动的展开（问题梳理与引领）—活动推进（亲自动手操作探究，主动建构意义阶段）—活动尾声（建构完成和意义生成阶段）之间有着清晰的内在逻辑。在情感参与、兴趣驱动下，儿童主动思考、发现问题、提出假设、进行设计、动手实践、选用工具、加工制作、检验改善等，破解实践中"为探究而探究""把探究变成了动手操作"

的痼疾。

5. 聚焦兴趣与思维

该指标体系把对儿童学习的评价放在兴趣与思维上。有专家指出,"现在广大的学校,事实上并没有像教会学生知识那样同等地教会学生学会思考。"真正的高质量,应该是关注持久的探究兴趣、内在兴趣,以及思维的发生与生长。幼儿园一日保教中知识"投喂"的惯性与痼疾亟待转向幼儿思维的启蒙、思维的促进与品质的塑造上。这些体现高质量学前 STEAM 探究活动的关键指标也是园所机构 STEAM 探究活动的操作难点。

第三节　高质量学前 STEAM 教育指标体系建构:中宏观视角

一、中宏观视角下 STEAM 教育质量评价指标述评

如何从与 STEAM 教育微观实践密切相关的中宏观因素或更大范围去透视 STEAM 教育大规模应用的质量是一个不可忽视的重要问题。对此,国内近年开始有学者从中观层面——学校层面探索 STEAM 教育实施质量评价框架。如高鑫等(2023)构建了学校 STEAM 教育质量测评框架,该框架体系包括背景基础、资源条件、过程实践、质量效益 4 个一级维度和 13 个二级维度,旨在用以评价学校 STEAM 教育的发展状况,促进学校 STEAM 教育质量提升。刘晓敏等(2024)建构了我国中小学校 STEM 教育实施评价体系,该评价体系包括学校 STEM 教育需求评估、学校 STEM 教育投入评估、学校 STEM 教育实施评估、学校 STEM 教育成果评估、学校 STEM 教育增值评估,旨在改进和提升中小学 STEM 教育质量。

国外,以美国为代表,州或国家层面都有展开中宏观视角下的 STEAM 教育质量评价或监测探索。州层面的探索如美国加州圣地亚哥郡在 2013 年成立了 STEM 教育质量标准工作组,其工作组成员包括教师、校长、社区管理员、家庭教师协会会员、大学教师、工程师以及非正式的教育工作者和家长。后来又增加了一些艺术教育者、艺术合作伙伴。圣地亚哥郡 STEM 教育质量标准指出 STEM 质量的四项基本属性:(1) 综合性学习;(2) STEM 思潮和文化;(3) 学校、社区和产业的合作;(4) 大学与职业准备的关联(San Diego County Office of Education,2015;赵慧臣等,2017)。其中,"学术内容的综合性"和"STEM 思潮和文化"描述了 STEM 学校(项目)质量所需条件;"学校、社区和产业的合作"指 STEM 学校和项目应打破课堂教学的束缚,通过与社区和产业合作实现教育目的;"大学和职业准备的联系"指很多大学为 STEM 和 STEAM 职业做好准备。另外,美国爱荷华州的 STEM 教育监测指标体系是以监测实践为导向,以本州的具体情况为基础,以了解掌握该州 STEM 教育发展现状为目的,以全州内部所有

STEM 教育相关的学校、教师、学生、家长和社会公众为监测对象而构建的指标体系。其 STEM 教育监测指标体系包括 4 大维度 18 项具体指标。四大维度即：STEM 教育学生学业成绩和学习兴趣、STEM 教育准备情况（教师和入学机会）、STEM 高等教育情况、STEM 教育的就业情况。18 项具体指标基本上涵盖了该州 STEM 教育系统及发展的各方面，从 STEM 教育的背景到投入再到具体的教育过程最后是学位和就业等结果（许海莹，2015）。

国家层面如美国国家科学院 2018 年发布《美国本科 STEM 教育监测指标》（Indicators for Undergraduate STEM Education，以下简称《监测指标》），将本科 STEM 教育正式纳入美国国家教育质量评估系统。该《监测指标》包括 3 个 STEM 教育改革总目标、11 个行动目标和 21 个监测指标，回应了美国总统科技顾问委员会的要求和本科 STEM 教育改革现阶段的需求（李谦，赵中建，2019）。这些监测指标便是国家监测本科 STEM 教育质量的标准。综合评估学生教育经历和教育环境是本科 STEM 教育指标体系的核心（National Academies，2017），因而《监测指标》的重点放在了过程和环境环节（如表 5 - 3 所示）。

表 5 - 3　美国《本科 STEM 教育监测指标》

基础框架	行动策略	监测指标
目标一：鼓励学生参与基于证据的 STEM 教育实践和项目，提高 STEM 概念和技能的掌握水平		
过程	1.1　课堂内外均采用基于证据的教育实践	1.1.1　课程开发和授课使用基于证据的 STEM 教育实践
		1.1.2　促进课堂外使用基于证据的 STEM 实践
环境	1.2　支持 STEM 教师开展基于证据的教育实践并促进其深入应用	1.2.1　教师参与专业发展的程度
		1.2.2　对基于证据的课程开发或课程再设计的支持或激励的可用性
环境	1.3　重视本科 STEM 教学的制度文化	1.3.1　运用能有效测量教学效果的方法
		1.3.2　机构和部门人事决策考虑基于证据的教学
过程	1.4　STEM 教与学质量的持续提升	无
目标二：为学生选择 STEM 专业和获得学业成功而争取教育公平、多样化和全纳性		
输入	2.1　参与高质量本科 STEM 教育项目和体验的公平性	2.1.1　加强已录取学生和在校注册学生 STEM 准备的制度结构、政策和实践
		2.1.2　注册和持续修读 STEM 学术项目课程的学生数
		2.1.3　公平的基于证据的 STEM 教育项目的学生参与

续　表

基础框架	行动策略	监测指标
成果	2.2　STEM 证书获得者的多样性	2.2.1　与所有领域学位和证书获得者的多样性相比，STEM 学位和证书获得者的多样性
		2.2.2　与两年 STEM 项目的学生多样性相比，从两年转到四年的 STEM 项目的学生多样性
		2.2.3　学生在 STEM 学术项目中的学习时间和获得学位之间的关系
环境	2.3　STEM 教师群体的多样性	2.3.1　STEM 教师的多样性与 STEM 研究生学位持有者的多样性比较
		2.3.2　STEM 研究生导师的多样性与 STEM 研究生的多样性比较
环境	2.4　机构和 STEM 院系的全纳性环境	2.4.1　攻读 STEM 证书的学生在学术项目和部门中感到被接纳和支持
		2.4.2　执教 STEM 学科课程的教师在学校感到被接纳和支持
		2.4.3　机构实践得到文化上的响应和接纳，并在整个机构中保持一致
目标三：根据不同 STEM 学科的需要，提升 STEM 证书完成率，确保培养充足的 STEM 专业人员		
过程	3.1　为所有学生提供充分的基础准备	3.1.1　基础课程完备，包括发展性教育课程，确保 STEM 项目准备就绪
过程	3.2　成功注册和完成 STEM 学习项目	3.2.1　从课程到年级，保持 STEM 学位或证书课程的学生数量
		3.2.2　与所有从两年项目到四年项目的转学数相比，从两年 STEM 项目到四年 STEM 项目的转学数
成果	3.3　STEM 证书获得	3.3.1　按机构类型、转学状态和人口特征分类：获得 STEM 证书的学生数

美国国家科学院另研制了未区分学段的美国 STEM 教育监测指标体系（许海莹，2015），监测是从整体与宏观的视角而展开，监测的指标涉及 STEM 中观与宏观的所有主要方面，如：学生获得优质的 STEM 教育的机会水平、STEM 教育者的能力、STEM 教育相关的政策和经费支持力度。这三个方面包括 14 个具体指标，即：STEM 教育学校的类别、在学人数、入学人数；STEM 教育教学时间；STEM 教育的学习机会；STEM 课程的教学材料、标准；STEM 教师的教学知识与专业发展；STEM 教育的教学领导者的能力与专业发展；联邦、州以及地区层面的政策制定者对 STEM 的重视和支持等。反映出所有指标涵盖了与 STEM 教育相关的 STEM 教育系统内部因素和 STEM 教育系统外部因素，即学习者、教育者、教育影响（学校、学区、教育政策和经费等）等。

　　梳理当前国内外中宏观视角下的 STEAM 教育评价与监测指标框架，可以发现，国内当前高度关注学校——中观层面 STEAM 教育实施与发展的质量评价;国外(美国)则多以整个联邦或者整个州为研究对象,得出的研究成果旨在适用于整个联邦或者整个州。同时,目前的评价与监测研究主要着眼于大中小学阶段,研究结果适用于大中小学的 STEAM 教育质量评价。相比之下,学前阶段的 STEAM 教育质量评价框架或指标探索明显匮乏。尽管已有研究对我们认识中宏观视角下 STEAM 教育质量指标提供了宝贵启发,但进一步的探索还有待还原 STEAM 教育实践的复杂系统本身,加强中观与宏观视角的融合联动,从国家、地方政府与学校、社区、家庭等综合要素加以系统考量。当中,高质量的学前 STEAM 教育具体表现是一个更为迫切的问题。

二、中宏观视角下高质量的学前 STEAM 教育指标探索

良好的指标体系是实施教育监测的核心,监测指标体系是由一系列具有针对性、可追踪性和实效性的指标构成的(杜育红,2011)。在此借鉴上述研究梳理,进一步推进探索中宏观融合视角下高质量的学前 STEAM 教育的指标框架与指标体系(如表 5-4 所示)。

表 5-4　中宏观视角下高质量的学前 STEAM 教育指标体系

核心维度		关键指标
宏观视角 (基于政府—社区—园所—家庭层面)	中央—地方政府的支持	A1 在评价政策等政策上的大力支持
		A2 在财政经费上的大力支持
	社区—园所—家庭的协同支持	A3 社区—家庭的协同支持
		A4 社区—园所的协同支持
		A5 园所—家庭的协同支持
中观视角 (基于独立园所机构层面)	园所机构的教育理念与政策支持	A6 对 STEAM 教育的学习、悦纳与探索态度
		A7 对 STEAM 教育的政策/管理支持(如提供的 STEAM 教育培训与学习机会)
	学习环境/教学资源保障	A8 提供充足的可使用活动/教学资源
		A9 适宜的自然环境
	师资保障	A10 具备必要的专业学科背景与经验背景
		A11 优秀的 STEAM 教育能力

表 5-4 简明扼要地勾勒了中宏观视角下的学前 STEAM 教育高质量指标。宏观层面囊括了政府政策与财政、政府牵引下的社区—园所—家庭协同两大要素及其互动系统。核心表现是中央与地方政府在评价等重要政策与财政经费上对学前 STEAM 教育的大力支持。例如,国家或地方发布的园所质量评价、幼儿教师评价、幼儿发展评价等各级各类评价政策要真正支持到幼儿园与幼儿教师,支持到微观视角下高质量指标体系的落地落实。比如从支持的视角制定并实施评价而非从比较、评判的视角,或从高高在上、奖惩排名的视角制定实施评价政策。美国国家科学院、工程院和医学院联合

出版的最新著作中写道:"在教育系统中,'政策'是调节、控制、支持教育实践的关键因素,也是授权、刺激、赋能、改变、奖励等的重要工具(NASEM,2024)。"中观层面主要从独立的园所机构层面进行高质量指标体系的建构。包括园所机构的整体教育理念与教育政策、园所学习环境与资源、园所师资等核心要素,以及各核心要素下的具体高质量表现。例如,园所机构的整体教育理念与教育政策上的高质量表现包括对 STEAM 教育保持学习、悦纳与探索的态度,对 STEAM 教育给予政策或管理上的大力支持(如提供 STEAM 教育培训与学习机会、鼓励尝试与容错的管理文化、摈弃急躁与功利的评价取向等)。

需要说明的是,融合中宏观视角下所建构的高质量学前 STEAM 教育指标体系依然表现出相对宽泛的框架特征。未细化和标准化的指标可能有助于给予不同区域或不同园所现实情境下高质量表现的多样性与个性化空间。有些指标(如财政经费上的支持)在不同地区或园所之间的具体表现上可能存在差异或较大差距,过于具体不利于各地、各园在自身基础上源源不断地发力。当然究竟需要怎样勾勒中宏观视角下学前 STEAM 教育的高质量指标体系,依然是一个值得探讨和检验的问题。尽管如此,上述体系中的指标无一不指向学前 STEAM 教育高质量发展以及园所机构 STEAM 教育高质量实践实施这一大方向。

三、结语

习近平总书记在二十届中央政治局第五次集体学习时强调,"要坚持把高质量发展作为各级各类教育的生命线,加快建设高质量教育体系。"学前 STEAM 教育是我国学前教育高质量发展的重要构成与突出标志。本章从微观到中宏观尝试构建了学前 STEAM 教育的高质量指标体系。

具体而言,先聚焦学前阶段 STEAM 教育微观活动过程,建构了学前高质量 STEAM 教育活动过程的多维度、多层级指标框架体系。该体系以现象教学、具身认知、操作学习为理论基础并遵循教学过程理路,以活动前的准备→活动中的组织实施→活动过程产出为逻辑主线,从目标准备、内容准备、活动组织实施、幼儿学习表现 4 大维度出发,提炼出 12 个关键的高质量指标及相应的 24 个指标要点。目标与内容准备的关键高质量指标即:紧扣学前 STEAM 教育核心目标、现象典型的真实问题。活动组织实施的关键高质量指标即:现象呈现极具吸引力、STEAM 核心问题引领、操作探究真实充分、观察记录敏锐、介入适宜富有启发、提升兴趣与思维经验、无干扰破坏的言行。幼儿学习表现的关键高质量指标即:浓厚的探究兴趣、积极的学习品质、STEAM 思维参与。由此形成高质量学前 STEAM 教育的核心维度、关键指标与指标要点的逻辑架构。从中宏观层面寻求支持是保障高质量学前 STEAM 教育不可或缺的视角。因此,本章接着探索了中宏观视角下高质量的学前 STEAM 教育指标体系。具体而言,以宏观与中观两大视角、两个层面为逻辑主线展开探索,建构了由 5 个核心维度、11 个关键指标构成的高质量指标框架体系。宏观层面主要基于政府以及政府引领下的社区—园所—家庭的协调互动,涉及中央—地方政府的支持、社区—园所—家庭的协同支持两个维度。中观层面主要基于独立的园所机构,涉及园所机构的教育理念与政策支持、学习环境/教学资源保障、师资保障三个维度。继而分别从这五个维度剖析其关键指标。不过,由于目前尚无直接相关文献或政策内容的参考,尤其是涉及指标难以量化或具体量化的复杂性,目前尚未详细描述其关键指标的内涵表现。

综上,学前 STEAM 教育的高质量指标体系探索离不开从整体系统出发的考虑。这一系统不仅包含了教室环境下微观层面的活动过程质量指标体系,而且包含了教育内部与教育外部、政府—社区—园所—家庭等中观与宏观层面的质量指标体系。教育者、园所机构、社区环境、政府政策、财政经费等都与之密切相关。综合表 5-2 与表 5-4,从微观与中宏观视角下的高质量指标体系建构基本上涵盖了学前 STEAM 教育系统和过程中高质量具体表现的方方面面,不仅刻画了高质量的教、高质量的学的过程面貌,同时也指出了高质量支持与保障的具体构成。两者合力并进,为系统推进、同步协调地落实指向高质量的园所机构 STEAM 教育实践提供及时参考与支撑,为助力我国学前 STEAM 教育从一开始就走上高质量轨道奠定必要基石。

当然,廓清、梳理建构出高质量的学前 STEAM 教育指标体系是万里长城的第一步。作为首要的关键的起步,未来可以对这些指标在不同范围、不同深度、不同时间与环境下进行系列实证研究,包括考察这些或某个高质量指标理念下学前 STEAM 教育的学习与发展效应。还可在此基础上推进幼儿教师 STEAM 教育能力培训的研究与实践,开展基于循证实践的 STEAM 教师培训等。此外,进一步探索学前 STEAM 教育质量评价,如推进学前儿童 STEAM 素养评价、幼儿教师 STEAM 教育能力评价、园所 STEAM 教育发展评价等研究,为学前 STEAM 教育质量监测提供配套工具箱或政策制定参考。

第六章

基于幼儿真实问题的幼儿园 STEAM 项目开发

通过扎根现实世界的、具有挑战性的真实问题来实现跨学科学习是 STEAM 教育的突出特征。然而,有学者指出,当前幼儿园在开展幼儿深度学习时存在情境和问题缺乏、兴趣和自主缺失等现实问题(叶平枝,李晓娟,2023)。如何捕捉幼儿生活中典型真实问题展开 STEAM 项目探究于园所机构更具挑战性。本章拟结合实例阐述如何获取幼儿真实问题并基于其背后的问题探究空间来形成 STEAM 项目及其项目活动,继而提供 STEAM 项目开发与活动实施的具体参考。前面第 1~5 章是本章及随后 7~9 章的理论依据。

第一节 幼儿真实问题典型样例

一、幼儿真实问题的内涵

幼儿真实问题是幼儿园 STEAM 项目内容获取的三大源泉之一。第三章指出"幼儿真实问题"是指幼儿在生活中自己经历、"遭遇"或碰上的待解决的真实问题。它们是幼儿自己遇上的、有困惑或苦恼的、有迫切解决需求和愿望的真实问题。本节进一步阐述说明的是,幼儿真实问题的现象表现通常是眼前的、当下的、具体的、鲜活的、情境的和有限的。有的问题只是外化表现为错综复杂的现象,待解决的真实问题并不明朗,表现出鲜活现象的幼儿真实问题更多时候具有"劣构"或"结构不良"的特征。

在基于幼儿真实问题的 STEAM 项目开发中,教师对"幼儿真实问题"的理解把握可能会遇到挑战。如究竟是把幼儿自身的生活、他们视角下的生活,还是把成人世界里的生活简化后作为幼儿生活的真实问题? 实践中有一些操作便是成人视角下的真实问题,当然它们也不可避免地与幼儿的生活有关联,比如小区高层住宅的水管堵塞问题,这可能不是幼儿自己世界里的真实问题——他们一般不会关注很多或很远。所以,如何确认幼儿自己的真实生活与真实问题,对此问题的理解会使得基于幼儿真实问题的

STEAM 项目捕捉截然不同。本节将在幼儿真实问题样例的捕捉遴选、典型案例的深度剖析与描述、真实问题背后的问题探究空间的分析中,具体充分、鲜活生动、深入浅出地阐述怎样的幼儿真实问题值得捕捉并可形成幼儿园 STEAM 项目探究的高质量内容。

二、幼儿真实问题列举

(一)幼儿真实问题的来源途径

幼儿真实问题来源于幼儿的日常生活中,如幼儿在园的一日生活、在家里的日常生活,或平时去幼儿园的路上、节假日出去玩耍或旅途中的经历见闻等。在幼儿生活来源中有效捕捉到幼儿真实问题的策略包括:(1)教师恰好碰到或看见幼儿面临、遇到某些现实困难或困境时,敏锐驻足观察、倾听、记录,及时捕捉幼儿遇到的鲜活真实问题,同时留意幼儿的"哇"时刻或"惹事"情境。(2)教师平时耐心倾听其他小朋友的诉说、转说,或在与幼儿家长的沟通交流中获取幼儿真实问题。(3)通过关注幼儿在遇到问题时的纠结时长、期待解决问题的愿望迫切程度等进行筛选。比如,幼儿遇到了一个小问题(如拧不开饮料的瓶盖,按不动厕所冲水按压器等),是一会就放下走开了,还是一直在那里琢磨,特别想解决? 由此选出幼儿迫切期待探索的典型的或有代表性的真实问题。

(二)幼儿真实问题样例与典型现象表现

生活中有很多有趣又典型的现象,比如切开的苹果果肉变红,动物园里神奇的变色龙等,但这些现象不一定适用于开展 STEAM 项目活动。幼儿真实问题及其典型现象的捕捉直接关系幼儿的学习兴趣、探究欲望、教育价值等,这也是一个不小的难题。下面尝试描述 3 个幼儿真实问题样例。

幼儿真实问题 A:雨后天晴的某个午后,老师带着幼儿在幼儿园散步。一路上幼儿不断看到水泥地上一些干死或快死掉的蚯蚓,不小心踩到时还吓一大跳。幼儿满脸疑惑、担心、感叹,蚯蚓怎么死掉了呢? 能帮帮这些蚯蚓吗?

幼儿真实问题 B:艺术活动中,幼儿很容易将颜料弄到手上,有些幼儿还会将颜料弄到桌子上或衣服上,很难清洗干净,但不洗干净又不好看或破坏了环境,怎么办?

幼儿真实问题 C:幼儿发现班里来了两个长得一模一样的小朋友(双胞胎)。一段时间里老师和小朋友们经常分辨不出他们两个。这是怎么回事? 怎么辨别他们呢?

幼儿真实问题的现象表现最直接的获取方式是随即拍下照片、录下视频。同时,查找相关绘本,获得该真实问题在绘本中的现象表现,或在网络上获取该真实问题的图片、视频等典型现象表现。

（三）幼儿真实问题表述与界定的灵活性

幼儿真实问题是幼儿自己遇到、迫切想解决的真实问题。该类真实问题的表述可以完全由幼儿来描述或提出、指向或界定。也即，幼儿在自己感知的困难、困惑、烦恼或期望中提出和明确当前亟待解决的问题。幼儿自己倾向于从哪个方面、哪个地方、哪个点上提出问题或界定问题，可以追随幼儿的注意和兴趣。例如，雨过天晴走在回教室的路上，幼儿看到、遇到一条条蚯蚓干死或挣扎在水泥地上，他们最关心的是什么，幼儿疑惑、想知道是什么，幼儿驻足是对什么最感兴趣等，幼儿自己说出来的疑问、关注点、兴趣点，可据此来形成真实问题 A 的问题表述。例如，幼儿可能关心或提出如下问题："这是什么？好害怕！""怎么死了这么多蚯蚓？""蚯蚓怎么跑到路上来了？""蚯蚓快死了，我们把它送回家吧（去找它的妈妈）。""我们可以把它拿到教室（饲养角）去吗？""小蚯蚓的家在哪里？它们出来找食物吗？它们吃什么？""你们能帮帮小蚯蚓（不干死）吗？""（我）把它放到泥土里去，它还会活吗？"对于一个特定的真实问题（含真实问题表现出的典型现象），其问题的界定和表述可以根据幼儿的疑问、兴趣、好奇点，继而从一定高度概括表述该真实问题。该表述既能囊括众多幼儿的疑问和兴趣点，又蕴含可持续探究的空间。

三、幼儿真实问题样例适宜性分析

适宜性分析旨在分析阐述所捕捉、遴选的真实问题是否适宜或有价值，能否形成值得深入探究的 STEAM 项目且适宜于幼儿探究，同时是否有助于达成学前 STEAM 教育核心目标。由此，需要考量的方面包括：是否源于幼儿的生活（与幼儿自己的生活有关联），是否年龄适宜（在生活中有突出的典型现象表现），幼儿是否感兴趣或该问题及其现象表现是否具有趣味性，是否适合展开 STEAM 项目探究（蕴含有核心科学工程技术问题等），这些综合考量也决定着是否有利于达成学前 STEAM 教育核心目标。对此，表 6-1 列举了适宜性分析的主要维度：生活关联度指数、现象典型性指数、跨学科指数、问题探究空间指数、动手操作性指数、趣味性指数等，由此可明确分析某类或某个真实问题展开幼儿 STEAM 项目探究的适宜性。

表 6-1　基于特定真实问题的幼儿 STEAM 项目探究适宜性分析框架

分析维度	具体内涵
生活关联度指数	与幼儿自己的生活密切相关程度，如来源于或发生于幼儿自己的生活
现象典型性指数	真实问题的外显现象凸显、典型的程度，如有非同寻常、奇妙有趣、鲜活生动、清晰凸显的外在现象表现
跨学科指数	自然融入科学、工程、技术、艺术、数学等多学科领域的状况或程度
问题探究空间指数	问题值得持续深入探究的空间大小，如典型现象背后蕴含有核心科技工程问题，核心问题背后蕴含一定的递进性分问题，有深入持续探究的空间，值得深入探究

分析维度	具体内涵
动手操作性指数	探索或解决该真实问题的过程中,可以实现幼儿亲自动手操作的可能性,如涉及的材料、工具、设计、制作等是幼儿可触及的,幼儿可亲自动手操作探究
趣味性指数	问题本身趣味性的程度或能吸引幼儿感兴趣的程度

基于幼儿真实问题的本质内涵与特点,其探究适宜性的分析重点在于跨学科指数、问题探究空间指数、动手操作性指数、趣味性指数等。基于表 6-1 的考量维度,对幼儿真实问题样例 A、B、C 分别进行了适宜性分析,如表 6-2、表 6-3、表 6-4 所示。

表 6-2　基于幼儿真实问题 A 的幼儿 STEAM 项目探究适宜性分析

分析维度	幼儿真实问题 A
生活关联度指数	该问题源于幼儿自己遇上且有解决需求的真实问题,问题类型确保了其生活关联度指数高。
现象典型性指数	该现象在幼儿生活中很常见,同时幼儿天生热爱小生命,对小动物关注多。
跨学科指数	可实现科学、技术、工程、艺术等跨学科融合的探索,如从自然科学角度探索蚯蚓的生活规律,从工程、技术、艺术、数学等角度探索如何创设适宜其生活的"旅馆"或环境等。
问题探究空间指数	跟随幼儿的疑惑、提问,具有中等程度的问题探究空间。
动手操作性指数	该真实问题探究过程中,幼儿可亲自动手进行假设—检验的实验,以及选择材料、工具进行设计、制作的工程技术操作。
趣味性指数	幼儿对大自然界的动植物有着天然的兴趣,幼儿普遍表现出对如何帮助小动物、如何饲养它们等感兴趣。

表 6-3　基于幼儿真实问题 B 的幼儿 STEAM 项目探究适宜性分析

分析维度	幼儿真实问题 B
生活关联度指数	该问题源于幼儿自己遇上且有解决需求的真实问题,问题类型确保了其生活关联度指数高。
现象典型性指数	幼儿园都有用颜料开展的绘画、艺术活动,属于常见的活动,颜料是常见的物品。
跨学科指数	主要涉及科学、技术领域的融合,颜料的特征或本质偏向于科学探究,选择什么方法、工具来清洗涉及技术问题。
问题探究空间指数	可能问题探究空间偏小,如幼儿的疑惑或提问可能是:擦不掉怎么办? 颜料为什么洗不掉? 怎样能更容易清洗? 用热水会洗得干净吗? 如何清洗干净? 消毒液可以把衣服上的颜料洗掉吗?
动手操作性指数	该真实问题探究过程中,幼儿可以亲自动手操作,尝试清洗的方法与过程。
趣味性指数	幼儿探究自己遇到的问题会比较感兴趣。

表 6-4 基于幼儿真实问题 C 的幼儿 STEAM 项目探究适宜性分析

分析维度	幼儿真实问题 C
生活关联度指数	该问题源于幼儿自己遇上且有解决需求的真实问题,问题类型确保了其生活关联度指数高。
现象典型性指数	双胞胎总是能引起成人与小孩的注意或兴趣,尤其是长得一模一样的双胞胎出现时。
跨学科指数	辨别的原理、方法与技术涉及科学、技术、艺术等领域的探索。
问题探究空间指数	跟随幼儿的疑惑或提问,具有中等以上程度的问题探究空间。
动手操作性指数	该真实问题探究过程中,幼儿可以通过动手制作叶片等,感受没有完全一模一样的叶脉。
趣味性指数	幼儿认识世界是从认识自己的身体开始的,但人体恰恰有着最难懂的奥秘,人体的密码至今仍没有深入破解。幼儿像科学家一样,不仅对自己的身体感兴趣,对不同性别小朋友的差异感兴趣,也对长得一模一样的小朋友感兴趣。

表 6-2 到表 6-4 显示,幼儿真实问题 A、B、C 在多个维度上表现出适合生成 STEAM 项目来展开探究。由于是幼儿自己遇到的问题,所以与幼儿的生活关联度指数必然高,其亲历的过程且为之困惑也使得现象典型性指数高。同时,进一步分析得出它们的跨学科指数、问题探究空间指数等都达到良好水平。

第二节 基于幼儿真实问题样例的 STEAM 项目开发

一、STEAM 项目开发的基本逻辑

(一) 基于典型的、有价值的真实问题

STEAM 项目的开发是基于现实的、代表性的、待解决的真实问题而展开。对于幼儿而言,这些真实问题必须是适宜的、有趣的且有一定挑战。所以,每一个 STEAM 项目必然指向特定的、有代表性的真实问题及其解决。无问题、非真实真题、真实问题不适宜、缺乏价值性等,都不足以形成一个 STEAM 项目,或不值得开发一个带领幼儿持续探究的 STEAM 项目。

(二) 挖掘真实问题背后的问题探究空间

STEAM 项目的开发建立在真实问题背后的问题探究空间的分析与挖掘上。一个 STEAM 项目指向一个特定的、有代表性的真实问题及其解决。而解决一个需要跨学

科合作的复杂真实问题,则需要一步一步、一层一层、一个一个地解决该真实问题背后蕴含的核心科技工程问题。

1. 何谓问题探究空间

问题空间即问题解决者对所要解决的问题的一切可能的认识状态,包括对问题的初始状态和目标状态的认识,以及如何由初始状态转化为目标状态的认识等(彭聃龄,2019:273)。有学者指出,教师在备课时应设计一系列与实际问题相关的由浅入深的问题链,这一系列问题链构成了教学的问题空间;"问题空间"教学不仅有利于提高学生的学习能力和解决问题能力,而且有利于提高课堂效率和教师专业素养(朱美华,奚鹰等,2020)。综合上述理解,问题探究空间即由指向问题逐步解决的系列递进性问题构成的探索性空间。如解决某真实问题需要突破的关键或核心问题以及核心问题背后的递进性分问题等。对幼儿真实问题进行其问题探究空间分析,即明确所捕捉的真实问题背后蕴含的具体核心科学或工程技术问题,以及核心问题背后由浅入深或递进性分问题。核心科技工程问题及其相应的递进性问题链构成了特定真实问题背后巨大的问题探究空间,由此也可明确真实问题的持续探究性、探究层次性、深度学习性、与生活关联性以及长远探究价值等。分析挖掘真实问题背后的核心问题与递进性问题链,是开发连续性深度探究的 STEAM 项目的第一步。换言之,这些问题将是后续开发 STEAM 项目活动的重要线索。幼儿园 STEAM 项目探究就是把真实问题背后的核心科技工程问题分解为许多递进的分问题,在一个个递进的小问题的解决中探究特定的现实问题。

2. 问题探究空间分析

问题探究空间分析或问题探究空间形成的主要思路有两种(如图 6-1 所示):(1)自下而上地倾听记录、归纳梳理。即从幼儿的感知、思考角度归纳整理出真实问题背后可探究的问题。具体操作上,在呈现真实问题表现出的典型现象之后,观察、倾听、记录幼儿的反应。倾听记录幼儿的所有疑问,鼓励幼儿发问,进行客观记录,继而梳理出幼儿的主要疑问、兴趣点、关注点。(2)自上而下的逻辑分析、梳理整理。即从教师的感知、理解角度根据其内在的本质对真实问题进行逻辑性的分析,梳理出当中核心的、关键的、待探究的问题,分析出连续递进的、值得深入探究的系列递进性问题。聚焦真实问题,其问题探究空间的形成可以结合自下而上与自上而下两条思路,或者以某一思路为主、另一思路为辅的方式形成特定真实问题的问题探究空间。问题探究空间分析有助于明确真实问题背后有价值的、值得深入探究的问题链,提供有价值、有关联、有递进、螺旋上升的问题情境,继而有助于活跃幼儿的思维,启蒙幼儿的思考,激发幼儿探索的热情,提供深度探究、深度学习的机会,引领幼儿的STEAM 学习。

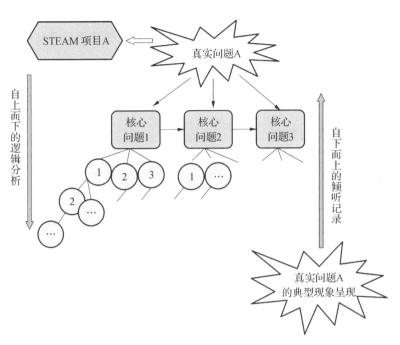

图 6-1　自上而下与自下而上的问题探究空间分析思路

3.问题探究空间分析的原则与要义

问题空间分析是围绕真实问题、聚焦真实问题的解决而挖掘其背后层层递进的密切相关的分问题。当中有两个核心的原则:其一,问题空间分析过程中,包含核心科技工程问题分析以及核心问题下的递进性分问题分析。其二,核心问题是解决真实问题或突破真实问题解决的关键性问题、要害性问题或最重要的问题。核心问题下的递进性问题,没有特定的数量或层次限制。但每一个核心问题下的所有递进性分问题(一级递进性分问题、二级递进性分问题或更多)都指向并聚焦于其对应的核心问题。递进性分问题的分析是为了解决和解答其对应的核心问题,它们是有中心的,也是与核心问题密切相关的。因此,不是所有的偏相关、弱相关、不相关或无价值的问题,或只要是问题,只要是提到、想到的问题都可纳入问题探究空间。否则不仅导致不能有效达到解决真实问题的目的,而且会导致注意力分散,浪费不必要的学习时间、精力和热情。因此,有必要反思并精选聚焦真实问题及其解决的核心问题及其递进性分问题,由此构成某个真实问题背后的真正问题探究空间,而非庞大杂乱而无意义或意义不大的问题系统。

(三)基于真实问题与问题探究空间形成 STEAM 项目

幼儿园 STEAM 项目的开发是基于真实问题,继而围绕真实问题背后的核心科技工程问题及其递进性分问题而形成具体的项目及其相应的项目探究活动。每一个真实问题可开发形成一个 STEAM 项目,真实问题背后的每一个核心科技工程问题形成一个 STEAM 分项目,核心问题下分解的递进性分问题形成一个个具体的探究活动。STEAM 探究项目的开发包括了问题探究空间分析、分项目及项目活动设计、可探究的 STEAM 元素以及涉及的核心概念、跨学科概念等。

二、基于幼儿真实问题 A 的 STEAM 项目开发

(一)问题探究空间分析

幼儿真实问题 A 的问题探究空间分析主要采取自下而上的思路。如幼儿遇到真实问题 A 的典型现象时,他们驻足关注的同时,心里产生的疑问或提出的问题可能有:这是什么东西? 小蚯蚓还活着吗? 它怎么不动了? 为什么马路上会有很多干死或快死的蚯蚓? 这些蚯蚓是从哪里爬出来的? 蚯蚓怎么死掉了呢? 怎么救活这些蚯蚓呢? 蚯蚓是渴死了吗? 为什么下雨后蚯蚓都跑出来了? 蚯蚓出来找食物吗? 我们能为它们做些什么呢? 为不让其他小朋友踩到,我们做点什么呢? 蚯蚓喜欢吃什么? 它们的家在哪里? 蚯蚓还能救吗? 蚯蚓为什么会干死? 蚯蚓怎么往马路上/水泥地上爬? 我们怎么帮助一下蚯蚓? 蚯蚓找不到回家的路了吗? 蚯蚓的家在哪里? 蚯蚓回不来家它妈妈会不会伤心啊? 蚯蚓在什么环境里生活的? 是不是给蚯蚓喂点水就会活了啊? 踩到蚯蚓它会立刻死掉吗? 它不能在太阳底下晒了吧? 它们会变成两条新蚯蚓吗? 蚯蚓怎么在这里? 为什么在这里? 能给小蚯蚓做一个"马路旅馆"吗(让它们免于干死在回家的路上)? 我们怎么保护蚯蚓呢?

不过,有时,幼儿虽然有明显的兴趣或关注点,但并没有直接提出自己的疑问或问题,也没有明确的设想(刘占兰,2008)。在这种情况下,教师可以协助引发、询问他们的疑问,或判断幼儿感兴趣的问题。幼儿没有直接表达疑问,教师就不能从幼儿直接的疑问中看出教育价值的话,这样的教育机会就会被忽略或错过(刘占兰,2008)。有时,幼儿对自己好奇又困惑的地方表达不一定完整、清晰。在这种情况下,教师可以耐心倾听,辅助幼儿表述他们自己的问题,或核实幼儿想要表达的疑问。有时,幼儿的疑问极其简单,主要涉及常识性事实或无关紧要的偏离等,有的甚至只是为了引起关注,这种情况下教师可以简要回应或视情况而定。上述无论直接或间接来自幼儿的疑问都是自下而上所收集的问题,也是形成问题探究空间的重要基础。与此同时,教师需要进行自上而下的逻辑分析,明确真实问题背后值得探究的不同层次问题。然后,对两条通道收集来的所有问题进行梳理。捕捉了代表性的、典型的幼儿真实问题(教育内容)之后,如何把幼儿的思考引向事物的本源,围绕真实问题背后的核心科技工程问题(有价值的问题)展开探索,是教师要同步考量的。正如德国存在主义哲学家、教育家雅斯贝尔斯指出的"一切教育的关键在于教学内容的选择,以及将学生引向事物本源的方式"。表 6-5 列举了幼儿真实问题 A 可能形成的问题探究空间。

表 6 - 5 幼儿真实问题 A 的问题探究空间分析

真实问题	核心问题	递进性分问题
我们可以帮助小蚯蚓吗？	1. 小蚯蚓从哪里爬出来的？	(1) 小蚯蚓的"家"在哪里？
		(2) 小蚯蚓适合生活在什么样环境里？（小蚯蚓生活的环境有什么特点？）
		……
	2. 小蚯蚓怎么在这里？（小蚯蚓怎么爬到路面上来了？）	(1) 雨后泥土里缺空气了吗？
		(2) 雨后蚯蚓出来找食物或水吗？
		……
	3. 怎样帮助小蚯蚓（不干死在路上）？	(1) 能给小蚯蚓做一个"马路旅馆"吗？
		(2) 怎样帮助小蚯蚓顺利回家？
		……

（二）STEAM 项目及其活动开发

基于幼儿真实问题 A（如能帮帮这些蚯蚓吗？），以表 6 - 5 的问题探究空间为线索，开发了围绕小蚯蚓救援的 STEAM 项目及其项目活动（如表 6 - 6 所示，简称"STEAM 蚯蚓项目"）。表 6 - 6 显示，取名"小蚯蚓救援"的 STEAM 项目可由"小蚯蚓的家""雨后'调皮'的小蚯蚓""我来帮帮小蚯蚓"三个分项目构成。每一分项目又可以结合幼儿的问题形成多个具体的项目活动，如"小蚯蚓的家"分项目，可以展开"我来找一找""我来测一测"等探究活动。"雨后'调皮'的小蚯蚓"分项目，可以展开"探秘雨后的泥土""应有尽有"等探究活动。"我来帮帮小蚯蚓"分项目，可以展开"小小设计师""'智能'向导"等探究活动。这些项目活动作为示例，具体到特定幼儿园和特定班级，跟随幼儿的问题与兴趣，可以增添或删减。以给小蚯蚓布置一个舒服的"家"活动为例，教师可以提供一些泥土块、小草、水杯等材料，4 人一个小组，小组成员一起商量如何给蚯蚓布置既舒服又美丽的新家（提醒幼儿可自由设计，比如使用彩纸、蜡笔等构筑围墙，或放入少量的食物等）。然后把这些小蚯蚓放进去，一起来养蚯蚓，继而学习照顾小蚯蚓的好办法。回家后在爸爸妈妈的帮助下可以继续搜集资料，寻找照顾蚯蚓的好办法（如选用枯木和动物粪便做饲料、经常松土、避光饲养、放置在温暖环境等），来园之后和大家分享。

表 6-6　基于幼儿真实问题 A 的 STEAM 项目及项目活动开发

项目名称	分项目名称	项目活动	融入的 STEAM 元素 & 涉及的概念
小蚯蚓救援	小蚯蚓的家	**我来找一找** 活动目的:观察与寻找小蚯蚓,看看小蚯蚓主要生活在什么地方。 活动设计:观察活动。如在幼儿园户外、种植地去观察寻找小蚯蚓。	科学:科学思维(观察、记录、假设、实验等) 技术/艺术:用自己喜欢的方式做记录 核心概念/跨学科概念:结构与功能 适宜年龄班:小中大班
		我来测一测 活动目的:通过实验了解小蚯蚓的家的特点,初步了解为何小蚯蚓能生活在泥土里。 活动设计:实验活动。如通过科学小实验探究小蚯蚓生活的泥土里有没有水分,有没有空气等。	
	雨后"调皮"的小蚯蚓	**探秘雨后的泥土** 活动目的:通过实验了解为何雨后很多小蚯蚓往外面爬。 活动设计:实验活动。通过科学小实验考察下雨前后泥土里的环境差异。	科学:科学思维(观察、提问、假设、实验、记录、做结论、交流等) 技术:设计记录表 数学:种类、数量 核心概念/跨学科概念:因果关系 适宜年龄班:中大班
		应有尽有 活动目的:通过实验了解小蚯蚓"外出"的缘由。 活动设计:实验活动。如给雨后泥土周围播撒各种可能的食物和水,观察蚯蚓的动静,从而初步判断蚯蚓是否是出来找食物或水。	
	我来帮帮小蚯蚓	**小小设计师** 活动目的:想象、设计、制作与布置小蚯蚓"马路旅馆"或"蚯蚓之家"。想象、探索可以给小蚯蚓做一个什么样的旅馆或小家以及如何做,启蒙幼儿的探究兴趣与科学想象力。 活动设计:动手操作探究活动。如想一想、画一画,设计不同形状、不同材料、不同大小的旅馆,或给小蚯蚓布置一个舒服的"家"。动手选用工具材料进行尝试制作。	科学:提问、假设、想象 技术:选用材料、工具操作 数学:形状、大小、数量 工程:整体设计制作可行的、实用的"蚯蚓旅馆" 艺术:颜色、形状的选择与设计 核心概念/跨学科概念:有机体、结构与功能 适宜年龄班:大班以上
		"智能"向导 活动目的:大胆想象是否能轻松有效地指引小蚯蚓自行回家。探索雨后蚯蚓找不到回家的路了吗,有什么办法让小蚯蚓顺利回家等问题,启蒙幼儿的探究兴趣与科学想象力。 活动设计:想象与设计活动。想一想,画一画,试一试。	

值得注意的是,分项目及其项目活动并非标准或固定的。究竟展开几个分项目,或究竟展开哪几个项目活动,跟随班级幼儿的兴趣、疑问、关注点等灵活决定即可。有的实际情境下可能需要增添新的分项目或项目活动,有的实际情境下可能需要删减当中某分项目或项目活动。此处主要提供项目开发的思路参考与示例引荐,搭建起理论构建与实践应用之间必要的桥梁,为园所机构教师发展自身 STEAM 项目开发能力提供针对性支持。

三、基于幼儿真实问题 C 的 STEAM 项目开发

(一) 问题探究空间分析

与幼儿真实问题 A 的问题探究空间分析同理,采取自下而上的幼儿倾听记录与自上而下的逻辑分析,两者有机融合形成幼儿真实问题 C 的问题探究空间。表 6-7 是对幼儿真实问题 C 问题探究空间的分析。至于实际呈现典型现象之后,幼儿涌现了哪些疑问和感兴趣的地方,需要结合特定的班级增删或充实。

表 6-7 幼儿真实问题 C 的问题探究空间分析

真实问题	核心问题	递进性分问题
怎样辨别双胞胎?	1. 双胞胎都是一模一样的吗?	(1) 双胞胎哪些地方长得一模一样? 有不一样的地方吗?
		(2) 双胞胎的手指指纹也一模一样吗?
		……
	2. 为什么双胞胎长得一模一样?	(1) 双胞胎长得像是因为基因遗传吗?
		(2) 双胞胎长得不像是因为基因变异吗?
		……
	3. 怎样快速准确辨别双胞胎?	(1) 怎样辨别很小的双胞胎宝宝?
		(2) 怎样制作指纹身份证?
		……

(二) 项目及其活动开发

结合表 6-7 的问题探究空间分析,可以形成相应的 STEAM 项目及项目活动,如表 6-8 所示。

表6-8 基于幼儿真实问题 C 的 STEAM 项目及项目活动开发

项目名称	分项目名称	项目活动	融入的 STEAM 元素 & 涉及的概念
双胞胎辨辨辨	双胞胎非双胞胎	**让我来看一看** 活动目的:观察比较班级双胞胎长相的异同和非双胞胎长相的异同。 活动设计:观察活动。观察比较双胞胎照片和本人,就双胞胎长相的异同进行观察记录;观察比较班级里两个非双胞胎幼儿的照片及本人,分别在记录纸上做记录,就记录的结果进行分享交流。 **指纹大比拼** 活动目的:观察比较班级双胞胎指纹的异同。 活动设计:观察活动。借助放大镜、显微镜等仪器,通过按手印来观察比较双胞胎指纹的差异。 拓展活动:如教师用图片和破案视频等方式介绍公安机关检测指纹的先进方法与技术等。	科学:科学思维(观察、记录、比较、交流等) 技术:做记录 核心概念/跨学科概念:基因 适宜年龄班:中大班
	基因窥视	**探秘 DNA** 活动目的:认识与了解决定人长相的遗传物质 DNA。 活动设计:操作探究活动。通过提供 DNA 模型、图片、视频等进行初步的观察、操作;进一步提供不同颜色的雪花片,幼儿自行组合雪花片的颜色、排列,进行拼搭,模拟 DNA 不同螺旋结构。 **传话活动** 活动目的:通过传话小实验了解基因变异的可能性。 活动设计:实验游戏活动。如教师给幼儿 A 小声说一句较长的话语,让幼儿 A 小声传给幼儿 B,依次传下去,看看到第五、六个幼儿说出的话是什么。	科学:科学思维(观察、提问、假设、实验、观察记录、下结论、交流等) 技术:选择材料、组合 数学:形状、模式 艺术:颜色 核心概念/跨学科概念:基因、稳定性和变化 适宜年龄班:大班
	眼力大挑战	**考考你的眼力** 活动目的:挑战辨别年幼双胞胎、同卵双胞胎。 活动设计:观察活动。通过呈现多对婴儿双胞胎、学步儿双胞胎图片,以及普通双胞胎、同卵双胞胎图片,让幼儿观察辨别两个宝宝的差异,交流分享各自辨别的策略或方法。 **指纹身份证** 活动目的:通过亲自动手操作探究初步感知、观察与体验不同个体在指纹上的微小差异。 活动设计:动手操作探究与制作活动。可设计 2 类活动,一是指纹身份证制作。如给幼儿提供玻璃水杯、面粉、超轻黏土、彩色印泥、白纸等材料,让幼儿自主选择材料(单独或组合)清晰印下自己的指纹。然后在老师协助下胶印成身份证片。二是树叶叶脉书签的制作。进一步感知体会个体与个体之间的差异,对自己制作出来的身份证进行观察比较与交流分享。	科学:观察、比较、分析、交流分享等 技术:选用材料、工具操作 数学:类别、特征 工程:整体思考如何有效准确辨别双胞胎 艺术:颜色、装饰等 核心概念/跨学科概念:有机体、基因 适宜年龄班:大班以上

四、STEAM 项目开发中教师的角色与作用

STEAM 项目开发中教师的主要角色与作用与第四章所阐述的高质量的学前 STEAM 项目探究模式内容一脉相承。教师角色上的合理定位对于 STEAM 项目开发以及 STEAM 项目实践应用都至关重要。因此有必要清晰阐述教师在 STEAM 项目开发与实践中的角色、定位与作用。

（一）跟随者、观察与发现者

幼儿真实问题是形成适宜幼儿探究的 STEAM 项目重要来源之一。而幼儿真实问题又是幼儿自己遇到的、遭遇的、有困扰的、急需解决的、现实的真实问题。这类问题的捕捉与发现离不开教师的敏感的观察、倾听、跟随、发现、捕捉、记录等。因此教师的首要角色是跟随者、观察者、发现与记录者。

（二）呈现与引发者

在设计系列项目及推进活动之前，教师要善于引发幼儿自己的疑问。因此，呈现真实问题表现出的典型现象非常重要，充分呈现是关键前提。例如呈现对比鲜明或不同寻常的现象（如多张幼儿整齐洁白的牙齿图片与多张黑牙、蛀牙、牙洞等图片同时呈现），引发幼儿自己提问而不是教师提问。经由幼儿自己提出的问题，来形成问题探究空间，提供 STEAM 项目开发的必要线索。当幼儿对项目产生兴趣时，自然而然地会面对他们将要探索的问题，教师的角色就是去帮助幼儿找到他们自己的问题（卡洛林·爱德华兹等，2006）。

（三）倾听与记录者

给予幼儿充分感知体验的时间与机会，同时充分倾听与记录幼儿的反应与疑问。这是教师在开发 STEAM 项目时需要做的关键工作之一。同时，项目活动的顺利实施建立在教师对本班幼儿整体水平充分把握的基础上，而不是仅仅参照国内外各年龄阶段幼儿的发展标准。教师的观察、倾听、记录是了解本班幼儿发展水平与特点的重要机制。如瑞吉欧课程经验总结的，记录下幼儿的感想与讨论，可以让教师深入了解幼儿对超市认知与误解的程度（卡洛林·爱德华兹等，2006）。值得一提的是，教师并非倾听与记录幼儿所有的话语，而是选择性地记录幼儿的疑问、关注点、好奇心、兴趣度等。

（四）最大限度的支持者

从 STEAM 项目的形成到整个探究过程，教师最突出的角色之一就是支持者。如真实问题的现象收集与呈现过程中，教师需要耗费比较大的精力去收集准备典型的现象表现，继而多通道、多模态地呈现。观察瑞吉欧幼儿们的工作，可以发现他们是借助各种不同的视觉媒介去深入探索事物而获得领悟，重新建构先前的认知，并对现象反复探索，然后再建构和共同建构新的认知（卡洛林·爱德华兹等，2006）。可见现象呈现上

的多种典型视觉媒介准备至关重要,它直接关系到幼儿对问题的感知、探索、认知、洞察与建构等。教师在准备中成为幕后的最大支持者。

幼儿动手动脑操作探究过程中,教师需要耗费比较大的精力去准备和提供适宜的、充足的操作工具、材料等。教师需要最大限度地支持儿童的探究,包括最大限度地引发幼儿深度、持续探究的兴趣,充分给予幼儿探究的实践机会等。在幼儿需要的时候,适度介入,提供必要的、适宜适度的帮助,教师作为陪伴者、协助者而出现。因此教师是支持者、支架者,而非传授者、教导者或灌输者,以知识拥有者的权威角色教授幼儿领域知识或概念,教导幼儿如何探究等。

(五) 最小限度的介入与引导者

马拉古齐说过:"教师必须尽可能地减少介入,介入得以一个有效的方式重新开始意见的交流并恢复幼儿的信心。因此,介入前必须衡量清楚,不可过度介入,也不可推翻幼儿正在进行的事物。与其牵着幼儿的手,倒不如让他们靠自己的双脚站立着(卡洛林·爱德华兹等,2006)。"马拉古齐的观点向我们强调,教师必须尽可能地减少介入,不是教师讲得多、传授得多就是好的教育。在 STEAM 项目探究过程中也同理,教师除了支持支架、呈现引发、观察倾听记录外,就是陪伴、跟随幼儿,在幼儿切实遇到困难或不能自行解决的时候,适宜适度地介入、协助或启发、点拨、引导,不是直接帮助幼儿做了,不是直接告知幼儿如何做,不是直接传授有关知识等。整个过程需要幼儿自己亲历,教师退后,提供幼儿充分探究的时间与空间,必要的时候适当地介入。

综上,从幼儿天生是个学习者的角度来说,作为成人的教师扮演一种辅助的角色:观察、倾听、记录、跟随、支持(呈现、引发、协调)……

第三节　基于幼儿真实问题样例的 STEAM 项目活动设计

一、活动来源及名称

(一) 活动来源

以表 6-6"基于幼儿真实问题 A 的 STEAM 项目及项目活动开发"中的第一个分项目"小蚯蚓的家"中的"我来测一测"为例设计项目探究活动。

(二) 活动名称

我来测一测。

二、适宜对象

5～6 岁大班幼儿。由于该活动主要设计的是科学小实验,更切合大班幼儿的认知需求、探究兴趣与操作能力。

三、活动目标

以学前 STEAM 教育核心目标为理论指导,在本次项目探究活动中的具体目标是:

1. 通过科学实验满足幼儿探秘小蚯蚓的家的好奇心,培养他们持续探究的兴趣,帮助幼儿理解蚯蚓喜好的生活环境的缘由。

2. 通过幼儿亲历实验操作过程,培养幼儿观察、假设、检验、比较分析、下结论、交流分享等科学思维习惯,塑造幼儿专注、投入、合作与坚持等积极学习品质。

四、活动设计

以"PP-O 模式"为理论指导,即由"现象""问题""操作"三个核心要素构成的"现象呈现→问题引领→操作探究"的活动模式。其中,"现象呈现"即呈现小蚯蚓及它们生活的家(环境)。"问题引领"即观察现象呈现过程中所引发的幼儿的疑问,教师进行倾听记录并结合前期预设,整理形成由有价值的问题引领的探究。"操作探究"即据前面梳理的问题,一个一个问题地进行动手动脑的操作探究(假设—检验实验探究或设计制作活动等)。教师提供必要的、充足的工具材料与时间机会的支持。同时,可以小组的方式展开合作操作探究。最后,可以增添"观察记录与总结交流",即提供给幼儿观察记录纸,在操作探究过程中进行观察记录,活动尾声,就自己收集的数据作出结论、交流分享。

鉴于幼儿的注意力容易分散、易受到外界影响也喜欢从众,上述科学小实验操作探究可以是不复杂的、简单的完整过程。如幼儿园老师经常苦恼:"在科学动手操作活动中,孩子总是会忘记了自己的探索目的,没有带着问题探索,总是会被各种事物所吸引,这种问题该如何解决呢?"因此,在本 STEAM 项目探究活动中,"科学"的体现即简单清晰的假设—检验过程,让幼儿经历提问—假设—检验—观察—下结论等完整的科学探究过程,由此来感受科学探究过程,形成科学思维习惯,积累科学核心经验。

五、可能的材料准备

蚯蚓若干,不同地方蚯蚓的"家"的实物或图片、视频,透明的一次性杯子,纱布,泥土、沙子,装有等量水(少量)的矿泉水瓶(瓶盖上扎好小孔),吸管,小草,辅助 PPT。操作材料 2～3 人一套。

六、活动过程

(一)现象呈现——问题引发活动

该活动可以设计一次独立的前活动,由此给予幼儿观察、思考、反应的充分时间与机会。

1. 现象呈现

展示蚯蚓及它们的"家"(如泥土里、湿湿的草地里、地底下等)的实物,展示蚯蚓生活的"家"的图片,小蚯蚓在"家"与非"家"生活的小视频(如把小蚯蚓放入潮湿松软的泥土里,以及把小蚯蚓放入干燥粗糙的沙子里的视频)。

教师事先准备好足够多的、典型的现象材料——呈现现象的各类材料。尽可能多通道、多模态地呈现鲜活新奇的现象。教师只是呈现,不需要提问。呈现的节奏要依据幼儿的兴趣、关注点而灵活变化,整个过程有时可能时间长一点,有时可能时间短一点;有的地方可能时间长一点,有的地方可能时间不需要那么长。即幼儿特别感兴趣、特别好奇,且有很多反应的地方,需要给予幼儿足够反应的时间,让幼儿充分反应(如对什么好奇、感叹,有什么、有多少疑问等)。

2. 观察、倾听幼儿的反应

现象呈现的过程,教师同步做观察、倾听、记录。如幼儿表现出对下面的问题或现象好奇、有疑问,并提问:"这是蚯蚓的家吗? 蚯蚓在什么环境里生活的? 蚯蚓怎么在这里? 小蚯蚓为什么喜欢住在泥土里呢? 我能给小蚯蚓做一个"家"吗? 我们怎么保护蚯蚓?"

3. 梳理核心问题

结合幼儿的疑问,以及教师的逻辑分析,形成本次活动探究的核心问题。如小蚯蚓的"家"到底有什么秘密——小蚯蚓为什么喜欢住在泥土里? 泥土里有哪些条件满足小蚯蚓的生活需求?

值得注意的是,项目形成阶段的现象呈现与特定项目活动开启时的现象呈现,可以据需要而灵活增删。例如,项目形成阶段是以真实问题表现出的典型现象呈现为主,即呈现完整的、复杂的真实问题所表现出的典型现象,继而在倾听、跟随与梳理中形成该真实问题背后的问题探究空间。特定项目活动开启时的现象呈现是据问题探究空间中的具体分问题而确定,由此聚焦和强化幼儿对该分问题的感知体验。若幼儿在项目形成阶段对此分问题及其相应具象有鲜活的印象与体验,那么可以直奔主题——直接从问题探究开始,即直接从分问题开始。详细逻辑参见第四章图 4-2"学前 STEAM 项目探究'PP-O 模式'的实践路径"。

(二)问题引领——操作探究活动

该活动可以根据幼儿实验操作的具体情况,设计 1~2 次独立活动。

1. 实验一：沙子与泥土比较实验，探究泥土的存水功能

自变量：泥土、沙子。

因变量：漏下的水量。

（1）感知泥土和沙子及其差异

让幼儿分别看看和摸摸自己桌上的泥土和沙子，感受一下它们有什么不同（如感知泥土的粘、软、细腻，沙子的粗糙、磨手、硬等）。

（2）泥土和沙子的吸水、存水功能实验假设

把同样多的水分别倒进泥土和沙子里看看结果会怎样。让小朋友先自己思考和猜想，提出假设，教师不做肯定与否定的回答。

（3）比较泥土和沙子的吸水、存水功能的小组合作实验

给每组幼儿提供：两瓶一样多的水（一个装有少量水的瓶子，瓶盖上扎好了小孔，方便小朋友倒水）、装有沙子的杯子（纱布固定在一次性杯口，纱布上铺满沙子）、装有泥土的杯子（纱布固定在一次性杯口，纱布上铺满泥土）。同时倒水，一个倒入沙子，一个倒入泥土，观察并记录结果。

（4）实验结果与分享讨论

每个小组呈现出直接的实验结果，讨论分析实验结果（如放沙子的杯子中流出的水比放泥土的杯子中流出的水多），由直观的现象来引导幼儿探究现象背后的原因。如在放泥巴的杯子里，水没有漏下去，那水去哪儿了呀？教师不用考虑给予幼儿标准的答案，重点在于让幼儿就亲身经历的实验操作结果展开反思、分析与讨论。

（5）提升小结

教师结合幼儿的发现，提升"水留在了泥土里"的事实——水被泥土吸掉了，泥土吸收了水分并且储存了水分。泥土摸起来很细腻，水被吸到泥土里面并留在了那里，难怪小蚯蚓喜欢住在泥土里。相比之下，沙子摸起来粗粗的，不能很好地吸住水，因而即使是湿湿的沙子，蚯蚓也不能在那里安家。最后教师进一步借助 PPT 展示，倒入水后泥土与沙子不同颗粒结构对倒入的水的反应过程及其结果。该清晰放大的过程进一步强化幼儿直观感知与理解泥土留存住水的科学事实。

2. 实验二：观察探索泥土里有没有空气

自变量：泥土。

因变量：气泡。

（1）引导幼儿猜想、提出泥土里有无空气的实验假设

教师回顾：上一个实验知道了泥土的一个秘密是能存住水，所以小蚯蚓喜欢泥土。那么小蚯蚓在泥土里能呼吸到新鲜空气吗？泥土那么厚厚黏黏的，里面到底有没有空气？

等候幼儿思考、讨论、猜想、提出假设。

（2）检验泥土里有没有空气的方法

呈现现象：教师用吸管往装有水的杯子里吹气，多吹几次以方便幼儿观察，同时让

几位幼儿自己也到前面来试一试。往水里吹气,水里出现了气泡。教师辅助幼儿观察到如果有空气进到水里,就会产生气泡。同样,如果把泥土块扔进水里,泥土有空气的话,则会出现气泡;没空气的话则不会出现。

(3)检验泥土里有没有空气的小组合作实验

两个小朋友一组,拿一块泥土轻轻地扔到水杯里,然后仔细观察,记录所看到的现象。

(4)实验结果讨论

就"看到了什么",幼儿分享实验结果。得出泥土里是有空气的,小蚯蚓在泥土里可以自由呼吸,因而它们可以在泥土里生活。若有的小组现象不够明显,可以给幼儿换一换泥土块再检验一次,或鼓励幼儿回家查查资料,探索其他的验证泥土里有空气的方法。

(5)小结

通过科学实验找到了小蚯蚓的"家"的秘密。请小朋友们说一说到底是哪些秘密。教师进一步概括:小蚯蚓喜欢生活在泥土里,原来是因为泥土里有空气,还能存住水,使泥土湿湿的,所以小蚯蚓喜欢住在泥土里。

(三)活动延伸

给小蚯蚓布置一个舒服的"家"。该活动可以另外在区域环境里提供独立的探究时间和工具材料。请幼儿回家后在爸爸妈妈的帮助下继续搜集资料,寻找照顾蚯蚓的好办法,如何喂养小蚯蚓能让它们健健康康长大。

七、活动设计特点

(一)重典型现象呈现——最大限度地引发儿童的好奇心与兴趣

从幼儿的视角导入,选择一个幼儿生活中能直接感知到的真实现象——蚯蚓,从幼儿生活角度来选择探索的真实问题。同时,幼儿平时可能并没有进一步思考蚯蚓为何选择那样的生活环境。由此,科学活动是为了提升幼儿的生活经验,引发幼儿进一步思考,如引发真实的问题"蚯蚓住在哪里?为何住在那里?",这些问题可能也是幼儿平时看到的、问起过的,很容易引起儿童的探索兴趣,也有一定的问题空间,适合大班幼儿探索。

(二)引发幼儿自己的疑问——激发幼儿的好奇心

幼儿的科学探索是通过问题开始的(Fusaro,Smith,2018)。通过充分的典型现象呈现,在幼儿充分的感知体验过程中引发幼儿自己的疑问、好奇。如"小蚯蚓生活在这里吗?""小蚯蚓为什么喜欢住在泥土里啊?""小蚯蚓的'家'有什么秘密?"基于幼儿已有经验,引发他们未曾思考过或未知的部分,在幼儿的最近发展区里提升其好奇心。

（三）核心问题引领的层层推进操作探究——深度探究与学习

结合幼儿的疑问与教师对该现象背后问题的梳理，形成有价值的核心问题。经由核心问题及其可能的递进性问题展开聚焦一个一个问题的探究。儿童被认为是"小小的科学家"由来已久（Piaget，1954；Gopnik et al.，1999；Legare，2012）。本活动设计便是在问题的带领下，设计一个个严谨的科学实验，由此探索问题、解决问题，在探索与解决问题中幼儿获得对蚯蚓生活环境的理解。第一个实验探索泥土能留存水的特点，第二实验进一步探索泥土里有没有空气。由此设计层层推进、紧密相连的实验，一步步引导幼儿提问假设、操作实验、观察结果、分析判断、做出结论、分享交流等。不仅感知、操作、观察科学实验的完整过程，而且实现对某一具体科学问题的深度学习，收获动手探究的科学思维习惯与探索技能，这些正是儿童早期科学学习的重要构成部分（Fusaro，Smith，2018）。另外特别设计的是，每一个实验的操作步骤清晰，实验现象较为明显，便于幼儿直观感知和反思。比如幼儿给沙子和泥土洒同样多的水后，能直接看到一个杯子里水很多，另一个杯子里水很少的实验现象，直观的现象有助于激发幼儿思考现象背后的原因，从而有效理解泥土存留水的功能，并初步理解实验的原理。同时，实验特地设计了两人一组，便于幼儿合作探究，幼儿在活动中的自主、投入、探索与合作都是该融合学习的体现。

（四）直指学前 STEAM 教育的核心目标——着眼兴趣与思维

本书第二章提出，学前阶段儿童 STEAM 教育的核心目标在于 STEAM 探究兴趣、积极学习品质、STEAM 思维。本次活动设计紧扣以上核心目标。对于活动中的大班幼儿，更重在培养其持续探究的兴趣，塑造其积极学习品质，发展他们的科学思维习惯。同时，以核心目标为导向将早期的跨学科学习融合在问题探索与实验操作中。如在探索蚯蚓的"家"的秘密中，有机融合了科学、数学、技术等跨学科学习体验。在问题引领的合作实验中，培养大班幼儿的持续探究兴趣、专注力、合作能力、动手操作能力、主动投入等积极学习品质以及塑造幼儿的科学思维、跨学科思维习惯，如观察、提问、假设、实验、观察记录、比较分析、下结论、交流分享、解释说明、评价反思等。

（五）教师角色的深刻变革——切实落地儿童作为学习的主体

该项目活动中，教师是以支持者、观察者、倾听记录者、组织者、跟随陪伴者等角色出现。如：

现象呈现前，教师是幕后的支持者——默默准备各类工具材料等。

现象呈现时，教师是台前的支持者、观察者、倾听记录者——呈现各类典型的现象表现，同步观察、倾听、记录幼儿的反应、疑问、提问等。

操作探究过程中，教师是支持者、观察倾听者——准备各类工具材料等，在过程中观察，提供必要的回应或帮助。

活动结束时，教师是组织者——不是教师对活动结果进行总结并教导给幼儿，把科学的知识或结论概括传授给儿童。相反,教师给予幼儿充分交流、分享讨论的时间与机会,尽量让他们学会比较分析、形成结论、交流结果、评价反思,由此建构幼儿自身的体验、经验与认知。最后,教师进行概括,强化总结。

综上,教师角色由权威者、传授者、教导者、控制者、主宰者变为支持者、观察者、倾听者、记录者、跟随陪伴者、组织者等。探究的过程、节奏与实质由幼儿来主导和经历,真正实现儿童主体、儿童本位或儿童中心的真实探究。正如有学者指出的,我们以生活中幼儿感兴趣的"项目"作为活动开展的方向,再以项目中幼儿最关心的"问题"作为线索,由浅入深地展开幼儿自主性探究与学习,教师则在其中承担观察者、支持者、协助者的角色(白明旭,张路曼,2021)。

八、结语

本章以幼儿真实问题为基础展开了 STEAM 项目开发的完整过程剖析。依据内在逻辑线索,从幼儿真实问题的来源及实例出发,进行基于幼儿真实问题实例的问题探究空间分析,然后以问题探究空间为线索开发 STEAM 项目及其项目活动,最后以项目开发为基础,对当中某个项目活动的具体实施与开展进行设计。结合某一活动的设计来透视其他项目活动在具体实施过程中可以怎样有效地开展。此外,对教师在项目探究过程中的角色变革进行了强调与说明。这些基于幼儿真实问题的 STEAM 项目开发思路、依据、具体设计与案例操作等为幼儿园教师 STEAM 教育能力提升搭建了从理论到行为之间的必要桥梁,可为幼儿园实践和实现高质量的 STEAM 项目探究等提供完整的参考。跟随幼儿真实问题的深入探究也将突破幼儿园固定或惯常主题活动的框架体系,让现实世界真问题探究之神奇功效有一个发挥和展现的空间与机会。

第七章

瞄向世界前沿真实问题的幼儿园 STEAM 项目开发

世界前沿问题是在当前和未来对人类有挑战的复杂问题,它们反映的是国际科技前沿、全球共同需求或国家重大需求、人类面临的瓶颈或工程技术难题等。瑞吉欧课程经验总结:对教师而言,一项艰巨的任务便是协助孩子找到一个够大、够难的问题,可以让儿童投注最多的精力并长时间思考(爱德华兹等,2006)。好的驱动性问题既能展开一系列探究活动,又能增强学生学习的一致性与连贯性。从学习的角度看,问题对教学过程具有动力注入、方向指引、阶段形塑等导引作用(余文森,龙安邦,2023)。世界前沿真实问题是兼具驱动性、挑战性和综合性的复杂未知问题,它们往往具有足够的挑战性、巨大的探究空间、深层的生成性、未知性与开放性等特点。本章便以世界前沿真实问题为驱动性问题,由此展开幼儿园 STEAM 项目及其活动的开发与设计。

第一节　世界前沿真实问题典型样例

一、世界前沿真实问题的内涵

本书第三章对高质量的幼儿园 STEAM 教育内容源泉进行了深入阐述,其中,世界前沿真实问题是高质量内容的三大源泉之一。第三章第二节中指出,"世界前沿真实问题"是对人类当前认知而言有挑战的、至今尚未解决的前沿性真实问题,这样的问题同时在幼儿生活中有体现、有映射、有表现。通常政府部门或相关学术机构会发布和更新人类至今未决的科学问题,或一段时间内有挑战的重大科学、工程技术难题。它们一方面在幼儿生活中有表现、有映射或有延伸;另一方面是世界前沿的、人类未决的、对人类社会或对我国当前有巨大挑战、亟待攻克的难题。本节进一步阐述说明的是,世界前沿真实问题通常是从问题到现象,即首先有明确的问题,同时有着眼前身边的或远方广阔的、具体无限的现象表现。在幼儿面前,呈现幼儿能触摸、感知到的身边的现象。在幼儿感知了典型现象后,会提出怎样的真实问题,会朝哪个方向去界定问题,既有一定的跟随性,又有一定的引导性。引导性体现在,如果幼儿提出、界定的问题并非触及真实问题本身或要害,以及并无探索空间或深度探究价值,则需要教师加以启发和协助,明确真正的真实问题本身。

可以借助世界典型的前沿真实问题,寻找与回归其在幼儿身边的鲜活现象表现并加以描述,同时对其适宜性、可探究性等展开分析。复杂的世界前沿真实问题背后往往蕴含着若干核心科学、工程技术问题。每一个核心问题背后又往往可以分解出若干密切相关的递进性分问题,这便构成了问题探究的巨大空间以及深度探究的足够机会。儿童能够在真实情境中围绕问题解决的知识整合、迁移、反思、应用,在亲历世界前沿真实问题的探究实践中逐步发展科学、工程与设计思维以及创新创造能力。

二、世界前沿真实问题列举

(一) 世界前沿真实问题的来源途径

代表性的来源途径有科技部门官网、学术期刊、官方公众号等,需要关注、搜索、了解与阅读。

(二) 世界前沿真实问题 A 与典型现象表现

1. 世界前沿真实问题 A

"我们可以创造一种环保的塑料替代品吗?"来源于 2021 年上海交大携手《科学》期刊共同发布的全球 125 个科学问题(程媛媛,2021)。

2. 典型现象表现概述

中国日报网 2017 年公布,在人们使用越来越多塑料制品的同时,塑料垃圾正如同潮水一般流入生活的方方面面。2015 年全球产生塑料制品超过 3 亿吨,大量塑料垃圾通过填埋、焚烧等方式侵占和污染着生存环境,而流入海洋的塑料垃圾更是成为一个巨大的威胁。2010 年,高达 1 270 万吨塑料垃圾流入了海洋,相当于每分钟都有一卡车装载量的塑料垃圾被倒入海洋。大量塑料瓶在使用之后就被丢弃,最终流入海洋,塑料饮料瓶是海洋塑料污染的主要来源之一。全球范围内,86% 的塑料没有被完全回收。菲律宾的马尼拉湾曾是一个美丽的景点,现在已经成为亚洲污染最严重的水体之一。在海滩上的微塑料,由于难以降解,我们今天的海洋中有五万亿个塑料碎片,足以围绕地球超过 400 周。这些塑料垃圾造成每年数十万海洋动物的死亡,还以微塑料、塑料碎片等形式出现在食物链中,进入到饮水中和餐桌上,影响人类健康。据预测,塑料生产在未来 20 年还将翻一番,到 2050 年将翻三番,达到 3.18 亿吨(中国日报网,2017)。美国国家地理中文网 2020 年指出,控制塑料垃圾的全球性运动是有史以来发展最快的环保事业之一。然而,被丢弃的塑料还是不断增加,并最终进入海洋。在未来 10 年里,每年进入水道并最终流入海洋的塑料垃圾将达到 2 200 万吨,最多可能达到 5 800 万吨。然而,其实这还是一个"好消息":因为上述估值考虑了成千上万个政府和工业部门为减少塑料污染而做出的雄心勃勃的承诺。如果没有这些承诺,按照目前的情况继续下去,未来的糟糕程度将是目前的两倍。如果现有的塑料垃圾管理能力没有任何改进,到 2030 年,最终将会有 9 900 万吨不受控制的塑料废物进入自然环境。上述两种情形是一个国际科学家团队的最新研究结果,与 2015 年发表的第一份全球统计数据相去甚远。当时的数据估计,全球每年平均有 880 万吨塑料垃圾流入海洋。这一数据五年前公布时震惊了全世界,并帮助推动了塑料垃圾运动的发展(美国国家地理中文网,2020)。综上,这些不容忽视或触目惊心的现象表现于地球各地,普遍、广泛、迫切、严重。2022 年第五届联合国环境大会上来自近 200 个会员国超 2 000 名代表共商塑料污染问题。回收再利用塑料、寻找创造塑料替代品是解决塑料污染问题的重要手段。

3. 幼儿身边的典型现象与具象表现

塑料在幼儿生活中无处不在,家里买东西的袋子、喝水的瓶子、一次性水杯,以及小区里、公园里丢在路边的塑料垃圾。在我的玩具产业中,塑料玩具量更大、面更广,幼儿接触到的玩具中,塑料玩具也比较多。在小区的垃圾堆中,白色污染是较为严重的环境问题,幼儿每次路过时可以看到那些塑料垃圾袋。幼儿在电视新闻或其他媒体中也可能看到,海洋里的生物受到了塑料的威胁,生命岌岌可危。塑料制品在生活中以各种形式存在,可以引导幼儿探究塑料出现在生活中的各种形式,激发幼儿对探索塑料垃圾的兴趣。通过实验让幼儿知道塑料是不会腐烂和分解的,引导幼儿探索塑料的组成和制作过程,让幼儿认识到塑料的危害、对环境造成的污染,从而启发幼儿思考有没有可以代替塑料的东西,引导幼儿注重塑料的循环利用,尝试检验替代的方法或途径等。

(二)世界前沿真实问题 B 与典型现象表现

1. 世界前沿真实问题 B

"如何'求教'大自然,开发高度集成、智能、可修复的仿生系统?"来源于我国青年科学家 50^2 论坛于 2021 年发布的"十大科学技术问题"(新浪科技综合,2021)。

2. 典型现象表现概述

新浪科技综合网发布,科技迅猛发展使得人类入太空潜深海,似乎"无所不能"。但一个最基本的科学事实是,即便神舟十二号上精巧的"天和"机械臂,其系统的集成度、智能化以及自我修复功能也远远低于生物系统。科学家虽然能制造复杂的化学和物理单元,然而让这些单元自发装配成为高度集成的个体结构,仍是梦想;在智能化方面,生物体系可以融合个体感知、思考和控制反馈,衍生出群体沟通、竞争和合作,相比而言,仿生智能软硬件却只能实现其中的"冰山一角";在修复方面,小到壁虎断尾再生,大到生态系统的有机统一、低能耗和动态平衡,生物体系拥有非凡的修复本领,仿生系统的可修复探索还仅仅停留在分子层面的自愈合。仿生系统的构建涉及方方面面:从材料、制造到组装,从单元、个体到集群。从理解自然界材料合成、组装及演变的共性机理,为仿生体系研发提供理论支撑;到构建仿生智能表界面,有效调控仿生系统与外界环境的交互;再到开发规模化绿色制造技术,构建跨尺度、多功能协同的仿生系统;乃至发展高度集成的智能类生命体,人类将一步步向大自然"求教取经"(新浪科技综合,2021)。

3.幼儿身边的典型现象与具象表现

幼儿生活中有许多"身怀绝技"的动植物,这些动植物的本领也正好被人类所学习。幼儿生活中不乏从动植物学习本领的仿生实例,如在天空中翱翔的飞机学习了小鸟的本领,防雨的伞面学习了荷叶的本领,锋利的锯子学习了锯齿草的本领,用于挂东西的吸盘学习了章鱼的本领等。耶鲁大学丽贝卡(Rebecca)教授课题组从陆生和水生乌龟身上得到灵感,运用"适应性形态发生"设计策略建造了一个机器人,它融合了传统的刚性部件和软性材料,从根本上增强了其四肢的形状,并为多环境的运动改变其步态,实现了陆地行走和水中拍打游泳的效果,可以灵活地在复杂的水下环境中移动并从事环境监测等工作,未来还可能在科学研究和救援等方面做出贡献。幼儿自身也是大自然中的鲜活生命,他们也有许多特殊的本领。幼儿对自己的本领有着熟悉、真切的体验。人工智能时代,机器人的设计与开发又如何向幼儿学习,变得更能干、更灵活、更敏感呢?

(三)世界前沿真实问题表述与界定的灵活性

世界前沿真实问题的原本表述若不适合幼儿理解,那么可采取降维表述,即灵活的浅出表述。如世界前沿真实问题 A 可以表述为:"有什么东西能替代塑料并且环保呢?"或"我们可以创造一种环保的东西来替代塑料品吗?"世界前沿真实问题 B 可以表述为:"我们如何向大自然中的动植物学习,设计做出可重复使用的仿生用品?"或"如何模仿大自然中动植物特点设计创造我们可重复用的物品?"总之,要基于前沿真实问题的本意,运用幼儿能理解的语言与表达方式对该真实问题进行转换表述或降维表述。

三、世界前沿真实问题样例适宜性分析

适宜性分析的框架参照第六章表 6-6 所列出的维度,即生活关联度指数、现象典型性指数、跨学科指数、问题探究空间指数、动手操作性指数、趣味性指数等。考虑到世界前沿真实问题本身的内涵与特性,其探究适宜性的分析重点在于幼儿生活关联度、现象典型性、跨学科性、可动手操作性与趣味性。问题探究的空间会随世界前沿真实问题的选定必然产生或天然具备。从世界前沿真实问题展开的深度探究也利于达成学前STEAM 教育核心目标。基于这些考量,在此对世界前沿真实问题样例 A 与 B 分别进行适宜性分析(如表 7-1、表 7-2 所示)。

表 7-1 基于世界前沿真实问题 A 的幼儿 STEAM 项目探究适宜性分析

分析维度	世界前沿真实问题 A
生活关联度指数	塑料在幼儿生活中无处不在,家里买东西的袋子、喝水的瓶子、一次性水杯等,以及小区里、公园里丢在路边的塑料垃圾。白色污染是较为严重的环境问题,海洋里的生物也受到塑料的威胁,因此塑料问题与幼儿的生活紧密相关。
现象典型性指数	如现象表现所显示的,幼儿或远或近的身边有不少令人担心、好奇或忧虑、反感的突出现象。

续　表

分析维度	世界前沿真实问题 A
跨学科指数	该真实问题不仅涉及塑料为何不能在短期内消失的降解科学原理,也涉及人类如何改造塑料的运用等工程技术问题。因此包含了是什么、为什么、怎么办、如何做等各个层面的问题解决,其跨学科性指数较高。
问题探究空间指数	世界前沿真实问题的内涵与特性确保了其巨大的问题探究空间。
动手操作性指数	该真实问题探究过程中,幼儿可以用不同材料亲自尝试如何制作日常用品中塑料品的替代物品,检验其可替代性和实用性等。
趣味性指数	可借助图片、视频、绘本故事(如《10 件我能为世界做的事》)等来激发幼儿的兴趣,利用触目惊心的典型现象也能引发幼儿对问题本身的兴趣。

表 7 - 2　基于世界前沿真实问题 B 的幼儿 STEAM 项目探究适宜性分析

分析维度	世界前沿真实问题 B
生活关联度指数	幼儿生活中有许多"身怀绝技"的动植物,这些动植物的本领也正好被人类所学习,幼儿可以看到、听闻到甚至使用到。达·芬奇曾说:"去学习大自然,那是我们的未来……"(塞拉芬·梅努等,2020)
现象典型性指数	幼儿生活中不乏从动植物学习本领的仿生实例,如防雨的伞面学习了荷叶面的本领,锋利的锯子学习了锯齿草的本领,吸盘学习了壁虎的本领等。幼儿天生对动物的特殊本领感兴趣。
跨学科指数	仿生是模仿生物系统的功能和行为,来设计、建造、创新的方法。如运用仿生方法可创制新的机械,发明现代化识辨仪器,改进通信系统,设计新颖的工艺和研制人工脏器等。现代的飞机、极地越野汽车、雷达系统的电子蛙眼、航海的声纳系统、航空建造工程的蜂窝结构、人工肾及人工心脏等,都是仿生的结晶。利用仿生解决问题自然融合科学、技术、工程、数学、艺术等多学科的共同努力。
问题探究空间指数	世界前沿真实问题的内涵与特性确保了其巨大的问题探究空间。
动手操作性指数	该真实问题探究过程中,幼儿可以用绘画表达表征,搭建仿生模型,用不同材料尝试学习动物本领等来实现亲自动手操作探究。
趣味性指数	幼儿在接触大自然的过程中,对于小动物非常感兴趣,他们提出"小鸟为什么能飞呢?""小狗为什么跑得那么快?""毛毛虫是怎么走路的?"等问题,这些发现对幼儿来说都是非常具有吸引力的,一些幼儿在观察中总会问出很多让人意想不到的问题,而人类也通过自然界的启发从动植物身上学到许多的本领。同时,通过阅读绘本故事、观看新闻视频等,加强幼儿对自然仿生与人类生活之间关系的感知,能让幼儿体验到仿生学习的乐趣。

表 7 - 1、表 7 - 2 显示,所选择世界前沿真实问题样例在幼儿生活关联度指数、现象典型性指数、跨学科指数、问题探究空间指数、动手操作性指数、趣味性指数等指标上都达到合适或较好水平。因此,在世界众多前沿真实问题的搜索与筛选中,教师需要综合考量这些指数,精选出上述指数均高的真实问题,而不仅仅是当中某个或某两个指标指数高的问题。

第二节　基于世界前沿真实问题样例的 STEAM 项目开发

一、基于前沿真实问题 A 的 STEAM 项目开发

本节围绕上一节世界前沿真实问题典型样例进行幼儿园 STEAM 项目开发,由此提供面对一个特定的前沿真实问题时,如何形成 STEAM 项目、如何进行 STEAM 项目开发或如何推进 STEAM 项目探究、如何提供广阔而递进的深度学习机会的思路、程序、策略与范例。

(一) 问题探究空间分析

问题探究空间分析将结合自下而上与自上而下两条思路。必要时,自上而下的梳理起主要引领性作用。此处在对上一章"问题探究空间"基本内涵的理解下,再进一步阐述面向世界前沿真实问题时问题探究空间分析中需要注意的方面。

1. "问题探究空间"分析注意点

针对世界前沿真实问题,问题探究空间具体分析时须注意以下几点:一是核心问题是充分体现和破解真实问题的问题。即每一个真实问题背后的核心问题都紧扣和指向真实问题的解决,而非偏离或游离的、远相关或不重要的问题。以"如何延缓衰老,促进机体修复,提高人类寿命?"(新浪科技综合,2021)为例,"人衰老会有哪些症状? 人为什么会变老? 增加运动(或提高免疫力)等能延缓衰老吗?"等是紧扣该真实问题的核心问题。相反,"动植物也会衰老吗? 人与动物衰老有什么不同?"等问题则偏离了当前真实问题。可以采取"是什么""为什么""怎么样"或"怎么做"的思路来分析真实问题背后的核心问题。当然,并非一定要每个角度都挖掘一个问题,需结合具体的真实问题具体分析。二是核心问题之间有一定的递进关系,其表述尽量易于理解且利于展开操作探究。三是递进性分问题紧扣其上位的核心问题。四是所有分问题尽量具有可动手操作探究性且难度适宜。对问题探究空间的分析有助于教师明确所精选的真实问题可探究的方面、可探究的变量、可探究的深度,既而明确如何连续性地推进探究等。

2. 前沿真实问题 A 的问题探究空间分析

前沿真实问题 A"我们可以创造一种环保的塑料替代品吗?",其背后的探究性问题或问题探究空间如表 7-3 所示。该真实问题背后可以分析出 3 个核心问题、8 个一级递进性分问题和若干二级递进性分问题。每一核心问题都是对解决真实问题 A 的回应,即聚焦性;每一分问题又是对解决所对应的核心问题的回应,即逻辑性、紧密相关性。所有问题要同步考虑幼儿的可理解性与可操作探究性。同时,问题的多少与问题递进的程度最终结合两条思路而确定:自上而下的逻辑分析和自下而上的倾听记录。

表 7-3　前沿真实问题 A 的问题探究空间分析

真实问题	核心问题	一级递进性分问题	二级递进性分问题
我们可以创造一种环保的塑料替代品吗？	1. 塑料要经过多久才会腐烂或消失？	(1) 塑料会自行消失，回归大自然吗？	a. 塑料杯子或塑料盒（厚一点的塑料）会自行溶解消失在土壤里吗？
			b. 包糖果的塑料小片（薄一点的塑料）会自行溶解消失在土壤里吗？
			c. 大片塑料和小片塑料在土壤里变化消失是否有区别？
		(2) 塑料袋与餐巾纸（或果皮、菜叶、木筷、袜子等）在不同环境下"消失"的速度一样吗？	a. 在水里或泥土里塑料袋、餐巾纸、果皮、菜叶等"消失"的速度一样吗？
			b. 在化学溶液里塑料袋、餐巾纸、果皮、菜叶等"消失"的速度一样吗？
		(3) 化学溶解液能让塑料最终消失吗？	a. 不同化学溶液对塑料品的"溶解"有何不同？
			b. 特定量（大量/少量）化学溶液对塑料的消失程度影响有何不同？
	2. 日常居家生活可以不用塑料品吗？	(1) 日常生活中家庭塑料用品的使用情况是怎样的？	
		(2) 人们对减少或放弃日常塑料用品的意向如何？	
	3. 能否用环保材料替代日常生活中的塑料用品以及如何做？	(1) 塑料品所运用的塑料的优点可替代吗？塑料可替代吗？	
		(2) 如何用非塑料环保材料制作和替换日常生活中的塑料品？	a. 如何用非塑料环保材料制作手提袋和饭盒并用一用？
			b. 如何用非塑料环保材料制作白板或水杯？
			c. 如何用非塑料环保材料设计代替教室内外或游乐场的滑滑梯？
		(3) 日常生活中不便替代的塑料品如何做到循环利用？	

　　表 7-3 中的核心问题背后再分解的递进性分问题在聚焦指向核心问题解决的同时，并非不可以进一步再分解；相反，有的递进性分问题还需要进一步的分解才更为具体化，也才利于幼儿的思考和探索。如"塑料品所运用的塑料的优点可替代吗？"这一问题，在具体探索时可以就在这个问题层探索，也可以据实际情况分解为几个问题来探索：(1) 塑料袋、塑料瓶、塑料碗、塑料纸等的优点是什么？(2) 是否有可能用其他材料来替代制作？因此，究竟分解或拨开几层，根据特定的问题、幼儿的认知需求、幼儿的年龄适宜性等来决定即可。只是需要注意的是，无论分解几层或多少个分问题，都需要考量是否聚焦在核心问题的探索方向上，而不是无止境、无关联或关系不大地随意发散和分解。该理念和原则贯穿本著作所有 STEAM 项目的开发中。

(二) 分项目与项目活动开发

以前沿真实问题 A 为例,表 7-4 在表 7-3 的基础上设计开发了围绕塑料替代品探究的 STEAM 项目(简称"STEAM 塑料替代项目"),并初步设计了 3 个分项目和 8 个以上的项目探究活动(8 个命名的项目活动包含了多个并列或递进的探究活动)。表 7-4 对所有探究活动究竟融入了哪些 STEAM 元素、核心概念或跨学科概念等也进行了简要分析。由此,幼儿教师在组织和支持儿童开展每一个项目探究活动时,既可以尽可能放开——动态生成,又可以使活动有所指——指向思维、指向问题、指向过程。究竟哪个活动开展,哪个活动不开展,以及哪些活动在哪个年龄班展开,可以跟随幼儿的兴趣与疑问。如幼儿究竟提出过哪些问题、对哪些问题感兴趣、有哪些疑问,由此来决定活动的展开。同时项目探究不在于问题解决的结果,不追求获得唯一的或封闭性的标准答案,更不追求概念或知识点的掌握。即探究的问题是具体明确的,解决问题的方法途径是开放多样、灵活生成的。尤其是,对于世界前沿未解的真实问题而言,教师自身可能也不知标准答案,这样有助于促使教师转向对探究过程与思维活动的重视,走出长期以来重知识答案和重结果的误区。因此,幼儿园 STEAM 项目重在提供具体的问题情境,让儿童充分感知、体验与反思自身周围的世界,借助操作、检验、设计、创造让儿童乐意去探索并持续推进探索。在真实的问题情境和真实的问题解决过程中,给予儿童想象与创造的机会,启蒙他们的想象创造力、高阶思维能力、真实问题解决能力等。值得一提的是,表 7-4 所分析的基于塑料替代品的 STEAM 项目探究所涉及的核心概念、跨学科概念,并非本项目探究要让幼儿掌握这些概念,而是教师在分析时自己会更清晰所精选的真实问题的价值大小。也即明确聚焦真实问题及其背后核心科技工程问题的 STEAM 项目,同时也是与相关核心概念、跨学科概念相关的,是有着巨大探究价值的。

表 7-4　基于前沿真实问题 A 的 STEAM 项目及活动开发

项目名称	分项目名称	项目活动	融入的 STEAM 元素 & 涉及的概念
塑料替代品探究	废弃塑料会"消失"吗	**自行"消失"的塑料** 活动目的:观察塑料会不会自行消失。 活动设计:观察活动。如将不同类型废弃塑料(如废弃盒子、糖果皮、塑料袋等)放教室区角,观察记录不同时长下塑料的"消失"情况。	科学:科学思维(观察、提问、假设、实验、记录、做结论、分享交流等) 工程:系统思考与设计如何充分了解塑料降解或消失情况等的方法 技术:选用工具观察塑料消失情况、掩埋塑料、选用容器等 适宜年龄班:大班
		大家来比一比 活动目的:探究塑料与其他物品在不同时长和环境下消失的情况差异。 活动设计:实验活动。如自变量1:不同类型日常废弃物(水平1:塑料袋;水平2:瓜果皮、菜叶;水平3:纸巾、纸杯)。自变量2:不同环境(水平1:自来水里;水平2:泥土里;水平3:化学溶剂里)。因变量:各类物品的"消失"速度情况(含多个并列或递进的探究活动,下同)。	

续　表

项目 名称	分项目 名称	项目活动	融入的 STEAM 元素 & 涉及的概念
塑料替代品探究	废弃塑料会"消失"吗	**"消灭"塑料大行动** 活动目的:探究化学液体能否最终消灭塑料。 活动设计:实验活动。如自变量1:化学液体类型(水平1:洗涤剂;水平2:醋;水平3:其他溶解液)。自变量2:化学液体的特定量(水平1:大量;水平2:少量)。因变量:"消失"情况及"消失"时长。	数学:时间、颜色(变色)、容量、形状 核心概念/跨学科概念:化学、污染、废物 适宜年龄班:大班
	能和塑料品说再见吗	**塑料品大侦查** 活动目的:调查生活中大大小小的各类塑料用品及其使用范围和频率。 活动设计:调查活动。如调查所在班级小朋友、小区邻居等,了解家里、小区、游乐场或公园等不同场所的塑料品使用现状。 **透视"意愿"** 活动目的:调查人们减少或放弃塑料品的意向程度等。 活动设计:调查活动。如调查班级幼儿、家长、教师、小区邻居等对减少塑料品使用的态度与意愿。	科学:科学思维 技术:调查问题设计 数学:调查结果的数量与比较 核心概念/跨学科概念:规模 适宜年龄班:中大班
	创意替换	**塑料优点探秘** 活动目的:通过动手操作和观察比较等探究为何塑料被广泛使用。 活动设计:实验操作探究活动。如比较塑料、废纸、旧布、木块等不同材料在拉伸、盛重、装入、盛水等实用上的差异。 **让我来替换** 活动目的:大胆尝试给大小不同塑料品设计替换的环保材料,或自制非塑料的袋子或盒子等用品并检验效果。 活动设计:设计制作活动。如幼儿大胆想象,自由设计和制作,活动结束对创意替换的制作品进行实际替换效果的检验。 **身边的循环利用** 活动目的:让儿童创意想象,对塑料的回收利用进行设想设计。 活动设计:动手操作探究活动。鼓励幼儿大胆想象日常废弃的塑料品如何回收利用,尝试将塑料废弃品设计制作成书包、篮子、灯具,用颜料、黏土等对废弃的塑料瓶进行装饰,用于教室区角装扮或体育课的障碍跑器具等。	科学:科学思维 工程:统筹设计可能的替代性材料与效果 技术:选用合适工具、材料、方法、操作、制作 艺术:设计形状、装饰塑料替代品、将塑料进行再次创造、装饰教室环境 数学:分类、数量 核心概念/跨学科概念:结构与功能、生态学 适宜年龄班:中大班

二、基于前沿真实问题 B 的 STEAM 项目开发

前沿真实问题 B 是"如何'求教'大自然,开发高度集成、智能、可修复的仿生系

统?",可以转化为幼儿能理解的表述:"我们如何向大自然中的动植物学习,设计、制作或创造出生活中我们能使用或能重复使用的物品?"

(一)问题探究空间分析

1. 真实问题背后的核心科技工程问题

在面对一个真实问题或真实问题表现出的典型现象时,就其背后的核心问题一般采取"是什么""为什么""怎么做"的思路来进行分析。如前沿真实问题 B 背后蕴含的核心科技工程问题有:

(1)大自然里有哪些动植物的神奇、厉害、特别的本领可以供我们学习?

(2)为什么要将大自然中某些生物的特殊本领应用于生活中?(我们为什么要开发高度集成、智能、可修复的仿生系统?)

(3)如何向大自然中的动植物学习,设计、制作或开发出可重复使用的仿生用品或仿生材料?(我们如何向大自然中的动植物学习,开发高度集成、智能、可修复的仿生系统?)

2. 核心科技工程问题背后的递进性分问题

明确了核心的科技工程问题后,进一步就每一个核心问题分析其背后的递进性分问题。如核心问题 1"大自然里有哪些动植物的神奇、厉害、特别的本领可以供我们学习?"的再分解如表 7-5 所示。这些分解一方面是为后续 STEAM 项目开发做铺垫,另一方面旨在提供 STEAM 项目开发的思路启示。核心问题背后再分解的递进性分问题在聚焦指向核心问题解决的同时,究竟分解或拨开几层,根据特定的问题、幼儿的认知需求、幼儿的年龄适宜性等来决定。比如,核心问题下的递进性分问题之一"人们学习动物神奇本领的典型表现有哪些?"分解了直指该问题的 3 个二级递进性分问题。其中"身边哪些小动物有很厉害的本领? 典型表现有哪些?"还可以再分解、再具体化,如:(1)小猫咪有什么厉害的本领? 小猫咪有哪些厉害的本领? (2)小鸟/啄木鸟有什么厉害的本领? 小鸟/啄木鸟有哪些厉害的本领? 至于究竟分解出来什么,结合幼儿的兴趣并确保指向核心问题。

表 7-5 核心问题 1 及其背后的递进性问题链

核心问题 1	一级递进性分问题	二级递进性分问题
大自然里有哪些动植物的神奇、厉害、特别的本领可以供我们学习?	1. 人们学习动物神奇本领的典型表现有哪些?	(1)身边哪些小动物有很厉害的本领? 典型表现有哪些?
		(2)人们向小动物学习的表现有哪些?
		(3)生活中有哪些物品是"模仿"小动物做的?(生活中仿生的常见例子、神奇的仿生应用例子有哪些?)
	2. 人们学习植物特别本领的典型表现有哪些?	(1)身边哪些花草树木有特别的本领? 典型表现有哪些?
		(2)人们向花草树木学习的表现有哪些?
		(3)生活中有哪些物品是"模仿"身边植物做的?(如雨伞是模仿了什么做的?)

　　核心问题 2"为什么要学习大自然中某些生物的特殊本领应用于生活中?"的再分解如表 7-6 所示。该核心问题主要是在探索为何要向大自然学习,为何要仿生,仿生的开发应用给了我们哪些帮助或产生了哪些积极影响,仿生系统的作用和功能是什么等。该问题的抽象性程度比较高,在分析问题空间时,宜结合幼儿认知特点与学习心理,尽可能从具象问题去引发幼儿感知、体验和思考。如核心问题 2 的问题空间更多结合具象表象来分析二级递进性分问题。从具象到抽象,提供多维度、多层次的递进性探索机会。根据实际需要,也可以进一步分解递进性分问题下更低或更具体一层的递进性分问题。以"现实难题***能从大自然中获得解决的灵感与启发吗"为例,观察并根据幼儿的兴趣,可以就生活中不同的现实难题来展开想象与探索。若以特定现实问题为名,可以分解出多个不同的分问题。

表 7-6　核心问题 2 及其背后的递进性问题链

核心问题 2	一级递进性分问题	二级递进性分问题
为什么要向大自然学习?(为什么要仿生?)	1. 什么是仿生(学习)?(仿生学习的奥秘是什么?)	(1) A(如雨伞)与 B(如荷叶)之间在什么方面或哪些地方有相似?(联系是什么?)
		(2) 想象 A(如牵牛花)在生活中的可能仿生学习有哪些?
		(3) 还可以在哪些方面把大自然界的动植物特点与人类可以学习应用的地方联系起来?(生活中＊＊地方或物品是学习了＊＊动物或植物的本领?)
	2. 向大自然学习与不学习有什么不同吗?	(1) 普通木棍与导盲杖(向蝙蝠学习制作的)对盲人出行有什么不同影响?
		(2) 普通军服与迷彩军服(向蝴蝶或变色龙学习制作的)对军人上战场打仗可能带来什么不同的结果?
		(3) 粗针头与细针头(向蚊子学习制作的)刺入皮肤表面时有什么不同感受?
		(4) 普通设计的裙子与向花蝴蝶学习设计的裙子或向喇叭花设计的裙子有什么差别?
		(5) 向动植物学习与未向动植物学习的差别与结果有何不同?
		(6) 盲人智能拐杖还有无可能再向大自然学习而变得更厉害、功能更强大?(哪些仿生应用还可以变得更好?已开发应用的仿生产品还能通过向动植物学习而增强功能或突破局限吗?)
		(7) 生活中*** 难题是否能从仿生中获得启发或解决?现实难题*** 如何能从大自然中获得解决的灵感与启发?

　　核心问题 3"如何向大自然中的动植物学习设计做出可重复使用的仿生用品?"的再分解如表 7-7 所示。

表 7-7　核心问题 3 及其背后的递进性问题链

核心问题 3	一级递进性分问题	二级递进性分问题
如何向大自然动植物学习，设计出可重复使用的仿生用品？	1. 我怎么向身边动植物们学习（我怎么仿生学习）做出可重复使用的东西？	（1）我可以向蝴蝶学习设计或做点什么？我可以向蒲公英学习设计或做出什么可重复用的东西？
		（2）如何从身边自己熟悉或喜欢的动植物学习设计制作自己最喜欢、最想要的东西？
	2. 机器人能向我学习变得更能干吗？	（1）机器人可以向我学习的地方有哪些？
		（2）如何设计出和我一样能干、比我更能干的机器人？如何（用纸、树枝等）做一只像我的手一样的机械手？
	3. 幼儿园或家里哪些地方可以向哪些动植物学习，设计创造我们可以重复使用的东西？	（1）幼儿园或家里哪些地方、哪些东西可以重复使用？
		（2）怎样向动植物学习，设计制作幼儿园或家里可以重复使用的物品？幼儿园怎样将仿生系统应用到户外种植区活动？
	4. 如何向大自然学习，设计出可修复的仿生系统？（仿生系统有怎样的发展前景？）	（1）能想象身边动植物更广阔或富有创意的仿生应用吗？（如学校、农田、交通等）
		（2）如何让地球上有限的资源或能源再生？（像小壁虎断尾后修复、手上皮肤割破了修复一样）

（二）分项目与项目活动开发

基于问题探究空间分析，表 7-8 设计开发了如何向大自然学习的 STEAM 项目（简称"STEAM 仿生项目"）探究活动。所有活动围绕真实问题而展开，同时每一个活动又为探究其背后的核心问题、递进性分问题而展开。表 7-8 与表 7-5 至表 7-7 紧密相关，面向特定的年龄班或特定幼儿班级，能开展的活动可能多于表 7-8 所开发的，也可能少于表 7-8 所示的活动。

例如，分项目二"惊险体验→仿生奥秘"，该分项目下设计了三个递进性项目活动。项目活动 1"我来试一试"，项目活动 2"躲猫猫游戏"，这两个活动均以科学小实验或实验游戏的方式，让幼儿亲身经历、感知体验粗针头、细针头扎肉的区别、普通木拐杖与智慧拐杖的差别、普通衣服与装扮衣服在躲猫猫游戏中的差别。在"游戏＋实验"的基础上，推进项目活动 3"仿生探秘"，进一步具体探索大自然中动植物原型与人类仿生应用之间的可能关系。即让幼儿在给定的多类仿生品与原型图片、实物或模型中，通过观察、比较、分析，寻找与发现两两之间的共同点、相似点。活动可以跟随幼儿的节奏，据需连续多次展开，而非限定一次完成或结束。项目活动中幼儿头脑里是带着问题的（如"人们向大自然学习的奥秘是什么？"），是隐含问题的感知体验与操作探究。分项目三"大胆想象：创意仿生"也有很大的空间，对于想象活跃、兴趣浓厚的幼儿，可展开更多项目探究活动。如给幼儿提供需要自行组装的简单的仿生小模型，体验仿生的"困难"操作探究活动；提供典型视频给幼儿观看，使其了解当前仿生方面遇到的难题，并想象如何解决等。不过项目活动的多少不是重点，多一点或少一点都可以，关键在于所有的活动是基于问题的探索探究，是启蒙思维、触动思考、塑造积极学习品质的探究，所有的探究活动紧密

聚焦真实问题及其背后的核心科技工程问题与问题链。表 7－8 重在提供该真实问题的
STEAM 项目开发的思考方向、方法和具体样例。

表 7－8　基于前沿真实问题 B 的 STEAM 项目及活动开发

项目名称	分项目名称	项目活动	融入的 STEAM 元素 & 涉及的概念
如何向大自然学习	大开眼界：身边的仿生	**看一看,摸一摸** 活动目的:观察与发现身边小动物(如蝴蝶、猫咪、蜘蛛等)或花草树木(如牵牛花、荷叶、苍耳等)厉害的或特别的本领、特点。 活动设计:观察活动(多通道、多模态的观察感知体验活动)。观察,回顾,畅聊,分享。 **小小调查员** 活动目的:通过观察、询问等调查生活中(家里、幼儿园里)那些"模仿"身边小动物或植物做的物品。 活动设计:调查活动、实地参观、观察记录;收集生活中的物件并交流其模仿了动物的哪些本领。 **找朋友啦** 活动目的:挑战幼儿对身边仿生学习的印象与认知。 活动设计:思维挑战性活动。将实物图片与仿生应用图片进行两两连线、找朋友配对	科学:科学思维(观察、记录、发现、交流等)、动植物特点 技术/艺术:用自己喜欢的方式做记录(如勾记涂鸦) 数学:数量、类别、匹配 工程:了解人们向大自然学习的多样表现与方法 技术:联系、联想、观察、操作 核心概念/跨学科概念:有机体、自然的有用性 适宜年龄班:中小班
	惊险体验→仿生奥秘	**我来试一试** 活动目的:感知体验与比较分析粗、细针头以及普通木拐杖与智慧拐杖的差别。 活动设计:科学小实验、游戏体验。如比较用粗针头与细针头扎入水果皮的洞口大小差别,比较人类与电子蛙眼定位物体速度的差别等。 **躲猫猫游戏** 活动目的:感知体验与比较分析穿普通衣服与装扮衣服在躲猫猫时的差别。 活动设计:科学小实验。模拟体验、虚拟体验。 **仿生探秘** 活动目的:让幼儿观察、感知与思考大自然中动植物与仿生启发应用之间的关系。 活动设计:"找特点"观察活动。即观察与发现、比较与分析活动。多模态地成对呈现实物与仿生应用,在给定的多类仿生品与原型的图片、实物或模型中寻找当中两两各自的相似点与启发点。	科学:科学思维(观察、提问、假设、实验、观察记录、下结论、交流等)、动植物与仿生品特点 技术:联系、联想、做记录 数学:形状、色彩、数量、模式 核心概念/跨学科概念:结构与功能、模型 适宜年龄班:中大班

项目名称	分项目名称	项目活动	融入的 STEAM 元素 & 涉及的概念
如何向大自然学习	大胆想象：创意仿生	**小小设计师** 活动目的：向身边熟悉的动植物本领学习，设计制作自己最喜欢、最想要的物品。 活动设计：动手操作探究活动。选择自己喜欢的小动物、花草并向它学习，联想想象，动手画一画，设计制作自己喜欢的物品（如向牵牛花学习设计裙子）。 **仿生小能手** 活动目的：大胆想象，替换家里或幼儿园里可反复使用的物品，探究可重复使用的仿生理念在生活中的应用。 活动设计：想象与设计活动。画一画，试一试，做一做。 **小小发明家** 活动目的：通过指向"我"的仿生学习，加深理解仿生应用。 活动设计：想象与设计、制作活动。设计比我能干，或与我一样能干的扫地机器人、机械手等，并用适宜的材料尝试制作（如用纸板做一只可反复使用的机械手）。	科学：科学思维 技术：联系、联想，选用材料、工具操作 数学：形状、大小、数量 工程：据目的、要求设计制作仿生物品 艺术：设计 核心概念/跨学科概念：自然的有用性、结构与功能 适宜年龄班：大班以上

综上，基于前沿真实问题 B，设计开发了聚焦问题、纵深递进、深度探究的系列分项目及其相应探究活动。但这不是一个固定、限定的活动框架，而是一种思路、视角、路径乃至策略的参考。在明确真实问题、真实问题背后的核心科技工程问题以及与这些核心问题紧密相关的递进性问题的基础上，究竟需要填充怎样的直接感知、亲身体验与动手动脑操作探究活动，是需要教师多维考量与灵活生成的。如特定幼儿园或特定年龄班生成、形成了哪些分项目及项目活动，根据幼儿的兴趣与提出的问题开放变化即可。同时，表 7-8 的项目活动设计重在提供简要的、系统的思路参考，并不是具体活动实施开展时的详细活动方案设计。当中某一个具体的项目活动在实施时，还需要从参与对象、目标、材料工具、空间时间、内容课件、过程程序等多维度去具体化或根据实际情况调整。

第三节　基于世界前沿真实问题样例的 STEAM 项目区域环创设计

一、区域环境下的 STEAM 项目探究

幼儿园区域环境是指教师为幼儿进行区域活动提供的物质环境和心理环境的总和,包括区域空间环境、材料的投放以及隐含在环境中的幼儿间的同伴关系、教师与幼儿间的师生关系及营造的心理氛围等因素(庄宏玲,2011)。区域的空间布局、材料的选择和投放、活动的开展等是区域环境创造的主要内容(段兰兰,2018)。有效创设 STEAM 区域学习环境是幼儿园开展 STEAM 项目探究的重要途径。那么,究竟如何在幼儿园区域环境与活动中如何实现 STEAM 项目探究?

(一)何谓幼儿园区域环境与区域活动

幼儿园教育的基本要素包括教师、幼儿和幼儿园环境三个方面。我国《幼儿园教育指导纲要(试行)》指出,"环境是重要的教育资源,应通过环境的创设和利用,有效地促进幼儿的发展。"区域环境研究以领域课程为基础,以各领域的主要经验为发展目标,以各活动区的不同职能和价值为指导,并对儿童的学习过程和发展的线索、教材的提供、背景墙的布置、老师的教学策略等方面进行探讨(刘占兰,2006)。区域活动是教师根据教育目标和幼儿的发展水平,有目的地创设活动环境、投放活动材料,让幼儿按照自己的意愿和能力,以操作、摆弄活动材料为主的方式进行的个别化的、自主的学习活动(郭家慧,2020)。区域活动因其灵活多样的形式、丰富多彩的操作材料、自主宽松的活动氛围等独特性而成为幼儿园保教的重要形式。

(二)幼儿园区域环境与活动相关研究进展

纵观国内幼儿园区域环境与活动的相关研究,目前学界探讨或研究的问题主要涉及:(1)幼儿园区域环境与区域活动的特点、要求或标准等。如区域环境应该具备明显的游戏性,并能给幼儿带来兴趣、自主感和成就感(丁海东,2019)。区域的选择与设置、区域环境设计、作品呈现等每个细节都会影响幼儿的参与兴趣和参与水平;缺乏丰富性和鲜活性的区域环境难以吸引幼儿的注意力,难以激发幼儿的学习兴趣和主动参与(舒秀珍等,2020)。区域活动质量标准也是日益引起学界关注(张晓辉等,2024)。(2)区域环境创设与区域活动开展策略。如儿童视角或立场的科学区环境优化策略、区域活动实施策略(李旭蕾,2023;路奇等,2024),生态学视野下幼儿园区域环境创设(杨雪歌,2022)等。有关区域环境创设策略或区域活动组织策略的探讨不少。(3)幼儿园区域环境与活动实践现状。如来自江苏苏州地区的调查(顾蓉妍,2023)、山东省济南市乡镇幼儿园的调查(郭家慧,2020)、河南地区的调查(常凡,2019)等以及区域活动分享环节

上的调查等(邱文香,2019;王宇杰,2023)。调查反映了幼儿园区域环境或活动中存在的某些局限,如区域环境缺乏吸引力、形式化、探究性差等。(4)教师在区域环境与活动中的角色以及相关能力现状。如就区域环境中幼儿教师的观察力、指导力调查(陈婷,2018;陈璐,2020;顾蓉妍,2023;庞钰,2023 等),幼儿教师区域环境创设能力现状(如皇甫佳珍,2019 等)或区域活动中教师指导的有效性调查(杨莉君,邓双,2012)等。已有研究一方面揭示了当前实践中的某些不足,另一方面反映了教师角色问题在当中的重要性。(5)区域环境创设或活动开展所需的支持或保障。如丰富区域活动材料的种类和数量,提高幼儿园教师自身素质与实践能力,强化师资培养培训,以园所或区域制度为保障等(如郭家慧,2020;陈璐,2020 等)。

综上,科学区环境及其活动日益引起学界重视,但目前研究对整体视角下的幼儿园区域环境或活动关注偏多,具体到特定领域区域环境创设与区域活动的研究相对较少,结合 STEAM 及项目探究理念的科学区环境创设问题探索更少。区域环境及其活动的开放性与灵活性转换了既有的教育思想和教学理念,给教师提出了很大的挑战(舒秀珍等,2020),实践中在区域环境创设及活动设计上还有很大的提升空间。如何将项目探究与 STEAM 理念落实到区域环创与活动中,或如何在区域环创与活动中实现 STEAM 项目探究是一个极具挑战且有待突破的问题。

(三)区域环境下 STEAM 项目探究启示

上述研究对区域环境与区域活动下实现 STEAM 项目探究的主要启示包括:(1)目标与特点明确。创设指向 STEAM 项目探究的区域环境与活动。区域环境下的 STEAM 项目探究自成一体,聚焦而独立;不是作为集体活动或主题活动的铺垫、延伸、陪衬或附属。(2)坚守儿童立场。跟随幼儿的兴趣与发展形成并推进区域环境下的 STEAM 项目探究。先从整体上多方式、多模态充分呈现真实问题表现出的典型现象,观察倾听幼儿的疑问,并将其融入 STEAM 项目探究的问题空间中。依据幼儿当下的最大兴趣,依次创设对应核心问题及其递进性分问题的区域环境,并结合问题创设或开展区域活动,每次区域活动仅聚焦一个小问题。环境与活动依据幼儿的参与情况、投入情况、探索程度等灵活变化、递进延伸。同时,环境与活动要兼具趣味性与可动手操作性,适应幼儿的认知特点,满足幼儿的学习需求。(3)明确教师的角色。基于区域环境及其活动的 STEAM 项目探究过程中,教师主要作为支持者、观察者、记录者而出现。教师观察记录幼儿在特定区域环境与活动情境下的探索表现。教师保持敏感,提供必要的、适时的回应或适度的支持等。(4)确保探究性。聚焦核心问题及其递进性问题实现深度探究。在递进探究过程中,根据幼儿表现决定项目或分项目探究的持续时长,决定区域环境的更新递进或灵活补充所需的工具、材料等。不难发现,集体活动背景下的 STEAM 项目探究与区域环境下的 STEAM 项目探究在本质上具有异曲同工之妙。如都有基于真实问题背后的核心科技工程问题及其递进性问题链所构成的问题探究空间;都强调有可以动手操作、体验和探究的适宜的、相关度高的材料、模型、工具等。两者既可以相互独立又可以相互关联,拓展和加深同一项目下的 STEAM 学习。

二、基于前沿真实问题 B 的 STEAM 项目区域探究

(一) 前沿真实问题 B 的特点

前沿真实问题 B"如何'求教'大自然,开发高度集成、智能、可修复的仿生系统?"转化为便于幼儿理解的问题表述为:"我们如何向大自然学习(设计或做出自己喜欢的某些物品)?"仔细琢磨该真实问题可发现其独特特点,如:(1)问题本身较为宏大,典型现象表现也较为宏大。如地球上的物种多样性难以置信,它们有数十亿种之多。它们各显神通,进化出令人惊叹的能力。大自然也总能找到适应环境、克服危机并解决众多问题的方法。(2)问题具有广阔的探索空间。向大自然学习的切入点可以很多甚至无穷,拓展或深入探索的问题点可以很多,具有深度的探究机会。(3)问题具有很大的开放性。如向动植物形状或特征的学习可以是充满无限想象创意的艺术创造,并没有封闭的、唯一的标准答案。从大自然中获取灵感,寻找创新解决真实问题的方法值得我们毕生学习。因此该真实问题是一个具有广阔背景与无穷前景的问题。结合其特点,该真实问题适合以区域环境与活动为主、集体探究为辅的方式展开项目探究。

(二) 基于区域环境与活动的 STEAM 项目探究特征

STEAM 项目探究可以在班级集体探究或小组合作探究活动中实现,也可以在教室区域环境与活动中实现。支持 STEAM 项目探究的区域环境与活动需要满足以下特征:(1)区域学习环境、区域活动与 STEAM 项目探究的问题空间相对应。尽管不是集体探究活动,区域环境也需要与 STEAM 项目的问题探究空间遥相呼应,从而使区域环境下的探索指向真实问题,指向解决真实问题的问题空间线索。借助区域环境下的自主探究或区域探究活动,不同程度地实现 STEAM 项目中的核心问题、递进性分问题的探索与解决。(2)区域环境与活动要凸显问题。区域环境创设的最大挑战之一即让问题凸显或自显。如在自主观察为主的静态区域环境上要能引发认知冲突,引发疑问与思考且自显出较大的思考空间。在动手操作的探究活动上要聚焦问题且一次活动聚焦特定项目下的一个小问题。在解决问题中需要运用到工程、技术、数学等跨学科思维。环境与活动既充满吸引力、趣味性、丰富性、游戏性,又能让幼儿在自主观察或操作中感受到问题,投入在问题探究中。区域环境(含活动)如何能让问题凸显或自显是重点也是难点。(3)创设的区域环境与活动要操作性强、有互动性。区域环境创设过程中最突出的特点之一是所有问题探索尽可能地实现幼儿可自主操作。幼儿与环境及其当中的材料有较多的互动性。材料充分、操作便利。区域活动提供最大限度的材料与工具支持,让感兴趣的幼儿可以展开自主尝试操作。(4)创设的区域环境与活动要保持适当的变化与递进。每几天或每周,区域环境与活动要适当发生变化。变化的依据之一是 STEAM 项目问题空间中的问题,依次呈现,同时也在区域活动的观察中收集记录幼儿的疑问,进一步纳入问题探究空间中。二是幼儿的兴趣与认知需求的进展。紧密跟随幼儿的兴趣与认知需求,不断拓展、推

进区域环境与活动。上述特征也是确保在区域环境与区域活动下实现 STEAM 项目探究的必需条件。

（三）基于区域环境与活动的 STEAM 项目探究实践路径

区域环境与活动下的 STEAM 项目探究实践路径以第四章"高质量的学前 STEAM 项目探究之模式建构"为理论指导。即遵循"典型现象呈现（P）→问题引领（P）→动手动脑操作探究（O）"的"PP-O 模式"来创设环境和设计活动。具体而言，实践路径的设计如下：（1）多途径、多方式、多模态地整体呈现真实问题表现出的典型现象。（2）教师默默观察幼儿，保持观察、倾听与记录，包括观察幼儿的兴趣点、关注点、好奇点、疑问、提问等。归纳整理幼儿的问题，融入或合并到 STEAM 项目探究的问题空间中。结合幼儿的兴趣表现与问题反馈，不断形成幼儿的 STEAM 仿生项目的问题探究空间。（3）依据幼儿当下的兴趣程度，依次创设对应核心问题及其递进性分问题的区域环境。聚焦每一个分问题的区域环境保留时长或变化频率不等。一方面参照幼儿的参与情况、投入情况、探索程度，另一方面依据 STEAM 项目探究推进的需要等。（4）观察记录幼儿在特定问题的区域情境下的投入探索表现。充实、调整问题探究空间，根据幼儿表现决定项目或分项目探究的持续时长，决定区域环境的更新递进或灵活补充所需的工具、材料等。（5）幼儿探索过程中，提供必要的回应或适宜适度的支持。（6）全程根据需要灵活添入集体导入或总结性活动、区域操作性探究活动。

（四）基于区域环境与活动的 STEAM 项目探究设计

"如何向大自然学习"的 STEAM 项目探究充分考量真实问题 B 的特点，同时遵循区域环境与活动的 STEAM 项目探究特征以及上述实践路径，拟设计以区域环境与活动为主、集体活动为辅的 STEAM 项目探究方案。

1. 区域环境与活动中 STEAM 项目探究的目标

核心目标：（1）保护、支持或激发幼儿对大自然中动植物神奇本领、典型特征及相应生活启发与应用的探究兴趣。（2）在探究过程中保护或塑造幼儿好奇、专注、主动、想象、创造、持续探究与钻研热情等积极学习品质。（3）启发幼儿通过向大自然学习解决身边真实问题，培养幼儿仿生学习的意识，启蒙跨学科仿生学习的思维。

上述核心目标紧密围绕 STEAM 探究兴趣、积极学习品质、STEAM 思维而展开。给幼儿提供广泛感知大自然中动植物神奇本领以及人们多样化启示与学习的样例。目标着眼于打开孩子们了解大自然、认识大自然、学习大自然的视野，支持以真实问题起航、融入幼儿生活的持续深入探究，着眼于幼儿观察发现问题、分析解决问题、热爱探究、善学善思的启蒙与发展。由此奠定幼儿毕生学习与发展的浓厚兴趣、重要品质与思维能力。

核心目标引领下小中大班的递进性目标：（1）小班：保护、支持或激发小班幼儿对身边喜欢的动植物的神奇本领、典型特征及相应生活启发和应用的探究兴趣。在探究过程中保护小班幼儿的兴趣、好奇、投入、想象创造等积极学习品质。（2）中班：保护、支持或激发中班幼儿对身边动植物的神奇本领、典型特征及相应生活启发和应用的探究兴趣。在探究过程中塑造中班幼儿的专注主动、想象创造、持续探究等积极学习品质。鼓励中班幼儿通过向动植物学习，动手动脑探索尝试解决身边的真实问题。（3）大班：保护、支持或激发大班幼儿对动植物的神奇本领、典型特征及相应生活启发和应用的探究兴趣。塑造大班幼儿专注主动、想象创造、持续探究与钻研热情等积极学习品质。鼓励大班幼儿通过向大自然中的动植物学习，尝试解决生活中的真实问题，启蒙幼儿跨学科仿生学习的意识和思维。

2. 区域环境创设设计

首先，选择班级教室里有一定空间且相对安静、相对独立的区域作为 STEAM 项目探究的区域空间环境。如半封闭式的区域环境，既能满足环境创设的多个空间点需求，又能让幼儿有空间感、安全感，静心投入探索。

然后，在区域环境中多途径、多通道、多模态地呈现典型现象。典型现象的呈现可以包括：（1）实物。幼儿生活周围各类典型动植物及其仿生应用品，如荷叶→雨伞、西瓜→西瓜球、苍耳→魔术贴、锯子草→锯子、乌龟→乌龟壳运动器材。（2）模型。如鸟→飞机、翠鸟→高铁车头、斑马→马路上的斑马线、贝壳→"贝壳"房子、鸟巢→"鸟巢"建筑。（3）图片。如系列典型植物类及其对应仿生应用的一对一图片（如向日葵→向日葵笔筒），系列典型动物类及其对应仿生应用的一对一图片（如鼹鼠→挖土机），以及动植物与仿生应用一对多（蘑菇→蘑菇亭、蘑菇凳、蘑菇灯罩等）、多对一（向日葵、莲蓬→淋浴喷头；翠鸟、海豚、鲨鱼、鹰隼、鲸鱼→高铁列车）的系列图片。让幼儿能看到、感受到、惊叹于身边一对一、一对多、多对一的仿生启发与应用，多维度打开幼儿的视野。（4）绘本。如有趣的美丽的仿生绘本、可操作性的仿生绘本等。（5）视频。如国内外优秀仿生纪录片，或优质短小的仿生科普动画。

值得注意的是，典型现象呈现中蕴含着、凸显着问题。同时教师观察、倾听、记录所引发的幼儿的兴趣点、疑问等。如"怎样像白蚁窝一样搭城堡？""能做一只像我的手一样灵活的机械手吗？""蝴蝶有什么厉害的本领？""我可以向小鸟学习什么？"等，自下而上地收集幼儿感兴趣的点和好奇的问题，由此充实、完善该前沿真实问题的问题探究空间。

此外，不同时段里区域环境中究竟呈现多少、哪些类型典型现象，以及区域环境呈现时长与变化频率依据 STEAM 项目探究的问题空间推进需要以及幼儿的感兴趣程度、参与投入情况、探索程度而定。

3. 区域活动设计

区域活动设计是结合 STEAM 项目探究的问题空间与幼儿的兴趣与疑问而设计的。区域活动是对区域环境中的学习的拓展或深化。活动设计包含有：（1）区域环境中的探究活动。如区域里的科学小实验活动（如鸡蛋、鸵鸟蛋承受力实验），仿生模型拼图或搭建活动,仿生学习的涂鸦、连线或配对操作探究活动等。(2) 必要的或适时的集体探究活动。如以"现象呈现—问题引发"为主的导入性集体活动等。(3) 室外或园外实践与参观活动。如实地参观生物馆、科技馆等。上述活动凸显"现象—问题—操作"高质量模式特征,尽可能融合趣味性、问题性、操作性等特征。

三、结语

本章借助前沿真实问题样例展开了 STEAM 项目的来源、STEAM 项目的形成、STEAM 项目活动设计等的完整分析。前沿真实问题的获取并不难,但如何精选出适合幼儿探索的前沿真实问题则离不开反复的考量。对此,本章表 7 - 1、表 7 - 2 所展开的问题适宜性分析提供了针对性的具体参考。需要注意的是,遴选的过程跟随本幼儿园、本班级幼儿的兴趣与疑问等。接下来对两个前沿真实问题进行了问题空间分析,据此进行了项目及其活动的开发。如开发了"塑料替代品"项目与"如何向大自然学习"的 STEAM 项目及其项目活动。选取当中一个项目(塑料替代品)进行了基于循证的反思完善(参见附录4)。选取另一个项目,从区域环境与活动视角展开了开创性的 STEAM 项目探究设计,并对此情境下的教师角色与作用做了特别说明。这些结合样例的呈现与透彻分析,将前期理论建构的具体应用充分结合起来,继而使得基于前沿真实问题的 STEAM 项目开发具有了丰富的可学习性、可获得性与可再生性。希望这些融理论、思路与操作的多重分析阐述能最大限度地启发广大幼儿教师 STEAM 项目的开发与应用,能成为他们持续提升其 STEAM 教育专业实践能力的有效学习资源。

附录 4　STEAM 塑料替代项目的抽样循证与优化反思

本章基于世界前沿真实问题开发幼儿 STEAM 项目并设计项目活动,是一种面向未来的前瞻性探索,是我国 STEAM 教育高质量供给与高质量发展的一条新思路。下面通过在园所机构实践层面展开的调查,结合幼儿园教师的反馈来完善前面的项目及其活动设计。以本章中第一个 STEAM 项目及其活动设计为例进行循证调查,寻求实践领域的反馈与建议。

一、调查对象

1. 幼儿园教师 15 人(9 位不同教龄的在园幼儿教师和 6 位高校高年级准幼儿教师)。采取文本阅读与书面反馈的方式收集反馈意见。

2. 以真实问题 A 所开发的 STEAM 项目及活动为例,请幼儿教师针对本章表 7 - 4 的内容进行全面的评价、反馈与建议。指导语:"请您仔细阅读表中设计的项目及探究活动,对此进行整体性评价,如优点、不足、完善建议等。"

二、反馈内容

表 7 - 9 和表 7 - 10 记录了 15 位幼儿教师对基于前沿真实问题 A 所开发的 STEAM 项目及其活动的反馈评价与建议。

表 7 - 9 幼儿园教师对 STEAM 项目 A 的评价反馈

教师	工作年限	评价、反馈与建议
1	3~5 年	**优点**:项目探究活动立意比较高,关注的是保护生态、环境。活动三大环节之间紧密联系、层层递进,便于开展时幼儿的理解和操作。同时运用了大量操作性实验,比如"比一比""消灭塑料大行动"。这些实验非常直观清晰,便于幼儿观察、发现,如"塑料优点探秘"中,幼儿通过拉伸、称重等,直观感受塑料制品的特点。活动第三环节也紧密联系幼儿生活,帮助幼儿明确探究的目的,也利于将美工区、科学区、生活区等区域之间的联系加强。 **不足**:探究活动周期较长,会出现幼儿兴趣减弱等问题。实验中变量较多,幼儿较难多维度比较分析。活动探究较多来源于教师,幼儿主导较少。身边的循环利用并不能实际落实。 **建议**:丰富塑料制品的危害的生活经验,播放海洋生物被塑料危害的视频或纪录片。分阶段开展探究,缩短探究周期,有各段探究总结。建议结合班本活动,多领域结合。加强家园合作,如调查、手工制作等。活动延伸提供真实案例,如专注于环保的品牌制作的书包、衣服等。
2	5 年以上	**优点**:非常贴合幼儿的生活日常,便于幼儿收集和观察。活动内容设计很清楚。每个活动都围绕项目主题进行,思路清晰。 **不足**:分项目难度有点高,不够详细具体,而且没有分年龄段设计。 **建议**:分项目设计为废旧塑料大调查、废旧塑料会消失吗、创意替换(塑料的使用、循环利用、替换创新)。子活动的设计内容也可以相对详细一些。在创意替换中可扩大活动规模,如把这些替代品展示出来,开设一个展架,让园中幼儿都来参观并给予建议。也可以将替代品放在区域、游戏中,真正利用起来,让这个探究活动更有意义。
3	3~5 年	"废弃塑料会'消失'吗?",该活动具有创新性,但实践时间太长可能导致幼儿失去耐心。另动作操作性程度不高可能导致幼儿兴趣不浓。 "大家来比一比",该活动有趣味性、有对比性,能激起幼儿探究兴趣、欲望。但幼儿不能通过肉眼去观察,另建议设定时长,让幼儿可以在不同时间点去观察比较记录。 "'消灭'塑料大行动",该活动媒介多样化。由于塑料用品较多,如果具体列举对什么塑料、用什么不同的化学液体来实验会比较直观。 "能和塑料用品说再见吗",该活动符合地球绿色发展的生态观,有科学性和探究价值。建议调查活动中每调查一个物品就寻找非塑料替代品(这样就不会影响我们的生活)。 "透视'意愿'"活动可以融入"小小环保宣传员",鼓励幼儿对身边人进行环保宣讲,既增强幼儿的责任感,又体现幼儿自身价值感。 "创意替换",该活动优点是具有探究性、灵活性、趣味性、创新性。不足是幼儿阅历少,不足以完成。建议家园合作,利用家长资源寻找自然界的植物,进行亲子探索、制作可替换的环保材料。

教师	工作年限	评价、反馈与建议
4	3 年以下	**不足**:未注明科学探究目标所用于的幼儿年龄段。第 1 个分项目观察塑料会不会自行消失,这是常识问题,放置 1 周、1 个月、1 学期比较很浪费时间且意义不大。第 2 个分项目比较贴近幼儿生活也具有实际探究意义。第 3 个分项目难度较大,可实施性差,不符合幼儿研究特点。活动设计不全面,塑料替代品还需要再深入的研究。 **建议**:先从塑料品的种类进行探究,接着从为什么要寻找塑料替代品进行探究,最后了解哪些材料可以替代塑料。年龄段具体化,制作观察表供幼儿时常记录。
5	3 年以下	**优点**:主题新颖,不是一般的常见主题,符合当下绿色环保的热点。与生活密不可分,是每个人用心就可以观察到的,但有一定的挑战性。三大版块的探究一目了然,思路清晰。每个目标都能设计多个活动进行目标的充分验证。用多个递进式的探究活动,逐步推进。环节紧凑,重点突出,设计合理。符合幼儿年龄特点和实际水平,易于操作。 **不足**:未明确年龄段,主题偏大,可以由小及大。第一个活动周期过长,兴趣易消失。有的活动趣味性不是很强。 **建议**:标明年龄段,更适合大班幼儿。塑料过多接触食物也危害健康,增加幼儿对塑料危害的了解,让幼儿了解塑料危害的多面性。让幼儿大胆想象,提出可替代的设想,种下科学探究的种子。
6	3~5 年	**优点**:内容新颖,符合幼儿的生活实际。探究活动的流程设计得丰富,涉及多种开展方式。探究由易到难,利用多种感官带领幼儿探究,提供的物质支持充足,有利于活动的开展。不仅是科学领域活动,艺术、语言等其他领域互相融合。 **建议**:废弃塑料消失时间较长,可改为看视频引导幼儿观察。化学液体有危险,要提前做实验,看是否会产生毒性气体,避免幼儿受伤。塑料品大侦察活动中对塑料品可先进行范围划定,设置一个开放的空格引导想象思考。调查表应具有可操作性、可记录性、可分析性。
7	5 年以上	**优点**:塑料与幼儿生活息息相关,贴近幼儿生活,且贴合热门话题“环保”,有助于培养幼儿的环保意识。里面有部分材料也是生活中很好收集的。分项目内容层层递进。通过“塑料会自行消失吗”的实验让幼儿明白塑料的危害,并不是直接告知幼儿,幼儿更容易理解。讲到塑料的危害也讲到了对于生活的便利性,一分为二地看问题,最后设计的塑料品制作再次培养幼儿的环保意识。 **不足**:活动倾向于教师导向,以成人视角来设计具体活动,尤其是“塑料会消失吗”这个分项目,没有充分利用家长资源,有些活动不适合幼儿来完成(如“大家来比一比”“消灭塑料大行动”不太适合幼儿操作),可以让家长带幼儿完成。塑料品中还有可降解塑料,设计中并未体现。 **建议**:对于“塑料会消失吗”的探究,用视频加幼儿日常观察代替实验观察。“塑料品大侦察”与“透视意愿”可以合并为 1 个项目活动同时完成。“创意替换”适合幼儿,可在活动最后有 1 个延伸。除了塑料,生活中还有其他废物也可以罗列出来,后期根据需要来研究。

续　表

教师	工作年限	评价、反馈与建议
8	3年以下	**优点**:贴近幼儿生活,是幼儿生活中熟悉的,能在生活中找到物品来源,不陌生。让幼儿参与进来,一步一步推进活动,不会枯燥乏味。实验材料也都是生活中常见的东西,如醋、瓜果皮等。课程总体流畅,内容丰富,涉及面较广。 **不足**:比较笼统,环节过于紧凑,没有很好地突出重难点。是否能引起幼儿兴趣? 符合幼儿年龄段? 这是哪一个年龄段的教案? 活动中的材料是否保证了人手一份? 没有看到分享记录环节。 **建议**:突出重难点设计,让整体教案思路可以更加清晰。每一活动要考虑幼儿是否感兴趣,尽量吸引眼球。增加记录环节,让幼儿分享他们的记录。感兴趣的活动可以延长,活动时间不是均分的。
9	3年以下	**优点**:活动中体现了幼儿的主体性和积极性,通过提供有趣的实验、观察和探究活动,满足了幼儿的好奇心和探索欲望。该探究活动注重培养幼儿的观察能力、思维能力和问题解决能力。活动中幼儿可实际操作、亲身体验,有利于幼儿更好地应对日常生活中的各种问题。将科学探究知识与生活实践相结合。 **不足**:幼儿自主管理痕迹少,老师参与比较多,应以幼儿为主,老师为辅。活动缺乏启发性,应启发幼儿思维。知识缺乏科学性,如设计中提到"大量""少量",幼儿对这个词理解不同,会影响实验结果。 **建议**:实验教具要具体直观、丰富多样,刺激幼儿感官,激发幼儿学习兴趣和迫不及待的探索欲望。教师可以给孩子们准备一个制作塑料的游戏,比如自制橡皮泥或玩具。教师可以拿出一些塑料制品请孩子们辨认并猜测这些物品是由什么制成的。通过引导和提问的方式让孩子们进入科学活动的主题。教师通过 ppt 进行塑料的简单讲解。在活动区多投放各种塑料制品,巩固对塑料的认识。

注:工作年限分为3类:3年以下、3~5年、5年以上。

表 7‑10　准幼儿教师对 STEAM 项目 A 的评价反馈

准教师	评价、反馈与建议
1	**优点**:可以培养幼儿的环保意识,意识到塑料污染的严重性。有利于幼儿进一步了解塑料,认识到塑料难降解的特点。贴近幼儿生活,侦察和揭秘具有很大的可操作性。激发了幼儿的想象力和创造力,在塑料替代品活动环节寓教于乐,化环保意识为具体实践。总之,有好的环保意识及好的环保习惯引导,能将幼儿带入环保的队列,为环境健康和美化付诸思考与实践,具有深远的教育意义。 **不足**:观察周期长,较难记录消失情况的变化。调查的塑料品过于宽泛,在塑料大侦察中不便于记录使用范围和频率。让幼儿思考塑料替代品和制作创意塑料难度过大。 **建议**:可缩小观察对象范围,只选三样塑料。减少观察次数,每个月看一看变化。塑料大侦察中可缩小观察时间范围和观察对象,如仅观察一周等。在塑料替代品制作中,适时加入亲子合作,变废为宝,也促进家园合作。

准教师	评价、反馈与建议
2	**优点**：活动目标明确。符合幼儿已有经验和发展需要，体现出领域活动的特征。内容适宜，贴近幼儿生活，又有一定的挑战性，有利于拓展幼儿的经验与视野。善于利用和开发教学资源。活动容量合理，体现出科学性和可行性。分项目活动的问题提出源于孩子提出的问题，教师提供了探索塑料的机会。通过 8 个具体活动，让幼儿对这些问题进行自己的思考，无论是否获得正确的结论，他们对于塑料的认识一定比原来丰富了许多。
3	**优点**："塑料"贴近幼儿生活，容易激发幼儿的探索欲望。活动比较系统，运用到实验、调查、动手探究等方法。活动方法丰富，锻炼幼儿的观察能力、沟通能力、动手能力、想象力、创造力等。调动孩子们的主观能动性，参与度很高。 **不足**：第 2 个活动有 3 个变量，无法验证实验结果。可以改为探究塑料与其他物品在相同时长和环境下消失的情况差异；探索塑料在相同时长不同环境下消失的情况差异；探究塑料在不同时长相同环境下消失的情况差异。 **建议**：加入一个问题"为什么要和塑料说再见？"，活动更适合在大班开展。活动前让幼儿先了解什么是塑料，它是怎样产生的，再去了解塑料对环境的危害然后探究替代塑料的方法。
4	**优点**：项目活动由简到难，从观察—了解—实践。具体活动中所选用材料幼儿触手可及，幼儿操作也很方便，充分调动了幼儿的积极性，很好地利用了社会资源。 **不足**：只能作为幼儿探究科学区的大项目探究活动。如果幼儿需要从每项具体活动中得到学习就要细化每节活动，不能太过于简短。探究时间相对较长。应让幼儿对塑料有初步认识再进行实验。 **建议**：调动家长参与。制作科学调查表，让幼儿多方面去了解，做好前期准备。在班级开展塑料用品观察活动，先充分了解、观察各类塑料用品。每一项探究活动给予幼儿充足的时间，帮助幼儿更好地发现和探究。
5	**优点**：贴近幼儿生活，探究活动层层递进，活动形式多样，从探究活动延伸到环保意识。 **不足**：项目名称是"塑料替代品探究"，但最后却鼓励幼儿回收利用废弃塑料，且前面两个探究活动内容太多，应该将重点放在替代品探究。实验中变量太多，得出的结果可能不准确。 **建议**：省去"塑料优点探秘"，着重设计替换。实验活动中减少自变量，对照实验比较好。两个调查活动合并，了解周围地区人们使用塑料品的范围、频率以及使用意愿。
6	**优点**：环境问题是人类生活在地球上遇到的最大问题之一。随着工业社会的发展，环境污染越来越严重。塑料是幼儿生活中常见的用品，比较熟悉。因此本探究活动既符合幼儿的生活经验，也是环境保护的好课题。活动设计循序渐进，先提出问题引导幼儿观察生活中常见的塑料，然后引导幼儿探索让塑料消失的办法及如何有效再利用塑料。让幼儿在探究活动中进一步了解环保，为环保做出自己的努力。观察活动→实验活动→动手操作探究活动，让幼儿逐步提升了探究的意识。 **不足**：不适合低年龄段幼儿，探究时间较长，"塑料会消失吗"活动，1 周、2 周、1 个月，甚至一个学期，塑料是没有变化的，观察意义不大。 **建议**：让幼儿寻找生活中使用长久的塑料用品，记录使用时间。分项目 1 和 2 对换，让幼儿了解生活中塑料用品的使用范围和频率，再设计塑料"消失"实验。创意替换环节可以让幼儿了解一些降解塑料，知道目前前沿的塑料科技。活动中设计的循环利用是幼儿常见的方法，但幼儿利用率较低。建议和家庭联系，寻找生活中常见的小妙招并运用到幼儿园。

三、基于循证的优化反思

综合上述反馈可以看到,幼儿园教师与准幼儿教师的评价、反馈与建议呈现出以下特点:(1) 教师的评价反馈与建议包含三类趋向:(高度)肯定、指出问题与不足、改进建议。有的教师的反馈评价同时包含了以上三个方面,有的教师仅就以上一个或两个视角进行点评。部分点评指向项目本身,为完善项目提供了宝贵参考。(2) 教师的评价反馈包含了整体与部分不同视角。有的教师既从整体上进行了点评,又就部分进行了点评。有的教师主要侧重某一个视角,如从整体上对意义价值进行肯定,或从部分层面对某一个活动进行点评。有的点评可能不是从项目设计的角度而是从活动具体实施角度去看。项目的设计重在整体开发可能的分项目活动,而没有到活动具体实施设计那一步。因而一些评价指出的不足更多属于项目活动实施时的注意问题。(3) 幼儿教师的评价总体体现出对幼儿、幼儿教育的了解及其经验的丰富,反映在幼儿教师的评价反馈或建议大多具体、清晰等。如对某些活动提出更完善或更细致的具体设计建议等。总体而言所开发的项目及其项目活动获得较多的肯定。(4) 个别对问题的指出是由于缺乏进一步的解释沟通或缺乏对项目设计前后的了解,比如,项目探究活动背后的递进性问题的来源遵循了"自下而上"和"自上而下"两者的结合。活动并非需要完全按照既定的表中所开发设计的活动展开,具体展开到何时、什么地方,跟随幼儿的兴趣、步伐和关注点。此处也回应其他相关的建议,如活动未明确区分适宜的年龄班。项目开发过程中未设定明确的年龄班,是基于在呈现真实问题表现出的典型现象后,教师进行了聆听与记录,是跟随幼儿自己的步伐而推进的,如他们自己感兴趣的方向、感兴趣的点、好奇或困惑的问题,因此不完全明确地区分是为了保持了项目开展的灵活性、开放性。

四、项目 A 及其活动设计的优化

结合幼儿园教师、准幼儿教师的反馈与建议,对项目 A 进行完善优化。

(一) 优化点一:分项目 1 的活动设计完善

1. 明确观察时长与时间点的调整。在时间点上改为 1 周、1 个月、1 学期,并置于区域环境里。理由:若相隔时间太短,则观察不到明显变化。

2. 将科学活动与游戏活动相结合。具体设计如:让幼儿选一个小小藏宝室,选定一块塑料和一块"宝石",看看自己包裹的"宝石"(含包裹塑料与"宝石")会不会有一天突然不见了(宝石可以考虑是容易"消失"的物品)。要求:隔一段时间去看,去观察记录(还在则画✓,不见了则画✗)。理由:由于该活动观察周期长,幼儿的兴趣和耐心可能会减退或消失,因此融入游戏活动来保持或增长幼儿的探究兴趣。

3. 增添生动有趣的科普视频。提供有关塑料极难降解、消失的科普动画视频给幼儿看,作为观察性学习活动。由此在结合亲身实验观察的基础上,进一步通过观看直接相关的塑料降解科普视频以留下深刻印象,达到核心经验积累目的。或增加带领幼儿观察垃圾场的塑料垃圾的活动,只是在日常保教时间的具体实施上可操作性有限,需要

克服一定的困难来实现。理由:实物的观察实验周期长,借助视频学习、了解既具体直观、生动形象,也可达到同样效果。

4. 在"'消灭'塑料大行动"活动中,明确自变量 1 中的"其他溶解液"为"其他安全型溶解液"。如前面示例的两个水平——洗涤剂、醋等都属于安全型的溶液。理由:消除幼儿教师的安全顾虑。

(二)优化点二:分项目 2 的调查点完善

仍然设计 2 个左右的调查活动,但调查的内容点更加聚焦到塑料的"替代"上。如调查人们对使用塑料替代品的意愿,是否想过使用塑料的替代品,是否用过塑料替代品。理由:聚焦该项目指向的现实问题——塑料替代品问题而展开,让整个项目探究更加聚焦该现实问题继而为解决该问题助力。

(三)优化点三:分项目 3 删除"塑料优点探秘"活动

将"塑料优点探秘"替换成"塑料替代品的畅想"活动。幼儿天马行空地想象可能替代塑料的原料或物品。可以用多个具体的塑料生活用品作为例子,让幼儿想象、设计或思考可以用什么材料或方式来替代这些日常的塑料用品。理由:聚焦该项目指向的现实问题——塑料替代品问题而展开。同时让 STEAM 项目 A 的探究过程充分呵护、培养幼儿的想象力、创造力。幼儿可以想象、设计,然后分享讨论,随后可以进行实践检验或实践行动。

(四)优化点四:增加"小小宣传员"活动

增加塑料替代品、环保观念的宣传画及其展示活动。理由:让活动更丰富,让幼儿对塑料替代品的环保行动体验更多。

第八章

基于微真实问题的幼儿园 STEAM 项目开发

学习与探究不仅需要问题驱动,更需要以有价值、高质量的问题来驱动其深度参与,正如第三章提出的真实问题的来源与精选一样。除了幼儿真实问题、世界前沿真实问题,还有一种前两类尚不能完全概括但具有一定独立性的真实问题——微真实问题。家里下水管道堵塞,公园垃圾恶臭,小区电瓶车起火引发整栋楼火灾等,这些生活中偶有发生的现实问题都亟待有效解决。它们相对于人类认知而言大多并非未知领域,而是一些常规常见的突发事件或棘手问题。相对于世界前沿未决真实问题而言,将其归为微真实问题范畴。在明确微真实问题的基本内涵的前提下,本章以微真实问题中的典型样例展开幼儿园 STEAM 项目的开发与设计。

第一节　微真实问题典型样例

一、微真实问题的内涵

本书第三章指出,"微真实问题"是指相对人类当前认知而言已解决的、普通常见的真实问题,同时也是幼儿在生活中看到、听到、感知或体会到的真实问题。例如,夏天幼儿在小区或去公园玩时或多或少有过闻到过垃圾桶发出的熏天臭味的体验。那么垃圾桶里生物垃圾发出恶臭如何有效处理? 这就是一个活生生的微真实问题。人类知道如何处理,但对于幼儿而言,是全新的、是未知的、是有体验和感悟的,也有疑问或好奇的。比如他们可能会问:"什么垃圾在垃圾桶里发出恶臭?""生物垃圾可以变成有用的东西吗?""生物垃圾如何处理呢?""如何设计一个有效的、快速的处理生物垃圾的机器?""用什么材料,如何制作、转变生物垃圾的工具或容器呢?"捕捉、收集微真实问题是开发幼儿园 STEAM 优质项目的必要前提。本节聚焦阐述微真实问题典型案例,为幼儿园教师日后判断、选择、捕捉幼儿生活中适合展开 STEAM 项目探究的微真实问题提供参考。

二、微真实问题列举

（一）微真实问题的来源途径

微真实问题来源于幼儿生活。此类真实问题可以离幼儿的生活很近,如家里、小区里、公园里见到、碰到的;也可以离幼儿的生活比较远或很远,如通过手机、电视、网络媒体的新闻见到,或通过父母、亲戚、朋友等的讲述听到。这样的真实问题不一定就发生在幼儿自己的家里或家门口,但幼儿有类似情境的生活经历,在看到或听到的时候能理解或能感同身受。

（二）微真实问题 A

1. 典型现象表现

（1）《今日印度》网站 2022 年 10 月 31 日报道,印度古吉拉特邦莫尔比市一座百年吊桥 30 日坍塌,截至目前已造成 141 人遇难,此次坍塌事故的救援工作正在进行中。

（2）2024 年 7 月 19 日,陕西柞水高速公路桥梁发生单侧垮塌(全长 366 米,跨越金钱河),初步判断共有 17 辆轿车和 8 辆货车坠河遇险。已搜救发现坠河车辆 7 辆、遇难者 12 人。还有 18 辆车、31 人失联,正在搜寻。

（3）港珠澳大桥的落成与通行。港珠澳大桥是中国境内一座连接香港、广东珠海和澳门的桥隧工程,位于中国广东省珠江口伶仃洋海域内,为珠江三角洲地区环线高速公路南环段。港珠澳大桥于 2009 年 12 月 15 日动工建设,于 2018 年 2 月 6 日完成主体工程验收,同年 10 月 24 日上午 9 时开通运营。港珠澳大桥东起香港国际机场附近的香港口岸人工岛,向西横跨南海伶仃洋水域接珠海和澳门人工岛,止于珠海洪湾立交。桥隧全长 55 千米,其中主桥 29.6 千米,香港口岸至珠澳口岸 41.6 千米。桥面为双向六车道高速公路,设计速度 100 千米/小时。

图 8-1 印度百年吊桥断裂

桥可以连接两岸,让人们得以顺利过河,各种各样、形状各异的桥梁常能吸引儿童的注意,如幼儿园小渠上的独木桥、公园里的石拱桥、旅游时通过的跨海大桥等,站在桥上眺望的感觉与站在平地不同,那是一种具有挑战的意味。然而,桥梁不坚固出现事故的时候,往往也是灾难性、毁灭性的现象表现。从不同时段、不同地方发布的新闻中可以看到一些桥梁塌陷或桥梁断裂的触目惊心的画面(如图 8-1,图 8-2 所示)。

图 8-2　陕西高速公路大桥垮塌

2. 微真实问题 A 的界定

待解决的真实问题的界定和表述可以跟随幼儿,也可以在教师的协助下完成问题的界定和表述。如:如何建造固若金汤、美观独特的桥梁? 如何防止或避免出现桥梁断裂或塌陷事故? 如何让桥梁固若金汤、安全长寿、美观独特?

三、微真实问题样例适宜性分析

从生活关联度指数、现象典型性指数、跨学科指数、问题探究空间指数、可亲自动手操作性指数、趣味性指数等方面对微真实问题 A 进行多维度分析(如表 8-1 所示),从理论上确保所精选的每一个微真实问题都具有 STEAM 项目探究的巨大价值。

表 8-1　基于微真实问题 A 的幼儿 STEAM 项目探究适宜性分析

分析维度	微真实问题 A
生活关联度指数	幼儿在生活中看到过、走过形状、长度、结构等不同的桥梁;听到或见过某些桥梁崩塌的事故或新闻。儿童在搭积木时也总喜欢建起一座桥,但往往容易倾倒,不知道如何让桥梁更稳更牢。桥梁的设计问题与幼儿或远或近的生活都有一定关联。
现象典型性指数	一些桥梁坍塌事故的画面是令人震惊或恐怖的,因而可搜集新闻报道中的极具典型性的鲜活现象表现。
跨学科指数	建造一座牢固又美观的桥蕴含着复杂的工程结构与科学智慧。幼儿可探索桥梁的原理、各种结构设计、建造技术及影响其功能的变量。在如何建构坚固与美观的桥梁问题中,科学、工程、技术、艺术、数学等跨学科探索浑然一体。
问题探究空间指数	问题探究空间较大。如何能让桥梁坚固? 如果幼儿感兴趣,可以就多种类型桥梁展开很多相关问题的探究。
动手操作性指数	该真实问题探究过程中,可借助积木、木棍、纸张等不同材料让幼儿亲自动手探索桥梁的建构或搭建。可提供幼儿各种材料来设计、改善、检验桥梁。幼儿实现亲自动手操作探究的指数高。
趣味性指数	搭建桥梁是儿童普遍感兴趣的活动。幼儿对桥梁形状、结构有初步的感知了解,也乐意与同伴合作,设计建造桥梁。

上述例子是幼儿周围生活中发生过或幼儿见到过的真实问题。同时它相对人类当前认知而言是常规的、已知解决方案的真实问题。表 8-1 的理论分析显示,微真实问题 A 在幼儿生活关联度指数、现象典型性指数、跨学科指数、问题探究空间指数、动手操作性指数、趣味性指数上都能达到较好的水平。

第二节 基于微真实问题样例的 STEAM 项目开发

一、微真实问题 A 的问题探究空间分析

真实问题 A 即"如何建造固若金汤、美观独特的桥梁,防止出现桥梁断裂或塌陷事故?"或"如何避免或防止出现桥梁断裂或塌陷的意外事故?"

微真实问题 A 的典型现象表现背后,蕴含着一些核心的科学技术工程问题。对其问题探究空间分析如表 8-2 所示。

1. 真实问题背后的核心科技工程问题

(1) 什么是桥梁与桥梁事故?

(2) 为什么会出现桥梁事故?(桥梁为什么会断裂或崩塌?)

(3) 如何建造一座既坚固又美观的桥梁?(怎样建桥梁能最坚固?)

每一个核心问题背后又可以去深入思考系列递进性的分问题。下面列举各个核心问题背后可能的递进性分问题。

2. 核心科技工程问题背后的递进性分问题

明确了核心的科学工程技术问题后,进一步就每一个核心问题分析其背后的递进性分问题。

核心问题 1"什么是桥梁? 什么是桥梁事故?"的再分解:

(1) 桥梁的基本结构是什么?(身边见过哪些桥梁? 世界上有多少种壮观的桥梁? 那些千奇百怪的桥梁有什么共同点?)

(2) 新闻报道的桥梁事故有哪些? 具体类型表现有哪些?

核心问题 2"桥梁为什么会断裂或崩塌?"的再分解:

(1) 哪些桥梁(自身)因素导致了桥梁崩塌或断裂?(桥梁不同结构或不同部分分别有什么作用? 桥梁承载力与哪些方面有关系?)

(2) 人为、桥梁自身、自然外力是怎样共同导致桥梁崩塌或断裂的?

核心问题 3"如何建造一座既坚固又美观的桥梁?"的再分解:

(1) 选用哪些材料可以让桥梁不易倾倒、坚固、承载力强又美观长寿?(什么能支撑着桥梁不坍塌?)

(2) 如何改变桥面或桥墩让桥梁承载力更强?(如何让纸做的桥承载力更强? 怎

样增加纸桥的承载力？如何增加 2 倍承载力？）

（3）我如何建构一座美丽神奇的坚固桥梁？

表 8－2　微真实问题 A 的问题探究空间分析

真实问题	核心问题	一级递进性分问题	二级递进性分问题
如何避免或防止出现桥梁断裂或塌陷的意外事故？	1. 什么是桥梁与桥梁事故？	（1）桥梁的基本结构有哪些？	我们身边的代表性桥梁与世界上壮观的、神奇的桥梁有哪些？
			它们有什么共同点？桥梁的基本结构是什么？基本结构的各部分分别有什么用？
		（2）桥梁事故有哪些表现？	
	2. 为什么会出现桥梁事故？桥梁为什么会断裂或崩塌？	（1）哪些桥梁（自身）因素导致了桥梁崩塌或断裂？	桥梁崩塌或断裂主要是因为桥墩还是桥面或其他部位？
			不同材质桥梁（石头石板桥、钢筋水泥桥、木头竹棍桥）崩塌或断裂的主要原因各是什么？
		（2）人为、桥梁自身、自然外力是怎样共同造成导致桥梁崩塌或断裂的？	桥梁承载力与材料有关还是与材料的使用方式有关？
			桥梁承载力与结构或设计有关吗？（如桥墩个数、间距、桥面等有什么关系？）
			各个因素的交互作用是怎样的？
	3. 如何建造一座既坚实坚固又美观独特的桥梁？	（1）选用哪些材料可以让桥梁不易倾倒、坚固、承载力强又美观长寿？	用石头与用木块搭建桥梁，哪种更坚固、承载力更强？
			用"石头＋水泥"组合与"木块＋胶漆"组合哪种更坚固、承受力更强？
		（2）如何改变桥面或桥墩让桥梁承载力更强？	增加桥面材料（如从 1 张硬质纸到多张软质纸），能让桥梁承载力更强吗？
			改变桥面设计（如从平铺的纸到褶皱的纸），能让桥梁承载力更强吗？
			改变桥墩个数或桥墩间距能提高桥梁承载力吗？
		（3）我如何建构一座美丽神奇的坚固桥梁？	

二、分项目与项目活动开发

以表 8－2 所分析的问题探究空间为线索，开发相应的 STEAM 项目及项目活动（如表 8－3 所示）。表 8－3 显示，据真实问题 A 可以形成 STEAM 项目"桥梁事故的预防",以此统领整个项目探究(简称为"STEAM 桥梁项目")。该项目可以从"大开眼界:天下桥梁""桥梁事故侦查""我来设计坚固桥梁"等分项目逐步展开。其中,分项目一"大开眼界:天下桥梁",又可以结合、跟随幼儿的疑问与兴趣,展开如下项目探究活动:神奇的桥梁、不幸的桥梁等。分项目二"桥梁事故侦查",可以展开如下项目探究活动:透视桥梁自身、侦查桥梁周围等。分项目三"我来设计坚固桥梁",可以展开如下项目探究活动:测测不同选材、试试搭建方式、小小设计师等。特定幼儿园或特定年龄班等可据班级幼儿的实际情境增删分项目及其项目活动。

表 8-3　基于微真实问题 A 的 STEAM 项目及项目活动开发

项目名称	分项目名称	项目活动	融入的 STEAM 元素 & 涉及的概念
桥梁事故的预防	大开眼界:天下桥梁	**神奇的桥梁** 活动目的:观察与欣赏身边的以及世界上的各类桥梁,包括建造简单或独特的桥梁,感知桥梁的基本结构。 活动设计:观察活动。借助图片、模型、视频等多通道呈现幼儿身边的桥梁、世界上的经典桥梁等。 **不幸的桥梁** 活动目的:观看新闻,感知了解不同桥梁事故。 活动设计:观察活动。通过真实的画面感知了解各种类型的桥梁事故及其破坏性表现。与第一个活动形成鲜明对比,引发幼儿的认知冲突、疑问疑惑。	科学:科学思维(观察、比较) 数学:桥梁的高度、长度、宽度、形状 技术/艺术:用自己喜欢的方式做记录 核心概念/跨学科概念:结构与功能 适宜年龄班:小中班
	桥梁事故侦查	**透视桥梁自身** 活动目的:通过实验了解哪些桥梁自身因素导致桥梁断裂或崩塌。 活动设计:实验活动。可结合幼儿好奇的问题展开多个独立的实验活动,如桥墩、桥面、桥身等的单因素或多因素实验。 **侦查桥梁周围** 活动目的:通过实验了解与桥梁相关的内外因素如何共同作用导致桥梁崩塌。 活动设计:实验活动。结合幼儿疑惑或兴趣开展一个或多个假设—检验的科学小实验。	科学:科学思维(观察、提问、假设、实验、观察记录、下结论、交流等) 技术:记录表设计 数学:类型、大小、数量、统计 核心概念/跨学科概念:因果关系、结构与功能 适宜年龄班:中大班

续　表

项目名称	分项目名称	项目活动	融入的 STEAM 元素 & 涉及的概念
桥梁事故的预防	我来设计坚固桥梁	**测测不同选材** 活动目的:比较不同材料搭建的桥梁的坚固程度、承载力程度的差异。 活动设计:实验活动。结合幼儿的疑惑与问题,设计多个独立的对比实验,在亲身经历的实验操作中感知体会。 **试试搭建方式** 活动目的:检测不同搭建方式可能的坚固或承载力差异。 活动设计:实验活动。借用硬纸张改变桥面形状进行检验,也可以改变桥墩设计来进行比较。 **小小设计师** 活动目的:在动手操作探究中应用前面项目活动的学习与理解,同时体验想象与创造的乐趣以及自行建构坚固桥梁的成就。 活动设计:动手操作探究活动。想象、画一画,自行设计不同形状、不同材料、不同大小的桥梁。选用工具材料尝试搭建或制作自己喜欢的美丽坚固的桥梁。	科学:科学思维(观察、提问、假设、实验、比较、记录、下结论、交流反思等) 技术:选用材料、工具操作 工程:整体考虑如何设计坚固美丽的桥梁 数学:材料种类、数量、形状 艺术:桥梁图纸描绘与设计 核心概念/跨学科概念:力相互作用的类型、模型、结构与功能 适宜年龄班:大班以上

三、结语

儿童的学习需要通过问题来激发,认知参与需要基于问题而深化。本章借助微真实问题样例展开了 STEAM 项目的来源、STEAM 项目的形成、STEAM 项目设计等的分析阐述。与幼儿真实问题及其样例不同,微真实问题的来源不是直接跟随幼儿、紧密观察幼儿的一日生活而捕捉;相反,它的获取需要对周围生活、周围世界与社会予以关心、关注,如关注天下新闻或小区社区的新近大事。由此,这些问题可能不是幼儿自己眼前或当下的生活,与他们仅是间接的关系。如所在城市某小区发生了火灾,或其他省份某处高速桥梁垮塌等等,这些现实的真实问题没有发生在某些幼儿身边,不过他们可以通过看新闻、听父母或老师的描述获得感性经验、疑惑好奇或担心害怕等。样例再次表明,微真实问题的捕捉与获取需要"风声雨声读书声,声声入耳;家事国事天下事,事事关心。"从中参照精选原则与策略,遴选出本幼儿园、本班级幼儿感兴趣的典型微真实问题。

本章所选取的微真实问题样例——如何防止桥梁坍塌,这个现实的真实问题不乏突出代表性与典型性,由此为园所机构幼儿教师在精选微真实问题上的考量、琢磨与把握提供高水平的参考。STEAM 项目活水源头上的精心遴选是获取与形成一个优质STEAM 项目的首要前提和关键的一步。接下来对真实问题样例进行了问题空间分析、项目及其活动开发。尽管对幼儿教师而言依然具有挑战性,但样例的呈现透彻地体现了对前期理论建构的具体应用,较完整地透视了基于微真实问题如何寻找 STEAM 项目、形成 STEAM 项目、探究 STEAM 项目的过程要点等,由此提供可获得、可学习、可再生性的有效范例。

附录 5   STEAM 桥梁项目的抽样循证与优化反思

元分析发现,问题式学习对学生问题解决能力具有中等偏上的正向积极影响(王鹤瑾等,2021)。这一中等偏上的效应量可能远低于理论上我们对问题式学习大力倡导或追捧的期望。究其原因,可能与问题解决学习中"问题"本身的质量密切相关。如有学者指出,当前中小学学科教学中存在问题设计低质无效甚至虚假等现象(马云飞,肖龙海,2022)。同样,尽管幼儿园园长认为"项目化学习具有完整的问题情境,可以真实发展幼儿的问题解决能力(高虹,2024)",但这种效果的出现可能取决于项目所指向的探究问题具有足够的价值且幼儿真实参与了探究过程。综上,问题式学习或项目化学习都须让好的问题引领探究——让高质量的问题引领层层递进的深度探究,即问题的价值性需要优先考究或深入反思。研究也发现,幼儿在获得使用相关信息成功解决复杂问题的能力之前,先发展起来的能力是有目的地提出合适的问题去获取相关信息(Legare et al.,2013),这也反映出提出有效的问题是幼儿解决复杂问题过程中的重要一步。

在充满变数的现实问题或结构不良问题的解决过程中,提出或分析当中蕴含的本质性问题及其问题链对问题成功解决的影响会更凸显。反之,倘若围绕与项目实质相偏离的问题、远相关的问题、细枝末节的问题乃至混乱的问题去持续探究可能只会隔靴搔痒、南辕北辙或无功而返。正如有学者指出的,问题设计是问题解决学习中知识建构的基础,是问题解决学习得以开展的前提条件(马志强,2013)。综上,要让 STEAM 项目围绕足够有价值、有效、合理的问题展开探究,真实问题背后的问题探究空间分析十分重要。因此,本章从 STEAM 项目开发所依据的问题探究空间进行抽样循证与优化反思,也即对 STEAM 项目探究所指向问题的"切题性""破题性"与"价值性"进行循证。通过专业领域他者视角的分析与评价,为 STEAM 项目探究的系列问题提供合理性与价值性反馈,继而确保所开发的 STEAM 项目是围绕高质量的问题及其问题链而深入聚焦。

一、评价主体与方法程序

以本章针对微真实问题 A 所进行的问题探究空间逻辑分析为例,请 45 位高年级职前幼儿教师(男教师 8 人,女教师 37 人)对其进行合理性程度评价。

评价内容包括微真实问题 A 背后核心科技工程问题分析、每一核心问题背后递进性问题分析以及整体问题探究空间分析。自行设计评定量表(部分内容如表 8 - 4、表

8-5、表 8-6 所示)，让评价者根据自己的理解或观点进行五级评价，即在"完全不合理""比较不合理""不确定""比较合理""完全合理"五级中选其一。例如：

请对真实问题 A 背后需探究的核心科技工程问题分析进行评价。据自己的理解或观点在相应的框内打"√"。如有补充内容，请在最后一行写下来。

表 8-4　核心科技工程问题分析的评价

核心科技工程问题分析	完全不合理	比较不合理	不确定	比较合理	完全合理
1. 什么是桥梁以及什么是桥梁事故？					
2. 为什么会出现桥梁事故？（桥梁为什么会断裂或崩塌？）					
3. 如何建造一座既坚实坚固又美观独特的桥梁？（怎样建桥梁能最坚固？）					
其他探究问题补充或其他评价、理由、疑问或建议补充					

请对每一核心问题背后可深入探索的递进性分问题分析进行评价。据自己的理解或观点在相应的框内打"√"。如有补充内容，请写在最后一行。

表 8-5　核心科技工程问题 1 背后递进性问题分析的评价

核心问题 1 背后递进性分问题	完全不合理	比较不合理	不确定	比较合理	完全合理
(1) 桥梁的基本结构是什么？					
(2) 新闻报道的桥梁事故有哪些？具体类型表现有哪些？					
其他探究问题补充或其他评价、理由、疑问或建议补充					

请对真实问题 A 的整体问题探究空间分析进行评价。据自己的理解或观点在相应的框内打"√"。如有补充内容，请写在最后一行。

表 8-6　整体问题探究空间分析的评价

	完全不合理	比较不合理	不确定	比较合理	完全合理
整体问题探究空间分析(如表 8-2 所示)					
其他探究问题补充或其他评价、理由、疑问或建议补充					

正式实施评价前,先给评价主体呈现微真实问题 A 的典型现象以及据此提出和界定的真实问题 A;接下来让他们自己先独立思考与分析该真实问题背后的问题探究空间并尝试写下来(10 分钟);然后 2～4 人自由组团,进一步展开团队合作讨论(10 分钟);在评价者自身深度思考与讨论融合的基础上,以匿名的方式独立完成评价表(10 分钟)。

二、评价反馈内容

(一) 问题探究空间的合理性

对 45 位评价者的评价结果进行描述性统计分析,结果如表 8-7 所示。

表 8-7　评价反馈的描述性统计分析

	评价者(N)	完全不合理	比较不合理	不确定	比较合理	完全合理
核心科技工程问题分析	45	0	1(2.2%)	4(8.9%)	33(73.3%)	7(15.6%)
核心问题 1 的递进性分问题分析	45	0	5(11.1%)	2(4.4%)	29(64.4%)	9(20.0%)
核心问题 2 的递进性分问题分析	45	0	4(8.9%)	3(6.7%)	25(55.6%)	13(28.9%)
核心问题 3 的递进性分问题分析	45	0	4(8.9%)	8(17.8%)	21(46.7%)	12(26.7%)
微真实问题 A 整体问题探究空间分析	45	0	0	2(4.4%)	32(71.1%)	11(24.5%)

表 8-7 显示,在核心科技工程问题分析上,88.9%的评价者认为合理;核心问题 1 的递进性分问题分析上,84.4%的评价者认为合理;核心问题 2 的递进性分问题分析上,84.4%的评价者认为合理;核心问题 3 的递进性分问题分析上,73.3%的评价者认为合理;微真实问题 A 整体问题探究空间分析上,95.6%的评价者认为合理。总体反映出绝大部分评价者认为真实问题 A 背后的问题探究空间分析是合理的。最高等级"完全合理"的评价在各层面的人数比例处于 15%～30%之间。

(二) 主要的补充

在表 8-7 所显示的五个层面的补充评价上共收集 105 条文字内容。对评价表补充栏文字内容进行整理,将其中涉及对问题分析的补充或建议等提取出来归纳如下。

1. 核心科技工程问题分析的补充或建议

该评价点下补充有 22 条内容。独立的问题类别有 9 个,如:"怎么阻止或预防桥梁事故的发生?""该用什么材料来建造桥梁以及桥梁的结构?""完工后如何对桥梁进行保护?""怎样设计和选择材料才能确保桥梁结构的稳定?""怎样能够有效地预估桥梁的使用年限,能否动态监测桥梁的结构状态,清楚桥梁的细微变化?""建造该桥梁时考虑哪些因素?""如何对竣工的桥梁进行定期维护(或后续保养)?""桥梁建造的人员有哪些?""从哪些方面可以(采取)措施?"此外,还有其他建议如"什么是桥梁? 可以改变桥梁的什么结构?""问题 3 缺少指向性,应从哪些方面建造,应具有引导性。""问题 1 不太合理,不能算核心科技工程问题,而是概念性问题,对问题解决没有实质帮助。""问题在于防治,'什么是桥梁'并不是核心关键所在。""了解事故才能更好处理。"等。

2. 核心问题背后递进性分问题分析的补充或建议

核心问题 1 背后递进性问题的评价表里补充了 24 条内容。独立的问题类别有 10 个,如:"自然灾害对桥梁的损伤(有哪些)?""桥梁的类型有哪些?""不同的环境选用何种类型的桥梁?""桥梁事故的类型有哪些? 新闻报道的桥梁事故比例(有多少)?""桥梁建造材料一般是什么?""桥梁的作用和意义(有哪些)?""桥梁事故发生的原因(是什么)? 或常见的桥梁事故的诱发因素(有哪些)?""(桥梁)各结构的利弊之处(有什么)? 哪种结构最适合?""各事故的严重后果(有哪些)?""桥梁的建造过程是怎样的?"此外,还提出了"桥梁不仅包含基本结构,还要有选材选址等""桥梁事故可进行实地调研""可以考虑事故发生后处理的情况以及伤亡人员统计"等建议。

核心问题 2 递进性分问题分析补充了 17 条内容。该点下提出的问题与建议主要围绕桥梁事故原因分析而展开。如提出问题:"建造桥梁时所考虑到的种种因素是否不够准确? 对于桥梁的维护和运营是否不到位? 施工技术上面是否无法得到保证? 桥梁是否超过了使用年限?""桥梁的载客量是多少? 桥梁上的交通状况如何?""哪些因素造成桥梁断裂占比最大?"提出的建议如"桥梁断裂的原因应该划分为内因、外因、共同作用三种""可能还受桥梁所处的人文、地形、地理环境影响""多考虑其他因素"等。

核心问题 3 递进性分问题分析的补充有 31 条内容。独立的问题类别有 13 个,如:"坚实坚固和美观独特两个我应如何同时达成?""我是否要组织人对桥梁进行定期检查?""如何检测桥梁是否稳定安全?""如何在设计阶段就充分考虑环境因素,如质地、气候?""如何提高桥梁的环境适应性?""如何对桥梁进行后期维护?""如何吸取之前的经验进行加工完善?""如何制定一份合理的建造计划?""哪些材料可以使桥梁承载能力更强?""平时如何对桥梁进行维护保养?"等。另外提出"'我如何建构一座美丽神奇的坚固桥梁?'这个问题太概括泛化,放在递进性问题里不够细、不够具体"等建议或反馈。

3. 微真实问题 A 整体问题探究空间分析的补充或建议

该评价点下补充了 11 条内容,涉及的内容包括肯定性评价、补充的问题、提出的建议。问题与建议大多在前面的评价中有出现。如提出的问题"如何预防桥梁崩塌事故的发生?""应考虑桥梁周围的环境、桥梁的维护定期检查"等前面均有体现。另外也有少数新的建议,如"可增加三级递进性问题,让真实问题细化,使得问题解决有现实抓手。""可加上群众意见,公布各部门分工情况,利于群众进行监督。""可以根据分析,利用模型模拟真实情况,使建造计划更加合理。"

综上,上述核心问题的补充评价中有的问题可能是核心科技工程问题之一,如"怎么阻止或预防桥梁事故的发生?""怎样能够有效地预估桥梁的使用年限,能否动态监测桥梁的结构状态,清楚桥梁的细微变化?"有的问题则在原某核心问题之下有体现,如"该用什么材料来建造桥梁以及桥梁的结构?",表 8-2 中的设计包括此级递进性分问题。有的问题或建议可能需要商榷或无参考意义。上述各个递进性问题分析的反馈内容中,有的问题可以适当新增到特定核心问题后的递进性问题中(如"桥梁的类型有哪些?"等);有些问题则在原问题探究空间分析里有体现、有涉及(如"桥梁事故发生的原因""桥梁事故的类型"等);有的可能是远相关或非相关问题(如"桥梁崩塌的损失谁负责"等)。综合上面量化与质化的客观整理分析进行总结反思,并对微真实问题 A 的问题探究空间分析进行优化完善。

三、基于循证的优化反思

(一)微真实问题 A 的问题探究空间分析整体合理

第七章对基于前沿真实问题所开发的 STEAM 项目的分项目与项目活动进行了抽样循证与优化反思。第八章则着重聚焦问题探究空间而展开循证并让评价者从多个层面分别展开评价。

通过收集 45 位评价者的反馈发现,从核心问题分析、递进性问题分析、整体问题探究空间分析等多层面展开的评价反映出大部分评价者对上述分析表示合理(85% 以上评价者认为合理)。同时,95.6% 的评价者认为微真实问题 A 的整体问题探究空间分析合理。综上,本章所开发的 STEAM 项目样例问题探究空间分析是合理的。这些核心问题及其背后递进性分问题分析有助于实现用高质量的问题链推进 STEAM 项目的深度探究。表 8-7 还显示,整体问题探究空间分析的合理性评价比例高出核心问题及其递进性问题独立分析的评价。这可能与所呈现整体问题探究空间的内容更具体有关。如表 8-2 的整体问题探究空间分析对递进性问题分析增加至两个层面(即一级递进性问题和二级递进性问题的再分解)。在补充评价里也可以看到,他们认为核心问题分别从"是什么""为什么""怎么做"三个维度进行分析比较合理且全面的同时,也指出问题分析可以再细化。

(二)核心问题及其递进性问题的适当增添或拓展

在基于真实问题解决的 STEAM 项目探究中,知识或核心概念经由一个个问题而组织。基于真实问题的问题探究空间分析——核心问题及其递进性分问题分析实现了从学科逻辑、知识逻辑向学习逻辑、思维逻辑的转变。问题解决的过程伴随着个体的知识建构、思维投入与学习发展。"问题"的重要性获得普遍认同。随着实践与研究的推进,人们又日益意识到问题质量的关键性。如当前学者呼吁用高质量问题来促进教与学(笪艳红,2020;任虎虎,2022;马云飞等,2022;马群仁,2024)。有学者也提出了高质量问题的标准,如高质量问题不是为了追求知识的简单再现和罗列的问题,而是触及学生思维深处,能形成挑战、引发交互、发展思考逻辑的问题;高质量问题要有张力和驱动性,要能创造思考、探索和拓展的时间和空间,能开阔学生思维的广度,促进学生攀爬思维的阶梯,形成高阶思维等(马云飞,肖龙海,2022)。尽管微真实问题 A 背后整体问题探究空间分析的合理性得到 95％以上评价者的认同,但在不同层面独立分析的合理性程度上比例略低,同时给予"完全合理"评定的比例不高。因此,在量化反馈的分析基础之上,进一步结合评价表中的文字补充内容,拟对微真实问题 A 的问题探究空间进行如下优化。

1. 核心问题的优化

在原三大核心问题基础上,增加 1 个核心问题,即"怎么监测与预防桥梁事故的发生?",由此核心问题变为:"什么是桥梁与桥梁事故?""为什么会出现桥梁事故?(桥梁为什么会断裂或崩塌?)""怎么监测与预防桥梁事故的发生?""如何建造一座既坚实坚固又美观独特的桥梁?(怎样建桥梁能最坚固?)"。

2. 递进性问题的优化

其一,面对新增添的核心问题"怎么监测与预防桥梁事故的发生?",设计如下递进性问题:"能否动态监测桥梁的结构状态,觉察桥梁的危险变化?""如何检测桥梁的稳定安全?""如何对竣工的桥梁进行定期维护或保养?"其二,增加核心问题 1 后面的递进性问题,如"桥梁的类型有哪些?""桥梁事故的类型有哪些?"其三,核心问题 2 背后的递进性问题遵循桥梁自身因素、外部因素(人为或自然因素)、两者共同作用三个层面进行分析。即变为三个递进性分问题:"哪些桥梁(自身)因素导致了桥梁崩塌或断裂?""哪些人为或自然外力因素导致了桥梁崩塌或断裂?""人为因素、桥梁自身、自然外力是怎样共同导致桥梁崩塌或断裂的?"同时,可能要结合实际情况将问题的具体化程度提高,如增加三级递进性问题,实现更多具体化因素的探究。其四,增加核心问题 3 后面的递进性问题,如"设计时如何提高桥梁的环境适应性? 如何充分考虑人为和环境等外部因素?"由此该核心问题下一级递进性问题变为 4 个。

上述是结合循证的优化反思。第六章明确提出了问题探究空间分析的原则与要义,如核心问题是解决真实问题或突破真实问题解决的关键性问题或最重要的问题,递进性分问题都须指向并聚焦于其对应的核心问题等。有必要反思并精选聚焦真实问题及其解决的核心问题及其递进性分问题,由此构成某个真实问题背后的真正问题探究空间,而非庞大杂乱而无意义或意义不大的问题系统。简言之,以高质量的问题引领STEAM 项目探究。正如有学者提出的,以高质量的问题驱动高质量的学习(马群仁,2024)。微真实问题 A 的问题探究空间是基于"是什么""为什么""怎么办/如何做"的基本逻辑而展开的分析。这一逻辑既清晰有力又简洁实用。在此基本逻辑之下,基于循证的优化着重表现在适当增添或拓展了原核心问题及其递进性问题。

(三) 个别地方的误解或值得商榷之处

个别地方可能由于缺乏对本书理念更为宽阔的背景了解而导致了对微真实问题 A 问题探究空间分析的误解。为避免日后出现同样或类似的误读,在此指出来并举例阐释。如认为"桥梁事故仅考虑到新闻报道的,还有小型未报道的"或"除了新闻报道的桥梁事故还有其他"。无疑,新闻报道中的事故或问题仅是来源之一。如果幼儿碰巧在身边生活中看到类似问题现象,正好经过、看见、听闻身边桥梁塌陷,那当然是最鲜活和直接的现象。本章和第三章对微真实问题的来源有说明。微真实问题来源于幼儿生活,可以离幼儿很近(如家里、小区里、公园里、路上等),也可以离幼儿比较远或很远(如新闻报道中他处的典型现象——真实问题表现出来的)。又如,有评价者指出,"'我如何建构一座美丽神奇的坚固桥梁?'这个问题太概括泛化,放在(核心问题 3 的)递进性问题里不够细、不够具体。"该递进性问题的对应的核心问题是:"如何建造一座既坚实坚固又美观独特的桥梁?"前面另包含了两个实验操作类问题来探究桥梁的坚固性,在这些前期探索经验的基础上,最后一个递进性问题的设计则是让幼儿主体参与设计、制作、创造中。幼儿可以畅想如何搭建一座桥梁,能既美丽、神奇又坚固。此处究竟如何再具体,类似这样的建议需要商榷。此外,有的建议可能不合理,如提出"美观因素未考虑,可结合当地历史文化",而表 8 - 2 中明确设计有"我如何建构一座美丽神奇的坚固桥梁?"等。

最后,值得注意的是,这一系统全面的逻辑分析并不是幼儿实际探究时的模板,即此处只是逻辑层面、抽象层面的系统分析;实际探究时触及的问题可多可少,触及哪个层面、哪个地方,完全跟随幼儿的兴趣、疑问等,包括实践过程中特定班级幼儿具体涌现了多少问题可以跟随该班幼儿而融入问题探究空间中。在 STEAM 项目探究的实践实施过程中,真实问题典型现象呈现之后,首要的是营造或提供轻松的心理氛围,让幼儿喜欢动脑,乐意提问,敢于主动说出自己的疑问或提出问题。充分鼓励幼儿自己自由思考、主动提问,不论幼儿提出的问题多么幼稚、稚嫩或荒唐。因此,贯穿全书的问题探究空间分析遵循自下而上与自上而下两条思路。确保耐心倾听、记录、跟随幼儿,同时结合抽象理性逻辑分析,两者有机融合与提炼,形成特定班级幼儿所感兴趣的问题探究空间与所能探究的程度。

第九章

真实问题驱动的幼儿园 STEAM 项目资源库建设

　　一项课程改革计划要得到很好的落实,课程资源须得到应有的保证;课程的实施水平也取决于课程资源的丰富程度、适切程度与运用水平(吴刚平,2001)。然而,优质资源相对匮乏既是美国 STEAM 教育创新的关键挑战之一(白逸仙,2019),也是我国各学段 STEAM 教育面临的现实困境。我国《STEM 教育 2035 行动计划》(2024)明确提出构建适应中国国情的 STEM 教育研究与实践体系、努力开发高质量 STEM 教育资源等目标与任务。本章在前面章节的理论夯实与项目样例开发的基础上,力图建设指向高质量的幼儿园 STEAM 教育项目资源库,包括真实问题资源库、STEAM 项目及其活动资源库以及资源库使用指南等,为可学习、可再生、可使用的代表性资源及其资源建设理路提供参考。

第一节　真实问题资源库建设

一、幼儿真实问题库建设

(一) 幼儿真实问题的来源途径

　　第三章中指出,"幼儿真实问题"是指幼儿在生活中自己直接经历、"遭遇"、有解决需求的真实问题。那么,如何发现、觉知、捕捉幼儿自己碰到上的可能真实问题呢? 基本的途径包括:(1)直接观察与记录。如幼儿家长、幼儿教师有意识地留心观察幼儿碰巧遇到的问题或注意到幼儿碰上的棘手问题,及时拍照、记录下真实问题的"身影"。(2)辅助性访谈或调查。如询问、访谈幼儿:"今天你遇到了什么困难吗? 有需要帮助的地方吗? 还有什么问题需要解决吗?"询问、访谈幼儿家长:"小朋友近期在家有遇到棘手的问题吗? 或生活中遇到什么希望老师一起探究的问题?"询问幼儿教师:"你们班小朋友室内或户外活动时有遇到过什么他们想解决的问题?"某个幼儿遇到,也可能正好是很多幼儿都遇到过的真实问题。某个幼儿感兴趣、想解决、想得到帮助的问题,也可能是很多幼儿都感兴趣、想探索的真实问题。(3)关注留意相关期刊、网站、媒体等相关内容。间接了解可能的幼儿真实问题。下面从幼儿家长调查反馈、幼儿园现场观察、准幼儿教师调查反馈等多途径来收集和梳理幼儿真实问题。

(二) 来自幼儿家长的调查与反馈

调查研究学生的兴趣类型、活动方式是教学活动资源的主要途径(吴刚平,2001)。向幼儿家长展开调查是了解幼儿遇见、"遭遇"或感兴趣的真实问题的途径之一。

1. 调查对象

S 市 A 幼儿园的小中大班幼儿家长 368 名。其中小班家长 116 名(占比 31.5%),中班家长 125 名(占比 34.0%),大班家长 127 名(占比 34.5%)。

2. 方法与工具

自编家长调查问卷。设计有开放式问题、选择题等。如:

(1) 开放式问题:您的孩子在家遇到过哪些真实问题想请老师协助探究?(例如,鞋子底快磨平了容易滑倒怎么办?)请写在下面:

_____

(2) 选择题:您孩子一般对下列哪类(些)现象或活动感兴趣?(   )

A. 艺术类(如绘画、唱歌、跳舞、弹琴等)

B. 自然现象类(如种子发芽生长、风雨雷电现象等)

C. 交通工具类玩具与技术(如火车、动车、飞机等玩具及其本领)

D. 数学类(如楼层数字、水果重量、物品大小、形状等)

E. 语言类(如绘本图片,说话交流等)

F. 社会交往类(如与小朋友玩等)

G. 生活中的问题解决类(如怎么保证雨天鞋底不滑等)

H. 电子产品类(如看手机、平板电脑、电视节目,玩电脑游戏等)

I. 运动类(如球类活动等)

J. 以上都不是,孩子感兴趣的是_____

选择题是辅助开放式问题调查了解家长反馈的幼儿真实问题的实际情况。

3. 结果与分析

(1) 家长反馈的幼儿真实问题

就"您的孩子在家遇到过哪些真实问题想请老师协助探究?"问题,大部分家长给予了反馈,部分家长填写了"无"。对有效反馈的问题给予梳理,如表 9-1 所示,幼儿家长所反馈的问题大致可分为五大类 54 个小类。如倾向于跨学科的待解决现实真实问题 18 类,倾向于特定学科领域的有:生命科学领域问题 15 类,地球空间科学领域问题 5 类,物质科学领域问题 10 类,健康科学领域问题 6 类。其他则是家长对调查问题的理解有偏差的样例。比如理解为自己家孩子需要老师在哪些方面给予帮助。这里所归纳的是 54 类问题(不是 54 个问题),凡家长所写出的问题属于同一小类或同一问题,都归入了同一个小类里。

表 9-1 家长反馈的幼儿真实问题描述性统计分析

问题类	具体问题	领域倾向
第一类	1. 洋娃娃衣服坏了,怎么修补? 2. 如何高效地清洗各种污渍? 洗洁精为什么能把油渍清洗干净? 衣服染色了如何清理? 怎样清洗衣服上的水晶泥? 3. 怎么保存雪? 为什么雪人会融化? 4. 为什么幼儿园里养不好植物,自然角里的东西都死了? 如何照顾花草?为什么水培的大蒜好久都不发芽? 花快死了怎么挽救? 5. 宠物掉毛如何清理? 小猫掉毛怎么处理? 6. 如何更好地让玩具归位? 如何收纳整理衣服? 7. 玩具机器人或玩具出故障了怎么办? 8. 如何垃圾分类? 垃圾分类了如何处理? 塑料是怎么生产出来的? 为什么家里的塑料袋不能降解? 什么是降解? 9. 如何清理小仓鼠的家? 10. 汽车损坏后的各个部件是否可以组装成新的? 11. 小鱼或植物怎么才能快快长大? 怎样才能快点长大? 如何让自己长得更高? 12. 如何保护环境? 如何减少海洋垃圾对生态的影响? 水如何循环利用? 13. 屋顶上的瓦片为什么要上下叠着,不会掉下来吗? 14. 跷跷板坏了怎么修? 15. 小鸟搭窝要不要用到泥巴? 怎样搭一个小鸟喜欢的窝? 16. 飞走的气球去哪里了? 17. 蚯蚓在路上为什么会死掉? 蚯蚓为什么生活在泥土里? 18. 为什么小鸟在电线上不会触电,人却不能碰电线? 如何减少静电?	倾向于幼儿自己生活中遇到的、现实的、希望得到解决的、跨学科领域综合性真实问题
第二类	1. 鱼为什么会死? 2. 为什么小乌龟会睡觉,为什么要冬眠? 3. 小鸟为什么会飞? 小鸡会飞吗? 4. 蜗牛为什么下雨天出来? 5. 人类的身体到底由哪些组成,都有什么用? 人类的身体构造与奥秘是什么人? 人是怎么来的,我是从哪里来的? 男女生的区别在哪里? 6. 秋天树叶为什么会落下来? 有些树叶为什么不会变黄? 7. 泥土里为什么有蚯蚓? 8. 人睡着了为什么会做梦? 9. 南瓜的籽如何能发芽? 10. 鸡和蛋先有谁? 11. 为什么海洋动物不能在河里生活? 12. 南北极有什么动物? 人为什么不能长时间生活在那里? 13. 手上为什么会脱皮? 14. 蜜蜂怎么采蜜? 蜘蛛为什么会吐丝? 15. 为什么有些虫有翅膀但不能飞?	倾向于生命科学领域问题

续　表

问题类	具体问题	领域倾向
第三类	1. 为什么月亮会变样？ 2. 地球在转为什么人感觉不到？什么是地球？地球有多大？ 3. 我们是如何提前知道天气的？ 4. 白天和黑夜怎么转换的？黑洞是什么？ 5. 地震是怎么回事？	倾向于地球空间科学领域问题
第四类	1. 头发梳理时为什么会竖起来？为什么冬天有静电？ 2. 水是如何形成的？冰是怎么形成的？ 3. 火的颜色里为什么有蓝色？ 4. 飞机怎么飞上天的？ 5. 为什么会打雷？ 6. 为什么望远镜能看到很远的地方？ 7. 动力车和电力车有什么区别？ 8. 自行车怎样变速的？ 9. 扫地机器人怎么工作的？ 10. 怎么认识钟表时间？	倾向于物质科学领域问题
第五类	1. 食物金字塔是什么？ 2. 如何防止蛀牙？ 3. 如果口香糖吃进肚子里了怎么办？ 4. 为什么警车是蓝色的？ 5. 遇到危险怎样应对？ 6. 如何保护自己的身体？	倾向于健康科学领域问题
其他	怎样打败怪兽？不爱吃鱼怎么办？晚上窗外有没有老虎、大灰狼等？如何让孩子大胆地表现自己？为什么不能看电视、吃糖？如何下围棋？	

（2）家长反馈的幼儿感兴趣领域

就"您孩子一般对下列哪类(些)现象或活动感兴趣？"选择题，结果如表 9-2 所示。很多幼儿对艺术类活动（67.4%）、交通工具（46.7%）、语言（46.2%）、社会交往（41.8%）等领域感兴趣。就生活中的真实问题解决而言，感兴趣人数比例偏小（10.9%）。

表 9-2　幼儿感兴趣的领域（家长反馈）

活动领域/类别	N	感兴趣幼儿
A. 艺术类	368	248(67.4%)
B. 自然现象类	368	137(37.2%)
C. 交通工具类	368	172(46.7%)
D. 数学类	368	96(26.1%)
E. 语言类	368	170(46.2%)

活动领域/类别	N	感兴趣幼儿
F. 社会交往类	368	154(41.8%)
G. 生活中的问题解决类	368	40(10.9%)
H. 电子产品类	368	134(36.4%)
I. 运动类	368	121(32.9%)
J. 其他	368	3(0.8%)

4. 讨论

通过抽样调查当地幼儿家长,从中获取有关幼儿真实问题的信息。调查发现,家长反馈的幼儿真实问题共达 54 类之多。有的是纯科学领域问题——有关大自然或动植物"是什么""为什么"的问题,有的是幼儿在现实生活中遇到的待解决的真实问题。表 9-1 显示,家长反馈的现实生活中幼儿遇到的真实问题有 18 类,此类幼儿真实问题占总反馈问题类型的 33%,反映出幼儿在生活中遇到的真实问题的丰富性与广泛性。选择题的调查结果显示,在家长反馈的幼儿感兴趣的领域上,现实类真实问题解决比例最低。反映出幼儿对要去解决麻烦问题的兴趣一般或偏低。综上,不同视角下的调查结果存在一定的不一致。因此,家长在就幼儿真实问题的反馈上,究竟是家长自己希望孩子学习与探究的问题,还是幼儿真正在生活中自己遇到或感兴趣的真实问题不得而知。从一些问题的表述来看,有些问题不一定是幼儿自己遇到或提出来的,比如"垃圾分类了如何处理? 塑料是怎么生产出来的? 为什么家里的塑料袋不能降解?"家长的反馈可能包含了家长的期望,而非完全是幼儿自己在生活中关注、遇到和想解决的现实问题。因此,要捕捉幼儿自己在生活中遇到的棘手或迫切希望解决的现实真实问题并不容易,需多角度地收集以弥补单一视角的缺陷,提供不同来源的参考。

(三) 来自幼儿园一日活动的观察

本部分扎根观察幼儿在园一日活动中遇到和提出的真实问题的实际状况。

1. 观察对象

S 市 B 幼儿园的某中班。该班幼儿 30 人,男孩 17 人,女孩 13 人。有时候会有缺勤情况。

2. 方法

在园现场扎根观察 20 天。1 名准幼儿教师扎根在幼儿园中班,参与式自然观察班级幼儿在园一日活动中遇到或提出的问题。观察的场域包括集体教学活动、区域活动(含户外区域)等。共观察了 10 次集体情境下的教学活动,以及 20 天的非集体教学活动情境。非集体活动情境的观察以观察者个体的视线与能力范围为准(观察者在做环创、开会或吃饭等不在幼儿身边、不能观察到幼儿的时间除外），随时客观记录幼儿自己提出或遇到的问题。值得注意的是，观察记录时，保持对幼儿提出或遇到的所有问题的关注，而非单一的幼儿真实问题。此处统称为幼儿问题。

该班一日活动的常规安排：入园后幼儿直接到户外场地（下雨或雾霾天改为室内活动）。9:00—9:30 吃早点，9:40—10:00 集体教学活动，集体活动后为区域活动。11:00—11:40 吃午餐，过渡时间阅读绘本或散步。12:00—14:00 午睡，起床后吃点心。15:00—15:30 进行集体教学活动或自由活动。离园前教师进行谈话活动和离园注意事项提醒，16:00 离园。一般而言，8:00—16:00 为幼儿在园一日活动时间。

3. 结果与分析

（1）集体教学活动情境下幼儿问题的观察与分析

共观察了 10 次集体活动（录制视频）。对集体活动的基本情况、过程中出现的提问（幼儿提出或教师提出）等进行统计分析，结果如表 9-3 所示。10 次集体活动中幼儿的提问非常少，除了活动 5 中幼儿提出"市长是什么意思？"，活动 10 中幼儿提出"住宅是什么？""砌砖是什么意思？"3 个问题外，没有出现幼儿的其他疑问或提问。10 次集体活动中，教师的提问共计 169 个。平均每次集体活动教师提出近 17 个问题，反映出集体教学情境下提问的主体是幼儿教师。

表 9-3　集体教学活动中幼儿问题观察的描述统计

序号	集体活动	活动领域	活动时长	教师的提问	幼儿的提问	当天人数
1	蜂蜜失窃迷案	语言	30	24	0	27
2	运馅饼	语言	29	18	0	20
3	大狮子和小老鼠	语言	27	16	0	21
4	我的小区	社会	23	16	0	25
5	忙忙碌碌镇	社会	27	24	1	26
6	青花瓷的秘密	社会	31	11	0	26
7	打喷嚏的小老鼠	艺术	29	15	0	19
8	小猪拉面馆	艺术	20	15	0	27
9	纸屑吸起来	科学	29	12	0	25
10	各种各样的房子	综合	22	18	2	26
	总计			169	3	

注：活动时长单位为分钟。

（2）非集体教学活动情境下幼儿问题的观察与分析

共观察了 20 天其他情境下的一日活动。表 9-4 列举了这 20 天随机观察到的幼儿提出或遇到的问题情况。

表 9－4　其他情境下幼儿问题的描述性分析

观察日期	当天来园人数	幼儿提出或遇到的问题	出现地点
2023 年 10 月 7 日	25	1	西操场
2023 年 10 月 8 日	26	1	教室厕所
2023 年 10 月 9 日	29	1	西操场
2023 年 10 月 10 日	29	2	西操场
2023 年 10 月 11 日	27	2	教室厕所、午睡区
2023 年 10 月 12 日	24	2	西操场
2023 年 10 月 16 日	27	1	乐高走廊
2023 年 10 月 17 日	27	3	西操场
2023 年 10 月 19 日	28	1	西操场
2023 年 10 月 23 日	26	3	教室厕所、西操场、东操场
2023 年 10 月 25 日	27	2	西操场
2023 年 10 月 30 日	23	1	西操场
2023 年 11 月 2 日	19	2	西操场
总计		22	

注：凡幼儿提出或遇到的问题都观察记录并计入了此表。

表 9－4 显示，20 天里共观察到幼儿问题 22 个问题，平均每天观察到 1.1 个问题。户外区域（操场）观察到的问题占比 77.3%，其他则是在教室厕所、走廊、午睡区等场域遇见的。操场产生问题的概率最高。

（3）一日活动中幼儿问题的归类分析

根据幼儿提出或遇到的问题的特点，将幼儿问题归为三类：澄清类问题、科学探究类问题、幼儿真实问题（现实问题）（如表 9－5 所示）。

表 9－5　幼儿问题的归类

澄清类问题	科学探究类问题	幼儿真实问题（现实问题）
举例：集体活动中，幼儿对老师提及的概念不懂，提出"市长是什么意思？""住宅是什么""砌砖是什么意思？"等问题。	举例：中二班的老师让几个小孩看月亮，然后*** 幼儿就问老师："为什么白天也有月亮啊？"另一个中二班的小男孩问老师："月亮有脚吗？它怎么上去怎么下来的啊？"	举例：*** 幼儿上完厕所，我让她按一下水箱上的按钮，她一开始用一只右手的食指按在大的按钮上轻轻碰了一下，然后没出水，她看着我。之后我让她用大拇指按着试试，她换成大拇指按仍然没出水，我又让她稍微用力一些，她换成了两只大拇指一起按，但是最后还是没按出水，她盯着我看了一会，不知怎么办……
3（12.0%）	14 个（56.0%）	8 个（32.0%）

表 9-5 显示,澄清类问题占比 12.0%,科学探究类问题占比 56.0%,幼儿真实问题占比 32.0%。幼儿真实问题约占幼儿问题的三分之一。

(4)非集体教学活动情境下幼儿问题的白描

通过白描的方式呈现集体教学活动之外其他时段里幼儿的提问或幼儿遇到的待解决的真实问题的具体情况。

问题 1:在走到平衡水管尽头的时候,***幼儿站在那里不动,眼睛看向远处,然后突然问我:"妈妈肚子里的小宝宝会和我一模一样吗?"我简单回答:"应该不会的。"她继续去玩其他的了。(幼儿关注或尝试时长:0.5 分钟,幼儿对基因遗传现象产生好奇)

问题 2:***幼儿在骑着自行车,我跟在她旁边,然后她突然停下来看着远处,突然问我:"老师,你的衣服和那个老师的衣服是双胞胎吗?"我说:"我们的衣服图案是一样的,但是颜色不一样。"她愣了一会之后就继续骑小车了。(幼儿关注或尝试时长:0.5 分钟,幼儿用"双胞胎"来形容她看到的两件一模一样东西,对"双胞胎"有疑惑)

问题 3:***幼儿午睡起床去上厕所。上厕所的时候,扔了几张纸在厕所里,冲马桶的时候,马桶的水箱发出了"咕噜咕噜"的声音。然后幼儿指着它问我:"老师,为什么这里有'咕噜咕噜'的声音?"我说:"因为水被压上来了。"幼儿重复一遍"水被压上来了",一边穿裤子,一边说:"肯定是因为有一些小朋友把纸扔在厕所里,才会发出这样的声音。"说完就跑去洗手了。(幼儿关注或尝试时长:0.6 分钟,幼儿对冲厕所时为什么会有声音感兴趣,因为阿姨说过小朋友上完厕所不要把纸扔到厕所里,他将自己的经验"厕所里扔了纸"和厕所水箱发出声音联系在了一起)

问题 4:幼儿 A 看到了轮胎里的蜘蛛网之后问我:"老师这里有蜘蛛网,这里会有蜘蛛吗?"然后就蹲在轮胎边上。轮胎边上还有其他几个小朋友。幼儿 B 把手伸到轮胎里,然后说:"哪啊? 蜘蛛网在哪?"幼儿 A 指着蜘蛛网说:"那里!"幼儿 C 接着问:"蜘蛛在哪啊?"没人回答他,然后他蹲下来又问了一遍:"蜘蛛在哪啊?"后面幼儿 A、幼儿 B 和幼儿 C 围绕蜘蛛在哪里、怎么让蜘蛛动起来以及自己之前遇到蜘蛛的经验在讨论。表情比较认真且一直在大笑,之后笑着跑开了。(幼儿关注或尝试时长:3.3 分钟,几个小朋友对蜘蛛及蜘蛛网感到好奇)

问题 5:***幼儿爬完梯子之后从梯子上下来,跑过来和我讲:"老师,红轮胎里有蜘蛛!"我让他指给我看一下,然后他又说了一句:"这个蜘蛛一动不动是死掉了吗?"问完之后趴着观察了一会,大约三十秒就跑掉了。(幼儿关注或尝试时长:0.6 分钟,幼儿对蜘蛛生命感兴趣,但并未做出什么探索行动)

问题 6:西操场上,我在看着其他小朋友玩,***跑过来和我讲:"老师我看到有个小蜘蛛在网上。"我问她在哪里,她带着我去了红轮胎边上用手指给我看。然后她趴着观察了十几秒之后就跑开了。过了三分钟之后,她又和我说:"老师我在底下又发现了一些蜘蛛。"然后她又指给我看。我说:"你怎么发现的?"她和我讲她看到底下的蜘蛛在动。然后她趴在红轮胎上看了几秒之后又跑开了。(幼儿关注或尝试时长:3.2 分钟,幼儿对蜘蛛的出现感到好奇,观察了一会蜘蛛的动向)

问题 7:区域活动的时候其他小朋友在玩角色游戏,*** 幼儿就坐在凳子上,我走过去问她怎么不去玩,她一直在摸我的手,然后突然问我:"你知道我几岁了吗?"我说:"你应该是五岁了吧。"她没有回答。之后又问我:"老师你几岁了呀?"我回答:"我二十一岁了啊。"她笑着说:"你怎么还不到一百岁啊?"我说:"我不可能那么快就长大的呀!"她笑笑不说话了。(幼儿关注或尝试时长:0.7 分钟,之前该幼儿也问过我多大,上初中还是高中,她对生命生长现象感兴趣,对年龄有疑问)

问题 8:几个小朋友在平衡桩附近奔跑,然后注意到地上有一些散落的羽毛。有三个幼儿一起把地上的羽毛收集起来,三个人一直一边追逐一边笑。我问他们为什么要把这些羽毛捡起来,一个小女孩回答我,把羽毛收集起来带回去问妈妈是什么小动物的,她回答之后就捏着羽毛跑走了。(幼儿关注或尝试时长:2.1 分钟,幼儿对羽毛现象感兴趣,收集羽毛时间较长,想知道羽毛对应的动物是什么)

问题 9:西操场的地上有一根羽毛,*** 幼儿捡起来之后问我:"老师这个是什么羽毛啊? 为什么这个羽毛是黑色和白色的啊?"她问完之后又拿着羽毛看了一会,看完之后就扔掉去玩了。(幼儿关注或尝试时长:0.6 分钟,幼儿对羽毛是从哪里来的、羽毛的颜色等问题感兴趣)

问题 10:在水管障碍附近,有一只死掉的壁虎。有一个小朋友大叫了一声然后把周围的几个小朋友都叫过来,他们围在一起讨论:"这是什么啊?""它还活着吗?""它怎么一动不动啊?"有幼儿说是小青蛙和癞蛤蟆,在讨论了大约一分钟后,有个小朋友用手指把壁虎翻了一个面,有个老师说是壁虎,小朋友没有再讨论是什么东西了,还有几个小朋友想用手触摸它但是被边上的老师制止了。然后其中的一个小朋友开始拔地上的草想要把壁虎埋起来,被老师喝止了。(幼儿关注或尝试时长:2.6 分钟,小朋友对操场上看到的小生命都比较感兴趣,对壁虎是否活着非常关心)

问题 11:*** 幼儿在西操场玩,在爬完铁桶之后,问我:"老师,这里面总是有水,里面会有岩浆吗?"问完之后就跑掉了。(幼儿关注或尝试时长:0.5 分钟,铁桶底下生锈的颜色是红棕色的,可能和幼儿经验中的岩浆比较像)

问题 12:我和边上的小朋友说,老师下周五就要走了,然后 *** 幼儿直接问我:"老师,你能告诉我下周五是什么意思吗?"然后我和她解释:"今天是周五,那后面是周几啊?"她说是周六,我提示:"那后面是不是周日、周一? 然后呢?"我和她掰着手指数了一下,总之再过 7 天就是周五。她点点头之后就跑开了,我也不知道她听懂没有。(幼儿关注或尝试时长:0.8 分钟,中班幼儿对时间的认知还在发展,对时间推算问题有好奇心和一点兴趣)

问题 13:*** 老师让几个小孩看月亮,然后 *** 幼儿就问老师:"为什么白天也有月亮啊？"另一个小男孩问老师："月亮有脚吗？它怎么上去怎么下来的啊？"老师说月亮没有脚，它白天落下去晚上升起来。（幼儿关注或尝试时长：0.5 分钟，幼儿对白天能看到月亮很好奇，产生了一些有关月亮的疑问）

问题 14：我手里拿着一幅小朋友送的画，一名幼儿问我："为什么这个有印子？"我回答："是笔的水太多就把纸穿破了，渗出来了。"然后他又问我："什么叫渗？"我就举了一个例子："水会把你的手弄湿，笔也会把纸弄湿。"他又问："为什么红笔没有渗？"我回答："因为红色是印上去的，而且水比较少。"他之后没有继续问。（幼儿关注或尝试时长：0.5 分钟，幼儿可能对渗透现象感到困惑或好奇）

问题 15：*** 幼儿拿了一本书，一开始和边上的小男孩在讲话。后来翻了两页书，看到书被黏着的地方问我："老师，这里怎么被粘起来了？"我说："这是帮你们补的书，之前被你们弄坏了。"然后他说："老师你为什么不用双面胶啊？"我说："双面胶不就把两页粘起来了吗？"幼儿说："这个透明胶会更牢吗？"说完之后幼儿又用手指抠了抠透明胶，大概三四十秒，之后继续和小朋友聊天看书了。（幼儿关注或尝试时长：1.2 分钟，幼儿对双面胶和透明胶带的特点和粘贴方法好奇，对用什么材料以及如何粘会更牢的问题有疑惑）

问题 16：*** 幼儿在搭房子，搭到房顶的时候她问我："老师，你可以帮我搭一下房顶吗？"她嘟着嘴，声音小小的。我回答说："你可以自己再尝试一下。"然后她就自己又拿了几个木块，放在底下的木块中间，结果搭了几块之后，底座边上的木块倒塌了。她就把原来斜着的房顶放平了。之后她又继续搭底座，她的房顶也没有搭起来。（幼儿关注或尝试时长：2.2 分钟，幼儿使用的木块比较细且轻，一不小心就会被碰倒，且幼儿不知道怎么把房顶斜着立起来，对如何解决此问题比较着急）

问题 17：*** 幼儿在搭建烟囱，但烟囱总是会倒下来。第一次他问我怎么把烟囱立起来，我说你把底部固定一下，然后他就拿了几个小积木围在烟囱底下的边上。但是烟囱比较高，仍会倒。我就提示他去找几个圆形的积木。他去拿筐子里面的圆形积木，试图立起来，但又失败了，烟囱倒了并且断成了好几截。但他还是想把他们拼起来，拼起来之后他又试了一次，又倒了之后他就不搭了，和边上的小朋友一起玩了。（幼儿关注或尝试时长：4.3 分钟，幼儿遇到了如何搭建高且稳固的烟囱的问题，尝试了两次之后有点失去了耐心）

问题 18：*** 幼儿上完厕所，我让她按一下水箱上的按钮，她一开始用一只右手的食指在大的按钮上轻轻碰了一下，没有出水，她看着我。之后我让她用大拇指按着试试，她换成大拇指按仍然没出水，我又让她稍微用力一些，她换成了两只大拇指一起按，但是最后还是没有按出水，她盯着我看了一会，不知道怎么办，然后走开了。（幼儿关注或尝试时长：1.7 分钟，幼儿力气可能比较小，也可能水箱按钮的压强比较大，幼儿对按压不下去感到困惑，但没有直接提出问题，表现为幼儿自己亲历的一点挑战或待解决的真实问题，如"马桶如何能轻易按压出水？"或"能不需要按压就自动冲水吗？"）

问题 19：操场活动时，有一小朋友想翻轮胎滚轮胎。她发现轮胎里有水，似乎还有东西。把老师叫过去说："老师我发现轮胎里面有东西。"老师问她是什么，她说是蚯蚓。她又问："老师，我怎么让里面的那个东西掉出来呢？"（幼儿关注或尝试时长：1.0 分钟，幼儿自己遇到的困难或困境，虽然很微小，但是他们希望得到帮助或解决的问题）

问题 20：下课的时候，老师让他们喝水上厕所。我在厕所门口看着，然后饮水的地方的水龙头一直在滴水，我让幼儿 A 关紧一点，她把水龙头关到最右侧但仍然在滴水，我又让幼儿 B 去关一下，他一开始把水龙头往右边又拧了两下，但是发现还在滴水之后迅速把水龙头往左边关好，然后就不滴水了。他惊讶地问我："为什么这样也能关啊？"（幼儿关注或尝试时长：0.8 分钟，幼儿对两个方向都能关紧的水龙头感到惊讶，觉得很神奇，也觉得很开心，可能与他平时的经验——往右就是关紧，往左就是拧开有冲突而产生了好奇）

问题 21：*** 幼儿在平地上骑车。但是遇到蓝色障碍物冲不上去，她就倒退下来，我说你可以后退一段距离然后使劲蹬快点就能冲过去了，然后她后退了一段，但还是没有冲过去。边上的老师说："你上不去的话可以站起来走上去的。"她还是试着倒退了两下准备往上冲，仍然滑下来了。于是她站起来走到了蓝色障碍物的顶部再走下来。一共三个障碍物都是这样子走过来的。（幼儿关注或尝试时长：4 分钟，幼儿有往上冲和冲过去的想法但她不太敢往上冲，心里有点害怕，老师告诉她简单方法后她不愿意做骑车冲坡的努力了。这里隐藏着幼儿遇到的困难或问题，如"如何能让小车轻松一点冲上小坡呢？"或"为何小朋友骑在小车上会有冲坡的困难？"）

问题 22：操场上扔球游戏玩了一段时间后球不够了。*** 小朋友准备去取回被扔到粘布上的球。于是他走到边上架好的梯子前，晃了晃，不敢往上爬，不知道梯子稳不稳当。后面有小朋友催说："上面有球。"他看了一下墙壁上的粘布，往上爬了两节楼梯，把下方一点的几个球拿了下来。靠粘布上端的地方还有几个球，他不敢往上爬了。边上的老师过来帮忙把上面的球全部拿了下来，然后让他下去玩去了（如图 9-1 所示）。（幼儿关注或尝试时长：2.0 分钟，幼儿自己遇到的潜在困难或困境，如"如何能拿到粘布上的球？""如何确保梯子稳当？"由于教师直接帮忙解决了问题而失去了引导幼儿思考探索的机会）

图 9-1　准备爬梯子"摘"球

综上,客观白描的 22 个问题中,前面 14 个问题属于自然现象(含动植物生命现象)探究类问题,后面 8 个问题属于幼儿自己遇到的待解决的真实问题。也即为期 20 天的驻园扎根观察中,符合"幼儿真实问题"概念内涵的幼儿真实问题共计 8 个(如表 9-6 所示)。

表 9-6　幼儿园一日活动中幼儿真实问题的描述统计

幼儿真实问题	
1	(马桶)如何按压能容易出水?不需按压马桶就能自动冲水吗?
2	如何搭建高高的、稳固的烟囱?
3	用什么材料粘绘本会更牢?绘本某页掉下来怎么粘更好?
4	如何关好水龙头?
5	怎样搭梯子更稳当?
6	怎么搭建能把房顶斜着立起来?
7	怎么让自行车冲坡时不倒回?为何小车有冲坡困难?
8	怎么让里面的那个东西掉出来呢?

4. 讨论

通过 20 天在园的扎根观察,试图了解幼儿在园一日活动中遇到和提出的真实问题的实际状况。经过多维数据整理分析发现,幼儿在园一日活动中的"幼儿真实问题"总体数量偏少,20 天观察记录了 8 个幼儿真实问题。同时发现幼儿园操场情景下发生的真实问题频率相对较高,集体教学活动中幼儿真实问题为零。上述研究发现与当前相关已有研究发现具有较高的一致性。如同样以中班幼儿为观察对象的研究发现,中班幼儿每人每天平均仅产生 0.2 个问题(李沁珂,2021)。另有学者观察中班科学活动中的提问行为,发现教师忽视了幼儿提问的重要性,教师主导着整个活动;在活动过程中,幼儿提出的探索求知型问题过少,并且幼儿在户外探索中提问频率偏低(王英,2016)。这些研究反映出幼儿在集体活动、区域活动等一日活动中提问行为少的普遍现实。本研究所不同的是,幼儿自己遇到亟需或迫切想解决的现实问题,即幼儿真实问题,同样很少。有学者认为,教师让孩子不要乱动、不要在活动之外说任何话等以加快教育活动进程为目的要求,会降低幼儿提问的频率(张鲁青,2018)。当然,本次扎根观察的结果可能受限于观察者的陪伴时间、个体的视线范围等,以至于某些幼儿遇到的真实问题或希望获得帮助解决的现实问题没能被觉察或看见。不过,现实可行的方式也只能在教师自身能力范围之内观察和记录。但如果教师是选择性忽略或因专业素养欠缺(如未能看到幼儿问题的重要价值等)则另当别论。如有学者指出幼儿园教师存在科学知识面窄的问题,教师的科学教育观会影响其自身对待幼儿的态度,若教师认为幼儿探究能力不重要,便会忽视幼儿的问题(张鲁青,2018)。

(四) 幼儿真实问题的教师反馈调查

以 5 名高年级职前幼儿教师为调查对象,让他们结合自身经验,如在园见习观察、在公园或在家里的观察等所积累的对幼儿的观察与了解,写出符合幼儿真实问题特征的可能的幼儿真实问题(数量不限)。由于对幼儿真实问题的理解有一定挑战,因而据需要中途提供 1~2 次反馈。如果职前教师把幼儿真实问题写成了科学探究类问题(如大自然各类现象或问题),则给予纠正反馈并再次给予提示。职前幼儿教师的反馈如表 9-7 所示。

表 9-7　职前幼儿教师描述的幼儿真实问题

序号	幼儿真实问题
1	想吃核桃却怎么也打不开核桃壳,如何轻松地打开核桃?
2	纸屑或头发屑沾在毛衣上怎么也抖不下来,制作一个怎样的工具,能让纸屑、头发屑轻松地掉下来?
3	两个小朋友相隔较远,其中一个小朋友如何将想说的话准确快速地传递给另一个小朋友?
4	不小心把铁质的小零件掉入沙发缝隙中,看不见摸不着,如何将零件取出?
5	幼儿对教师指令中的东南西北方位概念模糊,不清楚怎样辨别东南西北,怎么办?
6	想吃水果罐头却打不开金属的玻璃瓶盖子,如何轻松将罐头打开?
7	要出门旅游了,如何给家里的小猫或小狗自动供食供水?
8	幼儿在户外骑车时,由于看不到拐角的另一半,总是造成"车祸",该如何解决?
9	学校有一次停电了,屋子里黑漆漆的,怎样才能让房间亮起来呢?
10	楼梯的瓷砖很滑,下雨天小朋友走在上面会打滑,有什么办法解决呢?
11	鸟儿偷吃奶奶种植的果子,跑来跑去地赶鸟太累了,有什么其他方法吗?
12	大扫除时,小朋友发现许多细小的缝隙里打扫不到,怎么办呢?
13	植物角的植物总是被人遗忘,忘记给它们浇水,有什么方法可以解决呢?

续　表

序号	幼儿真实问题
14	小金鱼缸里的水脏了用什么方法既不要把小鱼抓出来,又能够帮助小金鱼换上干净的水呢?
15	户外池子里的水变得十分浑浊,怎样让水变清澈?
16	在墙壁上挂一幅画,怎样能证明画没有挂歪?
17	幼儿或幼儿家长入园刷脸"卡住"了,如何才能确保机器不失灵而顺利有效地识别人脸呢?
18	电动小汽车或飞机没电就不能玩了,能做一个不需电池可以一直玩的(动力)小汽车或飞机吗? 怎样制作?
19	如何辨别面包是否变质或如何防止面包变质?
20	怎样设计一个吸引小朋友喝水提醒器?
21	口罩是怎么防病毒防空气污染的?
22	如何设计并制作防止食物受潮变软的包装或环境?
23	怎样搭建很牢固的城堡或房子?
24	什么样的陀螺转得更久? 怎样做才能让陀螺转得很久?
25	娃娃家的服装经常很凌乱,怎样给娃娃家的衣服做一个收纳筐?
26	如何设计出一款具有止血、护创、防水功能的创可贴?
27	如何设计一款不打滑或不浸水的雨鞋?
28	如何养好小金鱼?

　　表9-7显示,5位职前幼儿教师共设想出28个幼儿真实问题。所设想的这些幼儿真实问题较为贴近幼儿的生活,符合幼儿真实问题特征,也可能是幼儿在生活中遇到和迫切希望解决的现实问题。不过,表9-7与表9-6、表9-1的结果不完全一致。即职前幼儿教师的设想与家长的调查反馈、幼儿园的直接观察结果存在一定的不一致。表9-7中的很多问题在家长反馈里没有,在幼儿园直接观察里也未看到。这可能与收集的方式——职前幼儿教师的设想有关,也与大部分幼儿的生活被悉心照看着有关,在他们的现实生活中难有机会遇到他们自己的现实难题。此外,某些问题可能未引起幼儿的关注或让幼儿感到有困扰、有探索与解决的需求。例如,"如何让高楼林立的小区的低楼层也能晒到充足的阳光?"看似一个在生活中较为普遍的真实问题,但由于这样的问题未被幼儿注意到,未影响到他当下的切身利益,未阻碍到他的日常活动,也不一定会被幼儿感知体验到或产生迫切解决的愿望,因而不一定构成幼儿真实问题。不过,多途径地实证调查是幼儿真实问题库建设的必要措施。

(五) 幼儿真实问题精选与问题库形成

1. 明确精选的依据

幼儿真实问题精选的依据来源于第三章"高质量学前 STEAM 教育的内容选择"(参考本章第二节)以及第六章"基于幼儿真实问题的幼儿园 STEAM 项目开发"的典型案例分析。第六章提出了适宜性分析的六个维度,如生活关联度指数、现象典型性指数、跨学科指数、问题探究空间指数、动手操作性指数、趣味性指数等。对于幼儿真实问题而言,精选时最需要考量的是问题的价值(含问题探究空间的大小),问题的跨学科性特征等。因为生活关联度指数、现象典型性指数、动手操作性指数、趣味性指数等都因为是幼儿自己的遇见的、遭遇的,一定程度上自然确保了这些维度的凸显。任何一个真实问题的遴选与精选都须同时考量所有维度。只是不同类型的真实问题,要重点关注的地方不完全相同。

2. 幼儿真实问题库的形成

从幼儿家长反馈、幼儿园一日活动观察、职前幼儿教师调查等多途径所收集的问题中精选出代表性的、值得深入探究的真实问题,形成幼儿真实问题库。精选出的幼儿真实问题如表 9-8 所示,共 18 个。表 9-8 为获取幼儿真实问题打开了一扇窗,为形成 STEAM 项目提供了直接资源,为幼儿园 STEAM 项目探究研究提供一种反思视角。与此同时,这些问题只是提供一种参考。实际使用时,可以参考本节中所提供的幼儿真实问题的形成思路,先观察、收集自己班级幼儿的真实问题,然后遵循精选策略原则从中选出代表性的幼儿真实问题。后续则经由在幼儿面前呈现真实问题表现出的典型现象,观察幼儿对此感兴趣的程度,以及相关疑问、困惑等,确定具体的真实问题形成 STEAM 项目进行深入探究(参见第六章)。

表 9-8　幼儿真实问题精选

问题编号	幼儿真实问题	来源
A—1	宠物掉毛如何清理?	家长反馈
A—2	怎么保存雪?(相关问题:如何保鲜食物或防止食物变质?)	
A—3	如何更好地让玩具归位?(相关问题:如何收纳整理衣服?)	
A—4	玩具机器人或玩具出故障了怎么办?(相关问题:跷跷板坏了怎么修?)	
A—5	(暑期长时间不在家或园时)如何照顾到盆栽花草?(相关问题:花快死了怎么挽救?)	
A—6	(动植物或自己)怎样才能快点长大?	
A—7	怎样搭一个小鸟喜欢的窝?(小鸟搭窝要不要用到泥巴?)	
A—8	衣服染色了如何清理?	

续　表

问题编号	幼儿真实问题	来源
A—9	如何搭建高高的、稳固的烟囱？（相关问题:怎么搭建能把房顶斜着立起来?）	幼儿园观察
A—10	(马桶)如何按压能容易出水？不需按压马桶就能自动冲水吗？	
A—11	怎么让自行车冲坡时不倒退？	
A—12	不清楚怎样辨别东南西北,怎么办？	教师反馈
A—13	要出门旅游了,如何给家里的小猫、小狗自动供食供水？	
A—14	能做一个不需电池可以一直玩的(动力)小汽车或飞机吗？	
A—15	怎样设计一个吸引小朋友的喝水提醒器？	
A—16	口罩是怎么防病毒防空气污染的？	
A—17	如何设计一款不打滑或不浸水的雨鞋？	
A—18	大扫除时发现许多细小的缝隙里打扫不到,怎么办呢？	

二、世界前沿真实问题库建设

(一) 前沿真实问题的来源途径

表 9-9 对世界前沿真实问题的搜索途径进行梳理,提供国内外发布的世界前沿真实问题的搜索、查阅和研读参考,也为更新了解未来世界前沿真实问题提供路径参考。

表 9-9　世界前沿真实问题的来源途径参考

	前沿真实问题	信息来源	发布机构
2021	重大科学问题、工程技术难题	中国科协学会学术部.中国科协发布 2021 重大科学问题、工程技术难题和产业技术问题,2021.7.28.	中国科学技术协会
2022	重大科学问题、工程技术难题	俞慧友. 30 个! 中国科协发布 2022 年科技领域重大问题难题.科技日报,2022.6.28(001).	中国科学技术协会
2023	重大科学问题、工程技术难题	新华网. 中国科协发布 2023 重大科学问题、工程技术难题和产业技术问题,2023.10.22.	中国科学技术协会
2024	重大科学问题、工程技术难题	新华网.中国科协发布 2024 重大科学问题、工程技术难题和产业技术问题,2024.7.2	中国科学技术协会
2021	十大科学技术问题	中国青年报.首届"青年科学家50²论坛"发布"十大科学技术问题",2021.8.1.	中国青年报客户端
2019—2021	中医药重大科学问题难题	中华中医药学会连续三年共遴选出 18 项重大科学问题难题。如 2022 年 5 月发布前沿科技工程问题难题共 8 个。 光明网. 2022 中医药重大科学问题难题发布,2022.5.3.	中华中医药学会

续　表

	前沿真实问题	信息来源	发布机构
2021	前沿科学问题	任朝霞,江倩倩. 上海交通大学携手《科学》杂志共同发布新版"125 个科学问题".中国教育报,2021.4.13	上海交通大学联合 Science 期刊
新近	诺贝尔奖获得者探究的科技问题	诺贝尔物理学奖、诺贝尔生理学或医学奖、诺贝尔化学奖等获得者探究的前沿问题,如 2023 年诺贝尔生理学或医学奖获得者所研发的 mRNA 疫苗,应用于 2020 年以来全球新冠疫情蔓延干预。	瑞典皇家科学院等
新近	前沿科学工程技术医药问题	全国科学工程医药联合学术网(The National Academies of Sciences, Engineering, and Medicine)	美国国家级非营利学术机构（The National Academies）

（二）世界前沿真实问题的精选

通过上述途径,搜索并收集各类来源途径中报告的世界前沿真实问题。遵循本书第三章有关高质量的学前 STEAM 教育内容精选策略与第七章的样例剖析思路,精选代表性的、典型的前沿真实问题(如表 9-10 所示)。在尊重问题原表述与本质内涵的基础上,以贴近幼儿生活、易于幼儿理解的方式对原问题的表述进行适当浅出(如表 9-11所示)。

表 9-10　前沿真实问题精选

问题编号	前沿真实问题	来源
B—1	如何利用遥感科技对地球健康开展有效诊断、识别与评估?	中国科协,2022
B—2	高地震烈度区复杂地质条件下高拱坝的安全可靠性研究	中国科协,2024
B—3	细胞是如何感知和适应氧气变化的?	诺贝尔奖,2019
B—4	还有更多色彩元素可发现吗?	上交大 &Science,2021
B—5	我们可以创造一种环保的塑料替代品吗?	上交大 &Science,2021
B—6	我们如何更好地管理世界上的塑料废物?	上交大 &Science,2021
B—7	深远海海上综合能源岛建设关键问题研究	中国科协,2024
B—8	为什么大多数人都是右撇子?	上交大 &Science,2021
B—9	我们可以阻止全球气候变化吗?	上交大 &Science,2021
B—10	是否有可能创建有感知力的机器人?	上交大 &Science,2021
B—11	如何"求教"大自然,开发高度集成、智能、可修复的仿生系统?	青年科学家 50² 论坛
B—12	中医药对"亚健康"状态认知和干预的科学原理是什么?	中华中医药学会,2022

表 9-11　前沿真实问题精选(浅出表述)

问题编号	前沿真实问题
B—1	如何给地球妈妈做健康检查?
B—2	如何建出安全可靠的"拱坝"?
B—3	如何养好小金鱼?
B—4	你还可以发现更多色彩吗? 你如何发现更多的色彩?
B—5	我们可以设计一种环保的塑料替代品吗?
B—6	我们如何更好地管理小区里的塑料废物?
B—7	怎么在海上/水上建一座(能源)岛?
B—8	为什么我们大都多用右手画画?
B—9	我们可以阻止全球气候变化吗?
B—10	能做一个像我一样感觉灵敏的机器人吗?
B—11	我们如何向大自然学习?
B—12	怎么知道自己"亚健康"了?

上述 12 个问题在幼儿自己的生活中都有突出的或一定的现象表现,下面举例说明。

(1) B—1:如何利用遥感科技对地球健康开展有效诊断、识别与评估?

"如何利用遥感科技对地球健康开展有效诊断、识别与评估?"是中国科协 2022 年发布的重大难题。该前沿真实问题可以转化为易于幼儿理解的表述,如:我们如何(利用遥感科技)给地球做健康检查? 幼儿生活中不乏与此问题相关的现象与体验。如幼儿园里配有保育员和医生,幼儿平时晨检或有时到医务室做健康检查,生病时更是免不了跟着爸爸妈妈去医院做身体检查来检测身体健康状态。我们的生活中处处都有检测,如游乐场安全检测、汽车检测保养等。同时幼儿见过或玩过遥控小汽车、遥控小飞机等。地球是人类赖以生存的家园,是养育万众生灵的"母亲"。她是否也需要进行健康检查呢? 几乎所有幼儿对如下现象有着不同程度的感知与体验。如生活周围的小河道或湖泊严重污染状况;夏天异常炎热或几个月干旱无雨;网络电视媒体听闻濒临灭绝的野生动物或突发蔓延的森林火灾等,触目惊心、令人震撼……那么,地球上的土壤、森林、海水、空气等是否也健康呢? 地球健康检查包括哪些方面? 如何判断地球不同"部位"(如水质、气候、生态等)的健康状况? 为什么要对地球的"身体健康"进行识别诊断? 如何借助遥感帮助我们识别地球的健康状况?

(2) B—3:细胞是如何感知和适应氧气变化的?

2019 年诺贝尔生理学或医学奖表彰了三位科学家在探究细胞感知和适应氧气变化机制中的贡献。生物体感受氧气浓度的信号识别系统是生命最基本的功能,然而学界对此却所知甚少。三位科学家阐明了人类和大多数动物细胞在分子水平上感受氧气含量的基本原理,揭示了其中重要的信号机制。该前沿问题探索在幼儿生活有较为突出的生活现象或现实问题映射。如很多小朋友都喜欢养金鱼,虽然他们每天都坚持给金鱼喂食,但很多小朋友仍然发现自己养的金鱼常常不能活下来。他们既感到难过又感到疑惑:"为什么我养的金鱼不能活下来呢?"同时他们也很希望能把捉回来或买回来的小金鱼养得很好,"怎么才能养好小金鱼呢?"

综上,这些前沿真实问题在幼儿生活中有着广泛的现象映射、延伸或体现。幼儿有着或多或少的直接感知经验、疑问困惑和迫切希望解决的愿望。这些前沿问题的探索正好也跟随了幼儿的兴趣与关切、好奇与疑问。

三、微真实问题库建设

微真实问题主要来源于生活中成人世界、幼儿世界、新闻报道中的各类大大小小的现实问题、事件或难题。包括幼儿园、家庭、学校、小区、社区里出现的真实难题,当地或国内外新闻报道中的新近事件与突出现实问题。幼儿生活中不缺各式各样、大大小小的现实问题发生或出现。此处同样依据本书第三章有关高质量的学前 STEAM 教育内容精选策略以及第八章的样例剖析思路,力图精选一些有代表性、典型的微真实问题,如表 9-12 所示。所精选的微真实问题既源自幼儿周围世界的新闻事件,又不乏在幼儿自己生活中有现象表现,在微真实问题层面具有较大的代表性。同时它也是一个开放的系统,可以据特定地区、特定时间所出现或发生的真实问题而添加或替换当中的问题。总之,微真实问题资源库的建设需要对身边新近发生的值得深入探究的真实问题保持关注、关心和敏感,选择那些有典型现象表现、适宜幼儿探索的真实问题,并不断充实或更新所建设的资源库。

表 9-12　微真实问题精选

问题编号	微真实问题
C—1	如何防止小区(家里或幼儿园)发生火灾?
C—2	如何设计建构坚固的桥梁?
C—3	如何设计安全的道路以减少交通事故? 交通事故频发怎样让道路设计更安全?
C—4	如何辨别路边摊食物的安全?
C—5	火车是怎么越开越快的?
C—6	如何辨别确保我们的玩具没有质量问题?
C—7	方舱医院是怎么建的? 大流行疾病传染时怎样建设方舱医院?
C—8	如何制作脱水果蔬? 如何种植水培蔬菜?

四、真实问题资源与不同科学领域的关系

真实问题资源库建设是基于 STEAM 教育本质并结合幼儿生活与学习特点,在明确了适合幼儿 STEAM 项目探究的来源渠道的基础上,从中精选出代表性的、典型的真实问题。精选的过程综合考量了各问题的生活关联度指数、现象典型性指数、跨学科

171

指数、问题空间指数、动手操作性指数、趣味性指数等。真实问题的筛选与资源库的建设未刻意考量这些问题与不同科学领域(如物质科学、化学科学、生命科学、环境生态科学、地球宇宙科学等)的对应关系。

有学者编著的 STEAM 教育案例采取从学科领域出发的思路,如李高峰 2021 编著的《中学生物学 STEAM 教育及案例》等。也有学者采取从真实问题出发的思路,如美国学者凯茜·F.奎格利等 2022 年出版的《STEAM 教学指南——用现实世界的问题吸引学生》等。本著作具体研究过程中经历了从学科领域出发的内容体系建构,在后续的反复考量与修改过程中,推翻了前期的这一思路,改为从现实真实问题出发,重新进行内容体系的建构,由此形成目前本书的框架与内容体系。用现实世界的真实问题吸引幼儿,形成 STEAM 项目,展开围绕真实问题解决的跨学科探索,这不仅更适合面向学前阶段儿童学习 STEAM 的独特需求,而且更能体现对 STEAM 教育的本质以及 STEAM 项目探究的价值。因此,本著作中 STEAM 项目资源库的建设坚持扎根于幼儿生活中待解决的、现实的、迫切的真实问题中。以生活为土壤,以问题为中心,从提出问题、界定问题到分析问题、解决问题,从问题→问题,而不是从知识结构到抽象问题,不是从学科领域出发或核心概念出发,不是基于学科领域或核心概念去寻找问题——不是从学科→问题。将真实问题置于中心,经由真实问题,在问题的解决过程中,自然地融入跨学科探索,牵引不同学科领域的共同努力。由此,确立了真实问题资源库遵循 STEAM 教育本质以及幼儿 STEAM 学习规律的建设思路——从问题出发,捕捉筛选代表性的真实问题的建设思路。这一思路与认知贯穿了整本著作的架构与展开。尽管本资源库的建设不是从学科领域或核心概念出发去找问题,但这些真实问题自然而然地实现了与不同学科领域的对应,同时在不同程度上融合或体现了物质科学、化学科学、生命科学、环境生态科学等多学科领域及其相应的核心概念,这样的对应关系因真实问题的精选而自然而然地出现。

第二节　幼儿园 STEAM 项目及其活动库建设

一、幼儿园 STEAM 项目及其活动库的建设理路

(一) STEAM 项目的来源

STEAM 项目来源于幼儿生活中的真实问题。这与本书中的第六、七、八章中 STEAM 项目样例开发的原理一致。即精选的真实问题必然在生活关联度指数、现象典型性指数、跨学科指数、问题空间指数、动手操作性指数、趣味性指数等多维度上表现优良,适合幼儿园开展 STEAM 项目探究。本章第一节着重梳理、分析、建设了丰富的真实问题资源库,该真实问题库可以作为形成幼儿园 STEAM 项目探究的重

要内容来源。

（二）STEAM 项目探究的问题空间形成

STEAM 项目探究问题空间的具体形成遵循自上而下（教师基于真实问题的逻辑分析）与自下而上（观察、倾听、记录幼儿对真实问题的疑问、提问、好奇、关注点等）融合的思路，由此形成为解决真实问题而聚焦其背后核心科技工程问题探索的问题探究空间。即幼儿园 STEAM 项目探究是聚焦真实问题背后的核心科技工程问题及其递进性问题链而展开的深入探究过程。简言之，STEAM 项目具体探究内容的形成是建立在真实问题背后的问题探究空间分析的基础之上，基于对具体真实问题背后的核心科技工程问题分析以及核心问题背后的递进性问题链分析，来形成基于真实问题的具体项目，包括所形成不同的分项目及其项目活动。问题探究空间的形成与设计可具体参考第六、七、八章中 STEAM 项目样例开发。

（三）STEAM 项目及其活动库的建设

STEAM 项目及其活动库（简称 STEAM 项目库）建设是本章第一节真实问题资源库基础上的推进。STEAM 项目库的建设不同于本书第六至第八章的地方在于：前面第六至八章重在以典型样例深度剖析项目的开发与形成。本节会简化原理、策略层面的剖析而扩充更多具体的 STEAM 项目，从而建设更大范围的项目资源。与前面第六至第八章一致的地方是，项目的开发遵循从真实问题→问题探究空间分析→项目开发设计的基本思路。本项目库的建设主要对应于真实问题资源库中的前沿真实问题库，从中抽取 3 个前沿真实问题建设 STEAM 项目库。这些项目可融入幼儿园小中大不同年龄班乃至中小幼不同学段 STEAM 项目探究，具有广阔的探究空间与深远的探究价值。

项目库中每一个项目的构成包括项目来源及项目名称、在幼儿生活中的典型现象表现、问题探究空间、所形成的分项目及项目活动、所涉及的 STEAM 元素、核心概念跨学科概念、适用的年龄范围与递进性探究说明、拓展探究、学习资源介绍等，进而为园所机构 STEAM 教育实践中的关键难点提供课程与项目的资源支持。此外，由于在本书第四章着重阐述了 STEAM 项目探究的高质量活动模式，该模式不仅适合于集体活动也适用于区域环境创设下的 STEAM 项目探究，第六和第七章又详细阐述了在项目活动样例中的运用与实施，因此，此资源库里 STEAM 项目活动的准备与具体开展已有较充足的参照。因此，具体到特定活动的实施设计（如具体到每一个活动的目标拟定、材料工具准备、活动过程设计等）会变得较易把握，限于篇幅，本资源库不再提供具体活动的实施设计。

二、幼儿园 STEAM 项目及其活动库的建设

STEAM 全球气候项目

(一) 项目来源及项目名称

1. 项目来源

前沿真实问题(B—9):我们可以阻止全球气候变化吗? 若该问题在特定年龄班或特定班级幼儿面前较为抽象,可以据幼儿的认知水平调整其表述,如:我们可能阻止恶劣的气候吗? 人类能自己控制天气或气候吗?

2. 项目名称

阻止全球气候变化的 STEAM 项目,或简称为"STEAM 全球气候项目"。

(二) 典型现象表现

全球气候变暖是当今世界亟待解决的迫切问题,关乎人类的生存与可持续发展。幼儿在生活中经历过的典型现象表现:当前全球变暖引发的各种极端气候现象,如海啸、台风、高温、干旱、冬季不下雪或少见积雪、两极冰川融化影响企鹅家园、病毒席卷或传染性疾病传播、自然灾害常发等。今天世界各国和大多数人将这个问题(全球气候变暖问题)当作人类面临的最具挑战性的问题(吴军,2024)。

(三) 幼儿相关经验与认知分析

有的省市某个夏天极端炎热时,幼儿暑假大部分时间只能躲在家里(如 2022 年夏天杭州等地连续出现 40 度的高温天气),或某些爱玩爱动的幼儿依然悄悄逃出去玩,切身感受着夏天的高温。幼儿从电视网络媒体或家长教师那里也听说了一些有关我们身边气候正在变得不寻常的新闻报道或故事描述(如火山爆发、冰川融化、海平面上升等)。严重的雾霾天让幼儿早晨来幼儿园的路上被迫戴上口罩,白天被迫取消户外活动等。渴望冬天打雪仗的幼儿对冬季仅飘淡淡雪花无积雪可玩感到失落……基于他们的切身体会,幼儿可能对这些气候现象好奇,对极端天气的多次出现感到疑惑,在认知、探索上有不同程度的需求。如幼儿在遇到某些极端天气时会一段时间里感到难受,也可能感到好奇:"为什么是这样的天气?""能不能不要出现这样的天气?"

(四) 问题探究空间分析

此真实问题的问题探究空间采取自上而下的逻辑分析为主,即着重理性分析其典型现象背后的核心科技工程问题及其递进性问题链,继而采取自下而上的收集分析为辅,即呈现典型现象过程中自下而上地倾听记录幼儿的疑问与提问。下面几个项目的问题探究空间分析采取同样的策略。

1. 真实问题 B—9 背后的核心科技工程问题分析

真实问题 B—9 背后的核心科技工程问题包括：

（1）什么是全球气候变化？（全球或我们身边气候变化的具体表现有哪些？）

（2）当前全球气候变化对地球产生的危害有哪些？（全球气候变化的未来或潜在危机有哪些？）

（3）为什么会发生全球气候变化？（是什么引起了全球气候的巨大变化？）

（4）我们可以采取哪些或怎样的措施来阻止或减缓全球气候变化？

2. 核心科技工程问题背后的递进性分问题分析

对每一核心科技工程问题背后的递进性分问题分别进行分析。

核心问题 1："全球或我们身边气候变化的具体表现有哪些？"背后的递进性分问题：

1.1　不同年代全球气候有什么不同？（什么是全球气候变化？）

1.2　全球气候变化与普通的天气变化有何不同？（什么是全球气候变化？）

1.3　什么是温室效应？

核心问题 2："当前全球气候变化对地球产生的危害有哪些？"背后的递进性分问题：

2.1　当前全球气候变化对人类、动植物的危害各有哪些？日常生活中我们受到全球气候变化的哪些影响？

2.2　温室效应会带来怎样的危害（对环境、对人类、对动植物）？

2.3　全球气候变化大趋势对地球当前与未来的危害有哪些？有多大？

2.4　人们（幼儿园同伴或小区居民等）对全球气候变化及其危害了解多少？

核心问题 3："为什么会发生全球气候变化？"背后的递进性分问题：

3.1　极端气候（如高温干旱、强降水、温室效应等）的出现与人们的哪些行为有关？人们的哪些行为会加剧温室效应？

进一步的递进性分问题如：

3.1.1　极端气候的出现与人们乱扔垃圾有关吗？

3.1.2　极端气候的出现与人们砍伐树林有关吗？

3.1.3　极端气候的出现与工业排放有关吗？

3.1.4　极端气候的出现与汽车或轮船尾气有关吗？

3.1.5　极端气候的出现与空气污染有关吗？

3.1.6　极端气候的出现与人口剧增有关吗？

……

究竟有多少层和多少个递进性分问题需要探究，可跟随幼儿的兴趣、思考、假设、疑问。如分别就高温干旱、强降水、温室效应等的出现与人们的哪些行为有关展开多维度、多层次的探索；也可以仅就温室效应的出现与人们的哪些行为有关展开多层次深入探索。在现象呈现的同时，跟随幼儿的兴趣与问题去探究，重在幼儿探究中的兴趣与思维,而非为了全面的知识了解与学习。这也是本书项目资源开发的一贯理念。

3.2 大自然本身有哪些因素可能导致全球气候变化?

3.3 人类对自身活动或行为对全球气候变化产生的影响关注度如何?

3.4 下一次的全球极端天气或温室效应等可预测吗?

核心问题4:"我们可以采取哪些或怎样的措施来阻止或减缓全球气候变化?"背后的递进性分问题:

4.1 哪些气候变化是人类可以控制或努力避免的?

4.2 极端干旱下人工降雨是如何实现的?

4.3 我们可以做什么来减缓或者阻止温室效应?

4.4 人们对改善气候的意向如何?如何推动人们共同努力阻止气候变化?

(五)可形成的分项目及项目活动

STEAM项目可形成的分项目及项目活动与问题空间一脉相承。分项目一对应核心问题1。各项目活动分别对应核心问题下的递进性分问题。若有更低一层的递进性问题则再细化设计其项目活动。由此,最低一层的分问题指向与之相邻的高一层分问题,稍高一层问题指向更高一层分问题,最上一层分问题指向核心问题。而每一个核心问题都直接指向真实问题的解决。所有探究活动背后都有问题所指,最终都指向核心问题及所对应的真实问题解决。因此它是聚焦真实问题解决的深入探究,而非主题式地全面铺开,或四面八方地任意发散。当然,自下而上地聆听记录幼儿的过程中,幼儿的疑问和提问可能直指问题解决,也可能凌乱、发散或偏离。教师需要进行梳理提炼,同时将幼儿某些有价值的"偏离"问题生成其他项目,在其他时段探究。STEAM气候项目的分项目及项目活动剖析与设计如下:

1. 分项目一:全球热浪

(1)项目活动1:父母与祖辈的访谈

活动设计:幼儿尝试设计自己的访谈问题,访谈自己的爸爸妈妈或爷爷奶奶,了解上一辈人、再上一辈人与自己现在生活的年代气候有什么不同。

(2)项目活动2:天下气候面面观

活动设计:借助观察图片、绘本、视频等活动了解气候的变化;通过观察记录一周或一个月的天气变化,交流讨论两者的差异。

(3)项目活动3:体验温室效应与温室大棚设计

活动设计:通过观察图片、绘本、视频的活动以及实验活动(如观察冰块在不同温度或不同时长下的融化情况),初步感知与理解温室效应。尝试设计与制作,模拟微温室花房。

2. 分项目二:危害究竟在哪里

该项目下的活动可以设计观察活动、调查(访谈)活动、实验活动等。究竟设计多少个活动,跟随幼儿的兴趣与提问即可。如运用自己设计制作的微温室花房来养花卉幼苗,观察幼苗在温室的生长情况。

3. 分项目三:原因探秘

项目活动:小区垃圾观察

活动设计:观察一周自己所住小区的垃圾类型、产出量、堆放情况,教师设计观察记录表,让幼儿亲身体验日常生活中塑料等难分解垃圾的广与多。

对应后续分问题的项目活动以此类推,对另外的因素进行考察。其活动的数量依据幼儿的兴趣而确定。

4. 分项目四:从我做起/让我们一起努力

(1) 项目活动1:努力的回报

活动设计:通过观看图片、绘本、新闻视频了解全球为气候变化所做的一些努力,以及努力会收到的可能成就。同时借助操作实验模拟不同降雨量下幼苗的生长状况,感知自己努力的回报。

(2) 项目活动2:人工降雨啦

活动设计:通过观看图片、绘本、视频了解人工降雨;通过实验(如干冰实验)观察探究人工降雨的奥秘与功效。

(3) 项目活动3:创意想象

活动设计:大胆想象,尝试改变一种天气的方案,比如洪涝、台风、暴雨等极端天气。

(4) 项目活动4:公众调查

活动设计:尝试制作调查表,去调查身边成年人绿色低碳出行的意向,并对绿色低碳出行意向低的公众采取说服措施。尝试设计制作绿色低碳出行的宣传海报、绿色出行图标等。

(六) 涉及的STEAM元素与核心概念、跨学科概念

1. 融入的STEAM元素

科学:科学思维(观察、提问、假设、实验、记录、下结论、分享交流等)。

工程:系统设计模拟(天气状况)、统筹设计可能改变极端天气的方案等。

技术:选用合适工具、材料、方法尝试制作,访谈调查等的设计等。

数学:不同时代的时间认知,温度认知,垃圾类别、大小、数量,统计等。

艺术:幼苗生长图表绘制,土地面貌欣赏,绿色出行宣传海报设计、绿色出行图标设计、温室花房设计等。

语言、社会:公益宣传活动等。

2. 涉及的核心概念/跨学科概念

天气和气候、人类对地球系统的影响、因果关系等。

（七）活动模式与适用年龄范围

1. 活动模式

活动模式以第四章第二节"高质量的学前 STEAM 项目探究模式建构"为理论参考，以及第六、七章样例为实践参考。简言之，可采用呈现典型现象→问题引领（引发疑问—梳理问题—问题引领）→动手操作探究的精要模式。

2. 适用年龄范围

STEAM 气候项目适用于幼儿园及以上。该项目原本指向的是一个人类尚未解决的棘手难题，具有广阔的探索空间与长远的探究价值。同时气候变化问题扎根在青少年儿童生活中，与他们自身的生活具有高度关联性，是他们有感知、有体会、有见闻也有探索兴趣与解决意愿的真实问题。

无论哪一学段，在具体实施教育教学时，教师都要善于借助实物、模型、图片、绘本、视频、音频、动画、场馆、故事等多感官通道、多模态、多方式、富有感染力地呈现该真实问题表现出的典型现象。现象的鲜活生动、奇妙有趣或非同寻常、触目惊心等，一呈现就能瞬间吸引注意，引发好奇、关切与疑问。现象呈现之后，无论哪一学段，教师都需要认真倾听青少年儿童自己发出的感叹、疑问、提问。要留足时间与机会，做详细记录。这是自下而上地收集整理学习者自己的问题的重要时刻。自下而上地倾听与记录青少年儿童在感知体验该真实问题现象时产生的疑问、提问、疑惑点、好奇点。结合教师自上而下的逻辑分析与思考梳理，两者有机结合形成青少年儿童感兴趣的问题探究空间。不同学段聚焦该真实问题，围绕其背后的不同核心问题或递进性问题，或同一问题不同层面、不同深度上进行感官接触与动手动脑的深度探究。过程中，究竟探究哪一个或哪些问题适合特定学段，既结合教师的预判又紧密结合学生自身的关注点和兴趣，保持探究内容的灵活性、主体性与个性化。问题引领下动手动脑操作探究过程是跟随青少年儿童当下的兴趣与关注点，聚焦一个一个具体的分问题依次探究，教师重在支架与观察、组织与倾听、总结与提升。

例如，(1) 幼儿园儿童的 STEAM 气候项目探究可着重于：① 感知身边发生的极端气候变化（借助绘本、图片、视频、模型、实物等）。② 引发好奇、兴趣、关切、疑问、提问等。③ 跟随幼儿的问题，依次提供模拟问题情境，模拟或基于模型操作探究。(2) 小学儿童的 STEAM 气候项目探究可着重于：① 感知身边发生的极端气候变化（借助书籍、报刊、网络、图片、视频、模型、实物等）。② 引发好奇、兴趣、关切、疑问、提问等。③ 跟随儿童的问题，依次模拟操作探究，尝试解决问题。（3）中学及以上学生的 STEAM 气候项目探究可着重于：① 加深扩大感知全球气候的极端变化（如世界不同地区及其新近极端气候变化）。② 引发好奇、兴趣、关切、疑问、提问、责任担当等。③ 跟随学生的问题，依次实地实物操作探究，设计有益途径或创造预测、干预技术，检验改善迭代，一定程度一定范围地尝试解决问题。因此上面分析的问题探究空间、分项目与项目活动等，是思路、逻辑与脉络的参考，也是 STEAM 项目开发策略的参考。具体开展 STEAM 项目探究时,有的部分可以直接使用,有的地方需要考虑班级儿童的需求、兴趣、疑问及其认知水平而灵活调整或设计。因而一个项目中所能涵盖或包含的探究活动可以远超出已做的设计。总之,聚焦真实问题背后的核心问题及其递进性问题链,在不同维度、不同层面、不同广度上展开一以贯之的深入探索。

(八) 拓展了解

2021 年上海交通大学携手《Science》共同发布世界前沿问题:"我们可以阻止全球气候变化吗?"2022 年欧盟理事会上倡导通过教育使所有学习者了解气候危机与可持续性,为可持续发展创造支持环境并通过积极参与、动手行动、跨学科探索等促进可持续发展。学界也呼吁将气候危机问题纳入各级教育体系(De-Abreu, Vogt et al.,2022;Akhan et al.,2022)。一些天分高的学生不仅很关心全球气候变化问题,而且为全球气候变化难题提供了某些批判性、创造性的解决方案(Akhan et al., 2022)。我国学者提出,尽早让学生们了解气候变化、流行病、水安全、物种保护等不同的社会环境问题解决的新思路和新方式,可以让他们更好地为未来做准备,以享受科学和技术的福祉(李川,2022)。

中国气象局 2022 年向社会公众发布了《中国气候变化蓝皮书(2022)》,其中显示目前全球变暖趋势仍在持续。2021 年我国地表平均气温、沿海海平面等多项气候变化指标打破观测纪录,2022 年夏季我国长江流域遭遇了自 1961 年以来最严重的高温、干旱气候。与此同时,我国内蒙古、辽宁等北方省份降雨量却较往年明显偏多。最新研究还发现未来我国遭遇骤旱的风险会越来越高,到 2050 年一些南方湿润省份的骤旱风险将增加至 40%(陈国宁,2022)。2022 年,联合国政府间气候变化专门委员会(IPCC)发布《气候变化 2022:影响、适应和脆弱性》报告,指出气候变化正改变着地球,未来几十年世界将不可避免地遭遇灾难性影响。微软创始人比尔·盖茨预测未来 30 年内,全球气候变化所产生的危害是疫情的 5 倍。全球气候变化、全球变暖或极端天气正在深刻地影响着人们的生产生活,也与幼儿的生活息息相关。青少年儿童需要一起合力保护人类共同的地球家园。

STEAM 地球健康项目

(一) 项目来源及项目名称

1. 项目来源

前沿真实问题(B—1):如何利用遥感科技对地球健康开展有效诊断、识别与评估?转化为易于幼儿理解和探索的表述:如何给地球妈妈做健康检查?

2. 项目名称

项目名称是为了概括项目要探索的问题与重点。由此,我们可以将其取名为"地球健康检查 STEAM 项目"。为了更简洁,也可以简称为"STEAM 地球健康项目"。

（二）典型现象表现

幼儿生活的小区外或所在城市里的小河道、湖泊等的严重污染状况；某个夏天异常炎热或连续几个月不下雨；长时间的雾霾天气；网络电视媒体报道全球森林面积明显减少，珍稀野生动物濒临灭绝，频繁突发森林火灾等一些令人触目惊心的现象。

（三）幼儿相关经验与认知分析

幼儿生活中有许多与此真实问题相关的经验与体验。如：(1) 幼儿自己健康与生病不同状态的经历。对人体的身体健康有一定感性经验与朴素的理性认知。(2) 幼儿自己的体检经历。如幼儿园平时的晨检、一年一度的体检、生病时去幼儿园医务室进行身体健康检查或跟着爸爸妈妈去医院做身体健康检查。幼儿园里配有保育员和保健医生，经常观察评估幼儿健康状态，对幼儿出现的一些突发性身体不适做出快速诊断并给予相应治疗。(3) 幼儿感知着自己所生活的地球家园。家里或幼儿园摆放有地球仪，幼儿对地球有一定的认知。同时，幼儿或多或少地知道地球上有植被、河流、湖泊、山川、土壤、森林……有的幼儿可能还感知、参与、体验过世界地球日（The World Earth Day，每年的 4 月 22 日）活动。(4) 幼儿在家、在园或在社区里见到过人们定期对一些机器做检查，包括天然气灶、房子、车子、游乐设备等。(5) 一些幼儿玩过遥控小汽车、遥控小飞机，对于"遥控"技术有直接经验。

（四）问题探究空间分析

1. 真实问题 B—1 背后的核心科技工程问题分析

真实问题 B—1 背后的核心科技工程问题包括：

(1) 地球妈妈的健康检查包括哪些方面？

(2) 地球妈妈身体重要部位（如水质、气候、生态等）健康状况的判断依据是什么？（哪些现象表明地球妈妈生病了？）

(3) 为什么要对地球妈妈的健康状况进行检查、识别和评估？（不监测会怎样？为何要监测？）

(4) 如何检查识别地球妈妈的健康状况？（如何借助遥感帮助我们识别地球的健康状况？）

2. 核心科技工程问题背后的递进性分问题分析

对每一核心科技工程问题背后的递进性分问题分别进行分析。

核心问题 1："地球妈妈健康检查包括哪些方面？"背后的递进性分问题：

1.1　地球妈妈都有哪些身体部位？

1.2　地球妈妈需要进行健康检查吗？（哪些现象表明地球妈妈生病了？）

1.3　地球妈妈哪些部位亟需健康检查？

核心问题 2："地球妈妈身体重要部位（如水质、气候、生态等）健康状况的判断依据

是什么?"背后的递进性分问题:

2.1　水质健康的标准是什么?(什么样的水质才是健康的/不健康的?)

2.2　生态与生物圈健康的标准是什么?(什么样的生态与生物圈是健康的/不健康的?)

2.3　整体而言地球什么样子才是健康的?

核心问题 3:"为什么要对地球妈妈的健康状况进行检查、识别和评估?"背后的递进性分问题:

3.1　地球妈妈不健康对人们的生活有哪些影响?

3.2　人们对地球健康问题了解多少?

3.3　不及时了解或识别到地球妈妈健康问题/不监测地球健康状况会有什么后果?

核心问题 4:"如何检查识别地球妈妈的健康状况?"背后的递进性分问题:

4.1　我们怎么有效了解地球各部分的健康状况? 有哪些可能的办法能让我们及时觉察到水质、生态、气候等的健康状况?

4.2　遥感科技或遥感器是什么?(遥感器是怎样遥感到他人或事物状况的?)

4.3　怎样运用遥感科技实现对地球不同部位健康状况的监测?(遥感科技如何对地球健康展开诊断识别?)

(五)可形成的分项目及项目活动

1.分项目一:地球妈妈的体检表

(1)项目活动 1:我眼中的地球

活动设计:通过模型(立体地球模型、平面模型)、图片(如地球不同部分图片、拼图等)、绘本(如《我们的地球》)、视频(如地球内外部构造视频)、多色橡皮泥、彩笔颜料等初步观察、感知、了解地球的外部表现与内部结构(感知了解地球妈妈有哪些大的身体部位)。尝试动手画一画自己喜欢的地球或用橡皮泥等做一个地球仪。

(2)项目活动 2:生病中的地球

活动设计:通过图片(如美丽的地球、哭泣的地球)、绘本(如《生病的地球》)、视频等阅读、观看与观察地球不健康时的表现(如森林火灾、冰川融化、水质污染)。与同伴、家长、老师探讨自己了解的地球妈妈生病的表现。尝试动手画一画企鹅宝宝的家园,或动手操作探究逐渐消失的企鹅家园(如用冰川模型与图片、企鹅模型与图片、纸盘、小苏打、白醋、蓝色颜料、滴管等设计制作一个逐渐消失的企鹅家园)。

(3)项目活动 3:我们都是小医生

活动设计:以我们都是小医生的活动,来鼓励小朋友制定一份地球妈妈的体检表。自己画一画地球妈妈急需要进行身体健康检查的部位。分享展示自己制作的体检表,并尝试说一说体检表的制作理由。

2.分项目二:厉害的侦查官

(1)项目活动 1:我是水质检察官

活动设计:通过观看《认识不健康的水》科普小动画与观察科学小实验等,让幼儿初步了解不健康的水,观察水质检测仪对水质健康的检测,学习在生活中识别不健康的水。

（2）项目活动 2：识别不健康的生态环境

活动设计：通过图片、视频对比展示健康和不健康的森林、树木,让幼儿在观察中发现差异与特征。

（3）项目活动 3：略

可据幼儿的兴趣,设计观察类、科学小实验类、设计制作创造类等不同的活动,让幼儿初步了解健康的地球与不健康地球的差异（健康的海洋与不健康的海洋等）。因此下面项目活动的个数与活动名称可以据实际情况而增加。

3. 分项目三：无知与忽略的后果

项目活动的设计需要据儿童年龄特征、认知水平、学习需求等来确定。该分项目更适宜于学龄儿童探索。对于学龄前儿童,可以简单设计组织调查活动,如调查了解身边同伴、家长、朋友等对地球健康状况的了解状况。

4. 分项目四：神奇的千里眼与顺风耳（遥感科技）

同上,活动设计需要据儿童年龄特征、认知水平、学习需求等来确定。对于兴趣浓厚的班级儿童,可以设计遥感科技（如"千里眼"与"顺风耳"等）的感知、了解、认知、操作设计类活动。如借助简易工具材料（如望远镜、二维码扫描仪器或激光手持式扫描器、有条形码的包装袋等）了解遥感的工作特征或机制。

（六）涉及的 STEAM 元素与核心概念、跨学科概念

1. 融入的 STEAM 元素

科学：科学思维（科学探究活动中的观察、提问、假设、实验、记录、下结论、分享交流等）。

工程：如系统判断地球妈妈健康检查包括的方面、忽略地球妈妈健康状况的危害等。

技术：如选用工具材料、设计体检表调查表等。

数学：如活动中涉及的类别、数量、形状、统计、比较等。

艺术：欣赏健康美丽的地球等。

2. 涉及的核心概念/跨学科概念

人类对地球系统的影响、地球结构、因果关系、结构与功能等。

（七）活动模式与适用年龄范围

活动模式、适用年龄范围类同于 STEAM 全球气候项目。

（八）拓展探究

该真实问题还可以拓展探究的同类问题有：除遥感科技,还有哪些办法或技术可以

实现对地球健康的有效诊断、评估与监测？仅凭遥感技术是否能真正全方位地检测地球健康？与其他技术相比，遥感科技有何优势？

STEAM 手性项目

（一）项目来源及项目名称

1. 项目来源

前沿真实问题（B—8）：为什么大多数人都是右撇子？

转化为易于幼儿理解和探索的表述：为什么我们大都多用右手画画/拿勺？

2. 项目名称

手性现象（右撇子）探秘 STEAM 项目，或简称为"STEAM 手性项目"。

（二）典型现象表现

在幼儿生活中可看到大量的右利手现象。如周围人大都用右手拿筷子和勺子吃饭、右手搬东西、右手拿球拍、右手夹玻璃球、右手穿针、右手拿笔写字、右手穿线等。偶尔也见到有人用左手。大量的右手便利与极其少见的左手便利也形成鲜明对比。右利手现象即"手性"。一个物体若与自身镜像不能重合，叫具有手性（如图 9 - 2 所示）。有人称之为对称性自发破缺。

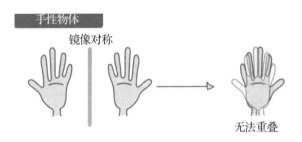

图 9 - 2　手性现象

（三）幼儿相关经验与认知分析

很多小朋友都用右手吃饭、蘸颜料涂色、画画、写字、抹桌子、拿筷子、拍球、端水杯……大量感知体验是右手很方便，换一只手也很方便吗？尽管他们极少或偶尔也会尝试一下左手，但感到不那么灵活便利；或偶尔才看到有人是多用左手。这当中可能或可以引发他们对右利手这一广泛感知现象的疑问和思考。而感到疑惑、发现问题、提出问题是幼儿探究行为发生的最初标志。尤其当出现了与幼儿现有的认知水平相冲突的事件或者事物，也易激发幼儿探究的欲望。

（四）问题探究空间分析

1. 真实问题 B—8 背后的核心科技工程问题分析

真实问题 B—8 背后的核心科技工程问题包括：

（1）幼儿园的小朋友都是用右手拍球和拿勺子吃饭吗？

（2）为什么大家都用右手吃饭、拍球、写字？（为什么左手不像右手一样方便？）

（3）有什么办法（如练一练或辅助器材）能让左手像右手一样能干？

2. 核心科技工程问题背后的递进性分问题分析

对每一核心科技工程问题背后的递进性分问题分别进行分析。

核心问题 1："幼儿园的小朋友都是用右手拍球和拿勺子吃饭吗？"背后的递进性分问题：

1.1 我们幼儿园的小朋友都是用右手吗？

1.2 我们小区的叔叔阿姨都是用右手吗？

核心问题 2："为什么左手不像右手一样方便？"背后的递进性分问题：

2.1 左右手真的不一样吗？

2.2 右利手是怎么来的？（是遗传而来的吗？是上幼儿园之前妈妈纠正的吗？）

核心问题 3："有什么办法能让左手像右手一样能干？"背后的递进性分问题：

3.1 练一练能让左手变得像右手一样吗？

3.2 辅助仪器能训练左手像右手一样吗？

（五）可形成的分项目及项目活动

分项目及项目活动围绕上述问题而展开。通过项目探究活动达到解决问题的目的，在解决问题过程中实现跨学科自然有机融入。

1. 分项目一：我们都是右撇子吗？

项目活动 1—3：可以设计不同范围、人群、年龄等的观察、调查活动。让幼儿通过自己的调查了解，广泛感知右撇子这一基本的事实或现象。

2. 分项目二：试试我的左右手

项目活动 1：左右手大比拼

活动设计：左右手比赛活动。如左右手画圆圈比赛、左右手夹玻璃球比赛、左右手拍球比赛等。按科学实验的程序，先提出问题、假设，然后动手操作检验，观察结果，由此下结论，最后交流讨论等。

项目活动 2：左右手探秘

活动设计：访谈活动，如询问父母是否小时候训练过自己而导致了右撇子，或生下来时就是这样。阅读绘本、观看相关科普视频，讨论交流，初步了解右撇子的原因。

3. 分项目三：左手赋能

项目活动 1：左手大训练

活动设计：通过科学小实验检验训练（有/无）、练习时间或强度（2 分钟/10 分钟）、练习方式（持续练/间断练）（2～3 个实验）等因素是否影响左手的便利与功能。以画圆圈的效果等作为结果变量（因变量）来考察。

项目活动 2：左手如虎添翼

活动设计：大胆想象设计能让左手像右手一样能干的辅助工具，并尝试做一做，考察是否能让左手像右手一样。

（六）涉及的 STEAM 元素与核心概念、跨学科概念

科学：科学思维。

技术：如选用工具材料、设计制作左手赋能工具等。

数学：如活动中涉及的数量、统计、比较等。

2. 涉及的核心概念/跨学科概念

有机体、生物体中物质和能量流动的组织。

（七）活动模式与适用年龄范围

活动模式同本书理论建构、样例开发及上述项目设计中所运用的。同时，由于精选的前沿真实所开发的 STEAM 项目一方面在幼儿生活中有典型的生活现象表现、感知经验、可能的认知需求等；另一方面真实问题本身具有巨大的探究空间，因此其适用的年龄范围可以自幼儿园儿童到高校学生。

（八）拓展了解

地球生命诞生的基础在于手性。蛋白质的组成成分天然氨基酸几乎都是左旋的，而天然糖类则几乎都是右旋的。如果你把这些分子中的任何一种换成另一种形式，整个系统就会崩溃。蜗牛壳的手性现象可以作为幼儿自己右利手（手性现象）探索之后的拓展探究。如大多数蜗牛的壳都是朝同一个方向螺旋的，若发现有一只蜗牛相反是非常罕见的。

有必要补充说明的是，STEAM 手性项目与本书中所开发的其他 STEAM 项目不一样。它是对一个自然现象或科学问题（"为什么大多数人都是右撇子？"）的探究，即更倾向于是一个项目探究而非 STEAM 项目探究。鉴于它是前沿真实问题库中的一个典型问题代表，由此本书开发此实例资源以供参考。

第三节 幼儿园 STEAM 项目资源库使用指南

一、STEAM 项目资源库的初衷与特点

有学者指出,就我国现有的幼儿园科学活动案例资源建设来看,相当一部分案例资源局限于呈现活动过程,缺乏对科学活动设计理念与实施策略的解释,对于启发教师迁移、应用和再创造的作用有限(高潇怡,李亭亭等,2022)。概览幼儿园科学活动案例资源建设的不足,本书旨在提供可学习、可再生、可使用的 STEAM 项目代表性资源及其资源建设的理路。建设该资源库的初衷是扩大社会各界对幼儿园优质 STEAM 项目资源的认识,给幼儿园提供可直接借鉴使用的优质 STEAM 项目资源,加深幼儿教师对优质 STEAM 项目的直观认识,发展幼儿教师自主开发与创意设计优质 STEAM 项目的实践能力。

本书的 STEAM 项目及其活动资源库建设呈现以下特点:

(1)基于系统的理论夯实与厘清。如第二至第五章为幼儿园 STEAM 教育项目资源库建设进行了必要的理论探索与夯实,由此提供优质 STEAM 项目开发的完整理论图景。

(2)借助案例提供项目资源开发的思路与策略。如本书的第六、七、八章分别基于幼儿真实问题、前沿真实问题、微真实问题进行了优质项目案例开发。这些项目开发从每一类特定问题中选取典型的真实问题样例,继而将"真实问题—项目及其活动开发—项目活动设计"予以整体考量和纵向贯通设计。通过深度剖析具体的案例,提供可学习、可借鉴、可再生的思路参考。

(3)建设资源库,加大开发的力度和深度,提供可直接使用与拓展运用的丰富资源库。即本章聚焦开发高质量的幼儿园 STEAM 教育项目资源库,包括真实问题资源库、STEAM 项目及其活动资源库以及项目资源的使用建议或使用手册。聚焦到本章资源库的建设上,又凸显了如下特点:① 分版块齐头并进。优质 STEAM 项目开发是一个系统工程,分解该系统工程的关键要素有助于更好地理解、掌握、使用。因此该资源库从每一单项开始,进行大力扩充与举例,确保充分夯实每个关键环节。② 层层递进的逻辑建构。遵循从真实问题到项目及其活动开发到具体项目活动设计的逻辑主线,先建设真实问题资源库,然后建设项目库及项目活动库,逐层递进,不断推进深入。③ 具体细致,参考性强。对每个版块的内容进行了最大可能的透彻建设。

二、项目资源库的使用建议

(一) 真实问题资源库的使用建议

1. 幼儿真实问题库

幼儿真实问题资源库中有一些问题是广大幼儿都可能在生活中遇到的挑战、困难或麻烦,具有一定的共性,因此可以作为问题资源的参考。与此同时,特定的幼儿园、特定的年龄班、特定班级的幼儿,在其生活中遇上的真实问题不会完全一样,各有各的实际情况和现实问题。因此,在借鉴使用幼儿真实问题资源库的过程中,重在参考幼儿真实问题的来源、收集与精选思路,基于本园本班的幼儿来收集与精选幼儿身边的真实问题。所以,幼儿真实问题库既作为收集选择幼儿真实问题的思路参考,又作为一个个性化的、动态的资源库形态而存在,而非一个标准、固定的资源库。

2. 前沿真实问题库

前沿真实问题库里的问题在一定时间范围内是摆在世界或人类面前有挑战的、尚未解决的重大科学问题与棘手的科技工程难题。它们在广大幼儿生活中都会有相同或相似的映射。因此前沿真实问题库可以供广大的幼儿园参考和使用。只是在选择过程中,需要结合观察自己班级幼儿的感兴趣程度与认知水平,跟随幼儿的兴趣而决定究竟选哪一前沿真实问题形成 STEAM 项目而展开持续深入的项目探究。前沿真实问题库也是变化更新的,即根据其来源渠道本身的更新而更新,或拓展更多来源渠道进行必要的充实或替换。

3. 微真实问题库

微真实问题是相对于前沿真实问题而言的,它们是相对人类当前认知而言已解决的、普通常见的真实问题,同时也是幼儿在生活中有见闻、有感知体会的真实问题。微真实问题资源库的部分问题可能是广大幼儿有直接或间接的见闻;有部分问题可能具有地域或园所特性,即发生在特定小区、园所、城市。因此,微真实问题资源库既作为收集选择微真实问题的思路参考,又作为一个个性化的、动态的资源库形态而存在,而非静止固定的资源库。

(二) 项目及活动资源库的使用建议

华东师范大学朱家雄教授曾指出,幼儿园课程开发应由相应的课程专家负责,幼儿园教师主要负责课程的实施实践。如果课程的开发与实施同时加到幼儿园教师身上,他们则会不堪重负。的确,在幼儿教师繁忙的日常工作之余,临时思考全新的改革理念,临时准备大量所需的工具材料,临时拿出高质量的项目与活动设计等挑战较大。本书所开发的这些 STEAM 项目资源正是希望能给幼儿园 STEAM 教育实践搭建必要的桥梁和提供及时的支持。不过这些资源的开发与运用之间需要充分的沟通和理解,有时候可能还需要教练(Coaching)的协助。如教练(Coacher)进入现场的手把手观察、交流、传递与指导更能达到教师充分理解、消化与有效应用的效果。下面对 STEAM 项目及其活动资源库的使用补充如下说明，从而使 STEAM 项目及项目资源能尽可能得到充分合理的运用。

1. 明确每一个 STEAM 项目是指向特定的真实问题

遵循 STEAM 项目探究本质，每一个 STEAM 项目的形成都源于现实世界的特定真实问题；每一个 STEAM 项目均聚焦于某特定真实问题的解决，在真实问题解决过程中自然实现跨学科融合探究。因此，特定的 STEAM 项目探究不是庞大的知识体系，不是知识、常识面面俱到的传递，不是什么都涉及却浅尝辄止。有的项目可能与其他问题也相关，那么这一相关的其他问题，可以置于该项目探究之前或之后，结合内在逻辑顺序以及幼儿的兴趣来决定。以第七章所开发的项目为例，该项目是为解决"我们可以创造一种环保的塑料替代品吗？"这一真实问题而开发的。聚焦于解决这一问题，则要围绕"为什么要寻求替代？身边的人们使用塑料替代品、创作塑料替代品的意愿如何？如何制作创造塑料替代品？"等核心问题推进探究。它不是为解决"我们如何更好地管理世界上的塑料废物？"或"几乎所有材料都可以回收再利用是否可以实现？"这些前沿真实问题。尽管这三个前沿真实问题有相关性，但一个项目探究只能聚焦于一个现实的真实问题。因此，本项目聚焦探究的关键点是"替代"，有关各类塑料品的特点状况、塑料品的来源或生产机制、塑料品的回收利用等则不是本项目囊括的纵深探究点。弱相关、偏相关、远相关、不相关的问题可以形成另外的 STEAM 项目，可以在其他时段展开探究，也可以作为该项目的前期引入或后期拓展推进的项目探究。

2. 明确 STEAM 项目及其活动资源库重在开发设计项目与活动

幼儿园 STEAM 项目及其活动资源库里，重在对形成的 STEAM 项目、分项目以及分项目所囊括的项目活动进行的系统设计；重在呈现可以开发的分项目、分项目活动的脉络和梗概——提供一种项目开发的发散与完整图景。力图完整呈现开发的 STEAM 项目，阐述可能形成的分项目、分项目下的活动——分项目如何推进的方向与思路。并不包含具体项目活动的详细实施设计或活动方案设计，也即无法装下活动目标描述、活动材料准备等全面的、细致的介绍描述。例如，第七章表 7-4 "'消灭'塑料大行动"中，水平 1 "大量"、水平 2 "少量"，在具体活动设计与实施时，"大量"可以具体化到几种水平，并有具体的数量标记；"少量"也可以具体化到几种水平，也有具体的数量标记，由此开展的具体探究活动也可以或可能更多。又如，表 7-4 中项目活动开发时，有的项目活动简要指出使用观察法，旨在说明探究内容及相应方法，没有进一步说明要幼儿做观察记录或设计好怎样的观察记录纸等。这并不是说不要幼儿做观察记录，既然提示的是观察法，那么观察记录完全可以根据幼儿的年龄水平和适宜性来设计。只是这种实施过程中具体操作的细节在表 7-4 中无法囊括下。此外，活动材料究竟是人手一份，或小组一份等，类似活动开展实施时的细节需要教师在具体开展项目活动时考虑周全。综上，项目资源库中的项目活动不是活动实施时的活动方案设计。对于长期扎根幼儿园教育教学的教师而言，具体活动的详细方案撰写、实施过程与细节准备不会构成挑战或难度很大。项目资源库侧重聚焦性地梳理可能的分项目及其项目活动,提供某个特定 STEAM 项目实施推进的广阔思路、视野与路径参考。同时,本书第六、七章也分别提供了项目活动具体到实施层的详细方案参考。

3. 明确每一个 STEAM 项目既追随儿童的兴趣又支持引领儿童探究

每一个 STEAM 项目从形成初期的真实问题搜集、捕捉与筛选就将幼儿作为考量的中心,充分尊重幼儿学习的主体地位与主体性。每一个 STEAM 项目的分项目及其活动的来源均遵循"自下而上"与"自上而下"两种思路。即在前期充分倾听梳理了幼儿的疑问、提问的基础上而形成。在项目形成中充分尊重幼儿、追随儿童的需要,支持儿童的想法。因此,虽然书中开发的 STEAM 项目完整系统、逻辑清晰,但具体实施中强调跟随幼儿,跟随眼前特定班级的幼儿,跟随面前幼儿群体的特定问题,展开或多或少、或深或浅的——聚焦真实问题及其解决的 STEAM 项目探究。所开发的 STEAM 项目不是一种要求按部就班的固定框架,而是一种打开思路与视野的参考。没有要求每一个班、每一个年龄段都要严格遵循项目库里开发的项目、分项目或项目活动。究竟顺着哪个方向、哪几个分问题或分项目开展、推进,完全跟随倾听幼儿。由此也表明,每一个特定的 STEAM 项目所涵盖的分项目及项目活动并不是开展本项目探究时要完成的目标或任务,不是要求探究完的整体内容;相反,它重在提供一个聚焦真实问题、聚焦真实问题背后核心问题的纵深发散融合的探究图景,打开教师形成值得探究的 STEAM 项目、分项目、分项目活动的思路与视野。至于眼前的幼儿在特定 STEAM 项目探究中会朝哪个方向前进,会走到多远的地方,灵活结合幼儿的好奇心、兴趣、关注点推进即可。

4. 明确所开发的 STEAM 项目重在对儿童及教师的思维启发启蒙

项目资源库所开发的 STEAM 项目(包括第六、七、八章项目)既启发教师如何开发项目的思路,又引导教师如何在项目开展中启蒙幼儿的思维。从真实问题到背后核心科技工程问题,从核心问题到有逻辑关系的或层层递进的分问题,项目的形成、项目的开展都聚焦于问题。不仅有助于教师找到如何形成 STEAM 项目的抓手,又着重启蒙幼儿的 STEAM 思维、问题思维、探究思维。

5. 保持倾听跟随眼前幼儿的年龄适宜性与灵活宽泛的年龄范围

所开发的项目与分项目活动究竟适宜于哪一年龄班或哪些年龄范围? 对此有必要说明的是:一方面,项目开发时有一个预估或初步设想的适宜年龄班或年龄范围,这一标记可供幼儿园老师参考。另一方面,究竟适宜与否或需要怎样的调整,完全依据眼前幼儿在"现象呈现"阶段的反应,即具体班级幼儿的认知和兴趣。另外,具体的项目活动设计中会标明特定活动适宜的年龄范围或年龄班。在项目活动开发的地方若尚未标明适宜年龄班,是为了打通纵向一体化的思路,系统灵活地思考项目的探究。因此,保持倾听跟随眼前幼儿,是对项目及其活动的年龄适宜性的最好验证或有效把握依据。

适宜年龄的考量也随真实问题类型所开发的项目不同而不同,如:(1) 基于幼儿真实问题开发的 STEAM 项目,本身是来源于特定年龄群体,那么,哪一个群体里产生的问题,所形成的 STEAM 项目自然适用于那一个年龄班。由此,不需要对特定项目适用于哪个年龄班做说明或界定。(2) 基于前沿真实问题开发的 STEAM 项目,适用于幼儿园所有年龄班。这些前沿真实问题的探索不仅幼儿园儿童适用且小学儿童乃至中学生也适用。只是所开发的活动因不同年龄班,在探索的层面、难度上有所区别。因此,在呈现前沿真实问题典型现象后,跟随幼儿的兴趣与疑问,在当下班级里幼儿自己的提问下来推进这样的项目探究。因此哪些展开探究,哪些不去探究,完全跟随眼前班级里幼儿的兴趣与思维活动即可。所开发的项目与分项目活动只是一个设计的参考。(3) 基于微真实问题开发的 STEAM 项目,其问题是幼儿生活中发生的较为大的新闻或事件,或面向幼儿群体、大众群体的生活大问题。比如如何灭火? 不仅仅是小班幼儿可以探索,大班幼儿也可以探索。实践使用时,项目适用于所有年龄班,同时,究竟往哪个方向前进、哪个问题深入更深入,跟随儿童的兴趣、注意点与疑问即可。综上,开发的 STEAM 项目资源中都没有标准适用的幼儿园年龄班,因为这些真实问题一方面是跟随幼儿的,另一方面是具有巨大探究空间的,在项目探究活动的开展上,是灵活的。

6. 支持者是教师在 STEAM 项目探究过程中的首要角色

STEAM 项目探究的整个过程中,教师最重要的角色是支持者,而非讲授传授者、主导引导者。支持者的内涵与表现很丰富。如:深入研究、精选和准备 STEAM 项目探究的内容,理解高质量的 STEAM 项目探究的模式并加以运用,观察、倾听与记录幼儿的疑问、提问、兴趣、好奇而推进项目的探究。因此诸如准备者、设计者、呈现引发者、观察倾听者等,都是最大限度地支持幼儿的学习,都是支持者角色的具体表现等。瑞吉欧课程提出,从幼儿天生是个学习者的角度来说,作为成人的老师扮演一种辅助的角色;不过,有关教师能做到或者应该做到何种程度的问题,将永远无法有令人满意的答案(卡洛林·爱德华兹等,2006)。

7. 项目活动实施中需对精要的模式灵活运用

本书第六、七章就项目活动的具体实施进行了样例阐述。其实施模式均以第四章 "PP-O 模式"为理论指导,即抓取关键要素"现象""问题""操作",形成"现象呈现→问题引领→操作探究"的活动模式。从中可以看到该模式极为简单精要,这也是实践落地中如何有效把握活动的关键与重点,如何在实践中具有广泛普遍的可行性与易学性的深入考量。实际运用时,需要对此理念本身充分透彻理解,才有助于把握实质,灵活运用。如最为丰富多样的"现象呈现"主要用于 STEAM 项目形成初期。与此同时,每一个具体的项目活动开展实施之时,同样可以从"现象呈现"开始,只是这里的呈现与 STEAM 项目形成初期有所不同。前面需要丰富多样的广泛呈现,此处需要聚焦在特定问题上的聚焦呈现或在前面已广泛呈现的现象中捕捉需要的部分再回顾性呈现。宗旨即最大限度地凸显具体的递进性分问题。由此让下一步的"问题引领"更为聚焦、更为具体。最后"操作探究"主要对应于具体活动中特定分问题的操作探究。每一次操作探究背后都有具体问题驱动、引领。但在 STEAM 项目形成初期也可以运用"操作探究",此处的操作探究是为了让"现象呈现"更为充分——达到多感官通道、多模态地呈现。目的是借助动手操作来让幼儿更好地感知现象,感知真实问题。因此同样是操作探究,背后的目的略有不同。在项目形成时"现象呈现"中使用的"动手操作",是为了增强感知;在具体项目活动中的"操作探究"是指向具体问题的解决与探索。可见"PP-O模式"中的关键要素在项目探究中可以灵活或反复使用,这可能也是它的精要之妙。

三、结语

本书第六、七、八章基于样例进行了幼儿园 STEAM 优质项目的开发。这些内容为园所机构提供了 STEAM 优质项目开发的理论依据、实践理路与操作示范。本章进一步基于真实问题建设幼儿园 STEAM 优质项目资源库,为园所机构提供可直接使用的、多维的 STEAM 项目优质资源,如真实问题库、STEAM 项目及其活动库以及资源库使用指南等。

首先,进行了真实问题资源库建设。即从不同来源中寻找适合幼儿进行 STEAM 项目探究的真实问题并精选形成问题资源库。具体包括幼儿真实问题库(18 个幼儿真实问题)、微真实问题库(8 个微真实问题)与前沿真实问题库(12 个前沿真实问题)。这些代表性的真实问题在幼儿生活中一般都具有广泛性或普适性的表现,也构成了园所机构借鉴参考的可能。提出一个问题比解决一个问题更重要。各类真实问题的收集精选也构成了整个库建设的重点。然而,尽管用"真实问题资源库"来概括所精选和推荐的各类真实问题,但适合幼儿进行 STEAM 项目探究的真实问题并不局限在这个资源库内。幼儿真实问题库建设的意义还在于提供寻找好的真实问题的思路与方法,继而使得这些资源不仅可以直接拿来用,而且具备启发性、可借鉴性与可再生性。因为每个幼儿教师身边的幼儿不同,不同的幼儿有其独特的关注点或兴趣点。掌握了科学合理的方法与思路,就有助于捕捉寻找当下幼儿遇到的鲜活真实问题。当然,前沿真实问题库可能具有较大的普适性,不过前沿真实问题会随着世界科技的进步而更新迭代。因此,本章所建设的真实问题资源库是动态开放的,是跟随幼儿的鲜活生成与个性化的,是可以持续充实或具有恒久价值的。

然后,进行了 STEAM 项目及其活动库建设。在真实问题资源库建设基础上,进行了一定量的 STEAM 项目及其活动库建设。具体而言,精选了具有巨大探究空间——可在大中小幼不同学段持续探究的 STEAM 项目:STEAM 全球气候项目、STEAM 地球健康项目、STEAM 手性项目等。这些 STEAM 项目的设计蕴含了丰富的具体化信息,如项目来源、项目名称、典型现象表现、幼儿经验背景、现象背后的核心科技工程问题及其问题探究空间挖掘、所开发的分项目、项目活动及其具体操作设计、活动模式、涉的 STEAM 元素与核心概念和跨学科概念说明、适用年龄范围、拓展探究建议等。同时,项目开发与设计中进一步强化、具体化了高质量 STEAM 项目开发的理念、开发思路与教师角色等。因此,这些项目资源可为实践领域创造性再生更多优质资源搭建不可或缺的桥梁,为中小幼 STEAM 项目探究一体化提供重要参考。如不同学段儿童在不同维度、不同层面、不同广度上展开一以贯之的深入探索。本章末尾对整个 STEAM 项目资源库的使用提出了必要的说明与建议,从而使整个资源库的理念与实例能被精确的、轻松的理解与应用、学习与再生。

　　本章所尝试建构的学前 STEAM 教育项目资源库,无论 STEAM 项目资源的来源、STEAM 项目及活动的设计等都体现了紧扣学前 STEAM 教育的核心目标,也体现了对儿童敏感于身边问题、热爱自然与探究、社会责任感等的熏陶,以及对思维过程、想象创造以及跨学科思维能力培养的重视。当然,这些也是优质 STEAM 项目资源理应考量的方面。

第十章

"如何向大自然学习"的幼儿园 STEAM 项目实践探索

前面章节系统夯实了 STEAM 项目资源开发的理论基石,开发了代表性的 STEAM 项目样例并进行了一定的循证优化。第十章至十二章进入实践实施探索,考察所开发的 STEAM 项目在实践中的应用状况、相关效果以及所需支持等。本章选取了基于前沿真实问题开发的"如何向大自然学习"STEAM 仿生项目,着重探索区域环境创设与集体活动相结合的小班 STEAM 项目的应用实施。大自然富含无穷的智慧,人类也从中获得了诸多的灵感启发,如像猛禽一样起飞、"披上"鲨鱼皮游泳、借助潜水艇探索海底世界、像企鹅一样取暖、像鸟一样盖房子等。自然界 40 亿年积累的智慧而获得的惊人成果不仅对幼儿来说非常具有吸引力,而且对于这些未来创造者们而言具有深远探究价值。本章着重阐述 STEAM 仿生项目在幼儿园实践的思路、过程与效果,最后简要进行反思总结。

第一节 STEAM 仿生项目的实践思路与准备

一、STEAM 仿生项目

STEAM 仿生项目是基于"如何'求教'大自然,开发高度集成、智能、可修复的仿生系统?"前沿真实问题发展出的项目。转化为易于幼儿理解的表述如:"如何学习大自然中动植物的本领,设计或创造生活中我们能用或能重复使用的物品?"或"我们如何向大自然生物学习,做出或设计出可重复使用的仿生用品?"再具体的问题如"鸡蛋及其蛋壳形状可以启发我们做出点什么?""我们的建筑设计是怎样模仿大自然中的动植物的?""我们如何向荷叶学习?"等。由于该 STEAM 项目的探索重在如何向大自然学习,为简洁命名和便于理解,将其称为 STEAM 仿生项目。第七章从理论层面分析了 STEAM 仿生项目探究的开发,本节着重在幼儿园班级展开 STEAM 仿生项目的探究实践。

二、STEAM 仿生项目的实践思路与设计

结合实践层面的支持情况,本项目拟在幼儿园小班开展实践探索。项目的实践拟采取区域环境创设与集体活动相结合的方式,以区域环境及其活动为重心,同时灵活融入必要的集体探究活动,由此展开 STEAM 仿生项目的应用实施。采用这一设计思路既与参与实践的特定年龄幼儿有关,又与 STEAM 仿生项目的特征有关。具体而言,其一,小班幼儿有其独特的年龄特征、发展水平和学习特点。如小班幼儿较长时间里在学习适应入园生活,包括离开家上幼儿园、进餐、午睡、如厕、同伴交往、师幼关系、情绪调节等各方面的学习与适应。3~4 岁幼儿语言倾听与表达能力、认知与理解能力等有限,他们的生活范围、经验与视野也有限,同时 3~4 岁幼儿处于自我中心较为突出的时期,活动中倾向于自我与独立,而不是合作。学习活动中能专注投入的时间偏短,更需要有趣的感性材料、有趣的游戏活动和动手操作活动等来让他们参与和投入。因此丰富的区域环境及其有趣的动手动脑操作性活动更适合小班幼儿。其二,STEAM 仿生项目是一个相对宏大的探究领域。尽管该项目聚焦了一个特定的现实问题,但向大自然学习是无穷的。无论潜艇、雷达、人工冷光、纸币防伪等这些高科技的仿生学习,还是雨伞、蘑菇亭、喇叭裙、鸡蛋托等这些日常生活用品的仿生学习;无论从技术层面还是艺术层面去学习,大自然都能带给人们无限的惊奇与创作灵感。因此,如此广泛的仿生学习需要广泛的感知才有助于获得感悟与体会。其三,区域环境与区域活动本身是幼儿园课程实施中重要的组成部分,也是幼儿一日生活的重要组成部分。《幼儿园教育指导纲要(试行)》指出:"环境是重要的教育资源,应通过环境的创设和利用,有效促进幼儿的发展。"区域环境及其活动本身对支持幼儿的 STEAM 学习有着巨大的潜在价值。因此根据特定项目探究目标,创设针对性的丰富的区域环境,不仅可以作为集体探究活动后的进一步拓展、延伸,还可以作为幼儿自由自主 STEAM 探究与个性化支持的重要形式。

区域环境创设以第四章提出的学前 STEAM 项目探究高质量模式"PP-O 模式"为理论指导。具体而言,环境创设遵循"典型现象呈现(P)"原理,即在区域环境中重在呈现,同时在"典型现象呈现(P)→问题引领(P)→动手动脑操作探究(O)"之"PP-O 模式"下灵活运用。同时,以第七章第三节为思路参照落地展开本章基于区域环境的 STEAM 项目探究实践。具体而言,区域环境下 STEAM 项目探究的基本理念以及在目标、路径、区域环创、区域活动、教师角色等方面均参照前面章节的理论设计。

三、项目实践的前期准备

(一) 参与对象的具体了解

经与 S 幼儿园园长、家长、教师等的沟通,确立了幼儿园 1 个小班进行 STEAM 项目探究,其他小班开展幼儿园原计划中的项目课程探索。该班级幼儿共 28 人,男孩 16

人,女孩 12 人。年龄范围在 38~53 个月,平均年龄为 3.69 岁。班级中有 2 位带班老师、1 位阿姨。笔者与带班老师为本次项目探究的主要实践人。实践时间拟开始于学期初第一个月后(幼儿基本适应入园生活后)。

(二)围绕真实问题的各类准备

材料收集与准备遵循第七章的思路与标准。不同的地方在于要结合特定年龄班幼儿的特点进行适宜性准备。如准备过程中对幼儿的主要考量包括:(1)参与对象为入园不久后的小班幼儿。3 岁多的小朋友的视野、认知与经验相对有限,活跃程度相对有限。(2)大多数幼儿日常生活在 S 市古城区范围,S 市古城区的大自然有其一定的特征,如每到夏天流行吃莲蓬,观赏荷花、莲叶等。(3)本班幼儿的动手操作能力较强。带班老师反映,在幼儿入园初就提供了很多动手操作或涂鸦绘画的机会,由此幼儿的精细动作得到一定的锻炼。

结合参与对象的特征与生活背景,对材料工具的主要考量是尽量挑选最贴近他们生活、最适合此年龄段、最能引发他们兴趣的各类仿生现象及其相应材料。具体准备包括:(1)不同类型的仿生绘本。如美丽有趣的静态仿生绘本、可操作性的动态仿生绘本(如图 10-1 所示)。通过操作,幼儿可以看到生活中的动植物原型变成了生活中各种日常用品。动植物原型与人类学习制造的产品两者之间可以反复切换,幼儿可反复感知体会。(2)仿生图片——对应材料。如某个动植物图片以及从该动植物学习的某个典型仿生品图片(如图 10-2 所示)、某个动植物图片以及从该动植物学习的多个典型仿生品图片、某几个动植物图片以及从该动植物学习的某个典型仿生品图片等。让幼儿能看到和感受到一对一、一对多、多对一的仿生对应等,由此打开幼儿的视野。(3)视频材料。如法国 2019 年录制的"超级仿生"。该科普视频是一个系列,又名"仿生学探奇"。(4)模型材料、实物材料。如荷叶(雨伞)、苍耳(魔术贴)、鸡蛋和鸵鸟蛋(鸟巢)、西瓜(户外运动的西瓜球)、乌龟(户外运动的乌龟"壳")等。

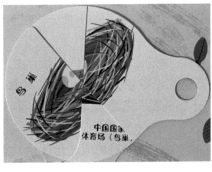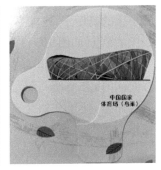

图 10-1 "可操作性"绘本示例

图 10-2　仿生配对图片呈现示例

（三）基于班级区域特征的区域环境空间设计

先对幼儿园小班 A 教室环境与区域设置进行考察分析,发现班级区域空间环境中,原科学区的区域特征不太明显。此前晨间科学区区域活动时是将科学材料放到小朋友的小方桌上,周围没有相对独立和一定范围的空间。综合分析教室内现有各区域位置与特征后,在可行性前提下,合并原科学区与数学区,由此适当拓宽、扩大区域,两侧基本保持原样,但其中一侧桌子换为幼儿够得着的柜桌。通过增强区域的空间特征,为后面区域环境创设提供必要的保障。该区域对着教室正前方,后面是隔着幼儿休息的小床的高柜子,与教室正前方之间摆有幼儿的小桌子。在此基础上,在该区域设计了4 个位置点(如图 10-3 所示)。

位置 1 为休闲坐站区。此区域摆放地垫,可供幼儿自由坐下。提供舒适感、自由感的同时,方便幼儿浏览到其他几个位置点的环境。同时教师开展区域活动时可以席地而坐,便于和幼儿围成一个小圈。若摆放桌椅在中间,则区域空间小而不利于操作。

位置 2 为静态展示区。此区域呈现配对的大型仿生图片若干,方便适时更换。如后期可替换幼儿仿生作品的照片。

位置 3 为动静态展示区。此区域由一张适宜高度的宽桌子构成。桌上摆放一个中大屏幕显示屏,项目形成初期,显示屏播放 2 分钟左右的仿生运用、仿生制作与创造的3~5 个短视频,每天在幼儿晨间陆陆续续入园时播放 10 分钟左右,10 分钟后搬离。后期循环播放某一类仿生科技或仿生学习短视频。时间大约同前。同时该桌子上摆放与显示屏一致的模型、操作实物、工具等。

位置 4 为操作探究区。此区域由一张高度适宜的宽桌子构成。桌上摆放仿生学习的大型绘本、"可操作性"的仿生学习绘本、操作性仿生模型或材料等。后期摆放的绘本、图片根据特定探究问题而聚焦。在项目的问题空间形成阶段,先在广阔视角下设计、创设区域环境。打开幼儿对仿生现象、仿生科技、仿生学习等的感知视野。

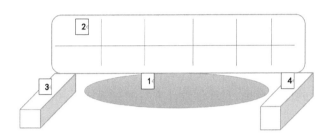

图 10 - 3　基于小 A 班教室的 STEAM 项目探究区域环境的空间设计

请幼儿园 4 位工作经验较为丰富的中青年教师对上述设计方案进行反馈。其中两位外班或外园教师,两位本班教师。教师 A 为硕士研究生学历,在本园工作五年多,幼儿园二级教师,常规带班并参与幼儿园课题研究。教师 B 为硕士研究生学历,在他园工作十五年,教科室主任,幼儿园高级教师,常规带班并主持、参与幼儿园课题研究多项。教师 C 为本科学历,在本园工作十年多,幼儿园一级教师,常规带班或做班主任,也主持课题研究。教师 D 为本科学历,在本园工作十年,幼儿园二级教师。

来自教师 A 的反馈:"半闭合的设计非常适合学习,它形成了一个相对闭合的学习空间。4 个分区位置非常全面了。如果项目聚焦的是幼儿的设计、想象、联想等能力,则可在 2 和 3 位置区增加'展台',用于陈列孩子们收集来的实物(如水果、蔬菜、动物模型等)和仿生实物(一些创意仿生设计实物)。如果仿生项目聚焦于动手设计,则可在 4 个位置区提供各种可能用到的操作性材料(如绘画材料、裁剪工具、橡皮泥、乐高材料等)。总之,在环境中尽可能多地增加形状仿生元素(如草莓形状或动物形状的垫子等,这样比较简单直观)。要实际落地并不难,但需明确小班仿生学习的目标。"

来自教师 B 的反馈:"在他们原先的空间基础上设计,空间利用最大化了。同时有几个问题需要考虑:其一,STEAM 项目探究的问题落实到小班,是怎样的目标? 乍一看,难度有点大。可能还要再考虑一下小班幼儿的发展水平,看看选择怎样的难度合适些。对于小班来说就是要感兴趣,愿意去摆弄,小班幼儿就是这样一个水平和状态。其二,可能还要考虑一下,在感兴趣的前提下,他能在操作上做一些什么,就是手上能做一些什么,是否有一些显性的东西。其三,动静态展示区(位置 3)的大屏幕看完 10 分钟每天都要搬离吗? 要不要考虑显示屏和静态展示区(位置 2)合并,位置 3 留着作为幼儿的操作台? 其四,休闲坐站区(位置 1)空间不大,不便于作为幼儿常规性的操作区,如所设计的集中交流展示就可以,中间放小桌子的话,它的功能可能更倾向于小组集中时的展示交流。其五,环境上的难度可能在于显示屏。幼儿园能满足否?控制屏幕时间可以的,平板可以达到同样目的吗?环境也可能根据发展进程微调,可以考虑艺术等元素的融入。"

来自教师 C 的反馈:"地垫没问题,就是大尺寸的显示屏是什么样的显示屏,有点没概念。展板用空白毛毡板,可以在纸(即彩印出的图片纸)背面贴上雌雄魔术贴。"

来自教师 D 的反馈:"看完设计图稿和文字说明,第一反应就是要打造一个仿生科技馆的感觉,需要很大的空间。下次一起讨论下如何把设计构想的和班级实际的区域环创结合,如何落地实施比较好。目前空间上能保障,地垫、展示台、桌椅、落地展板等能到位,平板可以从家里带来。仿生类绘本、操作性仿生模型目前没有。"

综合四位老师的反馈意见,对环创设计方案的完善如下:(1)明确小班 STEAM 项目探究的目标定位与难度。以本书第二章中"学前 STEAM 教育的目标定位、核心目标与进阶目标"为理论指导。(2)尽可能地实现幼儿动手操作问题。以本书的第三章"高质量学前 STEAM 教育的内容选择"以及第四章中的"高质量的学前 STEAM 项目探究模式建构"为理论参考。(3)改原位置 1 休闲坐站区里的地垫为 1~3 张小方桌(视需要而定)的机动纳入,作为区域活动时的动手操作台或动手操作区域。由此,在位置 4 的操作台基础上,增加了动手操作的区域或空间环境的支持。(4)在位置 2 以及位置 3 的地方增加幼儿的操作作品展示(位置 2、3 以展示为主)。即区域活动结束后幼儿操作完的物品、作品可在这些区域摆放和展示。此两位置点增加动植物及其仿生品等实物的投放,如配对呈现实物(动植物与仿生用品、工具等)。(5)个别难实现的元素如大显示屏等后面再据情况想替代性办法。(6)进一步具体化位置 2 的设计。将精选的各类动植物原图与仿生图片放入位置 2,结合放入图片的实景图与教室空间实际,调整设计图纸,调整后的设计如图 10-4、10-5 所示。位置 2 的环境设计依据项目的推进探究适时适度调整变化其呈现内容。

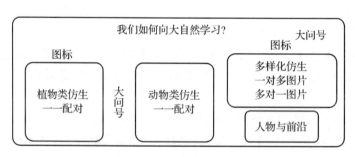

图 10-4 位置 2(展板)的设计

图 10 - 5 位置 2 仿生图片（一对多示例）

（四）区域活动的初步设计

在区域环境里除了静态的环境以及幼儿可操作的材料工具，同时设计一定量的动手动脑探究活动。区域活动一方面是 STEAM 仿生项目探究的推进，另一方面作为个性化、个别化学习的支持。作为 STEAM 仿生项目探究的区域活动，它们既是幼儿亲自动手操作性的，又是内含一个个小问题的探究性的。如百花丛中找蝴蝶活动、枯叶丛中找蝴蝶活动等。隐含的小问题，如蝴蝶有什么厉害的特殊本领？我们可以怎样向蝴蝶学习？综上，区域环境创设与区域探究活动设计的总体宗旨是围绕 STEAM 仿生项目探究，环境中隐含着一定递进关系的探究性问题并使其在环境与活动中凸显。环创与活动紧密结合幼儿的兴趣点、好奇点、疑问点，跟随幼儿兴趣与疑问适时灵活变化。

（五）实践效果观察方法与工具准备

实践效果的考察计划从三个方面展开：（1）幼儿区域环境与活动学习的参与度。对区域环境创设前后幼儿主动进入区域环境、参与区域活动的人数进行比较。（2）幼儿在 STEAM 仿生项目开展过程中的学习兴趣、投入程度等状况。采取直接观察与白描的方法进行客观记录。（3）幼儿在 STEAM 仿生项目探究实践前后想象力的变化情况。采用标准化任务对幼儿进行一对一测评。幼儿想象力测评拟综合采用以下三类任务。

1. 动作想象力 TCAM 任务

基于托兰斯（Torrance，1981）开发的"活动与动作创造性思考测验"（Thinking Creatively in Action and Movement，TCAM）活动二想象力测试任务之一来评估幼儿想象力。选取假扮兔子任务，即"假如你是一只小白兔，想象一下有人正在背后追你，你（小兔子）会怎么做呢？你想怎么做（动作）都可以。"想象力采用五点记分来评价儿童所表演的动作是否符合对应场景。如不/无反应,记 1 分;有做出动作的努力但动作(含语言)不能辨别,记 2 分;有情境角色推敲与想象、动作精细伴语言神态描述等记 5 分。得分越高,表明动作想象力水平越高。

2. 发散性思维 AUT 任务

采取非常规用途任务(Alternative Uses Task,AUT)。选取幼儿生活中的日常用品"勺子",然后鼓励幼儿说一说勺子的非常规用途。如出示实物勺子并交由幼儿:"这里有把勺子,平时我们用它舀饭吃。除了舀饭外,你觉得它还可以用来干什么?(勺子还有什么其他'本领'或用途?)你想到什么就说什么,想到越多越好。"客观记录幼儿说出的勺子用途,记录幼儿说出的除舀饭之外的所有用途,每一类用途记 1 分(如舀汤、舀肉、舀菜等为一类,记 1 分),记录幼儿说出的勺子用途的种类。得分越高,表明发散性思维水平越高。

3. 科学想象力任务

自行开发幼儿科学或仿生想象测评任务。采用示例和测试任务结合。先给出 2 个贴合幼儿生活经验的示例,并确认幼儿听明白了,然后给出测试任务,客观记录幼儿的反应。示例 1:"小鸟可以展翅高飞,它们有飞的本领。人们向小鸟学习,制作了飞机,我们可以坐飞机出去玩了。"示例 2:"这是我们见过或吃过的蘑菇,人们向蘑菇的形状学习,制作了蘑菇亭子、蘑菇凳子、蘑菇灯等,这些可供我们使用。"测试任务:出示生活中幼儿常见的、熟悉的动植物图片 5 张(如鸡蛋、小猫、莲蓬、向日葵等),请幼儿从中选出一张自己很喜欢或很熟悉的,然后请他想一想:人们可以怎样向它学习呢?(可怎样向它学习做出可用的物品或做好玩好看的东西等)。想到什么说什么,想到的越多越好。如果幼儿选定某个又说不出,有 1 次机会重新选择。记分标准:客观记录幼儿所说的。参照 TCAM 的评分规则,无/不反应,记 1 分。对所选定的动植物特征有描述有说明,计 2 分。从所选动植物的用途上阐述,未涉及仿生应用,记 3 分。每说出一种合理的仿生应用计 4 分(两种则记 8 分,以此类推)。得分越高,科学想象力水平越高。

第二节 STEAM 仿生项目的实践过程与效果

一、STEAM 仿生项目的实践过程

小班 STEAM 仿生项目探究的实践过程融合了区域环境(含区域活动)、集体探究活动与分享交流活动。同时,科学区里的环境创设与活动设计是项目实践的重点。下面主要就为期两个多月的实践过程所包含的活动类型与具体活动进行介绍。

(一)小班 STEAM 仿生项目探究的教育目标

以第二章"高质量学前 STEAM 教育的目标研究"为理论指导,提出在幼儿园

STEAM仿生项目探究中,核心教育目标(参照第七章):(1)保护、支持或激发幼儿对大自然中动植物的神奇本领或典型特征及其相应生活启发与应用的探究兴趣。(2)在探究过程中保护或塑造幼儿好奇、专注、主动、想象、创造、持续探究与钻研热情等积极学习品质。(3)启发幼儿通过向大自然学习解决身边真实问题,培养幼儿仿生学习的意识,启蒙跨学科仿生学习的思维。

该核心目标落实到小班的具体实践中,结合小班幼儿的认知水平与学习需求等,在小班阶段的教育目标在于:保护或激发小班幼儿对身边喜欢的动植物的神奇本领或典型特征及相应生活启发与应用的探究兴趣。在探究过程中保护小班幼儿的好奇、参与、投入、想象、创造等积极学习品质。无论是集体探究活动还是区域环境及其活动,活动背后的教育目标都是由此出发,指向并围绕这一目标而展开。

(二)集体探究活动

1. 导入性活动

在STEAM仿生项目区域探究前,先进行导入性的、以感知体验为主的简单集体活动。导入性活动无固定次数,根据项目开展的需要而定。本项目实施时,在第一周里开展了两次15分钟以内的导入性集体活动。活动模式以第四章内容为理论指导。活动以呈现现象、观察倾听与记录为主。主要是多模态、多感官通道地呈现典型仿生现象,观察、吸引幼儿的注意和兴趣,并在一定程度上引发幼儿的思考和提问。在集体导入性活动中,观察和收集幼儿的兴趣点、关注点、疑问点、好奇点。

如导入性集体活动之一"神奇的动物与我们的学习",通过呈现苍鹰神奇本领的视频(如苍鹰的展翅高飞,一秒内从0提速到时速64公里)、苍鹰的彩色图片、有关苍鹰的绘本以及向苍鹰学飞的体验小游戏(如图10-6所示),让幼儿初步感知、体会大自然中苍鹰厉害的本领。继而播放人类向苍鹰学习制作的新型战斗机的视频,让幼儿感知、体会到那些厉害的新型飞机正是人们向苍鹰学习的结果(仿生创造或应用)。观察幼儿对这些本领的兴趣、疑问、提问,初步了解幼儿对仿生学习现象的兴趣程度。同时,呈现幼儿在生活中常见的动物,如蚊子的实物(在扎有小孔的透明塑料瓶装里装几只蚊子)、蚊子口器的图片、蚊子叮咬人吸血过程的视频,让幼儿在回顾中进一步具体感知体验蚊子叮咬吸血的特别本领,继而呈现注射器实物及图片,让小朋友回顾打针的时候有什么感觉,启发幼儿思考:长长的注射器的细针原来是向小蚊子学习制造的。导入性集体活动还有"神奇的植物与我们的学习",如呈现荷塘中大大的荷叶与人们向荷叶学习制作的漂亮雨伞(如图10-7所示)等。上述活动目的重在观察幼儿的兴趣,同时吸引幼儿的注意,并主动询问,收集幼儿的好奇点、疑问等。基于幼儿在生活中对日常动植物的感知体验与经验,以及幼儿对身边向动植物学习所制造的仿生用品的感知体验,开启幼儿进一步的思考与探究:我们如何向身边这些动植物的神奇本领学习?

图 10 - 6　导入性活动示例 1

图 10 - 7　导入性活动示例 2

2. 总结性活动

集体总结性活动,一方面是幼儿疑问与畅想的交流分享;另一方面是教师结合幼儿的分析以及对区域学习的观察进行的总结。集体总结性活动是在每一天区域探索及区域活动之后,进行的短小回顾、梳理和总结。如进一步在集体情境中追问、倾听与记录幼儿在区域环境探索的兴趣点、好奇点或疑问点;鼓励幼儿分享在区域环境与活动中看到、想到的,或还想知道的等;教师就区域里所观察到的幼儿的探索进行适当的解释、点评、梳理或总结。此外,项目结束时开展一次阶段性的集体总结与展示活动。

(三)区域环境创设与区域探究活动

区域环境创设与区域环境下的探究活动设计,是本次 STEAM 仿生项目实践的重点。区域环境或活动如何能引发幼儿的兴趣与疑问,如何能启发或触动幼儿的思考,如何能让静态与动态环境既蕴含问题、凸显问题又自然引发疑问,这是环境创设与活动设计的难点与挑战。本项目探究实践做了如下尝试和努力。

1. 区域环境创设

区域环境创设主要是指静态性环境的创设(如以位置 2、位置 3 为主的展示区),旨在提供丰富的观察、感知环境,启发幼儿的观察、感知、联想等。这两个位置每 2～3 周变化一次。如位置 2 的展板结合幼儿兴趣 2～3 周变化一次,适时更换展板上的部分仿生配对图片。一方面充分展现精选的仿生图片所富含的可学习探究的信息;另一方面据幼儿的注意和兴趣情况在一定时间范围内进行更换。当幼儿对某些内容不太关注了,或已获得相关启发时就更换变化。图像不仅适合幼儿观看阅读,同时也是一种世界性的语言。有专家指出,图像具有独立性,可以完整、独立地进行表达;单独的图像可以凭借视觉语言向受众表达和传递故事,而且相比于文字媒介有更强的感染力(丁钢,2024)。因此,精选的代表性的、高质量的仿生配对图片具有极为丰富的教育内涵。它们不仅打开着幼儿的视野,吸引着幼儿的兴趣,引发幼儿的疑问与好奇,而且图片背后隐含了系列探究性问题,如:如何向大自然学习? 如何向身边动物的神奇本领学习? 如何向身边植物的神奇本领学习? 上述这些隐含的问题不是一次能全部展现,而是不同时段里渐进或依次变化。比如,先呈现大自然中典型动植物及其仿生应用,观察幼儿的整体反应。然后决定下一步是继续增添呈现大自然中典型动植物及其仿生应用,还是集中呈现身边动物及其仿生应用,或身边植物及其仿生应用等。上述问题或第七章中表 7-5、表 7-6、表 7-7 等问题构成了区域环境变化的内在逻辑。若幼儿对动物类仿生现象更感兴趣,则会在动物仿生学习上多加延伸和展示。总之,最大可能地多通道、多维度地让幼儿观察、感知、体验贴近他们生活的各类动植物及其仿生应用的现象,包括仿生应用解决实际真实问题的现象等。在环境呈现中启发幼儿观察当中的关键特点、相似点,启发幼儿的联系、联想等思考活动。教师同步观察记录幼儿的参与度、兴趣状况、疑问等,由此作为生成与丰富区域探究性活动或集体活动的参考依据。

2. 区域探究活动

区域探究活动与区域环境创设齐头并进,旨在提供能实现幼儿动手操作探究的多样化机会。其设计也是围绕 STEAM 仿生项目探究,在各种探究活动中蕴含一定递进关系的探究性问题。区域探究活动结合幼儿的兴趣情况每周变化 1～2 次。每一类操作探究活动一般持续一周左右。同类活动中有的包含多个相近的分活动,有的只有 1 个活动。这既跟随幼儿的兴趣,又参考项目活动的内在逻辑。具体实践过程中,在区域里开展的动手动脑操作探究活动有:

(1) 向大自然学习的"找朋友"活动。包括图片连线活动、图片两两配对活动(如图 10-8 所示)。给系列动植物—仿生应用连线或找配对图片,让幼儿挑战"找朋友"。隐含的问题:我们所见过的人们向大自然学习的设计、制作有哪些呢?

(2) "找蝴蝶"操作探究活动。包含了"百花丛中找花蝴蝶"活动和"枯叶丛中找枯叶蝶"的活动(如图 10-9 所示)。两个分活动隐含的探究性问题都是:蝴蝶有什么厉害的特殊本领? 我们可以向蝴蝶学习什么呢? 延伸的活动:"变色龙"探究活动。据幼在学习蝴蝶本领时提到变色龙及其神奇的本领,进一步开展变色龙图片观察与绘本观阅、变色龙视频观看等活动。

图 10-8 "找朋友"探究活动

图 10-9 "百花丛中找蝴蝶"探究活动

(3)躲猫猫游戏的服装设计或装扮活动。此活动由 2 个分活动构成。活动一:给幼儿白色小 T 恤实物,让他们据给定的环境背景图片来设计自己的上衣。活动二:给幼儿变色龙黑白图片,让幼儿学习变色龙来涂色以躲藏起来;给幼儿提供巨幅色彩鲜明的画作,让幼儿尝试给变色龙变色隐藏在画作背景里。幼儿参与度高,给变色龙变色后又隐藏变色龙,还一起寻找,看哪些变色龙容易找到,哪些变色龙隐藏得很好。隐含的问题:我们可以向蝴蝶或变色龙学习让自己在这里面(给定的环境背景)躲得很隐蔽吗?

(4)蛋壳探究活动。给幼儿呈现若干鸡蛋、鸵鸟蛋实物以及模型,让他们感知体验鸡蛋、鸵鸟蛋蛋壳有多厉害。隐含的问题:蛋有什么神奇本领? 我们可以学习什么? 此活动包含 2 个推进的活动。一是鸡蛋蛋壳、鸵鸟蛋蛋壳承受力(坚硬性特点)科学小实验;二是蛋型建筑或蛋型房子创意设计活动(如图 10-10 所示)。

图 10-10 鸡蛋、鸵鸟蛋承受力科学小实验与蛋形房设计活动

（5）幼儿园室内外仿生学习观察探寻活动。带领幼儿观察教室、走廊、户外运动场、食堂、各类活动室、大厅等，探究哪些东西可能是向我们身边的动植物学习制作的，然后分享讨论。如幼儿在户外运动场发现，平时拍打的西瓜球是学习了西瓜的颜色和形状；运动壳是向乌龟壳学习制作的；教室里老师和小朋友们用的魔术贴是向苍耳学习做出的；走廊墙壁上的吸盘挂钩是向章鱼学习的等（如图 10-11 所示）。隐含的问题是：生活中有哪些物品是模仿的动植物？

图 10-11 教室内外人们向动植物学习实例的探寻

（6）想象创造与设计制作活动。项目尾声，综合回顾前期学习的体验，鼓励幼儿想象设计与动手制作自己喜爱的生活物品。在区域丰富的展示环境里，鼓励幼儿结合自己的观察、感知与体验，自由想象，或根据自己的需要，设计制作自己喜欢的东西。如幼儿向花儿学习画出自己喜欢的裙子，或做自己的裙子；向章鱼、梅花鹿等动物们学习设计教室内可以有序放外套的挂钩等。

经过区域环境里的充分观察、感知、联想后，区域里的探究活动提供了进一步动手操作体验的多重机会。值得一提的是，某些区域探究性活动开展之前可能在集体环境下先进行一个必要的铺垫或说明，即融入了集体导入性活动。给幼儿一点适度的支架或背景熏陶，继而让他们在区域探究时有一定的目标。

（三）园内外资源利用的多途径探究活动

在 STEAM 仿生项目探究过程中,班级教师带领幼儿充分利用园内资源,如多次参观幼儿园内的生态馆,多次到绘本馆就仿生类绘本展开阅读活动。同时在家长会上向家长做充分的介绍,获得众多家长的支持,充分调动了家长的积极性,也获得了家长提供的学习资源。

（四）项目分享展示活动

项目分享活动是学期末项目结束后组织的关于 STEAM 仿生项目的总结性分享活动。该活动由教师带领的总结分享(集体活动形式)与幼儿的分组分享(区域中)两部分构成。幼儿园平行小班教师一起参与了本次项目分享活动的全程。首先,教师带领幼儿一起对整个项目开展的历程进行一些经典片段的回顾,以及关键问题点上的提问与启发。幼儿在教师分享过程中整体兴奋和投入,表现出很喜欢和享受整个项目探究过程的状态。教师分享结束,幼儿分组到各自小组里给平行班其他老师介绍自己的探究作品和探究过程。几乎所有小组的幼儿都很认真、很热情地向其他老师分享他们的作品,同时也接受老师们提问的挑战,解答老师们提出的问题。

二、STEAM 仿生项目的实践效果

（一）幼儿学习兴趣与投入情况总体描述

借助区域环境与活动的仿生项目持续探究了两个多月。幼儿对身边动植物的神奇本领表现出持续感兴趣的总体状态。

如有的幼儿迷恋于"在花丛中找花蝴蝶"或"在枯叶中找枯叶蝶"的活动。五颜六色的蝴蝶及其厉害的藏身本领牢牢地吸引着幼儿的注意与兴趣。长达两周时间,一些幼儿每天一大早来就在展示台区域找蝴蝶,由此伴随的装扮"躲猫猫"游戏也受到幼儿的青睐。一开始幼儿的目的性不那么明显,后面慢慢知道了要打扮什么颜色才能躲入旁边的花丛中或树林里,目的性变强。有的幼儿一早上的区域活动时间都在不断地装扮白 T 恤,甚至在印章里的彩色颜料不够了,印不出来想要的彩色花纹时,自己发现可以用旁边的毛笔沾上颜料刷到坑坑洼洼的印章表面,反复蘸颜料使得自己可以继续玩。幼儿创造性地解决了自己遇到的问题。后面教师又提供了"动力蝴蝶"活动,当"动力蝴蝶"藏在花丛中或从书中飞出来时,幼儿像看魔术一样的惊叹和兴奋,"哇"声一片。有的幼儿(大约 4～5 个)对原生动植物与仿生用品之间的连线活动很感兴趣,也基本能建立原生动植物与仿生用品之间的连接。幼儿在连线进行仿生匹配的同时,有时也有自己的理由。比如仿照甲壳虫形状生产的甲壳虫汽车,幼儿连线时,有的出于形状相近连线,有的幼儿连线的理由是甲壳虫飞到车子上。

有的幼儿对挖土机很着迷,由此也引发他们注意到了擅长挖土钻洞的鼹鼠,也许他们的小脑袋里正在琢磨:手中的挖掘机(玩具)怎么和鼹鼠那么像呢?

有的幼儿对美丽的变色龙感到很惊奇,他们对着高清变色龙图片说个不停,对随后提供的变色龙涂鸦活动很感兴趣。

有的幼儿对从未见过的"巨大"鸵鸟蛋实物很喜欢,抱在手上摸来摸去,看到教师往蛋壳上加一本又一本书,很担心它们会不会破或碎。同时也对其他相关问题感兴趣,如:这个蛋怎么来的? 鸵鸟长什么样子?

有的幼儿天天去看鱼缸旁的乌龟,教师把户外运动场上的运动器材乌龟壳拿回班级教室,他们不知疲惫地一遍遍感受着这个壳与乌龟壳之间的微妙联系。

有的幼儿拿着啄木鸟牙签盒一遍一遍地用啄木鸟的嘴巴从盒子里啄牙签,即使刚入园不久的幼儿,他们也能排着队等,有时候也免不了催促前面的同伴快点让他玩。

这些丰富的感知与体验似乎也轻易地让他们度过了入园焦虑期,小朋友们不自觉地沉浸在新奇的体验与学习中,大多数幼儿很快适应了小班幼儿园生活。

项目实施 2 个月后的班级项目探究总结会上,大多数幼儿表现出了对学习大自然的初步理解,如能很快辨别身边一些仿生用品是来自什么动植物及其本领。大部分幼儿能流利地表达出一些动植物及其神奇的本领,对向大自然学习的"仿生"有初步的印象和浓厚的兴趣。

(二) 幼儿家长的反馈描述

STEAM 仿生项目实施 2 个多月的过程中,幼儿家长在前期家长会议中表示出很大的兴趣,并在项目实施过程中给予了许多支持,如提供了一些动植物的实物等。在学期末班级发布的总结性微信上,家长们留下诸多支持与感谢的话语(如图 10 - 12 所示),该班级 STEAM 仿生项目实践也受到外界的高度关注。

图 10 - 12 班级幼儿家长的反馈

（三）项目实践前后幼儿科学区参与情况描述

对项目实施前后各观察1周,观察时长均为当天幼儿园晨间区域活动时间,即从早上8:15幼儿陆陆续续来园进入班级,到9:00幼儿整理玩具准备去户外活动,一般30分钟左右。项目实践前后,进入科学区的幼儿人数有很大的差异。常规科学区环境下,进入科学区的幼儿人数零星,专注的幼儿也少。创设 STEAM 学习区域环境后,每天进入科学区的幼儿人数大大增加,投入探究的人数也明显增加。从一周的计量观察反映出,幼儿对 STEAM 仿生项目的区域环境表现出感兴趣与投入。

（四）STEAM 仿生项目实践对幼儿想象力发展的影响

为考察 STEAM 仿生项目实践对幼儿想象力发展的影响,采用了如下统计分析思路:(1) 在 STEAM 仿生项目实践之前,检验实践 STEAM 仿生项目班级幼儿与非实践班级幼儿的想象力在前测上是否存在显著性差异。(2) 对实践 STEAM 仿生项目班级幼儿的想象力进行前后纵向比较分析,考察项目实施前后幼儿想象力是否发生了变化。(3) 对未实践 STEAM 仿生项目班级幼儿的想象力进行前后纵向比较分析,考察非实践班级幼儿想象力是否发生了变化。通过各自班级幼儿想象力的纵向变化情况来考察实践 STEAM 仿生项目是否对幼儿的想象力存在影响,同时提供两个班级幼儿起始点上的想象力是否存在差异的参考。(4) 在 STEAM 仿生项目实践之后,对两个班幼儿科学想象力的后测进行比较,通过横向比较,考察 STEAM 仿生项目实践是否对实践班级幼儿的科学想象力有显著性影响。

1. 不同班级幼儿想象力的前测比较

通过独立样本 t 检验对前测进行比较(如表10-1所示),由此提供两个班级幼儿起始点上想象力是否存在差异的参考。表10-1显示,实践 STEAM 仿生项目班与非实践班幼儿的想象力在前测上无显著差异。动作想象力前测 $t(39)=1.31, p=0.10>0.05$;发散性思维 $t(39)=0.53, p=0.60>0.05$。

表10-1 实践班与非实践班幼儿想象力前测比较

班级	人数	动作想象力			t	p	发散性思维			t	p
		均值	标准差	全距			均值	标准差	全距		
实践班	18	2.72	0.83	3	1.31	0.10	1.17	1.50	5	0.53	0.60
非实践班	23	2.96	0.21	1			1.39	1.20	4		

注:两个班全体幼儿自然参与各自班级活动,实践班代表实施 STEAM 项目班级,非实践班代表实施其他课程但未实施 STEAM 项目班级,下同。

2. 不同班级幼儿想象力纵向变化比较

先整理实践 STEAM 仿生项目班级幼儿和非实践班级幼儿的想象力的前后测得分(如表10-2、表10-3所示),然后对其进行前后纵向变化的比较分析,考察不同班级幼儿的想象力是否发生了变化,以及变化的情况是否显著(如表 10-4 所示),据此分析实践 STEAM 仿生项目是否对幼儿的想象力存在一定影响。

表 10-2　实践 STEAM 仿生项目班级幼儿想象力前后测得分情况

幼儿编号	性别	动作想象力		发散性思维	
		前测	后测	前测	后测
1	女	3	3	0	0
2	女	4	4	0	1
3	女	3	4	5	2
4	女	3	4	1	3
5	女	3	3	2	1
6	女	3	3	2	2
7	女	3	3	0	0
8	男	1	4	0	2
9	男	3	4	0	0
10	男	3	3	0	1
11	男	3	4	1	3
12	男	1	4	2	9
13	男	3	2	0	1
14	男	1	4	2	3
15	男	3	3	0	0
16	男	3	3	4	4
17	男	3	3	0	0
18	男	3	3	2	2

注:上述为同时参与完成前后测的幼儿。

表 10-3　非实践班级幼儿想象力前后测得分情况

幼儿编号	性别	动作想象力		发散性思维	
		前测	后测	前测	后测
1	女	3	3	0	0
2	女	3	4	1	1
3	女	3	4	2	0
4	女	3	4	2	3
5	女	2	4	0	1

幼儿编号	性别	动作想象力		发散性思维	
		前测	后测	前测	后测
6	女	3	4	1	1
7	女	3	4	1	2
8	女	3	4	2	2
9	女	3	2	1	1
10	男	3	3	1	1
11	男	3	3	1	1
12	男	3	3	3	3
13	男	3	4	0	1
14	男	3	3	4	2
15	男	3	3	3	3
16	男	3	4	0	1
17	男	3	1	1	1
18	男	3	3	0	3
19	男	3	3	2	1
20	男	3	2	4	9
21	男	3	3	1	1
22	男	3	3	1	1
23	男	3	4	1	4

表 10 - 4　不同班级幼儿想象力纵向变化的显著性检验

班级	想象力	前测	后测	t	P
实践班	动作想象力	2.72±0.83	3.39±0.61	2.38*	0.029
	发散性思维	1.17±1.50	1.89±2.17	1.56	0.069
非实践班	动作想象力	2.96±0.21	3.26±0.81	1.67	0.110
	发散性思维	1.39±1.20	1.87±1.87	1.50	0.149

（1）先对实践班级幼儿的想象力进行前后测的比较分析。经配对样本 t 检验，表 10 - 4 显示，在动作想象力上前后测存在显著差异，$t(17)=2.38$，$p=0.029<0.05$。结合均值 $M_{前测}=2.72$，$M_{后测}=3.39$，表明后测动作想象力得分显著高于前测，即实践班幼儿的动作想象力发生了显著的增长。进一步对实践班级幼儿发散性思维的前后测进行比较，表 10 - 4 显示后测的均值略高于前测，$M_{前测}=1.17$，$M_{后测}=1.89$。经配对样本 t 检验发现，$t(17)=1.49$，$p=0.069>0.05$，同时 $p<0.1$，幼儿发散性思维前后测达边缘

显著。

（2）然后对非实践班级幼儿的想象力进行前后测比较分析。表 10-4 显示，在动作想象力上后测均分略高于前测，$M_{前测}=2.96$，$M_{后测}=3.26$。经配对样本 t 检验，幼儿动作想象力前后测差异不显著。$t(22)=1.67$，$p=0.110>0.05$。即非实践级幼儿的动作想象力无显著增长变化。对幼儿发散性思维的前后测进行比较，后测均值略高于前测，$M_{前测}=1.39$，$M_{后测}=1.87$，经配对样本 t 检验，$t(22)=1.50$，$p=0.149>0.05$，表明非实践班幼儿发散性思维前后测无显著差异。

（3）进一步从标准差和全距描述分析两个班个体差异的变化情况。表 10-5 显示，在动作想象力表现上，实践班级幼儿的标准差与全距均呈缩小趋势，非实践班级幼儿的标准差与全距均呈扩大趋势。在发散性思维上，实践班与非实践班幼儿的标准差与全距得分均呈扩大趋势，两者各自的前后差距基本一致。

表 10-5 实践班与非实践班幼儿前后测标准差与全距的描述性分析

想象力	班级	前测		后测	
		全距	标准差	全距	标准差
动作想象力	实践班	3	0.83	2	0.61
	非实践班	1	0.21	3	0.81
发散性思维	实践班	5	1.50	9	2.17
	非实践班	4	1.20	9	1.87

3. 不同班级幼儿科学想象力的横向比较

在项目实施一个学期后，对两个班幼儿的科学想象力进行测评。进一步就仿生想象力进行比较分析，即比较进行仿生项目实践班级幼儿与非仿生项目实践班级幼儿的科学想象力。表 10-6 显示，实践班幼儿仿生想象得分均值 $M=3.06$，非实践班幼儿仿生想象得分均值 $M=3.81$。非实践班级均分略高于实践班级。进一步运用配对样本 t 检验，$t(15)=0.79$，$p=0.445>0.05$，表明实践班与非实践班幼儿在科学想象表现上无显著差异。

表 10-6 实践班与非实践班幼儿科学想象力后测比较（$N=32$）

班级	人数	科学想象力					t	p
		最小值	最大值	均值	标准差	全距		
实践班	16	1	9	3.06	2.84	8	0.79	0.445
非实践班	16	1	9	3.81	1.91	8		

三、STEAM 仿生项目实践总结反思

(一) 项目实践的效果总结

前文对 STEAM 仿生项目实践效果进行了多维度、多视角的透视、记录与分析。从结果分析可以看到,为期 2 个多月的小班 STEAM 仿生项目实践表现出了良好的实践效果。总体呈现出幼儿感兴趣、很喜欢,乐意参与这个略高于他们的日常生活经验,有着丰富感知和多样化动手操作机会的项目探究活动。客观数据也显示出在幼儿的高阶思维能力如想象力层面出现了积极促进效应,即幼儿想象力得到一定的保护与提升。家长积极支持并大面积反馈良好。经过实践得出,基于前沿真实问题所开发的 STEAM 仿生项目,能从幼儿园小班幼儿开始展开有效的实践实施并支持促进幼儿的学习。本次实践获得的证据为检验 STEAM 仿生项目学习效应以及认识幼儿园 STEAM 项目探究的可能潜力提供了有力参考。未来可借鉴 STEAM 仿生项目设计样例再生更多 STEAM 项目活动并促进幼儿园小中大不同年龄班乃至幼小中的一体化探索。

(二) 项目实践的主要经验

就 STEAM 仿生项目实践的具体实施与微观操作过程简要总结了如下几点经验:

1. 运用高质量的、科学的理念导航 STEAM 项目开发

确保所开发的 STEAM 项目有理论根基、有质量保障。如本章的实践是以第二至第四章为理论指导,并以第七章所开发的 STEAM 项目样例之一展开的实践探索,这在很大程度上保障了后期实践的质量。

2. 灵活选用 STEAM 项目的展开形式

本章实践面向的是幼儿园第一学期的小班幼儿,一方面他们入园后需要一段时间的适应,另一方面他们集中注意力时间较短,且乐意坐下来听老师讲解的幼儿不多,此外他们更需要在丰富的环境中直观感知和动手操作探究来激发对活动的兴趣。因此,项目实践选择了以区域环境探究为主、集体活动为辅的 STEAM 项目展开方式。在皮亚杰式课堂上,也鼓励儿童通过自发地与环境相互作用去发现他们自己(劳拉,2002)。

3. 大量时间精力投入高质量的区域环境创设

STEAM 项目探究区域环境创设要做到如下几点:一是区域环境的呈现要吸引特定年龄班的幼儿,要呈现能吸引幼儿的东西;二是要能实现幼儿可动手操作探究,落到动手探究上。实物、材料、工具、图片、绘本等所有东西要落实到位,且非一次性呈现,而是跟随幼儿的兴趣不断变化。三是区域环境的呈现要有问题情境,尽量有递进的问题空间。如幼儿在操作完看到某个结果,然后还想继续操作,又看到另一个结果,继而再继续操作,看到进一步的结果等。或隐含在环境创设中的问题能让幼儿在反复感知现象时产生疑惑或兴趣。如"挖掘机跟它(鼹鼠)一样厉害!""挖掘机也能挖洞吗?""这个

能像小金鱼一样在水底下游吗?""我想要像它(牵牛花等)一样漂亮的裙子!"要做到如上三点,幼儿教师则需要倾注大量的精力与时间。哪怕有时仅仅是为一张达到更为清晰效果的动物图片,都需要花费双倍或多倍的时间来比较和精选。因此,本项目实践中,笔者、幼儿园班级教师和几位学前教育专业本科生一起在区域环境创设上投入了大量时间,进行了精心的准备。这也是为何能吸引住入园一个多月小班幼儿的经验之一。

4. 允许混沌与无序,跟随幼儿缓慢前行

实际探究过程中并不是如问题探究空间或设定项目活动那样一步步清晰严格地、有逻辑地进行。而是清晰与混沌的交织,包括短暂的梳理和反思过程,如在观察幼儿的兴趣点,记录幼儿的疑问后,又进一步反思如何跟随幼儿的探究兴趣推进 STEAM 项目探究。因而有混沌和梳理的时段,也有总体清晰的脉络与方向。有时候,会有幼儿对其他偏相关或远相关问题感兴趣。如在探究蛋壳的坚硬性特征时,小朋友对鸵鸟蛋很感兴趣,好奇地发问:"这个蛋从哪里来的?""什么是鸵鸟?"当然他们对鸡蛋从哪里来的、什么是鸡并无疑问,但对鸡蛋壳、鸵鸟蛋壳的神奇承载力感到吃惊。这时教师记录下幼儿的疑问,根据是否属于简单事实性问题或根据他们感兴趣的程度,做出直接回应还是其他时段另外增加活动的决策。由此总体而言,项目实践中,探究过程与节奏在跟随幼儿、满足幼儿、适宜幼儿,支持幼儿的缓慢前行。

(三) 项目实践的反思与建议

结合 STEAM 仿生项目实施过程中的反应与反馈以及遇到的困难,并展望未来应用推广,提出以下几点建议:

1. 教师切实且彻底扮演好支持者、辅助者角色

教师切实且彻底扮演好支持者、辅助者角色指的是,不仅 STEAM 仿生项目探究过程中,教师在幕后做好高质量的各类准备——支持者角色,在幕前辅助跟随——观察、倾听、记录与适宜适度支持;而且在一日活动的点滴互动中也扮演好支持者、观察者、倾听记录者、适宜适度介入的角色。由此,才不会出现好的项目实践与日常干扰破坏的相互抵消,结果为零或负数的局面。本项目实践中由于是高校教师与幼儿园班级教师相伴随的研讨与实践的推进过程,在这点上我们尽量做到了可能的最好。但仍有优化提升的空间,这是未来努力的方向。如日常互动中幼儿教师如何充分尊重幼儿的选择,尊重幼儿还未满足、还在探究中的兴趣,尊重幼儿的发展水平,耐心、敏感地观察、倾听、记录幼儿的认知与兴趣等,都是可以不断提升的。

2. 园所机构或上级部门给予项目实践的时间与财力保障

项目实践伊始,因幼儿园需接受一周的上级检查,全园在环境、保教、财务、管理等各方面紧张应对。班级教师感叹忙于环境布置和接受各类检查,无心也无力做相关准备工作。同时该项目原本实践设计是顺其自然地展开,究竟会持续一整个学期还是一个月、半个月并未硬性计划,而是跟随班级幼儿兴趣情况来决定继续还是结束。但幼儿园在学期末需要安排特定的课程活动,如有关传统节日的课程需要介入,因而在时间上

并不能完全确定或有充分保障。因此,各级各类评价如何能让幼儿园教师安心于教室内的实实在在的课程活动,课程活动又如何能跟随幼儿当下的兴趣灵活设置,同时幼儿教师行为的出发点、行动的内驱力如何能指向问题本身、专业探究本身,亟待上一级评价机构与园所机构共同考量。这也是高质量的幼儿园 STEAM 教育不可或缺的重要保障。

3. 给予班级教师理念探讨与实践实施的全程合作陪伴

在项目实践之初,由于班级教师此前未开展过 STEAM 项目探究,同时感到对前沿真实问题和科技工程背景的欠缺,不免出现了恐惧或畏难心理。有专家指出,教师可以是一个无知者,他可以教他并不懂的东西……不懂化学的人可以教会他人化学,不懂数学的人可以教会他人数学,一个无知者可以教会另一个无知者他自己不懂的知识(金生鈜,2017)。可见,并非需要科技领域专家或拥有大量科技领域知识才能带领幼儿探索,幼儿教师自身可以作为学习者、参与者,与幼儿一起学习,实现教师与幼儿的共同成长。由于 STEAM 仿生项目实践是课题组与幼儿园教师一同前行的合作过程,随后大家很快转入以开放的心态、饱满的热情,不畏挑战、乐于探索的精神与幼儿一起开启了本次探索之旅。由此获得的启发与建议是:当教育部门或政府机构发布新的政策、给幼儿园提出新的教育理念或课程改革时,也需要提供实质性、具体化甚至全程性的陪伴与支持,如同教练(Coaching)过程,从而缩小认知与行为间的距离,更好地支持幼儿园落地高质量的课程理念与活动,支持园所机构教育改革升级的顺利实现与实施推广。

四、结语

本章围绕"如何向大自然学习"的 STEAM 仿生项目在幼儿园开展了为期两个多月的实践。从 STEAM 仿生项目的实践思路、设计与准备,到 STEAM 仿生项目的具体落地实施,再到 STEAM 仿生项目的多维效果考察与总结反思等,完整地呈现了一个优质 STEAM 项目如何在区域环境与活动中进行启动、准备、推进、讨论、优化等的迭代过程。这为区域环境与区域活动下的 STEAM 项目探究实践提供了切实可行的范例。

总体而言,该项目的实践过程较为顺利、深入充分。实践的效果不仅体现在幼儿身上,也体现在幼儿教师身上。如 STEAM 项目开启后,小班幼儿不仅较快地适应了入园生活,而且表现出对仿生现象充满好奇和浓厚的探究兴趣,积极主动地参与投入,想象力的发展变化等。带班的两位幼儿园教师也在 STEAM 项目探究过程中获得了对幼儿园 STEAM 教育、STEAM 项目的深入理解,以及在 STEAM 项目的实践目标、内容、模式等操作运用上有了丰富的理解与实际能力的提升。两位教师就班级实践总结撰写的"STEAM 项目课程:我们如何向大自然学习"课程故事获得省内专业教育平台"早期教育"的精选与分享,并在省内外引发广泛关注(点击率 1.2 万)。这些均与实践团队的紧密合作、倾情投入密不可分,也与优质幼儿园的领导理念、师资水平、环境条件等所能提供的支持密不可分。当然,STEAM 仿生项目的实践也存在提升的地方。如实践过程中,也有个别幼儿有时游离在项目探究之外。如何能更好地关注到每一个幼儿,无论区域环境或活动,让幼儿都能从中找到自己的探究乐趣,这还有待未来继续完善与努力。

我们生活在大自然中,大自然是我们的生命之源,也是人类智慧的源泉。向大自然学习,汲取自然的创意,不仅为好奇的孩子们打开了一扇新窗,让他们感知体验身边的奇妙与广阔,在他们幼小的心灵里留下感叹、惊奇的记忆或催生疑惑、好奇的问题,也为人类世界的未来美好与科技创新带去灵感、启示与希望。从最初的想法、理念到真正落地、推进,凝聚了幼儿园园长们的大力支持和班级老师的倾心投入与创新创造。过程中,小朋友们玩得开心、学得新奇。跟随孩子们的注意、兴趣与节奏,向大自然学习的STEAM 项目值得持续探索。

第十一章

"如何建构坚固桥梁"的幼儿园 STEAM 项目实践探索

本章选取基于微真实问题所开发的 STEAM 桥梁项目(参见第八章),着重以PP-O模式中的"典型现象呈现"要素为理论指导展开实践探索。实践拟采取集体探究活动为主,从纵向与横向两大视角展开:一是考察 STEAM 桥梁项目在幼儿园小中大班一体化探究中的适宜性与具体效果。二是考察 STEAM 桥梁项目活动在幼儿园大班的实践实施情况以及幼儿学习过程表现,尤其是幼儿的主动提问行为表现。由此检验 STEAM 桥梁项目实践应用的基本状况、主要反馈与相关效果,以及可能的困难、问题与所需的外部支持、保障等。从实践的试验到经验的积累,这既是把事情做好的关键,也是从抽象理性过渡到实践智慧的必经之路。

第一节 STEAM 桥梁项目的实践思路与准备

一、STEAM 桥梁项目

STEAM 桥梁项目是源自第八章中基于微真实问题 A 所开发的 STEAM 探究项目。幼儿园小渠上的独木桥、公园里的石拱桥、旅游时通过的跨海大桥等,各种各样、形状各异的桥梁常能引起儿童的注意。桥可以连接两岸,让人们得以顺利跨越江河湖海。然而,现实生活中或电视新闻里总不免见到桥梁崩塌或断裂的骇人场景。如何建造一座坚固的桥梁也牵动着幼儿的好奇心,挑战着他们的问题解决与跨学科思维能力。第八章从理论上就微真实问题 A 的幼儿生活关联度、现象典型性、问题的跨学科性、问题探究空间大小、可亲自动手操作程度、趣味性程度等方面进行了多维度分析,由此明确了该真实问题幼儿探究的适宜性与 STEAM 项目探究的巨大空间。本章的实践便是在此背景下展开跨越年龄班的 STEAM 项目探究。

二、STEAM 桥梁项目的实践思路与设计

本项目的实践拟采取集体探究形式为主,主要基于集体活动情境展开实施。同时,又拟从纵向与横向两大视角同时展开 STEAM 桥梁项目的实践探索。纵向视角是同一项目在小中大不同年龄班展开,由此考察桥梁真实问题在小中大不同年龄班一体化探索的可能性与具体学习情况。横向视角是聚焦在幼儿园大班展开 STEAM 桥梁项目的实践,由此考察 STEAM 桥梁项目探究活动在大班开展实施的具体情况与幼儿学习反应。

上述两部分的 STEAM 项目探究,依然采取第四章提出的学前 STEAM 项目探究高质量模式"PP-O 模式"(如图 11-1 所示)为理论指导,遵循"典型现象呈现(P)→问题引领(P)→动手动脑操作探究(O)"的"PP-O 模式"并具体化到上述两大视角的实践探索中灵活运用。

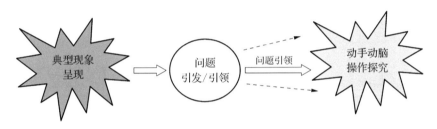

图 11-1　STEAM 项目探究的"PP-O 模式"

具体而言,小中大班 STEAM 项目的一体化探索着重于遵循项目形成阶段以 P-P(现象呈现—问题引发)模式为主来设计集体活动。即:"典型现象呈现+兴趣与问题引发"的"PP 模式"(如图 11-2 所示)。不同年龄班的教师在操作上保持一致,即呈现典型现象,而后观察倾听幼儿的疑问、兴趣点、关注点。不同年龄班在项目探究内容与模式上统一操作。尽管仅 1～2 个关键要素的实践操作,但要做到优质并非简单易事。"万事开头难",第一个呈现典型现象的活动,即基于真实问题表现出的典型现象进行多感官通道、多模态呈现,承载了项目探究的诸多功能。包括幼儿兴趣的引发和观察,幼儿疑问的倾听、观察与记录,问题空间考察与问题链梳理,是后续跟随幼儿的项目探究活动形成的重要基础。如图 11-2 所示,呈现的典型现象又依次递进,首先简单呈现幼儿身边的桥——苏州的古桥;然后少量、简略地呈现天下令人惊奇、新奇的桥——可能是在幼儿身边,可能是来自世界各地,在工程技术上或特定美观设计上,令人惊叹、佩服和喜欢;最后重点呈现崩塌或断裂的桥梁事故——可能幼儿在生活中听过,或通过教师的展示观看新闻视频,精选一些画面清晰、触目惊心的国内外新闻报道的桥梁事件。前面两类典型现象的呈现作为引入和铺垫,与后者形成鲜明的对比,也让幼儿对为何出现后者产生诸多认知冲突、疑惑与好奇。

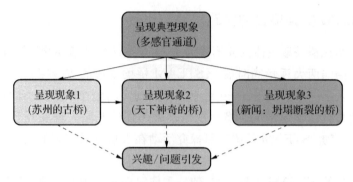

图 11－2 "PP-O 模式"的简化运用（"PP 模式"）

大班集体探究 STEAM 桥梁项目活动时，则运用完整"PP-O 模式"，即从桥梁典型现象呈现出发，观察倾听记录幼儿的兴趣与疑问，形成跟随幼儿并基于特定问题的动手动脑操作探究活动（如图 11－3 所示）。由此观察在一个完整的 STEAM 桥梁项目探究实践中幼儿的具体学习与反应情况。

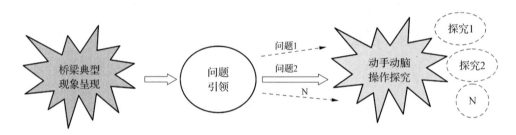

图 11－3 "PP-O 模式"的具体运用

三、项目实践的前期准备

（一）幼儿园与班级的确立

结合我校学前教育专业学生实习实践基地幼儿园的长期合作关系，经与幼儿园园长的沟通交流，确定了参与本实践研究的一所优质公办幼儿园。该幼儿园以科学教育实践见长，近年园所展开了 STEAM 教育的培训学习，并获得了 STEAM 项目探究的市级课题资助。结合前面的设计思路，在幼儿园大中小不同年龄班各随机抽取了 1 个班进行实践探索，各班幼儿人数 30 人左右。不同时段的活动当天，来园人数不等，如现象呈现活动时，大班 31 人，中班 26 人，小班 24 人。另选取了一个小班作为预研究班级，考察该项目在小班阶段是否具有可行性。当天该小班来园人数 20 人。

（二）围绕真实问题的材料准备

从实物、模型、图片、视频、绘本等多角度准备与本项目相关的典型现象材料与必需的操作感知材料。如各类代表性桥梁图片、桥梁模型、现场搭建桥梁的材料（如桥墩、木板、树枝干棍、薄膜等)、与桥梁断裂或崩塌有关的典型新闻视频、牛奶罐、硬币若干、各种纸(如报纸、彩纸、餐巾纸等)、辅助工具(如胶带、固体胶、铅笔橡皮、蜡笔、颜料、剪刀、尺子等)、课件。上述准备的是预计可能需要用到的各类材料。后续活动不一定全部用到,但也可能需要临时准备上述材料中尚未准备到的。因此,材料准备是核心和主要材料的准备,项目活动具有一定的预设逻辑性,同时也可能需要根据幼儿的反应情况灵活调整。

(三)实践效果观察方法与工具等准备

本次项目实践活动的效果采用参与性观察,研究者参与实践中,同步全程对活动进行录像,直接观察幼儿的学习反应和表现。具体而言,着重观察幼儿感兴趣状况、参与投入程度、提问情况。因此制作简单的观察记录表,记录幼儿提问的内容和数量。同时对于幼儿的其他参与性表现采取文字白描方法。

第二节 STEAM 桥梁项目的实践过程与效果

一、小中大班 STEAM 桥梁项目一体化实践过程与效果

(一)小中大班 STEAM 桥梁项目探究一体化实践过程

1. 预实践

在幼儿园随机抽取一个小班展开桥梁典型现象的呈现。呈现的内容包括幼儿身边的桥、天下神奇的桥、断裂或崩塌的桥。经 18 分钟左右的集体活动预实践看到,即使刚入园 2 个多月的小班幼儿,他们在整个集体活动的过程中,不仅表现出很高的兴趣,而且在活动结束后依然意犹未尽,脑海中还在惦记着活动中所感知体会的桥(如图 11-4 所示)。如幼儿在集体活动结束后,从班级走出教室到校门口的一路上都在谈论桥梁(预实践放在了幼儿午睡起来吃完点心后的下午活动中,活动结束放学离园)。笔者隔了一个星期去幼儿园时,小朋友竟然像条件反射一样,要我继续给他们看桥梁断裂的图片视频,和他们分享桥梁的故事。幼儿园班级老师也同步反馈,小朋友们对活动很感兴趣。尽管小班幼儿在活动中仅提了一两个问题,但幼儿的注意力全程被紧紧吸引住,参与度与兴致很高,表现出很浓的兴趣。经过预实践得出,这一看似不简单的 STEAM 桥梁项目活动能在小班展开。

图 11 - 4 幼儿园小班 STEAM 桥梁项目的预实践

2. 正式实践过程

小中大班 STEAM 桥梁项目探究一体化探索在实施时,采取同样的内容——同一真实问题以同样的活动模式在不同年龄班展开,初步检验此类实践的可行性与幼儿的反应情况。因此在活动形式、名称、目标等各方面具有高度一致性。即尽管在不同年龄班展开实践活动,但具体实践过程是类似的。

(1) 活动形式:集体探究活动。

(2) 活动名称:固若金汤的桥?

(3) 活动参与对象:小中大班。

(4) 活动目标:让小朋友感知身边坚固桥梁以及发生断裂或崩塌的事故桥梁,在对比感知中引发对桥梁的兴趣以及对桥梁建构相关问题的思考。

(5) 活动内容:桥梁的对比感知。包括:其一,苏州的古桥、天下神奇的桥梁欣赏感知(桥梁图片、桥梁模型)。其二,现实搭建的桥梁感知体验(选择一座桥亲身体验走在桥上过“河”)。其三,新闻播放的现实生活中典型桥梁事故(图片+视频方式)。提供幼儿多通道感知体验桥梁及其事故的材料。

(6) 活动模式:“PP 模式”(现象呈现—感知体验—问题引发模式,如图 11 - 2 所示)。具体而言,借助图片(屏幕显示电子图片、彩色打印纸质图片)、视频、实物、模型等呈现桥梁典型现象(多感官通道)——感知体验(视觉听觉感知;身体感知体验不同实体桥梁的坚固与“脆弱”)——问题引发——观察、倾听、记录。多感官通道、多模态地带领小朋友感知身边的桥梁、天下神奇的桥梁;多感官通道、多模态地带领小朋友了解国内外有关桥梁崩塌的现实问题,亲身体验过桥的“惊险”与过桥时(棍子)桥梁的断裂瞬间。在感知体验中,观察幼儿的兴趣、参与表现,倾听幼儿的感慨、认知与心中的疑问。

(7) 活动过程:分别在小中大班开展 1 次独立的集体探究活动。活动过程如活动模式所示,先多通道呈现典型现象,然后就问题、兴趣的引发情况进行观察、倾听与记录,全面了解幼儿的参与情况(如图 11 - 5 所示)。问题观察过程中,小中大班的实践存在两个小的不同点:一是跟随小中大不同年龄班幼儿提问的多少,倾听的时长会随之不同。比如,大班可能反应更大,发言更多,疑问更多,那么倾听他们的声音的时长更长。二是,大班增加了一个小组讨论环节。即集体活动分享与倾听结束后,增加了一个小组观看另外的桥梁纸质图片(与集体分享环节的桥梁图片基本不重叠),然后老师分别倾听各组感兴趣的地方和主要的疑问并加以记录。每个小组 5~6 人,每组每人一张不同的彩色桥梁图片,每个小组内的桥梁类型涉及四类:苏州的古桥、神奇的桥梁、断裂的桥梁、大河(大江)两岸不能直接连通的图片。小组内小朋友之间可以互换分享,也可以相互讨论,直到每组有老师来倾听他们的兴趣与问题为止。

图 11-5 小班实践探索现场

(8)活动时长:小中大班集体探究活动时长在 15~35 分钟。具体而言,小班活动时长 18 分钟,当日 24 位幼儿参与活动。中班活动时长 22 分钟,当日 26 位幼儿参与活动。大班活动时长 31 分钟,当日 31 位幼儿参与活动。

(9)教师角色与操作要点:教师最重要的角色首先是支持者。即给幼儿提供高质量的典型现象,打开幼儿眼界,提供给幼儿新的刺激,引发幼儿的思索、好奇。教师最重要的工作在幕后,在集体活动前的准备上,在对幼儿的认知与兴趣的预判和活动材料的准备上。教师重要的角色其次是观察倾听者。集体活动进行中,教师重在观察幼儿的感兴趣状况、参与状况,倾听幼儿的思考、疑问、提问或他们的观点、想法等。因此,不是教师一味地给幼儿提问题,如"桥为什么断裂啊?""这是什么形状的桥啊?"等,不是教师试图去教幼儿各种有关桥梁的知识,如"这是吴门桥""这是拱形桥"等,教师需要努力克制住向幼儿灌输传授知识的惯性倾向。教师要自始至终明确活动的重点是问题、兴趣的引发,而后做好幼儿实际状况的倾听、观察与记录。正如中国教育学会副会长徐淀芳在"优化师幼互动,聚力质量提升——幼儿园高质量发展实践探索研讨会"(2024)上指出的,以往我们更多关注教师的表现,现在要转向更多关注幼儿的行为。也如当代导演王潮歌在接受新华网采访中谈到的:"把大量的写意、留白,留在了很多地方,然后由你慢慢地去琢磨,不仅仅满足你的眼,而是能够激发你的思考……"

（二）小中大班 STEAM 桥梁项目探究一体化实践效果

爱因斯坦说过："提出一个问题,往往比解决一个问题更重要。"我国教育家陶行知指出："发明千千万,起点是一问。"幼儿的提问行为是幼儿主动学习和科学探究的重要途径。下面便以幼儿在项目探究活动中涌现的疑问、提问为核心指标,考察了不同年龄班幼儿的学习效果。教师观察、倾听幼儿的提问,既可以作为了解其认知发展水平和最近发展区的依据,又可以作为判断、衡量幼儿的学习主动、投入状态的策略。选取幼儿在整个活动中涌现的疑问或提出的问题来考察 STEAM 桥梁项目探究的实践效果既抓住了过程质量又操作简洁、切实可行。

1. 大班幼儿的疑问、提问、兴趣点与关注点

在 31 分钟的集体活动中,大班幼儿共提出了 23 个问题。具体问题如下:

(1) 这是什么桥? 为什么这么长?

(2) 这个桥为什么不会掉?(指着设计为"手掌"撑着的桥)这个桥没有手掌时会掉下来吗?

(3) 桥为什么能"浮"起来?

(4) 这个石头能不能撑住桥?

(5) 为什么这个桥没有柱子还能撑住这么多车?

(6) 为什么这个有柱子(桥)还断了?

(7) 为什么(桥上)没有汽车(桥)也断了?

(8) 为什么(这座桥)只有一个柱子?

(9) (桥面下)这个黑黑的是什么?

(10) 为什么(这座)桥没有柱子?

(11) 为什么这座桥上面有绳子?(拉索桥)

(12) 这座桥怎么转过来像断了一样?

(13) 什么样的桥才不会断呢?

(14) (为什么)这座桥好几辆大汽车开过去也没断?

(15) 为什么车重桥就会断了?

(16) 为什么牛过桥时桥又不断?

(17) 为什么车子轻桥也断了? 为什么汽车那么轻,桥会倒塌?

(18) 没有柱子时桥是不是不安全?

(19) 是什么支持着它不坍塌的?

(20) 桥边上的绳子有什么用?

(21) 为什么桥的两边是山?

(22) 为什么车子重桥(就)撑不住,为什么车子重桥会断?

(23) 我想知道是怎么做到的呀?(桥怎么造?)

就幼儿的兴趣点和关注点而言,大班幼儿对各类桥梁表现出浓厚的兴趣,如在各类

桥梁图片播放分享环节,小朋友们不由自主地争相说道:"我看到了＊＊＊桥梁","我去过＊＊＊桥"等;同时惯性般地举起小手,想表达分享爸爸妈妈带他们去的经历等。在体验过桥环节,小朋友们尝试体验着过不同的桥。有的小朋友选择了高高的木板桥来过,害怕的小朋友,爬着过去了。有小朋友选择体验过木棍桥,踩在木棍上不久,桥承受不了他的体重,突然断了。有小朋友选择用他的小汽车过透明的塑料桥,一晃一晃地,接近要塌下。身边或生活中桥梁崩塌或断裂的典型事件与新闻,牢牢吸引了幼儿的注意力,他们对桥梁断裂、崩塌现象既紧张,如感叹:"我不敢过桥了!"又有着极大的好奇、困惑,如猜测着"桥下面要是有柱子就好了","桥不坚固所以塌了……"。总体表现出鲜活热烈的探索心态和尝试新事物的兴趣。

2. 中班幼儿的疑问、提问、兴趣点与关注点

在 22 分钟的集体活动中,中班幼儿共提出 9 个问题。具体问题如下:

(1) 怎么去救(断了一截的)桥上快掉下去的人?

(2) 桥为什么断了?

(3) 为什么桥梁塌了?

(4) 为什么不给桥弄上柱子?

(5) 为什么建那么长的桥?(不短一点?)

(6) 为什么车子过去桥就断了?

(7) 钢丝桥有危险,为什么要过?

(8) (桥)为什么一点一点地塌了?

(9) 是不是海浪把海面上的桥吹塌了?

就幼儿的兴趣点与关注点而言,中班幼儿对于自己熟悉的桥反应热烈。对于危险的桥,如玻璃桥,念念不忘,并且要表明自己的观点,如反复申明玻璃桥有危险不能过去,转几个圈的桥(有独特创意的多重弧形桥)很危险。体验时有的幼儿选择了木棍桥,但有点害怕,认为木棍桥可能不安全,不敢过桥。对于小汽车过透明塑料桥感兴趣。中班幼儿在观看桥梁崩塌模拟视频和新闻事件时注意力集中、认真。中班幼儿对出现事故的桥梁提出自己朴素的解释或观点,如桥没有修好、太松、不坚固;人太多了、压力太大,人多的时候自己不会去过桥;桥不稳;一辆轻的小汽车可以安全过桥,很多辆汽车一起过容易塌等。由此看到,比起大班幼儿,中班幼儿更多地会说自己知道的一些事实和自己认为的原因,说的时候大多是肯定句而非疑问句。

3. 小班幼儿的疑问、提问、兴趣点与关注点

在 18 分钟的集体活动中,小班幼儿共提出 3 个问题。具体问题如下:

(1) 那个桥为什么是圈圈的?

(2) 那个桥为什么像车轮?

(3) (指着某座桥)桥为什么像铁轨?

就幼儿的兴趣点与关注点而言,小班幼儿能被老师所呈现的桥梁现象所吸引。当老师提出一个问题时,幼儿一个个活跃地表达起来,说起他们自己生活中与桥梁相关的

经历——像讲起了故事一样,有时远离了问题本身或与老师的问题无直接相关。他们对新奇的桥梁表现出兴趣和好奇,同时一律表示自己见过。所有幼儿也被桥梁事故现象紧紧吸引,观看过程中不时发出"好危险啊""桥断了"等感叹。对于过桥活动,幼儿更是纷纷举手或站起来,希望参与体验。整个活动过程,几乎所有幼儿身心投入其中,专注、主动,表现出对桥梁各类现象和问题的关注和兴趣。

综上,STEAM 项目活动"固若金汤的桥?"引起小中大班幼儿的兴趣,不同年龄班对同一典型真实问题与典型现象表现出较为浓厚的兴趣。包括那些幼儿自己去过、见过、知道的桥梁,那些兼具工程技术与艺术美感的桥梁以及那些令人担心又震撼的崩塌断裂桥梁。多感官形式多模态的典型现象呈现,往往瞬间吸引全体幼儿的注意力,引发了幼儿的兴趣、感叹、讨论和提问。就幼儿自己涌现的疑问与提问而言,不同年龄班都表现出了疑问的涌现、产生与提出,在深度学习与高阶思维活动上有明显的表现。在不同年龄班幼儿的实践效果比较上,就提问数量而言,大班幼儿主动提出的问题最多,中班其次,小班最少。就提出的问题的类别而言,大班幼儿提出的问题的类别最多,中班其次,小班最少。中大班幼儿自己提出问题的表现都很活跃,提出的问题较为多样。就提出的问题的深浅与探究空间而言,中大班幼儿提出的问题大都具有很大的问题探究空间,小班幼儿提出的问题较为简单、浅显。就幼儿的兴趣点与关注点来看,中班幼儿除了提出自己的疑问,相比于大班幼儿,他们更急于对认知冲突或好奇困惑的点给出自己的朴素的解释。他们似乎更需要一个解释来缓解心理的紧张,表现出急于从认知上对解决眼前问题提出自己的假设和观点。

二、大班 STEAM 桥梁项目探究实践过程与效果

(一)大班 STEAM 桥梁项目探究实践过程

实践班级同前面的大班,现象呈现活动同前。此处大班中的 STEAM 桥梁项目探究是在前面大班的现象呈现活动开展后,在收集记录了幼儿的疑问并进行整理之后进一步开展的推进探究活动。幼儿涌现或提出的问题众多,在梳理主要的、有价值的问题之后,逐一展开探究,一次聚焦一个具体的问题。先选取幼儿较为集中和迫切关注的问题,如大班幼儿提出的问题中很多与桥梁的承载力有关,包括:"为什么车子重桥(就)撑不住? 为什么车子重桥会断?""为什么这个桥没有柱子还能撑住这么多车?""这座桥好几辆大汽车开过去也没断?""为什么这个有柱子(桥)还断了?""什么样的桥才不会断呢?"等,都反映出他们对桥梁的结构及其承载力问题的好奇、疑问与困惑。因此在本班的 STEAM 桥梁项目探究中,除了前面的典型现象呈现活动外,进一步生成与设计了桥梁结构的观察探究活动、桥梁承载力的科学小实验活动以及桥梁建构制作的工程技术艺术活动。

1. 桥梁结构的观察探究活动

(1)活动形式:集体探究活动(含集体活动形式下小组合作探究等)。

（2）活动名称:桥梁的世界。

（3）活动参与对象:大班幼儿。大班幼儿不仅有着丰富的想象力和创造的欲望,而且掌握了一些基本图形的名称及结构,能说出桥梁的各部分形状,有一定的空间思维能力。他们经常在建构区用积木搭建桥梁,有时候桥梁还不稳固,容易松垮或倒掉。对探索桥梁问题很感兴趣。

（4）活动目标:在大班幼儿有了一定的桥梁形状结构感性经验的基础上,通过给幼儿呈现多种桥梁的图片、模型等,合作探究,进一步启发幼儿思考桥梁的基本构成,不同结构的可能作用,为后续探索如何让桥梁变得坚固而不断裂进行铺垫。

（5）活动内容:不同类型的桥梁(神奇的桥梁、断裂崩塌的桥梁等)。

（6）活动模式:遵循前文的活动设计,即大班集体探究 STEAM 桥梁项目活动时采用完整的"PP-O 模式"(如图 11-3 所示)。

（7）活动过程:先给幼儿多通道感知体验不同类型的桥梁,然后以小组合作讨论的方式,让幼儿再描绘出桥梁的基本结构——在给定的观察记录纸上勾选记录(如表 11-1 所示),再让幼儿尝试画一画自己喜欢的桥。

表 11-1　请勾出各种桥的组成部分

	桥面	桥墩	拉索/悬索	栏杆	桥孔
梁式桥					
拱形桥					
斜拉桥					
悬索桥					
桁架桥					

注:第一行均贴上图标。

2. 桥梁承载力系列实验探究活动

结合大班幼儿的疑问与困惑,在他们的认知经验与能力的基础上,以集体活动与分组探究形式展开聚焦桥梁"承载力"问题的实验探索。探索的核心问题对应幼儿关注的那些问题,即怎样的桥梁更结实? 先给幼儿提供材料,2 人一组展开自由探索。然后看看小朋友的方法,进行总结分享。再结合幼儿的思考,就桥面和桥墩两个方面提出研究问题与研究假设,进一步进行严格的科学实验检验。每一个分问题对应一次实验活动,科学实验探究由多次集体探究活动组成(活动部分过程如图 11-6、图11-7 所示)。

图 11-6　小组合作操作实验

图 11-7　交流实验发现与教师小结

探究分问题 1:增加桥面厚度能让它承受更重的东西吗?

实验假设(H_0/H_1):增加桥面厚度不能够让它承受更重的东西/增加桥面厚度能够让它承受更重的东西。

实验材料:牛奶罐(作为桥墩)、白纸若干(作为桥面)、硬币(作为载重物)。

实验过程:桥墩距离不变,先放上 1 张白纸即一层桥面(注意要居中地放在两个桥墩之间),然后在桥面中间逐个加硬币,观察在放第几个硬币时桥面坍塌了并记录下来;然后开始加厚桥面,放 3 张、5 张、7 张……观察记录实验结果,对观察记录表进行统计分析,从而检验实验假设。

观察记录表如表 11-2 所示。通过观察记录帮助幼儿直观分析不同厚度的桥面与承重数量的关系。

表 11 - 2　桥面厚度与承载硬币数量的观察记录

	（白纸）	（硬币）
幼儿自己选择放多少白纸		

探究分问题 2：改变桥面形状能让它承受更重的东西吗？

实验假设（H_0/H_1）：桥面的褶皱越多越不能让它承受更重的东西/桥面的褶皱越多越能让它承受更重的东西。

实验材料：牛奶罐（作为桥墩）、白纸一张（作为桥面）、硬币（作为载重物）。

实验过程：桥墩距离不变，将一张白纸不作处理直接放上去（注意要居中地放在两个桥墩之间），然后在桥面中间逐个加硬币，观察在放第几个硬币时桥面坍塌了并记录下来；接下来将白纸对折（1 个褶子）、再对折（3 个褶子）、再对折（7 个褶子）……观察记录实验结果，对观察记录表进行分析，从而检验实验假设。

探究分问题 3：改变桥墩间的距离能让桥承载更多的重量吗？

实验假设（H_0/H_1）：桥墩间的距离越长越能让桥承载更多的重量/桥墩间的距离越短越能让桥承载更多的重量。

实验材料：牛奶罐 2 个（作为桥墩）、白纸一张（作为桥面）、硬币（作为载重物）、直尺辅助（让桥墩距离更直观）。

实验过程：桥面的厚度和褶子不变，改变两个桥墩间的距离（从远到近或从近到远都可），在桥面中间逐个加硬币，观察在放第几个硬币时桥面坍塌了并记录下来；最后分析观察结果，考察是否桥墩间的距离越短越能让桥承载更多的重量。

每一个科学实验探究活动后都展开简要的分享交流与总结活动（如图 11 - 7 所

示）。同时，完成上述多个科学实验探究活动后，结合幼儿的兴趣与探究经验，展开动手动脑的工程设计活动。

3. 设计与建造牢固的纸桥活动

给予幼儿多种制作材料，3~4 人一个小组，讨论后选择所需的材料合作制作一座结实的纸桥梁。最美丽的桥？最结实的桥？设计最独特的桥梁？幼儿可根据自己的目标、喜好、兴趣，先画出心目中桥梁的样子，讨论设计一下桥的大小、结构、形状、装饰等，然后，给幼儿提供具体的活动材料，包括报纸、白纸、彩纸、餐巾纸、麻绳、胶带、固体胶、双面胶、画笔、颜料、剪刀、直尺等，让幼儿合作制作出一座桥梁。

（二）大班 STEAM 桥梁项目探究实践效果

1. 幼儿探究过程学习投入表现白描

在 STEAM 桥梁项目探究的第一个活动——典型现象呈现时，幼儿在看到图片后频频发出"哇"的赞叹声，表现出对眼前所看到的现象的很大兴趣、种种好奇与想知道、了解的急切与热情。如幼儿发出"哇！"的感叹共 13 次，"好高！好漂亮！"共 3 次，还有提问 23 次。集体活动时的氛围活跃，幼儿举手十分积极，探究氛围比较轻松，他们也忍不住展开了自由讨论。桥的承载实验过程中，幼儿参与热情高，情绪很高涨，尤其是放硬币测试纸桥承重能力时，大家都全神贯注地看着老师并一起大声数数，当桥面坍塌的瞬间，他们有的拍手大笑，有的似乎沉浸在某种思索中。总体表现出幼儿的参与度高，注意力投入了项目探究的过程。

2. 项目探究过程中幼儿涌现的疑问与提问情况

对所实践大班平时集体形式的科学探究活动中幼儿的疑问与提问表现进行观察记录，然后观察记录了在 STEAM 桥梁项目探究实践中幼儿的疑问与提问表现。由此，从集体活动中幼儿涌现的疑问与提问角度，对比了平时科学活动（如表 11-3 所示）与本次 STEAM 项目探究活动中幼儿的表现（如表 11-4 所示）。

表 11-3　平时科学探究集体活动中幼儿提问情况描述性统计分析

科学探究活动	教师提问次数	幼儿提问次数	幼儿提问/教师＋幼儿提问	幼儿人数	人均提问数
科学活动 1	49	3	5.8%	23	0.13
科学活动 2	19	0	0%	28	0
科学活动 3	25	0	0%	24	0
科学活动 4	42	6	12.5%	28	0.21
科学活动 5	32	0	0%	23	0
总计	167	9	5.1%		

注：幼儿人数是当天参与科学探究活动的总人数。

表 11-3 显示,就平时 5 次科学探究集体活动所录视频来看,教师共提问 167 次,幼儿共提问 9 次,幼儿提问占总提问的 5.1%。幼儿人均提问次数介于 0~0.21 之间。在 5 次集体活动中,幼儿提问占总提问最高的一次为 12.5%,最低为 0。总体反映出,平时的科学集体活动中,教师提问占绝对主导,幼儿自己提出问题的时候极少。

表 11-4 STEAM 项目探究活动中幼儿提问情况描述性统计分析

STEAM 项目活动	教师提问次数	幼儿提问次数	幼儿提问/教师+幼儿提问	幼儿人数	人均提问数
现象呈现活动	12	23	65.7%	31	0.74
观察探究活动	17	8	32.0%	23	0.35
科学实验活动	18	4	18.2%	26	0.15
操作设计活动	10	2	16.7%	23	0.09
总计	57	37	39.4%		

表 11-4 显示,大班 STEAM 桥梁项目探究包含了 4 类活动:现象呈现活动(1 次,同前面一体化探索)、观察探究活动(1 次)、科学小实验活动(3 次)、操作设计活动(1 次)。教师共提问 57 次,幼儿共提问 37 次,幼儿提问占总提问的 39.4%。在第一个现象呈现活动中,幼儿提问最多,23 个,幼儿提问占教师与幼儿总提问的 65.7%。第二次观察探究活动中占 32.0%,接下来 3 次科学实验活动中占 18.2%,操作实验活动中幼儿提问占总提问的 16.7%。幼儿人均提问次数介于 0.09~0.74 之间。在 5 次集体活动中,幼儿提问比最高的一次为 65.7%,最低为 16.7%。总体反映出,在 STEAM 桥梁项目探究活动中,教师提问次数减少,幼儿提问次数增加,幼儿提问占比增大。如现象呈现活动中,全班共涌现了 23 次提问,反映了幼儿对于桥梁项目很感兴趣。值得注意的是,不同活动中教师提问占比也不同。第一个活动由笔者完成(教师提问占总提问的比例为 34.3%),后面几个活动由笔者培训的教师完成(教师提问占总提问的比例分别为 68.0%、81.8%、83.3%),反映出不同教师在集体探究活动中的提问频率有一定差异。

与平时集体活动相比,在 STEAM 桥梁项目探究活动中,幼儿的主动提问行为明显增多。如平时幼儿提问的次数均在个位数,有的时候幼儿的提问量甚至为零。幼儿提问占比最高的为 12.5%,幼儿主动提问占师幼提问总次数的 5.1%。相比之下,STEAM 桥梁项目探究活动中,幼儿提问占比最高的为 65.7%;幼儿主动提问占总提问的 39.4%。分别高出 53.2 和 34.3 个百分点。

综上,大班 STEAM 桥梁项目活动中采取的"PP-O 模式",典型现象呈现更能吸引幼儿注意,活跃探究氛围,幼儿的一个个"哇"时刻在一开始就点燃了其探索的欲望。在项目推进方式上,从教师提问开始向引发幼儿提问转变,幼儿的参与度与积极性得到提升,教师的提问少了反而增加了幼儿提问的数量与质量。由此培养了幼儿观察现象、发现问题、提出问题的能力,继而在动手操作实验与探究中提升其问题解决能力。如何建造一座牢固又美观的桥有着大学问,蕴含着复杂的科学工程技术等跨学科智慧。

STEAM 桥梁项目探究活动中蕴含着跨学科学习机会,如科学学习包括桥梁为什么有不同的承载力(桥梁的张力与压力规律),桥梁的不同形状、结构功用等;数学学习包括桥梁的长宽高等度量,桥梁的形状结构,建造所用的材料数量等;工程技术学习包括建造所用的材料类型,桥梁不同结构的稳定性,利用纸与胶带等材料设计一类坚固的纸桥;艺术学习如发挥想象力用画笔对纸桥进行图稿设计并对桥进行装饰,设计自己心中美丽的桥梁。因此,除了上述从幼儿感兴趣状况、参与投入程度、提问状况等描述的实践效果外,那些弥散的、丰富的 STEAM 学习与跨科学思维启蒙,也是隐含其中的、或大或小的宝贵实践效果。

三、结语

本章的实践检验可为我们提供所开发的 STEAM 桥梁项目的实际效果、什么情境下有效、可能的问题或困难等重要反馈信息。综合小中大不同年龄班的 STEAM 桥梁项目一体化探究,以及聚焦大班的 STEAM 桥梁项目探究的实践,获得了如下反馈、反思与启发。

(一) STEAM 桥梁项目能在小中大不同年龄班展开一体化探究

基于高质量的、典型的真实问题所形成的 STEAM 桥梁项目,能吸引不同年龄班幼儿的兴趣与注意,既与他们的生活经验相适宜,又在他们的最近发展区里有挑战。在面对一个复杂的真实问题及其解决时,不同年龄班幼儿所看到的面或所关注的点略有不同,提出的问题的广度与深度也有一定差异。因而在不同年龄班同时展开探索时,可以跟随各自的疑问继而往前推进项目探究。正如瑞吉欧课程所总结的,当幼儿对项目产生兴趣时,自然而然地会面对他们将要探索的问题,教师的角色也就是去帮助幼儿找到他们自己的问题(卡洛林·爱德华兹等,2006)。该实践进一步检验了前期的理论探索——STEAM 教育内容质量的关键性与前提性。高质量的、好的问题有助于展开高质量的 STEAM 项目探究。优质的 STEAM 内容原料能引发不同年龄班幼儿的不同思考,同时可以进一步展开深入的一体化持续探究。此外,本次实践为同一个内容点如何在不同年龄班实现连续性学习、递进性探究与螺旋式上升提供了直接参考。

(二) 基于"PP-O 模式"的 STEAM 桥梁项目探究能激活幼儿的提问行为

问题即思维,提问是高质量学习投入的典型表现。无论大班的 STEAM 桥梁项目实践还是小中大不同年龄班的实践,无一不体现出,基于"现象呈现—问题引发"的 STEAM 项目探究模式有效吸引了不同年龄班幼儿的注意和兴趣,尤其是引发了他们自己的系列提问。尤其是大班幼儿表现出井喷式地涌现了各种各样的问题。中班幼儿也表现出活跃的思考与提问行为。小班幼儿虽然主动提出的问题明显比大班少,但表现出感兴趣、在参与、能投入。同时,他们的表达方式不同于中大班的地方是,如他们喜欢说"我知道……",当老师呈现出某现象时,他们会争先恐后地说"我知道……",然后说出他们知道的部分。但当问他们对什么有疑问、哪个地方想知道时,他们不太会提出问题。这可能是因为小班幼儿的语言表达能力或自信心尚未强化或发展起来，或长期以来的家庭与园所教育重幼儿知道什么，当他们知道时并给予高度嘉奖，很少或极少重视幼儿自己有什么疑问或提出什么问题。不过，小班幼儿的 STEAM 项目学习重在切入生活，打开眼界，重在探究的兴趣、投入与参与。看到他们在关注、感兴趣、在参与，则可以继续或持续项目活动。同时耐心倾听他们的稚嫩表达，或静候他们自己的提问。

（三）STEAM 桥梁项目实践中遇到的问题与反思

本次实践中所采取的"PP-O 模式"在不同年龄班都展现出了问题引发的运用效果。不过，也从中发现了一些值得引起注意的问题。如该模式运用时不同年龄班级是不同的教师在实施。尽管实践前对教师进行了理论培训与操作强调，不同教师实际运用"PP-O 模式"时，对该模式的理解与运用有明显差别。尤其是有的教师在行为层依然存在根深蒂固的教师主导提问、教师主宰活动节奏以及指向知识教导等痕迹。如有的教师在实施过程中不自觉地回到了由教师主导的"教师问—幼儿答"的传统模式中，不自觉地指向了简答事实性提问，如"你们有没有觉得这些桥梁外形有什么不同的地方呀？"幼儿纷纷举手回答："这个是在水面上的，这个是在山上的"，"这个有绳子，三角形的……"以至于幼儿也深受传统教学模式中教师提问习惯的影响，导致他们自我思考和主动提问较少，需要教师抛出问题才能继续进行下去。由此不可能避免地压抑、消减了幼儿提问的意愿、空间与机会。如何能转变长期以来教师根深蒂固的不合理理念与行为惯性，真正践行本书所建构的理念，如高质量的 STEAM 教育模式、高质量的 STEAM 教育内容遴选等，以及真正理解、消化幼儿园 STEAM 优质项目开发理念，都是 STEAM 项目探究实践的现实挑战。

（四）几点教育与政策建议

基于 STEAM 桥梁项目的实践探索与反思，提出如下教育与政策建议：(1) 让"教练"（coaching）搭建起从理论到行为之间的桥梁。教师的培训不能仅仅落在理念理论层，还需要浸入教室、浸润课堂的行为观察与反馈指导。若缺乏手把手的实质性指导反馈，可能难以改变教师头脑中根深蒂固的陈旧理念或难以实现教师对科学理论、理念的合理解读。教练模式强调指向实践的过程性学习与及时的针对性反馈和指导（彭杜宏，2019）。整个教育系统包括幼教领域有待发展"教练"（Coacher）这一职业，在理论到行为之间需要搭建起有效的、具体的桥梁。(2) 大力加强职前职后幼儿教师的 STEAM 教育素养。当前对职前幼儿教师的科学教育素养或 STEAM 教育素养的培养、考核均极为微弱。如职前幼儿教师专业课程中，仅有限的 1～3 门课程（包括有的仅作为任选课）与科学教育或 STEAM 教育有关，职前教师缺乏深入系统的科学探究训练。此外，一些关键的评价机制或环节中对教师 STEAM 教育素养忽略、忽视。人才招聘环节多局限于广而泛的知识理念或"琴棋书画吹拉弹唱跳"等技能。这种评价政策或评价环节中对教师科学素养、科学教育素养乃至 STEAM 教育素养的忽视同样出现在在职幼儿教师身上。因此，职前职后幼儿教师的 STEAM 教育素养亟待引起重视。

第十二章

"如何设计塑料替代品"的幼儿园 STEAM 项目实践探索

对于幼儿而言,"幼儿如果能按照自己的意愿、根据自己的想象,摆布出、拼装出、创构出他自己所欣赏的东西,做出超过他此前水平的东西,这就够了,这就是幼儿的自主创新。"(吴康宁,2002)本章便以世界前沿真实问题:"我们可以创造一种环保的塑料替代品吗?"所开发的幼儿园 STEAM 项目——塑料替代品探究(详见第七章)为蓝本,在幼儿园集体活动情境下开展 STEAM 项目探究实践。以期考察基于前沿真实问题的STEAM 项目探究在幼儿园小班实践的可行性,同时观察记录小班 STEAM 项目探究的实际效果、遇到的问题与所需的支持等。

第一节 STEAM 塑料替代项目的实践思路与准备

一、STEAM 塑料替代项目

STEAM 塑料替代项目是基于"我们可以创造一种环保的塑料替代品吗?"前沿真实问题发展出的项目。该真实问题也可以转化为易于幼儿理解的浅显表述,比如:我们可以选用一种对环境友好的东西来代替塑料吗? 什么东西能替代塑料且环保呢? 我们可以不用塑料做出同塑料品一样好用的东西吗? 由于该 STEAM 项目重在探索如何取代塑料,为简洁命名和便于理解,将其称之为 STEAM 塑料替代项目。第七章从理论层面分析开发了 STEAM 塑料替代项目探究,本节着重在幼儿园班级展开集体活动为主的项目探究实践。

二、STEAM 塑料替代项目的实践思路与设计

项目的实践拟采取集体探究活动为主、区域环境创设为辅,由此展开 STEAM 塑料替代项目的实施探索。其实践思路与设计简述如下:

（一）作为情境理解的集体活动

情境教育创始人李吉林指出,情境是人性化的教育环境,是特别适应儿童作为一个完整的人全身心活动其中的教育环境(郭敏,2023)。以班级授课为主要形式的集体教学活动,强调教学活动的教育性和教师的主导性。作为情境理解的集体活动提倡教师重在组织设计集体活动、学习情境与氛围,强调发挥幼儿身上的自主参与性和创新性。幼儿是集体活动中学习与探究的主体、主角,教师是集体活动、氛围、情境的组织设计者。本项目实践过程中,将集体教授活动设计为作为情境理解的集体探究活动。具体而言,集体活动重在提供一种集体探究的情境与氛围,如呈现真实问题表现出的典型现象,在集体情境下观察、感知、体验,以及小组合作操作、探究、解决问题等,而非教师主导的集体教学或集体形式下的教学活动。

（二）遵循"PP-O 模式"的集体活动

以第四章所建构的高质量的学前 STEAM 项目探究模式为指导,整个项目的实施过程采取"PP-O 模式"展开,即现象呈现—问题引领—操作探究的 STEAM 项目探究。

1. 现象呈现:围绕真实问题"我们可以创造一种环保的塑料替代品吗?"多通道、多模态地呈现该真实问题表现出的典型现象。

2. 问题引领:通过典型现象的呈现,如塑料垃圾及其严重污染的各种典型的、代表性的现象,呈现的形式包括视频、绘本、图片、课件乃至实地参观等,观察幼儿的关注、兴趣、好奇、疑问状况等,倾听、记录幼儿的疑问与提问,或协助幼儿表达他们想要表达的疑问、困惑等,梳理形成该真实问题背后的问题探究空间。

3. 操作探究:以核心科技工程问题(幼儿提出的以及教师梳理的融合形成有价值探究问题)引领幼儿的动手操作探究。结合小班幼儿所提出的问题,提供丰富适宜的工具材料,一次聚焦一个问题,展开动手动脑的操作探究。探究的过程既具有层层递进特征,又具有灵活生成性特征。如跟随幼儿的提问,增删问题探究空间里的问题以及调整改变活动的设计。

（三）实践活动效果观察指标选取

结合学前 STEAM 教育核心目标(参见第二章),拟观察记录小班幼儿的 STEAM 探究兴趣(好奇心)、学习投入(专注表现)、主动性(主动回答问题)、提问行为等过程性表现。

（四）实践过程设计

实践过程拟采取预实践与正式实践两大环节。预实践由苏州科技大学大学生创新创业训练计划项目(创新类项目)"瞄向世界前沿未解真实问题的幼儿园 STEAM 教育课程开发研究"(2022009001X)课题主持人及课题组成员具体实施。正式实践由学前教育专业大四年级准幼儿教师具体实施。预实践与正式实践均在幼儿园自然班级与日常保教情境与集体活动情境下展开。两类实践的全程均由笔者负责指导、解释、支持与协助等。

预实践为 3 次集体活动（不同年龄班时长不等），正式实践约 1 个月的时间。

三、项目实践的前期准备

（一）参与对象的确立

预实践与正式实践的参与对象均获得苏州科技大学学前教育专业实践基地幼儿园的大力支持。具体而言，预实践跟随学生两周见习随机进入幼儿园小中大班。正式实践结合实践基地的具体情况，拟随机抽取该园 A 小班开展实践探索。该班级幼儿共 34 人，男孩 16 人，女孩 18 人。年龄范围为 42～55 个月。班级 2 位带班老师、1 位阿姨、1 位实习生（准幼儿教师）。实践始于小班第二学期开学第一个月后。

（二）活动材料的准备

开展活动前，充分收集与塑料污染、塑料替代有关的典型图片、视频、绘本、模型、实物、课件等各类材料。此外，收集有关气候问题的国内国际会议新闻，虽然幼儿不一定看得懂，但需要的时候可以让幼儿感知体会人类社会当下的迫切问题。

第二节　STEAM 塑料替代项目的实践过程与效果

一、STEAM 塑料替代项目的实践过程

（一）STEAM 塑料替代项目的预实践

在 STEAM 塑料替代项目正式实践探索之前先进行简要的预实践。以前文"STEAM 塑料替代项目的实践思路与设计"为指导，即项目实施在作为情境理解的集体活动背景下，采取"PP-O 模式"展开。现象呈现采用典型绘本的方式，即选取直指真实问题典型现象表现的代表性绘本 3 本，在幼儿园不同年龄班集体情境下开展教师引领的绘本观阅与交流活动（如图 12 - 1 所示）。预实践表明，不同年龄班幼儿均对所阅读分享的绘本表现出浓厚的兴趣，全程参与度高，有时迫不及待地向老师提问。反映了这些绘本能激发幼儿的探究兴趣，也引发了他们诸多认知冲突、困惑与思考。同时初步反映前沿真实问题"我们可以创造一种环保的塑料替代品吗？"可以在幼儿园开展 STEAM 项目探究。

图 12 - 1　不同年龄班集体情境下前沿真实问题的绘本观阅与交流活动

(二) STEAM 塑料替代项目的正式实践

尽管第七章提供了 STEAM 塑料替代项目开发的蓝本,但具体到特定班级幼儿进行实践检验时,依然需要遵循"PP-O模式"。也即,项目形成之初需要倾听所在班级幼儿的声音——他们对眼前呈现的真实问题表现出的典型现象有哪些具体的关注点、疑问等。基于此梳理出特定班级幼儿自己感兴趣的问题、想探究的问题,由此融入现实真实问题背后的问题探究空间中,形成结合特定班级幼儿的问题探究空间。因此,STEAM 塑料替代项目实践中问题探究空间的形成是一个动态生成的、个性化的过程。简言之,经由真实问题表现出的典型现象呈现→幼儿兴趣、疑问、问题的引发→教师观察倾听记录→融合与梳理→形成该班幼儿的问题探究空间。至此,STEAM 塑料替代项目初步生成与形成。然后进入项目探究的推进阶段——聚焦问题的动手动脑操作探究,下面简述本项目实践的过程。

1. 现象呈现

围绕"我们可以创造一种环保的塑料替代品吗?"这一前沿真实问题,先让幼儿多通道、多感官地感受"塑料污染"的各类代表性现状(如表 12 - 1 所示)。教师事先准备好各类典型现象的多样化表现。因此现象呈现之前,教师最重要的角色即支持者——高质量内容收集、判断、精选、准备与提供的支持者。由于小班幼儿的集体活动时长一般 15 分钟左右,现象呈现共由 3 次独立的集体活动完成。如集体活动 1 主要呈现塑料污染的代表性视频,包括被塑料困扰的蓝鲸、塑料污染的海洋等,观看过程中和观看后教师观察、倾听、记录幼儿的反应。然后将反映塑料污染后果的模型——蓝鲸放在教室中央,幼儿观看或上前触摸模型。教师继续观察、倾听、记录幼儿的反应。集体活动 2,教师带领幼儿一起翻阅绘本《塑料岛》、《塑料星球》,客观陈述其中与塑料污染有关的内容。一页一页慢慢地翻阅,从而让幼儿有充分的时间感知、体会和思考。教师同步观察、倾听、记录幼儿的反应。集体活动 3,将幼儿分成六组,给每组幼儿发放塑料污染的彩色图片(每组 8 张 A4 大小的彩色图片),引导幼儿与同伴谈论图片的内容或发表自己的疑问,让幼儿自由观看、讨论。教师在一旁继续保持敏感观察、耐心倾听,并记录幼儿的反应与表现。综上,这一系列过程中,教师是作为观察者、支持者角色出现的。教师并不向幼儿提任何问题或讲解、说明、教授自己的意见,而是通过每一次的现象呈现观察幼儿自己心中的困惑和问题,观察幼儿对"塑料污染"这一现象的关注度、感兴趣程度。经过多通道、多模态的典型现象呈现,发现幼儿很感兴趣,大多幼儿投入其中,普遍表现出关注、专注。

表 12-1　塑料污染典型现象呈现

种类	多通道材料	
1. 视频	(1) 深受其害的蓝鲸	集体活动 1
	(2) 塑料垃圾污染,海洋生物深受其害 	
2. 模型	遭受塑料污染的蓝鲸 	集体活动 1
3. 绘本	(1)《塑料岛》	集体活动 2
	(2)《塑料星球》	
4. 图片	幼儿身边的塑料垃圾 	集体活动 3

2. 问题引发

问题引发包含了对幼儿兴趣表现、好奇点、关注点、疑问与提问等的观察记录。有时候幼儿并未直接或完整表达出自己的疑问,只是表现出兴趣和关注。教师可以辅助幼儿表达,或询问幼儿是否在想……来确认幼儿可能的疑问。问题引发与现象呈现同步进行。具体过程同上文的"现象呈现"。此时段教师最主要的角色是观察者、倾听者与记录者,客观记录幼儿的反应。自下而上地倾听、记录幼儿的疑问、提问,获知幼儿在充分感知该真实问题现象后的兴趣点、关注点、好奇点和疑问点。本次实践倾听记录到的幼儿的主要疑问、提问如表 12-2 所示。表 12-2 显示,在呈现真实问题典型现象过程中,引发了幼儿很多的疑问、提问。例如,幼儿普遍对为什么塑料垃圾那么多、吃了塑料垃圾会死的问题感兴趣也很疑惑。又如,幼儿对海洋里的大量塑料垃圾很关注,不知道为何海里有那么多垃圾,以及对小区或路边人们为什么不把这些垃圾扔进垃圾桶;垃圾桶没有放满,外面的垃圾为什么不放进去等好奇。

表 12-2 真实问题现象呈现过程中幼儿的疑问、提问

典型现象呈现			幼儿的关注点与疑问、提问
序号	材料类型	名称	
1	模型	海洋遭受塑料污染后果的模型	1. 鲸鱼在吃什么? 2. 为什么它在吃垃圾呢?
2	图片	身边的塑料垃圾	1. 人为什么不把这些垃圾扔进垃圾桶啊? 2. 这个垃圾桶没有放满,这些外面的垃圾为什么不放进去呢? 3. 这里好多垃圾!
3	绘本	《塑料岛》	1. (海鸟、海龟、海狮……)它们都在吃塑料吗? 2. 为什么塑料都抛入海中? 3. 它好像被网住了。 4. (塑料岛)好可怕……为什么岛上这么多垃圾?
		《塑料星球》	1. 为什么塑料一直在呢? 2. 这些塑料在地球上不会消失吗? 3. 水里扔了好多塑料啊。
4	视频	塑料垃圾污染,海洋生物深受其害	1. 为什么海里有那么多垃圾给动物吃? 2. 为什么海洋生物吃了会死? 3. 为什么海鸟吃了很多垃圾? 4. 螃蟹被套住塑料袋里了!
		深受其害的蓝鲸	1. 为什么它里面有那么多塑料垃圾啊? 2. 可是它们吃了会生病会死。 3. 为什么垃圾会到海里去呢?为什么海里有这么多垃圾? 4. 为什么海鸥看见一些塑料就把它吞进肚子里?

3. 形成问题探究空间

结合自下而上倾听、记录、梳理幼儿提出的各种疑问,以及教师自上而下逻辑分析

该真实问题背后需要深入探究的核心科技工程问题,形成所在班级幼儿对该真实问题探究的问题探究空间(如表 12-3 所示)。例如,根据幼儿的疑问"塑料垃圾为什么那么多?",教师可引领幼儿探索塑料垃圾是会慢慢变多还是会慢慢消失,继而概括提炼其科学问题:塑料会消失吗? 或塑料垃圾会消失吗? 融合静态预设与动态生成,有机形成具体班级幼儿的问题探究空间。

表 12-3　A 小班问题探究空间分析

真实问题	核心问题	递进性分问题
我们可以创造一种环保的塑料替代品吗?	1. 塑料垃圾会消失吗?(为什么那么多塑料垃圾?)	(1) 塑料和其他东西一样放在水里时间长了就会"消失"吗?
		(2) "捣碎"后的塑料放在水里会"消失"吗?
		(3) 把塑料埋在泥土里它会"消失"吗?
	2. 我们应如何扔放塑料垃圾?	(1) 废弃塑料和其他垃圾放在一起可以吗? 不同的垃圾如何放?
		(2) 如何不让塑料垃圾流到海里去?

值得一提的是,并不是前沿真实问题"我们可以创造一种环保的塑料替代品吗?"背后只有这些需探究的问题。理论上,任何一个世界前沿真实问题都有着巨大的问题探究空间。但实践上,具体项目实践过程中需要跟随特定班级幼儿,形成特定年龄、特定班级的问题探究空间。

4. 生成 STEAM 项目

据表 12-3 问题探究空间来开发具体的 STEAM 分项目与项目活动,带领所在小班幼儿 STEAM 项目探究活动设计与活动开展。例如,从表 12-3 可以看到,STEAM 塑料替代项目可以形成两个分项目及其相应的若干项目探究活动。分项目一围绕核心问题 1"塑料垃圾会消失吗? 为什么那么多塑料垃圾?"而展开。分项目二围绕核心问题 2"我们应如何扔放塑料垃圾?"而展开。可据分项目探究的核心问题分别取一个简洁名字。

(三) STEAM 塑料替代项目探究的教育目标

以第二章"高质量学前 STEAM 教育的目标研究"为理论指导,提出幼儿园 STEAM 塑料替代项目的核心教育目标:(1) 保护、支持或激发幼儿对塑料垃圾及其危害的关注与探究兴趣。(2) 在探究过程中保护或塑造幼儿专注主动、想象创造、持续探究与钻研热情等积极学习品质以及对身边环境保护的关心关注。(3) 通过幼儿亲身经历的操作探究与实际行动,熏陶幼儿的环保意识,启蒙幼儿的科学思维以及寻求替代塑料品的想象力与问题解决能力。

该核心目标落实到小班的具体实践中,结合小班幼儿的认知水平与学习需求等,在小班阶段的教育目标着重于:保护或激发小班幼儿对塑料垃圾及其危害的关注、关心与探究兴趣。在探究过程中保护小班幼儿的兴趣、好奇、投入、想象、创造等积极学习品质。初步熏陶幼儿的科学思维与环保意识。下面的探究活动都指向并围绕这一教育目标而展开。

（四）STEAM塑料替代项目探究的推进

1. 分项目一及项目活动

分项目一围绕"塑料会消失吗?"这一核心问题来展开STEAM探究活动。由此展开的多个项目探究活动都是检验塑料垃圾会不会消失或会不会自行消失。由此提供不同材料、环境条件、干预措施等,深度检验这一问题。实践操作如表12-4所示,部分过程如图12-2、图12-3、图12-4所示。每一次集体活动独立探究一个项目活动。

表 12-4 "塑料会消失吗?"分项目的探究活动

操作材料:小塑料瓶、塑料零食袋等,纸杯,水果皮(易捣碎的类型如香蕉皮)、小菜叶、糖等,捣碎工具(如石块、种植工具),不同的环境(如水、泥土)。

探究活动	分组探究	放置时间
探究活动1:观察水果皮、菜叶、糖与塑料在水中不同时长下的消失情况	组1(若干):香蕉皮＋装有水的杯子(搅拌)	1天、1周、1个月
	组2(若干):菜叶＋装有水的杯子(搅拌)	1天、1周、1个月
	组3(若干):糖＋装有水的杯子(搅拌)	1天、1周、1个月
	组4(若干):塑料＋装有水的杯子(搅拌)	1天、1周、1个月
探究活动2:观察水果、菜叶与塑料在水中不同时长下的消失情况	组1(若干):香蕉皮＋捣碎＋装有水的杯子(搅拌)	1天、1周、1个月
	组2(若干):菜叶＋捣碎＋装有水的杯子(搅拌)	1天、1周、1个月
	组3(若干):塑料＋尝试捣碎＋装有水的杯子(搅拌)	1天、1周、1个月
探究活动3:观察塑料与菜叶在泥土中不同时长下的消失情况	组1(若干):塑料＋装有泥土的杯子	1天、1周、1个月
	组2(若干):菜叶＋装有泥土的杯子	1天、1周、1个月

图 12-2 幼儿亲自动手操作探究1(不同物质材料的消失情况)

图 12 - 3 幼儿亲自动手操作探究 2(捣碎香蕉皮)

图 12 - 4 幼儿亲自动手操作探究 3(泥土环境)

上述三个探究活动过程中,教师制作了观察记录表(如表 12 - 5 所示),让幼儿尝试根据自己的观察结果进行记录。记录以小组为单位,一个小组一张记录表。活动结束,教师组织幼儿分享探究操作的结果。

表 12 - 5 幼儿观察记录表

1 天				
1 周				
1 月				

注:看到消失了就画✓,没有消失就画✗。

最后,教师进行提升小结。教师呈现树叶、塑料等在土壤中消失的图片,让幼儿感知塑料难以消失、不易分解的科学现象(如图 12 - 5 所示)。由此让幼儿感知理解:这么多塑料垃圾,是因为这些塑料一直在不断堆积,随着时间的推移,它们变得越来越多。同时,由于塑料自己不会轻易消失或很难消失,以至于陆地上、海洋里到处都是塑料垃圾。人们居住的环境、小动物和海洋生物的生活环境也遭到了破坏。究竟如何能解决这样一个现实的难题,若能在幼儿幼小的心灵里埋下兴趣的种子,发展出持续探究问题的兴趣,或初步熏陶幼儿的科学思维与环保意识,STEAM 塑料替代项目的探究目标就圆满或超标达成。

图 12-5　树叶和塑料在土壤中的消失情况

2. 分项目二及项目活动

分项目二围绕"我们应如何扔放塑料垃圾?"这一核心问题来展开 STEAM 探究活动。由此展开的多个项目活动都是探索人们应如何合理投放塑料垃圾才不会导致水里或海洋里漂浮很多塑料垃圾。鼓励幼儿大胆想象,强化幼儿的探究兴趣,发展幼儿的想象创造力,熏陶幼儿的环保意识。

实践操作从简要回顾上次活动的发现,塑料垃圾难以消失、消解开始,进一步呈现此前看过的各种塑料垃圾破坏环境与海洋生物的图片,并回顾幼儿的关切与疑问:"垃圾桶里面没有放满,为什么不把外面的垃圾放进去呢?""为什么垃圾会到海里去呢? 为什么海里有这么多垃圾? (岛上、海里)为什么这么多塑料垃圾?""可是它们吃了会生病会死。"由此引导幼儿探索我们应如何扔放塑料垃圾,如废弃塑料和其他垃圾放在一起可以吗? 不同的垃圾如何放? 如何不让塑料垃圾流到海里去? 围绕"我们应如何扔放塑料垃圾?"这一核心问题及其递进性分问题,充分组织有关怎样更好地放垃圾的设想、设计与想象活动,以及回家投放垃圾的感知体验操作活动。上述集体活动中都由具体的分问题引领,教师是整个活动的支持者、组织者。教师除了准备丰富的必要材料工具外,就是支持、鼓励幼儿基于问题的感知、设计、想象与操作探究。

二、STEAM 塑料替代项目的实践效果

(一) 幼儿平时集体活动中的学习过程表现

先对实践小班幼儿平时集体活动中的学习过程表现进行为期 2 周的连续性观察,记录幼儿的学习过程表现,包括学习投入/专注表现、主动提问行为、主动回答行为等。观察结果如表 12-5 所示。

表 12 - 6　A 小班幼儿平时集体活动过程中的学习表现

集体教学活动	参与幼儿	学习投入/专注表现	主动提问行为	主动回答问题行为
三只蝴蝶(语言领域)	30 人	11 人(37%)	0 人(0)	18 人(60%)
折纸花(艺术领域)	31 人	13 人(42%)	2 人(6%)	8 人(26%)
美丽的小金鱼(科学领域)	32 人	15 人(47%)	0 人(0)	24 人(75%)
熊宝宝的小芽芽(语言领域)	32 人	12 人(38%)	0 人(0)	19 人(59%)
蜜蜂做工(艺术领域)	32 人	12 人(38%)	1 人(3%)	10 人(31%)
春来了(语言领域)	34 人	12 人(35%)	0 人(0)	14 人(41%)
春天的快递(语言领域)	34 人	12 人(35%)	0 人(0)	20 人(59%)
春风(语言领域)	33 人	11 人(33%)	0 人(0)	13 人(39%)
春天(艺术领域)	34 人	13 人(38%)	0 人(0)	17 人(50%)
热闹的花草地(艺术领域)	33 人	14 人(42%)	0 人(0)	14 人(42%)

注:连续观察 10 次集体活动的过程记录。括号外为人数,括号内为百分比。

表 12 - 6 显示,10 次集体活动中,每次有约 33 位幼儿在场。在 10 次集体教学活动过程中,幼儿表现出学习投入、保持专注的人数范围 11~15 人,占比在 33%~47%之间,平均占比 38%的幼儿能全程参与、注意力比较集中。表现出平时集体活动中幼儿感兴趣、学习参与投入的总体一般。集体活动中幼儿的主动提问行为几乎全部为零,在 10 次集体活动中,共仅有 3 人次提问表现。在教师提问情境下,幼儿表现出主动回答问题的人数范围在 8~24 人,占比在 26%~75%之间,平均 48%的幼儿有主动回答教师提问表现。上述观察记录同时可以发现:日常的集体教学活动中,教师的教学模式高度相似,即教师讲幼儿听,教师问幼儿答。每一次活动中教师会向幼儿提较多的问题(这与第 11 章的发现一致);主动去回答教师问题的幼儿接近一半,但部分幼儿是模仿其他幼儿的回答或答非所问。同时由于问—答模式没有给予幼儿提问的时间与机会,以致幼儿既没有被熏陶提问的意识,也没有被培养提问的能力。总之普遍表现出幼儿极少主动向老师提问。

(二) 幼儿在 STEAM 探究活动中的学习过程表现

对所在小班幼儿在 STEAM 探究活动中的学习过程表现进行连续性观察,记录幼儿的学习过程表现,包括好奇心/探究兴趣、学习投入/专注表现、主动提问行为、主动回答行为等。结果如表 12 - 7 所示。

表 12－7　A 幼儿园小班幼儿 STEAM 探究活动中的学习过程表现

	参与幼儿	好奇心/感兴趣	学习投入/专注表现	主动提问行为	主动回答问题行为
我们身边的塑料污染	32 人	25 人(78%)	15 人(47%)	14 人(44%)	0 人(0)
废弃塑料会消失吗	32 人	21 人(66%)	23 人(72%)	2 人(6%)	14 人(44%)
废弃塑料的管理	32 人	20 人(62.5%)	17 人(53%)	3 人(9%)	16 人(50%)

注:好奇心/感兴趣记录的是活动前 5 分钟幼儿的感兴趣表现。

表 12－7 显示,每次 STEAM 探究活动参与的幼儿都是 32 人。在活动开始的前 5 分钟,表现出感兴趣的幼儿人数在 20～25 人之间,占比 62.5%～78%。大部分幼儿表现出了对项目探究活动的兴趣。在 3 次项目活动过程中,平均有 57% 的幼儿全程比较投入,注意力集中,能参与探究活动中并能自主操作探究。由于"现象呈现—疑问与兴趣引发的 STEAM 项目探究"模式注重教师的观察倾听和支持,教师的提问相对较少,但是有 31.25% 的幼儿主动回答教师的问题,其中仍有部分幼儿的回答是模仿其他幼儿或是答非所问。但在 STEAM 活动开展过程中,经教师的引导,平均有 19.8% 的幼儿能对活动中自己不懂或好奇的地方主动提出疑问。从整体来看,小班幼儿在 STEAM 项目探究活动中的感兴趣状况、参与投入程度以及主动提问行为等学习表现与班级平时集体教学活动上存在很大的不同,幼儿在学习过程中的积极表现明显更好。

综上,经过为期 2 个月的初步实践,结果发现:(1) STEAM 塑料替代项目一定程度上引发了小班幼儿的探究兴趣,具有一定的适宜性。在 STEAM 项目探究之始,大部分幼儿也表现出感兴趣。(2)基于"现象呈现"的 STEAM 项目探究活动吸引了大部分幼儿的兴趣与注意,引发了幼儿较多的主动提问行为。(3)与幼儿园日常集体教学活动中幼儿学习表现相比,幼儿在所开展的 STEAM 项目探究活动中的主动提问行为、专注投入状况均高出近 20%。

三、结语

本章对前期所开发的 STEAM 塑料替代项目展开了一定范围和一定程度上的实践探索。同时,完整地记录了 STEAM 塑料替代项目的实践设计、前期准备、预实践、正式实践以及实践效果等。纵观整个过程,所获得的主要反馈与启发如下。

(一) STEAM 塑料替代项目探究能始于幼儿园小班

正式实践之前,在幼儿园小、中、大班分别展开了基于"现象呈现—问题引发"的绘本阅读分享活动。预实践的结果表明,所呈现的典型现象——塑料污染问题的典型绘本,不仅对中大班幼儿有吸引力,而且也能吸引住小班幼儿的注意,在幼儿园小班也具有展开的适宜性。由此,正式实践时结合实践基地的具体情况,在幼儿园小班展开了为期一个月的探索。据幼儿探究过程的多维度观察与记录得出,在 STEAM 塑料替代项目探究过程中,不仅能引发幼儿的疑问、提问,而且也能展开基于他们自己的疑问、提问的动手操作探究。过程中,幼儿的参与比例、感兴趣比例、学习投入/专注比例等都比较高。因此,经过实践得出,STEAM 塑料替代项目能在幼儿园小班开始探究。

(二) STEAM 塑料替代项目实践中的困难与问题

STEAM 塑料替代项目实践过程中,同步也遇到了一些困难。主要表现在:(1) 在现象呈现活动中,由于此前幼儿习惯了回答教师的提问而不是自己提问,因而在刚开始的时候,给予了较多的鼓励后幼儿才开始提出自己心中的困惑。同时,由于年龄偏小,小班幼儿的提问较多关注到典型现象(基于视频、图片、模型呈现的)的表面,若完全依据幼儿的提问生成项目活动,会有一定的难度。(2) 幼儿操作探究活动中教师保持全面观察有困难。由于每一小组分散在班级各区域,仅 1～2 名教师很难将每个幼儿的操作表现记录下来。因而只能间歇性地观察记录幼儿的操作探究和疑问。(3) 活动需要教师以一种全新的、变革性的角色出现,这对于教师来说具有一定的挑战性。如在以往的集体活动中,主导权往往掌握在教师手中,惯常模式是教师提问,幼儿回答,教师是拿话筒的人,是主控者。而本次项目探究活动与之截然不同。教师的主要角色是支持者、观察者、倾听者、记录者。教师通过幕前幕后的大力支持,让幼儿的小眼睛、小耳朵、小嘴巴、小手、小鼻子等全身调动起来,然后鼓励幼儿大胆说出自己的疑惑、问题,提供给幼儿有趣的亲自动手操作探究的机会等。活动过程中,教师以观察、记录幼儿的参与表现为主,必要时给予回应或介入。这给予了幼儿极大的自主、自由探索与表达的空间。只是教师习惯了主导和主控,如何做到不主导或主控有一定难度。此外,实践过程中也出现一些问题。如让小班幼儿自主合作探究不恰当。实践中发现小班幼儿多以自我为中心,他们往往会自己做自己的,而不顾其他人。另外,个别活动由于材料数量不够充足,导致出现了争抢操作材料的行为。

(三) 教育建议

(1) 确保典型现象的多通道呈现以及探究材料的丰富性。幼儿处于具体形象思维发展阶段,尤其小班幼儿集中注意的时间短,所以开展 STEAM 项目活动时,要准备充分的图片、视频、模具、绘本等丰富的、能调动感官的、多样性的材料,增强趣味性,吸引幼儿,让幼儿从视觉、听觉、触觉等各个方面去感受自己身边的真实问题。(2) 多提供小班幼儿 STEAM 项目探究的机会。目前我国对于幼儿园 STEAM 教育的研究多集中于理论层面,已有实证或实践研究也多面向中大班幼儿。本次实践应用探索发现,小班幼儿有较强的探索意识,喜欢对自己感兴趣的事情或物品进行仔细地观察和摆弄,也经常喜欢问各种问题,经常向他人提出自己的困惑或见解。(3) 面对小班幼儿,教师更需要作为支持者、跟随者、观察者、倾听记录者的角色出现。给予幼儿充分的自主权,鼓励幼儿尝试自主探究。

(四) 总体展望

第十至第十二章就本书开发的 STEAM 项目样例("如何向大自然学习""如何建

构坚固的桥梁""如何设计塑料替代品")在幼儿园里进行了落地实践。在这一系列探索过程中,客观地聆听了实践场域对所开发 STEAM 项目及其资源的回应与反馈。值得欣慰的是,以高质量理论建构(如第二至第四章的目标、内容与模式研究等)所指导开发的幼儿园 STEAM 项目,确实更贴近了幼儿的心灵,尊重了幼儿主体,赢得了幼儿的青睐与喜欢。总体而言,三个项目的多维度、多层面实践表明,所开发的幼儿园 STEAM 项目初步展现出了广泛的积极效果与生命力。当中,也有出现由于实践中的人员、时间或物质等局限所带来的不足。以不同于幼儿园日常的全新模式("PP‑O 模式")来开启活动或创设环境,以教师角色的深刻变革来组织、穿引活动等理念,一定程度上也给实践者带来了挑战和困难。例如,典型现象呈现的环节,教师依然以知识拥有者或权威者的身份出现,以克制不住的惯性不时地向幼儿发出提问却忘却了留白或留意幼儿——观察幼儿内心的疑惑,倾听幼儿自己的问题,鼓励幼儿的主动提问等。上述实践也给了我们诸多反馈与启示,例如,教师自身需要不断迭代更新对儿童的认知以及相应的教育理念,不断充实与提升 STEAM 教育素养;区域与园所层面也需要给予幼儿教师大力的支持,包括提供时间、精力、财力、培训等方面的支持性环境,建设鼓励尝试、探索、允许失败的探索性文化。让幼儿教师乐意尝试 STEAM 项目,愿意实施 STEAM 项目;让 STEAM 项目成为真实的探究、优质的探究,从而惠及广大的幼儿园儿童,为儿童早期的 STEAM 探究兴趣、思维与品质铺垫。

第十三章

幼儿园 STEAM 优质项目资源应用的必要支持与保障

任何新事物、新理念的实践应用都离不开系统内外的必要支持与保障。支持条件的匮乏正是当前幼儿教师实施 STEM 教育的主要障碍之一(张新立、朱萌等,2019)。本章结合前期 STEAM 项目探究实践的反馈与反思,并从生态系统视角进一步系统考量幼儿教师顺利开展 STEAM 优质项目探究的前提性条件与保障性支持,为幼儿园 STEAM 优质项目资源落地应用以及持续推进高质量实践保驾护航。幼儿教师是高质量教育真正的实践者和建设者。因此,从系统中最核心的要素——"幼儿教师"出发,到保障系统优良运转的关键上位要素——"教育政策"(如学前教育评价政策)再到中间层面的"幼儿园—家庭—社区/社会"的协同互动与支持,立体深入阐述这些必不可少的重要支持与保障。

第一节　幼儿教师的生命状态、教育理念与 STEAM 教育素养

一、教师的生命状态

教师是立教之本、兴教之源,强国必先强教,强教必先强师(国务院,2024)。教师是实施 STEAM 教育的主体,教师素养直接关系幼儿园 STEAM 优质项目资源应用与潜能发挥。教师的生命状态、教师的基本教育理念、教师的 STEAM 教育素养等是其素养的核心体现。不改变教师,一切都是空话(叶澜,2023)。

(一)何谓教师的生命状态

教师的生命状态是一个多维的、内涵丰富的概念。热爱生活、热爱自然、热爱运动;内心干净纯朴、拥抱变化、愿意探索、开放灵活;乐观向上、身心健康、习惯良好、主动成长等都是积极的生命状态的表现。随着人们对教育本质的认识不断加深,教师的生命状态日益受到学界的关注与呼吁。如华东师范大学终身教授叶澜指出,教育是直面人

的生命、通过人的生命、为了人的生命质量的提高而进行的社会实践活动……教师只有自己活得像个"人",才能对学生产生"成人"意义上的影响……课堂教学蕴含着巨大的生命活力,只有师生的生命活力在课堂教学中得到真正焕发,才能真正有助于学生的培养和教师的成长(叶澜,2021)。全国人大代表、重庆市九龙坡区谢家湾小学校长刘希娅指出:教师的生命状态就是最好的课程,教师的一颦一笑、一言一行、一招一式就是最好的课程,教师要让自己的生命状态成为孩子们的榜样。2020 年《教育家》杂志邀请中小学校长共同探讨"教师如何从专业发展走向生命成长"。教师的生命状态、教师的生命成长与进化状态是教师角色与教师素养内在最核心的要素。

(二) 教师生命状态的全方位影响力

一个教师的职业高度取决于他生命饱满的程度,教师首先是以自己整个生命在拥抱自己的事业,他在讲台上一站,是向孩子们呈现自己全部的生命状态,用自己的生命去润泽学生的生命(李镇西,2022)。教师是教育改革与学校发展的第一资源。"你的生命状态就是你的课程资源(刘希娅,2017)。"成人生命状态对儿童的影响具有全方位性与深远性。教师是什么样的人,是什么样的生命状态,比他教他/她什么更重要(彭杜宏,2021)。可见,面对眼前丰富而鲜活的生命个体,教师的生命活力、生命状态等深刻地影响着教师自身的教与学以及儿童的学习与成长。

(三) 幼儿教师的生命生态与 STEAM 项目探究

幼儿园 STEAM 项目探究既充满无限潜力又充满诸多挑战。教师的生命状态——如对探索新事物的热情、好奇、勇气、信心,面对新事物的开放、不怕困难、不功利虚荣、不斤斤计较、愿意尝试、允许失败等都直接影响着 STEAM 项目能否实现有质量或高质量的落地与实施。此外,儿童在 STEAM 项目探究中的想象与创造时常在微小的、日常的、不经意的互动情境中涌现。在日复一日、年复一年的日常互动过程中,教师如何能最大限度地保护幼儿的想象力,支持幼儿的想象与创造天性,而不压抑、控制或破坏,这些都与教师健康积极的生命状态密切相关。教师积极向上的精气神、开放的心胸、解放的头脑、探索的热情,以及有耐心、负责任等人格面貌,直接关系到 STEAM 项目能否发挥出其应有的效应,关系到能否实现对儿童学习与成长的积极影响。综上,幼儿教师的生命状态是幼儿园 STEAM 优质项目有效实施的重要前提和质量保障。

二、教师的教育理念

(一) 何谓教师的教育理念

教师的教育理念包含着对教育的种种基本理解。在教育的基本理念上,古今中外不乏教育家提出经得起时间考验的各种经典的理论、观点、理念。如蒙台梭利的儿童吸收性心智,福禄贝尔的儿童自然生长,瑞吉欧的儿童观察记录、围绕问题深入探究等,这些理念不分领域,具有广泛普适性。这些基本的、历经岁月检验的科学理念值得教师系统阅读并融入实践的反思。

（二）基本教育理念的匮乏性

当下的教育界，越来越多的人获得了专业技能，获得了教师资格证书，却缺乏教师之为教师的心灵素养，而只有所谓的进行"教学活动"的技能，他们没有教育之为教育的理念，也没有教师之为教师的理念（金生鈜，2021）。这种现象在职前职后幼儿教师身上不乏表现。教师的一言一行的背后即其生命的状态与大脑中的观念。某些教师能把一堂集体活动课磨得炉火纯青，能在 15 或 25 分钟的集体活动中表现出技能娴熟、完美无缺（包括亲切和蔼的表情神态、温柔适中的音高语速、顺畅完整的活动组织、有问有答的师幼互动等），然而教育理念的匮乏令人遗憾。如活动中，教师始终是主角，是作为主导或教导者、主宰或主控者、传授或灌输者的角色出现。整个活动是教师设计下的按序推进，是知识的嚼烂与投喂或简单常识的复杂设计，是对幼儿记忆力的利用，是结果取向的点评与反馈等。看不到触及幼儿探究兴趣的激发、思维的启蒙、能力的促进等真正的长远奠基。教师头脑中整体的、日常的、根深蒂固的教育理念值得引起高度重视。

（三）幼儿教师的教育理念与 STEAM 项目探究

渗透在教师日常一言一行中的教育理念对儿童的影响无处不在且润物无声。真正拥有尊重儿童的教育理念，在日常一举手一投足中，会懂得呵护幼儿的天性、想象与创造表现；懂得关注儿童个体生命潜能的实现，尊重个体生命的多样性、独特性等。缺乏科学合理的理念则难有合理的教育教养行为。如根深蒂固的不合理的教育理念惯性般地指引着自己的言行，即使获得了优质的 STEAM 项目资源，但在操作实施上、在与幼儿非项目探究时间里的日常互动上，却是另外一番景象或面貌（包括固守知识中心观念，形式、表面或肤浅地倾听跟随幼儿，严密的结构化集体教学与教师主导主宰惯性等等）。因此即使有高质量的课程或项目资源加持，若没有科学合理的整体教育理念及其日常普通的点滴言行护航，也可能难以发挥优质资源的学习效应。以发生在幼儿园里的一个微小真实镜头为例：

一中班幼儿看到了一个新的器具，他尝试着摆弄，感觉它像个扫把，可以这样来摆弄，他正在尝试着、摆弄着、轻轻地，毫无损坏的动作，仅是见到一个新奇的事物好奇地摆弄着。这时，老师突然对他说："＊＊＊，那不是扫把，是刮玻璃器。"示意他不要再那样摆弄。好奇的心被叫停，他似乎感受到了"指责"，流动的思维就这样被禁锢。兴许，他正在想，这个"扫把"我真喜欢，比妈妈买的轻多了。

幼儿喜欢天马行空地联系与想象——也许学习刮玻璃器的轻巧、天衣无缝的优点可以设计制作出超轻巧、超便利的新款扫把……日常生活中有多少时候、多少情境下幼儿的思维、灵感在被禁锢着？爱因斯坦说："天才就是百分之一的灵感加百分之九十九的汗水。"在这句话之后，爱因斯坦紧接着还说了一句："但那百分之一的灵感，往往比百分之九十九的汗水来得重要。"

教师简单的一句回应，背后都是教育理念。一个动作、一个行为、一句话、一个细节尽显其教育理念。即使幼儿园条件越来越好,即使有高级高端的材料器具、琳琅满目的丰富环境、优质多样的课程项目资源等,如果融入的是不合理的、根深蒂固的偏离理念,或非身心健康的生命状态,也会误导误用或失去其意义。

三、教师的 STEAM 教育素养

作为一种超越传统的、新兴的教育理念,STEAM 教育对教师的学科视野、知识储备、教学模式和创新思维等都提出了更高的要求,对教师的教育理念和教学方法提出了新的挑战(彭敏,郭梦娇,2018)。STEM 教师的专业素养对我国推行 STEM 教育起着关键的作用(张红,2019)。那么教师究竟需要怎样的 STEAM 教育专业素养与能力呢?

(一)何谓教师的 STEAM 教育素养

近年来学界不乏教师 STEAM 教育素养或能力的探讨。表 13-1 通过对国内外聚焦教师 STEAM 教育素养的理论建构与实证探索进行了系统概览,从中可打开视野看到不同研究汇聚的观点。从表 13-1 可以看到,尽管学界对教师 STEAM 教育素养存在多样性的界定,但跨学科知识或跨学科实践能力受到不同学者的共同强调。同时,在教师 STEAM 教育素养构成问题上,代表性的观点有中国教育科学研究院(2018)推出的《STEAM 教师能力等级标准(试行)》。该标准从 STEM 教育理解、STEM 学科基础、STEM 跨学科理解与实验、STEM 课程开发与整合、STEM 教学实施与评价五个维度对 STEM 教师素养提出了具体的能力要求。

不过目前研究多指向中小学教师,有关幼儿教师 STEAM 教育素养应包含哪些内容很少探讨,只能从与幼儿园 STEAM 教育相关的文献中略窥一二。比如,有学者指出,幼儿教师 STEAM 教育信念包括 STEAM 教育所需要具备的素养、STEAM 教育的潜能、STEAM 教育的挑战等(Jamil et al.,2018)。另有学者认为职前幼儿教师 STEM 教育自我效能包括对自身课程能力、实践能力、毕生学习能力、情绪能力、交流能力等方面的效能感,并发展了教师 STEM 教育自我效能量表(Chen,Huang,Wu,2021)。

表 13-1　有关 STEAM 教师素养构成的观点或结论

	作者	年份	研究名称	研究方法	STEAM 教师素养	指向对象
1	中国教育科学研究院/王素	2018	STEM 教师能力等级标准	理论建构	STEM 教育理解、STEM 学科基础、STEM 跨学科理解与实验、STEM 课程开发与整合、STEM 教学实施与评价	中小学教师
2	康毅	2018	中小学 STEAM 教师胜任力特征模型研究	理论建构+实证研究	基准性胜任特征(创新意识、爱岗敬业、乐观自信等)、鉴别性胜任特征(STEAM 教育理念、创客精神等)	中小学教师

	作者	年份	研究名称	研究方法	STEAM 教师素养	指向对象
3	王卓玉	2018	中学 STEM 教师的 TPCK 知识结构分析	理论建构	技术知识、教学法知识、内容知识	中学教师
4	陈小敏	2019	上海市小学 STEM 教师跨学科能力的调查研究	理论建构＋实证研究	多学科知识储备、创新表现、团队合作、实践运用	小学教师
5	卫篦羽等	2019	STEAM 教师能力模型构建研究	理论建构	基本要素:技术知识、教学法知识、学科内容知识;复合要素:整合技术的教学法知识、整合技术的学科内容知识、学科教学知识、整合技术的学科教学知识	
6	梁屿藩等	2019	中小学 STEAM 教师胜任力现状调查研究	实证研究	多学科知识、教学技能、个性特质、职业素养	中小学教师
7	陈珍珍	2019	云南省小学科学教师 STEAM 素养结构实证研究	理论建构＋实证研究	STEM 认知、STEM 理解、STEM 知识和 STEM 技能	小学教师
8	夏珂	2019	中小学理科教师 STEM 教学实施与评价能力研究	理论建构＋实证研究	创设 STEAM 教育情境、实施 STEM 教学、评价与反馈、反思与提高	中小学教师
9	马佳雯	2020	中学 STEM 教师教学能力的结构模型研究	理论建构＋实证研究	筹划教学活动、开展教学活动、聚焦教学发展	中学教师
10	黄晓等	2020	理科师范生 STEM 素养发展的实证研究	实证研究	理解 STEM 学科概念、综合运用四门学科解决生活问题的能力、积极的 STEM 态度	理科师范生
11	张辉蓉等	2021	STEAM 教育之基——STEAM 教师学科教学知识的基本构成与建构逻辑	理论建构	跨学科内容知识、教学对象知识、教学情境知识、教学策略知识	

(二) 教师 STEAM 教育素养的总体现状

优秀的师资队伍是 STEAM 教学质量的根本保证(范文翔等,2018;李刚等,2019),发展 STEM 教育需要卓越的 STEM 教师(杨盼等,2019)。当今世界各国都十分重视对优秀师资的培养,然而 STEAM 的师资仍然供不应求,缺乏优秀的师资已成为世界各国开展 STEAM 教育的重要阻碍(范文翔等,2018)。我国 STEAM 教师或 STEAM 教育领域相关教师的短缺非常严重且分布不均(胡卫平等,2017;李学书,

2019)。《中国 STEAM 教育发展报告》明确指出目前我国学校在实施 STEM 教育中面临的最大瓶颈就是教师问题(郑葳,2017)。目前我国没有专职的 STEAM 教师,现任大多数从事 STEAM 教育的教师的专业能力都有待提高,这一方面可以进行职前培养,另一方面也可对相关学科背景的在职教师进行系统培训,使其 STEAM 专业能力不断提升(董宏建等,2017)。

研究发现幼儿教师对 STEM 教育的认识总体偏低,幼儿教师亟需大规模的 STEM 教育培训(张新立等,2019)。澳大利亚社会科学院院士 Lyn English 指出,教育界一直以来都很关注儿童早期的发展和教育,但 STEM 教育对儿童早期发展的关注度似乎还远远不够,STEM 教师教育一直以来都严重忽视了学前教师的培养,然而学前阶段是激发儿童对 STEM 学科兴趣的关键时期,是儿童创造力、想象力、批判性思维的启蒙时期,所以儿童早期 STEM 教育其实非常重要……如果学前教师没有开展 STEM 教育的理念或方法,那么儿童就会错过一个接受 STEM 教育的好时机(姜浩哲等,2020)。

(三) 幼儿教师的 STEAM 教育素养与 STEAM 项目探究

在国家的 STEAM 教育战略中,学前 STEAM 教育事业起着固本培元的作用。如何确保学前 STEAM 教育事业实现可持续发展,师资队伍建设是首当其冲的大事(戈马军,2020)。幼儿教师 STEAM 教育素养的重要性不言而喻。幼儿教师的 STEAM 素养直接关系到 STEAM 活动实施的质量、STEAM 项目探究的顺利开展、STEAM 优质项目资源的有效应用等。

综上,教师的生命状态是底层根基,教师的教育理念是中层要素并产生综合影响,教师的 STEAM 教育素养是特定领域的直接应用与外部表现。三者融合于教师一身,构成教师这一完整的人。幼儿教师健康积极、成长进化的生态状态,整体科学合理的教育理念,专业到位的 STEAM 教育素等共同成为幼儿园 STEAM 优质项目实践实施与资源应用最核心的保障。

第二节　学前教育评价政策与家园社内外环境支持

一、学前教育评价政策的统领性支持

(一) 学前教育评价政策的影响与作用

学前教育评价政策对早期教育实践起着关键的引领与调控作用。要能在我国广大的幼儿园层面看得到重视 STEAM 教育的实践状况,看到高质量的 STEAM 项目探究实践的局面,则离不开学前教育评价政策的大力支持。教育评价政策是影响科学理念

与研究结论能否应用于教育实践的核心因素。正如实践中，教师在尝试为创造力而教的努力中常感到无助，如面临教学时间的挑战、对创造力重视程度的挑战、教育评价的挑战等（Hui & Yuen, 2010）一样。另有学者指出，当前学前教育政策过度使用命令性工具，政策工具选择偏向短期目标等，无法形成具有可持续性的学前教育质量保障系统（吕武，2016）。学前教育质量评估政策取向必须转向儿童发展（何善平等，2014）。

（二）学前教育评价政策的实践反馈

1. 来自幼儿园一线教师的声音

许多幼儿教师反映了工作中的困境。如幼儿园资深教师 A 在访谈中谈道："现在很多幼儿老师都出现'倦怠'，态度消极，这个行业挺危险的。带班并不累，但同时要承担很多的角色，做很多班级之外的事情。自己希望 90% 的时间留给班级工作，但现实是不到一半的时间是留给孩子的，如一周 5 天中，3～4 天离开班级去观摩教学和游戏、研讨、学习、园本培训、布置班级以外的环境、排节目……各种比赛、听课、观摩低水平地重复。耗掉许多精力和时间，回到家像个病人一样。"幼儿园资深教师 B 在访谈中谈道："实践中，常一个老师在班，一个老师就听课、开会、观摩去了，老师如何能做到观察儿童？一个老师在班上，另一个开会去了，观察某个孩子时，其他孩子不管啦？如何能做到以孩子的成长为中心？给了老师太多的压力，弄得太累，太累了不会再去搞什么活动或环创，随他们（小孩）自己玩玩吧。这样对孩子不公平。事情太多，关注不到每个孩子，也没有更多的精力用在孩子身上。需要给予老师充沛的精力，其实多和孩子们在一起才是重要的。"—孔窥豹，评价政策对实践产生了不浅的负面影响。正如有学者指出的，地方教育行政部门的管理与评价更关注形式、结果、集体教学，教师将儿童行为观察与支持的思想与实践常态化、持续性的过程中依旧存在不可逾越的困境，这是凭借研究者、幼儿园园长、幼儿园教师的力量无法改变的现实（刘昆，2019）。

2. 来自笔者的观察体会

当前幼儿园一日保教活动中，非潜心育人的现象依然存在或较为明显。一些工作（包括环创、保教活动、家园沟通等）做在表面；一些真正实质性的过程、真正有价值的微小的互动，一些对幼儿毕生发展而言极为重要的日常、微小的工作，由于不在评价范围内而往往被忽略。同时也由于给予教师的评价和要求太多，导致教师心有余而力不足。没有时间精力顾及太多，尤其对某些需要很多时间投入才可能有成效的，或很长时间还不一定出成效的学习与发展（比如思维能力、学习品质等）无力关注和投入。学前教育政策尤其是评价政策如何理解与支持幼儿教师的潜心践行高质量教育是一个重大课题。

综上，学前教育评价政策作为幼儿园实际教育教学活动质量背后的"舵手"，还有较大的优化空间。在我国深化新时代教育评价改革大背景下，未来研究有待基于证据反思优化之道，以系统思路解决评价带来的困境与问题。尤其是，从支持高质量的角度来反思当前评价政策与评价实践，让评价政策成为学前 STEAM 教育高质量发展的重要支持。

（三）我国学前教育评价政策的必要转向

要想把建设创新型国家从响亮的口号转变为扎扎实实持续不懈的行动,管理体制的相应改革势在必行(吴康宁,石艳,2023)。教育评价政策是管理体制的重要一环,各级各类学前教育评价政策亟待实现从评判监督、奖惩筛选的主宰理念转向支持、协助的新型变革理念,即从聚焦监督、评判转向重在支持。

1. 总体层面的支持转向

从总体或一般层面提出学前教育评价政策支持转向的具体内涵。（1）从评价一线实践者到评价管理机构部门及其管理者。高质量的学前教育受制于顶层设计与评价管理的质量。要推动我国学前教育事业的高质量发展,首要的是提高顶层设计与评价管理的质量。各级管理部门需要展开对各级管理部门管理与评价质量的自我评价或相互评价。比如,发布评价政策或实施评价实践的管理部门可以开展幼儿园教师感受到的支持质量调查;或开展幼儿教师对评价政策与实践的适切性与满意度的评价反馈。由此获得顶层设计与评价管理存在的问题与优化的反馈。始终坚持评价政策与评价实践重在指向支持、提供支持的评价理念。（2）从评价教师到支持教师。学前教育评价亟待从评判转向为支持。即不是通过评价分出优劣高低,更不是高高在上地不停地要求教师,而是不断地倾听支持教师,不断努力脚踏实地,走入基层,给予幼儿园教师高质量的支持。如幼儿园资深教师 A 谈道:"专家引领最快,像南京师范大学与幼儿园的合作,专家走进幼儿园交流与指导。而不是幼儿园教师在自己园内看来看去,低水平重复,也提升不了。工作这么多年来,最不满意自己的是专业上一直往后退,退步了很多很多,一点成长都没有。以前从学校带了满腔热情和理想来,现实不断磨灭自己的热情和热爱,被环境同化。"其言语中反映出她其实很希望获得来自园所内外的高质量的支持,发自内心地、自主地希望专业得到不断提升而不是不断倒退,希望获得提升的有力支持。评价的终极目的是改善、改进实践和提升质量。但实际的评价实践却在不断监督,不断追加要求,不断评判优劣高下以实施奖惩。综上,让评价政策及其相应实践从根本上转向倾听、交流、辅助、支持,这可能是评价促进实践质量提升的有效方式。有研究发现,幼儿园教师工作满意度处于中等水平,自评的班级教育质量处于中等偏上水平;随着教师工资收入的提高,工作满意度显著提高,自评的班级教育质量显著提高(王凯月,李菲菲,方思琪等,2022)。研究反映出即使外在物质或经济上的提升与支持也能显著提升班级教育质量。若在内在心灵上、精神上给予教师充分的关心、尊重、欣赏等人文关怀,那又会起到怎样的喜人效果?综上,学前教育评价政策有必要改变高高在上的姿态与评判优劣、实施奖惩的惯常模样,继而优化变革为以人为本、尊重人性与尊师重教的支持转向。这可能也是深化新时代教育评价改革的一个有益方向。

2. 特定领域的支持转向

以学前 STEAM 教育这一特定领域为例,对评价政策的支持转向进行如下具体内涵阐述。

(1) 省、市、地区各级学前教育评价政策须给予园所开展 STEAM 项目探究的鼓励与支持。当前幼儿园一日活动与日常教育实践中 STEAM 教育及其质量受到极大的忽视。幼儿教师抱怨有太多事务性工作,没有时间学习、钻研和准备 STEAM 教育。而 STEAM 项目探究这一新理念的落地离不开时间、材料、资金、师资、精力、评价等各方面的大力支持。然而,一些评价管理者频繁开展行政检查,时不时让全园在环境、保教、财务、管理等方面处于紧张应对中。因此,省、市、地区等各级学前教育评价政策需要以支持的态度走进园所,需要带着倾听、探讨、记录的态度,带着鼓励探索与创新、允许失败与无效的常识来对待教师,那么 STEAM 项目的探究性才可能真正得以体现,同时,幼儿园教师也可能更敢于、更乐于去摸索,更有时间去尝试、去迈向高质量。(2) 职前职后幼儿教师评价政策对园所开展 STEAM 项目探究的支持。当前幼儿教师入职前的评价以考编为关键,考编又很看重技能。入职后的评价也高度注重教师表演性技能,不重视过程,更不重视教师的科学或 STEAM 教育素养。如果要对职前职后幼儿教师进行评价,那么评价政策需要指向真正有价值的地方。同步,评价的实施也需要对园所机构开展 STEAM 项目探究提供必要的支持。(3) 项目活动评价政策转向对质量内涵式发展的支持。当前某些公开的论坛活动或主题会议上,优秀的幼儿园及其教师分享着完整、完美、成功的活动过程案例。尽管往前进步了一大步——从单一的重视结果到开始重视过程了,但过程的完整、完美、成功却成了这些优秀案例的共同特征。然而,幼儿园真实的课程活动中,真实的探究过程中,哪有那么多完美可以实现? 哪有那么多的有序、能干或顺利? 由此,活动中教师为了完整、完美、成功,不可避免地会增加很多帮助和修饰,从而让活动的过程与结果看起来优秀。因此,即使有丰富的活动过程,但这也是教师的过程,不是幼儿思维发生、发展的过程。在这样的现状背景下,评价政策需要做出科学合理的导航,从而实现对真实探究、真实过程、真实学习的大力支持。比如,要落到真正跟随、倾听幼儿,落到细小的、微小的思考过程、思考行为上。评价要引领教师多呈现幼儿真实的参与、真实的探究,无论幼儿的这种表现是否成功,无论最终形成的产品多么幼稚或简单,或无论最终是否有产品的形成——多呈现幼儿自己真实的表现,而不是教师修饰加工后的逻辑清晰的、活动丰富的、有完美产品和结果的过程。综上,重视活动过程很重要,但与此同时,不得以活动过程的完不完整、丰不丰富、漂不漂亮、整不整齐、成不成功等为评价标准。评价要真正支持高质量,就务必要看向幼儿自己,听到幼儿那稚嫩的、不成熟的、微小的思考过程和步履蹒跚的探究过程。在当前日益重视过程评价这一大好趋势下,评价政策与实践须坚守如此科学理念,防止源头上的偏离。(4) 儿童评价政策对园所开展 STEAM 项目探究的支持。通常,家庭、幼儿园、社会对幼儿学习效果的即刻显性表现有着巨大的兴趣。对于幼儿隐性的学习与发展,如学习品质发展、创造力发展、高阶思维发展、科学探究兴趣发展、身心完整成长与发展等处于忽略的状态。因此,儿童学习与发展的评价政策亟待带领众人走出对短期效应的关注与重视,继而转向为儿童毕生学习与发展的真正奠基。比如,高度重视幼儿的科学或 STEAM 探究兴趣、积极学习品质以及科学或 STEAM 思维等。不利用幼儿的惊人记忆力去看幼儿知道了什么,会唱会跳了什么,去看看他们的想象力还在不在,创造力有没有发展变化,探究兴趣与热情在不在持续等,才能较好地洞察是否真正实现了高质量。(5)评价政策的管理执行层对园所开展 STEAM 项目探究的支持。研究发现,在影响教师践行 STEM 教育教学态度的学校环境因素中,管理者的支持是当中最重要的因素(Thibaut et al.,2018)。正如按照《深化新时代教育评价改革总体方案》的要求改进高校教师的学术评价,首先需要解决的是由谁来评的问题(周川,2021)一样,幼儿园教育质量评价首先要解决的是评价者自身专业性问题。综上,撬动学前 STEAM 教育高质量发展的着力点之一是学前教育评价政策。优质的项目资源应用与高质量教育落地需要评价政策的大力支持。通过科学合理的评价政策与评价实践的大力支持,让幼儿园以及幼儿园教师得以自主自觉、勇于探索、宁静致远、凝神聚气、持之以恒地前行。

二、家园社内外环境的协同支持

理想的教育应如同一片繁茂的森林,一个充满生机的生态环境,所有的生命都尽情释放其可能性,相互依赖、相互激发(唐晓勇,2023)。由此,我们需要构建和谐的教育生态,提供肥沃的土壤与全方位的支持。下面从幼儿生活的核心生态圈及其核心生态要素展开阐述。

(一)来自幼儿家庭的支持

家长需要巨大的勇气、智慧和意志来抵制周围短平快、急功近利的各种风气与刺激,从而理解和接受长远考量的高质量 STEAM 项目探究实践。不给幼儿教师施压,不绑架幼儿园充满不确定性的探究活动,能看到幼儿的兴趣、开心、乐学、乐意探究等等积极倾向性表现,能真正接受一段时间里毫无"显性知识或技能"、毫无"可见性成果或作品"等短期效果的园所学习。在当前竞争激烈、超前学习、赢在起跑线的攀比氛围下,家长能做到这点实属不易。但若缺乏了家长的理解与支持,高质量的 STEAM 项目资源要落地就难免遇到困难,或效果大打折扣。家长的理解、参与、建议、支持等是幼儿园展开 STEAM 项目探究和优质项目资源应用的必要保障。反过来,家长只有保持不断的生命成长(包括不断学习科学的养育理念等),才能打开儿童生命成长的通道(天性与潜能),才能缩小自己认知与行为的距离……(彭杜宏,2021)。

(二)来自幼儿园的支持

幼儿园层面的支持是幼儿园班级教师开展高质量 STEAM 项目探究实践的另一必要保障。幼儿园领导与管理层要鼓励班级教师探索,提供相应的时间与精力、学习与培训、评价与鼓励、资金与财力等的支持。如在物质材料准备上,一般在 STEAM 项目探究过程中的科学实验、工程技术操作或产品设计等需要用到很多的材料或工具,有的材料或工具还不常见。若缺乏足够的经费投入,很难配齐完整的一套材料,更不用说为全班幼儿提供足够量的操作感知材料工具。除了操作材料,在 STEAM 项目探究前期,特别需要呈现高质量的典型现象,包括图片、视频、实物、模型等材料,由此需要教师花费大量的时间挑选既契合当下项目又适合眼前幼儿的各类材料,也需要花费不少时间制作引导性课件等。单时间、精力和财力可能就远超传统课程或幼儿园平时开展的语言、数学、艺术等领域课程活动。因此,幼儿园层面的支持程度直接关系到 STEAM 项目资源能否被采用、STEAM 项目探究能否顺利开展。一个支持性的园所环境才能让教师有时间去探索与钻研,有时间陪伴幼儿、聆听幼儿、观察幼儿,有内驱力去学习成长,不断迈向高质量。

(三) 来自社区/社会的支持

STEAM 项目探究是基于幼儿身边生活中真实问题解决而展开的跨学科学习。这些真实问题的探索与学习离不开周边一些现有资源的支持。2021 年国家发展和改革委员会发布关于推进儿童友好城市建设的指导意见,提出"儿童友好"理念(儿童友好是指为儿童成长发展提供适宜的条件、环境和服务,切实保障儿童的生存权、发展权、受保护权和参与权);提出了坚持儿童优先发展,从儿童视角出发,以儿童需求为导向,以儿童更好成长为目标,完善儿童政策体系,优化儿童公共服务,加强儿童权利保障,拓展儿童成长空间,改善儿童发展环境等的指导思想。周边社区、当地城市对儿童的友好、对幼儿园 STEAM 项目探究的支持需要成为社会的共同理念。如提供儿童友好与免费开放的公共资源、实物资源、社会专家资源、信息资源等;当地科学博物馆、消防站、警察局、有机农场或动植物园、智慧养老院或婴幼儿看护学习中心等对儿童免费开放或提供探索的支持。

同时,幼儿家庭、幼儿园、社会也是有机联动的系统,三者之间需要联合、联动、联手,协调合作,实现对幼儿园 STEAM 项目及其资源应用的有力支持。家庭、社区、社会、园所等共同构建高质量的幼儿园 STEAM 项目探究实践的生态系统。

三、结语

本章针对性地提出幼儿园优质 STEAM 项目资源实施应用的外部保障条件与建议,包括:(1) 教育素养完备的专业化师资,由此为 STEAM 教育优质项目资源应用提供师资保障。(2) 各级学前教育评价政策的支持转向,由此为 STEAM 教育优质项目资源应用提供动力、机制与政策保障。(3) 家庭、幼儿园、社会构成的微生态圈的协同支持,由此为 STEAM 教育项目资源应用提供生态环境保障。顶层中层底层、宏观中观微观等各层联手协同,打造起支持幼儿园 STEAM 项目探究的文化、环境、氛围、政策与制度等。有专家指出,我们的教育在不少方面都存在着妨害创新教育的障碍,诸如陈腐的教育理念、唯上的教育取向、荒谬的教育关系、灌输的教育方法,等等;不清除这些障碍,不在教育的理念、体制、文化、方法及评价等方面进行一系列创新,很难指望创新教育能有多少值得称道的突破性进展(吴康宁,石艳,2023)。同理,幼儿园要落地高质量的 STEAM 项目资源应用,也需要系统的改革完善,如从最核心的元素——教师,到周围系统中的核心支撑支持元素。政策—园所—社会—家庭等的合力改善与支持转向。这些构成了一些必要的前提性条件与保障。

至此,全书从理论引领的顶层探索,到内容层面的优质项目样例设计与优质资源开发,再到实践层面的操作与检验,最后到条件保障层面的建议,完成了对幼儿园

STEAM 优质项目资源开发与应用研究的整体探索。尽管三年多的探索结束了,但未来还有许多值得进一步研究的问题,如这些开发的 STEAM 项目样例或 STEAM 项目资源的学习与发展效应究竟如何? 哪些可能展开大中小幼儿 STEAM 教育的一体化探索? 如何落地各类保障性条件,合力推进我国学前 STEAM 教育走上高质量发展轨道? 这些重要的议题有待开启艰巨而深入的系列实证与理论研究。

附录 6　AI＋STEAM：儿童跨学科想象力展望

当今,人类开始进入一个人工智能技术迅猛发展的时代。在专家们看来,步入 AI 时代,应对未来社会的不确定性,教育给予年轻一代的应当是一种灵活的思维,让他们具备更强的应对环境突然变化的能力。某种程度而言,在这个时代,"破圈思维"将是一种"底线思维"(吴金娇,2023)。"破圈思维"也是跨越学科思考与灵活想象的突出表现。当下学校园所的 STEAM 教育要面向未来,要前瞻地应对人工智能时代需求,要培养适应时代发展需求的人才等,就离不开对个体"破圈"的想象力与创造力的高度关注。下面尝试从 AI 时代的人才需求、想象力与科学的紧密关系、儿童想象力现状与目标、STEAM 教育与儿童的跨学科想象力等方面展开阐述与畅想,以期推动园所 STEAM 教育顺利迎接 AI 时代人才培养的变革。

一、AI 时代与未来人才需求

当前,人工智能(AI)进入飞速发展时期。在人工智能时代,一切事物都向着智能化的方向发展。未来社会,满足衣食住行的生产活动将极大程度地实现机械化、自动化和智能化。人工智能逐渐在人类社会中引发翻天覆地的改变。如谷歌前首席执行官和执行董事长、美国科学院院士施密特等在《人工智能时代与人类未来》(*The Age of AI and Our Human Future*)一书中指出,人工智能是科学研究、教育、制造、物流、运输、国防、执法、政治、广告、艺术、文化等众多行业及人类生活各个方面的赋能者,它的学习、演化和让人吃惊的能力将颠覆和改变所有这些方面(Kissinger,Schmidt,Huttenlocher,2023)。人们也已见识功能不断强大的 ChatGPT,能语言理解、文本生成、多模态数据处理(如理解和生成图像、音频、视频)……生成式 AI 正带来一场全新的技术革命,这将会给人类社会的生产方式、生活方式、组织方式带来颠覆性改变(科幻名家经典书系编者,2024)。如果人工智能也会思考、生成或提出新的解决方案,那么"我们"又有何不同? 未来需要什么样的人才? 我国科幻作家刘慈欣曾说:"在未来,当人工智能拥有超过人的智力时,想象力也许是我们对于它们所拥有的唯一优势(刘慈欣,2008)。"《教育家》编辑部(2024)指出,目前最先进的 AI 大模型也存在创造力不足、缺乏想象和共情能力等局限。可见,AI 时代人才的关键素质之一可能是想象力,想象力可能是拥抱人工智能时代的关键。

二、想象力与科学

早在 1870 年，爱尔兰物理学家丁达尔发表关于"想象力的科学用途"演讲，阐述了想象力在科学研究中的作用。之后爱因斯坦指出："想象力远比知识更重要……严格地说，想象才是科学研究中的实在因素。"想象力承载着人类从古至今天马行空的梦想，成为人类进步的阶梯。科学的进步往往不是通过积累事实，而是通过想象力（托马斯·库恩，2022）。想象力是科学创造的源泉，它使我们能够超越现实，预见未来（亨利·庞加莱，2023）。综上，想象力与科学关系密切。想象力不仅是科学创新创造的源泉，而且是科学素养的核心构成，是科学课程育人价值的突出体现。

三、儿童的想象力

当今孩童的想象力正遭受异化，出现衰竭化等样态（曹永国，2017）。2009 年教育进展国际评估组织有一项数据表明，在受调查的 21 个国家中，中国学生在计算能力方面排名第一，而在想象力方面排在倒数第一……这组数据在网上一经公布，即刻引起了各个领域的热议。令人遗憾的是，它也像其他热点话题一样，瞬间被其他热点话题所取代，并没有产生更为深刻的思考和有效的实践（曹永国，2017）。中国科学技术协会曾会同中国科普研究所在全国九个省（市）72 所中小学进行了一场关于青少年创造性想象力的调研，测评总分为 80 分，参与调研学生平均得分仅 29.97 分，未达及格线（沈湫莎，2019）。

要实现高水平科技自立自强，建设教育强国科技强国，就离不开科技创新人才基础的夯实。由此中共中央、国务院连续三年发布《科学素质纲要（2021—2035 年）》《教育部等十八部门关于加强新时代中小学科学教育工作的意见》《基础教育课程教学改革深化行动方案》等政策文件，呼吁要克服单纯教知识学知识等现象，大力激发青少年好奇心和想象力，增强科学兴趣、创新意识和创新能力。儿童时期最能自由运用自己的想象（刘绪源，2014）。尤其是，好奇心不断地将新奇性信息引入心理空间，促使新奇性整体意义的形成与认定（涂春玉，2010）。综上，当下的我们比以往任何时候更需要想象力（Reeves，Fuller，2020）。未来青少年儿童的好奇心与想象力有待获得最根本的大力促进。

四、STEAM 教育与儿童跨学科想象力

1926 年伍德沃斯（Woodorth R.S.）正式提出"跨学科"概念，是指超越单一学科边界开展两个及以上学科的实践活动（刘仲林，1993）。之后学界不断探索着跨学科或跨学科教与学的内涵。如认为跨学科是学生围绕某一主题创造性地进行多学科知识联结、多维整合的过程（Klein，2004）；认为跨学科的核心在于知识整合，目标指向培养学生多角度认识事物，培养解决复杂问题的能力（Lisa，Lattuca，2001）；认为"跨学科"是依赖多学科解决问题，创造出实质成果的过程（Zaman，Goschin，2010）。20 世纪 80 年代美国政府为加强科技工程领域创新人才培养，积极吸纳了跨学科理念，提出融合科学、工程、技术、数学等学科的跨学科教育理念——STEM 教育。随后，STEAM 教育成为

"当今国际教育界公认的跨学科教学设计的典型"（钟启泉，2022），成为一种全新的教育形态以及一些国家的教育发展战略。

我国也积极吸纳跨学科理念，在 STEAM 教育、跨学科主题学习或跨学科主题教学上引发了研究与实践的热潮。有学者指出，跨学科主题教学是跨越学科藩篱将多学科知识统整在某一特定大主题任务之下，以解决现实情境中的复杂问题为目的的一种教学实践方式（穆瑶甲，刘春琼，2024）。无论 STEAM 教育、跨学科主题或 STEAM 跨学科主题，都有一个共同的宗旨，即鼓励打破学科壁垒，鼓励不同学科知识与视角的整合与转换，从而走出单一学科的固化思维，鼓励跨越学科大胆想象与复杂问题的创造性解决。它们都意识到了单一学科知识训练难以解决复杂世界的现实问题，难以适应未来时代的发展需求。由此，跨学科素养日益被认为是适应未来社会的核心关键能力。学界也开始转入对个体跨学科素养发展与表现的探索。如我国学者提出跨学科素养是学生综合运用多个学科知识所表现出的有效行动，其态度倾向是跨越学科边界，其认知机制是多维整合（宋歌，王祖浩，2019）。罗士琰等（2024）开发了包括跨学科知识、跨学科能力（跨学科认知能力、跨学科统整能力、跨学科决策能力）和跨学科情意三大维度的跨学科素养测评量表。

面对混沌不确定的、复杂变化的外部世界，需要人们发挥想象力以便尽可能地将各种情况都涵盖在通过想象所构建出的应对策略中，更加灵活恰当地应对这个无法准确把握的客观世界。想象甚至是人类全部创造力的源泉和中心，是一种在探究伟大的意义世界中具有特殊价值的力量（EGAN，1990）。科学、数学、技术、艺术、工程等跨越学科的通力合作更需要想象力的加持。因此，作为指向现实世界复杂真实问题解决的跨学科融合的 STEAM 教育，是发挥发展想象力的重要场域。儿童的想象力乃至跨学科想象力理应成为学前 STEAM 教育的重要旨归。

五、结语

想象力是人类智慧的原动力（亚历克斯·奥斯本，2023）。缺乏想象力，就不能构建出全新的形象意义，创造也就不可能实现（涂春玉，2010）。同时，年幼儿童的脑是"自由不羁"的（钟启泉，2022）和想象丰富的。面向未来的人工智能时代，园所 STEAM 教育与 STEAM 项目探究，无论教育目标的设定或教育过程的展开，都需高度重视幼儿的好奇心（探究兴趣）与天马行空的想象力，都亟待悬置知识灌输、作品结果取向和跨越学科藩篱，亟待给儿童想象力以生长的时间、空间、氛围与环境。跨学科想象力正是跨学科素养的核心构成，是 AI 时代人类唯一可能的优势或最突出优势。因此，呵护好儿童的好奇心、想象力是当前与未来学前 STEAM 教育的重要目标与追求。美国布兰代斯大学心理学教授特生莎·阿马贝尔研究发现：对培养创造性思维品格来说，最好的刺激是让他有权幻想。儿童教育亟须确立想象的本体论价值取向，守护儿童想象的时空，为儿童建构良好的想象生态（苗雪红，2024）。儿童想象力的蓬勃生长铺垫着科学想象力、跨学科想象力与跨学科素养的涌现与发展，继而成就着中华民族源源不断的原始创新潜力与高水平科技自立自强的科技现代化。

参考文献

［比］米歇尔.梅耶.论问题学:哲学、科学和语言［M］.史忠义,译.北京:中国社会科学出版社,2014.

［德］卡尔.雅斯贝尔斯.什么是教育［M］.童可依,译.北京:生活·读书·新知三联书店,2021.

［法］亨利·庞加莱.科学与假设［M］.张卜天,译.北京:商务印书馆,2023.

［法］吉尔.德勒兹.康德与柏格森解读［M］.张宇凌,关群德,译.北京:社会科学文献出版社,2002.

［法］塞拉芬.梅努,［法］艾玛纽埃尔.沃克.神奇仿生学——人类如何从自然中汲取灵感［M］.于晓悠,译.兰州:甘肃少年儿童出版社,2020.

［荷］格特.比斯塔.教育的美丽风险［M］.赵康,译.北京:北京师范大学出版社,2018.

［加］马克斯·范梅南.实践现象学:现象学研究与写作中意义给予的方法［M］.尹垠,蒋开君,译.北京:教育科学出版社,2018.

［捷克］夸美纽斯.大教学论·教学法解析［M］.任钟印,译.北京:人民教育出版社,2006.

［美］Broderick,J.T.,Hong,S.B.从儿童的兴趣到思维:运用探究循环规划幼儿园课程［M］.叶小红,译.北京:中国轻工业出版社,2022.

［美］蔡伟忠.幼儿园教师实用手册［M］.北京:农村读物出版社,2010.

［美］亨利.基辛格,埃里克.施密特,丹尼尔.胡滕洛赫尔.人工智能时代与人类未来［M］.胡利平,风君,译.北京:中信出版社,2023.

［美］凯茜.F.奎格利,丹妮尔.赫罗.STEAM教学指南——用现实世界的问题吸引学生［M］.邵卓越,译.北京:中国轻工业出版社,2022.

［美］劳拉.E.贝克.儿童发展［M］.吴颖,等译.南京:江苏教育出版社,2002.

［美］罗伯特·M·卡普拉罗、玛丽·玛格丽特·卡普拉罗和詹姆斯·R·摩根.基于项目的STEM学习——一种整合科学、技术、工程和数学的学习方式［M］.王雪华,屈梅,译.上海:上海科技教育出版社,2016.

[美]美国巴克教育研究所.项目学习教师指南——21世纪的中学教学法[M].任伟,译.北京:教育科学出版社,2008.

[美]托马斯·库恩.科学革命的结构[M].张卜天,译.北京:北京大学出版社,2022.

[美]亚历克斯·奥斯本.可复制的创造力:麻省理工学院创意思维课[M].靳婷婷,译.沈阳:辽宁人民出版社,2023.

[美]约翰.杜威.民主主义与教育[M].王承绪,译.北京:人民教育出版社,2001.

[日]秋田喜代美,增田时枝.绘本之用[M].李建云,译.北京:北京联合出版公司,2020.

[瑞典]大卫·贝克斯特罗姆.想象力:大脑如何让我们脱颖而出[M].王梦达,译.北京:中信出版集团,2023.

[意]卡洛琳.爱德华兹,莱拉.甘第尼,乔治.福尔曼.儿童的一百种语言[M].罗雅芬,连英式,金乃琪,译.南京:南京师范大学出版社,2006.

[英]赫·斯宾塞著,胡毅.斯宾塞教育论著选[M].王承绪,译.北京:人民教育出版社,2005.

陈巍,殷融,张静.具身认知心理学:大脑、身体与心灵的对话[M].北京:科学出版社,2021.

丁钢.可视的教育:一个图像教化的传统[M].北京:教育科学出版社,2024.

冯唐.了不起[M].北京:北京联合出版公司,2022.

顾明远.教育大辞典(第一卷)[K].上海:上海教育出版社,1990.

金生鈜.教育者的心灵诗学[M].北京:教育科学出版社,2021.

李秉德.教学论[M].北京:人民教育出版社,1991.

李高峰.中学生物学STEAM教育及案例[M].南宁:广西教育出版社,2021.

李志清.走进充满想象力的世界[M].苏州:苏州大学出版社,2020.

刘慈欣.三体[M].重庆:重庆出版社,2008.

刘克兰.教学论[M].重庆:西南师范大学出版社,1988.

刘绪源.美与幼童——从婴幼儿看审美发生[M].上海:少年儿童出版社,2014.

刘占兰.促进幼儿教师专业成长的理论与实践策略[M].北京:教育科学出版社,2006.

刘占兰.学前儿童科学教育[M].北京:北京师范大学出版社,2008.

彭杜宏.儿童早期学习品质的发展与培养研究[M].南京:江苏人民出版社,2021.

彭聃龄.普通心理学[M].北京:北京师范大学出版社,2019.

涂春玉.好奇心与想象力[M].北京:军事谊文出版社,2010.

王丹.婴幼儿心理学[M].重庆:西南师范大学出版社,2016.

吴红耘,皮连生.学与教的心理学[M].6版.上海:华东师范大学出版社,2020.

吴军.脉络:小我与大势[M].北京:中信出版集团,2024.

袁枚.随园食单[M].陈伟明,译注.上海:中华书局,2010.

袁振国.教育政策学[M].南京:江苏教育出版社,1996.

张传燧.课程与教学论[M].北京：人民教育出版社,2008.

郑葳.中国 STEAM 教育发展报告[M].北京：科学出版社,2017.

周淑惠.幼儿 STEM 教育课程与教学指引[M].南京：南京师范大学出版社,2021.

白逸仙.美国 STEM 教育创新趋势：获得公平且高质量的学习体验[J].高等工程教育研究,2019(6):172-179.

蔡婷婷,李佳.中美日初中科学教材 STEM 内容比较研究[J].浙江教育科学,2020(3):9-13.

曹琦,徐亚萱,刘徽.大概念统领下美国 STEM 课程重构：在解决大挑战的过程中深化概念理解[J].世界教育信息,2023,36(2):27-31.

曹永国.想象力与孩童精神世界的濡养[J].湖南师范大学教育科学学报,2017,16(1):34-40.

曾宁,张宝辉,王群利.近十年国内外 STEM 教育研究的对比分析——基于内容分析法[J].现代远距离教育,2018(5):27-38.

曾雅婷,王祖浩."科学与工程实践"视角下美国各州科学课程标准比较研究[J].比较教育研究,2021(8):56-63.

陈大琴.在早期 STEM 教育中注重幼儿学习品质的培养[J].学前教育研究,2018(8):64-66.

陈国宁.中国是全球气候变化敏感区[J].生态经济,2022,38(10):9-12.

陈玲辉,靳玉乐.具身认知理论视域下工程素养的培育[J].高等工程教育研究,2023(5):195-200.

陈式华.现象教学——芬兰 2016 教改新模式[J].教育与教学研究,2016,30(11):102-106,117.

陈佑清.操作学习的过程及其教学组织[J].江苏教育研究,2010(10):3-6.

陈育芬.幼儿园 STEM 项目化学习活动的实践探究[J].辽宁教育,2022(2):84-87.

陈月文,刘宝根.基于科学评估的学前教育质量与儿童发展关系研究进展及其未来展望[J].学前教育研究,2023(2):31-43.

成子娟.学前儿童学习目标、学习内容和学习评估：国外课程指南文献比较[J].外国教育研究,2020,47(4):20-38.

笪艳红.整体建构,用高质量问题驱动学程——以"幂的运算性质"单元教学为例[J].中学数学,2020(12).

大卫.安德森,季娇.从 STEM 教育到 STEAM 教育[J].华东师范大学学报（教育科学版）,2017(4):122-139.

邓鹏.面向高阶认知发展的成长式问题化学习（GPBL）研究——概念、设计与案例[J].远程教育杂志,2020(3):76-85.

丁海东.幼儿园区域环境的游戏性缺失与回归[J].学前教育研究,2019(12):77-80.

丁杰,蔡苏,江丰光,余胜泉.科学、技术、工程与数学教育创新与跨学科研究：第二届 STEM 国际教育大会述评[J].开放教育研究,2013,19(2):41-48.

董宏建,胡贤钰.我国STEAM教育的研究分析及未来展望[J].现代教育技术,2017,27(9):114-120.

杜文彬,王涛.美国印第安纳州STEM教育实施标准的制定及启示[J].外国教育研究,2019,46(7):3-14.

范文翔,张一春.STEAM教育:发展、内涵与可能路径[J].现代教育技术,2018,28(3):99-105.

方兆玉.素养本位的STEM教育:理念、目标与实践模式——美国、法国、新加坡比较研究[J].世界教育信息,2024,37(1):60-70.

高虹.以项目化学习发展幼儿的问题解决能[J].学前教育研究,2024(5):87-90.

高翔,胡露.STEM教育:幼儿园活动开展的新探索——以成都市金牛区机关第三幼儿园的实践为例[J].中国教育学刊,2019(9):97-100.

高潇怡,李亭亭,刘文莉,喻娅妮,李秀菊.幼儿园科学活动案例资源建设现状与对策[J].科普研究,2022,17(4):31-39.

高潇怡.我国幼儿园科学教育内容的问题与改进——基于对美国《下一代科学教育标准》借鉴的思考[J].教育研究与实验,2017(1):30-36.

高鑫,沈光辉.学校STEAM教育质量测评框架构建研究[J].中国考试,2023(6):58-66.

戈马军.职前职后矛盾体下的学前STEAM教育师资培养:困境与突围[J].陕西学前师范学院学报,2020,36(5):90-93.

顾蓉妍.幼儿园区域活动现状的调查报告[J].考试周刊,2023(17).

郭姣,张雅娴.STEM教育视角下融合地区特色的小学科学案例设计——以"牛奶大变身"为例[J].呼伦贝尔学院学报,2021,29(3):40-45.

郭力平,俞芳.婴儿是天生的"物理学家"[J].学前教育(幼教版).2009;7/8:77-78.

郭敏.唤醒生命自觉:情境型班集体建设实践[J].江苏教育,2023(4).

郭文革,杨璐,唐秀忠,李海潮.数字教学法:一种数字时代的教学法及一种教学法的数字教材[J].中国电化教育,2022(8):83-91.

何敏,包雷,韩颖杰等.中美STEM教育的目标策略以及发展模式的比较和启示[J].基础教育,2020,17(5):34-46.

何善亮.如何在科学教育中开展STEM教育——基于美国《ScienceFusion》教材工程技术教育特色的思考[J].教育理论与实践,2019,39(32):42-46.

洪燕,李文秋,王灿灿,宋昊天.STEAM学习材料的研究分析[J].科学咨询,2021(36):61-62.

侯莉敏,刘倩.我国学前教育事业实现高质量发展的时代价值与路径取向[J].学前教育研究,2023(6):1-10.

胡恒波.美国学前儿童STEM教育的理念声明与实施建议——源自马萨诸塞州的经验[J].教育科学,2017,33(4):90-96.

胡萨.从"感性直观"到"本质直观"——现象学视域中的直观性教学研究[J].教育学

报,2023,19(1):52-65.

胡卫平,首新,陈勇刚.中小学 STEAM 教育体系的建构与实践[J].华东师范大学学报(教育科学版),2017(4):31-39.

华红艳.幼儿园 STEM 教育的实施路径探索[J].教育导刊(下半月),2021(1):10-15.

黄宁,雷敏,张淑鑫,王卓玉.立足本土化需求的中小学 STEAM 教育评价体系构建与应用[J].现代远距离教育,2022(5):79-87.

黄晓,骆康康,包程程.理科师范生 STEM 素养发展的实证研究[J].教师教育研究,2020,32(2):32-38.

黄晓,徐爽,高琦.中、美科学教材中科学本质内容与呈现评析[J].教育科学研究,2020(11):51-57.

江丰光,吕倩如.STEM 教师教学反思日志分析研究[J].开放教育研究,2017,23(3):81-85.

姜浩哲,黄子义.STEM 教师教育的现实挑战与应对策略——访澳大利亚社会科学院院士 LynEnglish 教授[J].中国电化教育,2020(12):81-89.

蒋雅俊.走出学前教育质量评价的误区[J].教育发展研究,2020(24):60-66.

金群.幼儿园 STEAM 教育活动内容的选择与实施[J].教育观察,2020,9(8):50-51,106.

金生鈜.无知之教中的智性解放[J].教育研究与实验,2017(6):1-6.

李川.PISA2025 科学素养测评框架的新动向及启示[J].科普研究,2022,17(1):52-58.

李存东,秦晓宇,成猛.探秘科学之美——中国科学院物理研究所"走向科学博物馆"主题讨论侧记[J].2023,52(11):801-802.

李刚,吕立杰.构建公平而有质量的 STEM 教育生态——《制定成功路线:美国的 STEM 教育战略》解读及启示[J].中国电化教育,2019(7):99-106.

李刚,吕立杰.实现真正的 STEM 教育:来自科学实践哲学视角的理解[J].中国教育科学,2021,4(2):84-91.

李刚.改变 STEM 教育故事面向 STEM 教育未来——第六届国际 STEM 教育大会(2021)述评[J].数学教育学报,2022,31(3):88-93.

李剑,戴发术,罗士儒.STEAM 校本课程开发的探索——以《STEAM 课程开发实践研究——可以玩的故事》开发为例[J].教育科学论坛,2020(2).

李克东,李颖.STEM 教育跨学科学习活动 5EX 设计模型[J].电化教育研究,2019(4):5-13.

李丽萍,卢晓东.实验教育中面向创新的具身认知发展价值——以化学学科为例[J].现代大学教育,2023(2):103-110.

李沁珂.一日生活中中班幼儿提问的现状研究——以天津市某幼儿园中班为例[J].早期教育(教科研版),2021(9):35-40.

李维,钟玲.探索高质量本土化的 STEM 教育[J].天津科技,2017,44(4):17-21.

李馨悦.芬兰"现象教学"的内涵、特征及其启示[J].教学与管理,2022(1):74-76.

李学书,范国睿.基于 STEAM 的幼儿园科学教育变革策略[J].教育科学,2020,36(1):82-90.

李学书.STEAM 跨学科课程:整合理念、模式构建及问题反思[J].全球教育展望,2019,48(10):59-72.

李学书.美国 STEM 教师教育政策演进、内容和借鉴[J].教育学术月刊,2019(3):28-36.

李艳,李家成.芬兰现象教学的外在特征与内在机理[J].比较教育研究,2022(12):62-70.

李艳燕,董笑男,李新,张媛.STEM 教育质量评价指标体系构建[J].现代远程教育研究,2020,32(2):48-55+72.

李召存.质量提升背景下学前教育质量评价研究的新进展——"学前教育质量评价理论与工具"学术论坛综述[J].幼儿教育,2019(Z3).

李镇西.教师应该有着怎样的生命状态[J].教育家,2022(39).

李政云,刘艳华.荷兰 2017 年版教育督导评估指标体系述评[J].上海教育评估研究,2021(2):44-49.

梁屿藩,方旭.中小学 STEAM 教师胜任力现状调查研究[J].中国教育信息化,2019(22):75-79.

林静.美国 STEM 教育评价新动向——NAEP 技术与工程素养评价要点与启示[J].华东师范大学学报(教育科学版),2017(1):78-86+122.

刘书靖.创造利于幼儿自主游戏的区域环境——《指南》背景下的区域环境创设[J].教育教学论坛,2015(52):279-280.

刘希娅.致新教师:你的生命状态就是你的课程资源——参与新教师培训有感[J].教育家,2017(35).

刘仲林.交叉科学时代的交叉研究[J].科学学研究,1993,(2):11-18+4.

龙琪,倪娟,李永发.青少年科学兴趣的形成路径与提升对策——基于模糊集定性比较分析法的实证研究[J].基础教育,2020,17(5):13-21.

路奇,周圆.基于儿童立场的幼儿园区域活动组织与实施策略[J].早期教育,2024.

罗士琰,张辉蓉,宋乃庆,梅涵,唐诗玲雅,佟明辉.小学生跨学科素养测评模型构建与应用研究[J].中国电化教育,2024(5):9-16.

罗祖兵.教育学问题教学的理论基础探析[J].中国成人教育,2012(1):129-132.

马慕青,樊亚博.美国早期儿童 STEM 教育述评[J].上海教育科研,2018(6):38-41.

马群仁.以高质量问题驱动高质量学习[J].江苏教育,2024(19).

马云飞,肖龙海.设计高质量问题:核心素养导向下的学科教学逻辑[J].中小学管理,2022(8):36-39.

马志强.问题解决在线协作学习中的问题设计研究[J].远程教育杂志,2013(3):51-56.

苗雪红.想象哲学及其对儿童想象生态建构的启示[J].学前教育研究,2024(2):11-20.

穆瑶甲,刘春琼.跨学科主题教学设计的关键问题与实践路径[J].教育理论与实践,2024,44(8):9-14.

攀雅琴,周东岱.国外 STEM 教育评估及其启示[J].现代远距离教育,2018(3).

彭杜宏,田丽丽,张迅.幼儿科学思维发展评估[J].苏州科技大学学报(社会科学版),2022,39(5):101-106.

彭杜宏,吴蓓,牟艳杰.国外面向婴幼儿 STEAM 教育教材的内容分析[J].苏州科技大学学报(社会科学版),2021,38(4):98-106.

彭杜宏.儿童早期学习品质的本质内涵、因素结构及学习效应[J].学前教育研究,2020(3):57-71.

彭杜宏.高质量学前 STEM 教育内容选择[J].陕西学前师范学院学报,2023,39(10):10-17.

彭杜宏.基于世界前沿真实问题的幼儿园 STEAM 项目开发[J].幼儿教育,2023(3):24-29.

彭杜宏.培养职前幼儿园教师 STEAM 教育活动设计能力的综合教练模式[J].幼儿教育,2019(11):27-30.

彭杜宏.学前 STEAM 教育的核心目标及其动态进阶目标[J].早期教育,2023(3):35-40.

彭杜宏.学前 STEAM 教育的核心目标与高质量模式探析[J].苏州科技大学学报(社会科学版),2019,36(5):93-100.

彭敏,郭梦娇.STEAM 教育的基本内涵与发展路径研究[J].教育理论与实践,2018,38(25):14-18.

彭敏,朱德全.STEAM 有效教学的关键特征与实施路径——基于美国 STEAM 教师的视角[J].远程教育杂志,2018(2):48-55.

冉源懋,罗旎兮,翟坤."现象教学"在芬兰:理念、实施与经验[J].教育学术月刊,2022(4):81-86,105.

任虎虎.诱导提出高质量问题促进深度学习的教学策略——以"力的分解"教学为例[J].物理通报,2022(8).

沈亚琴.以项目为载体开发幼儿园 STEM 课程样本[J].江苏教育研究,2019(26):33-35.

沈颖.最大放手最优介入——幼儿园室内"自主游戏＋STEAM"玩创项目的创建与组织[J].早期教育(教育教学),2021(10):48-50.

舒秀珍,陈海燕,张倩,林雅婷.幼儿园新手教师区域活动指导存在的问题与解决策略[J].学前教育研究,2020(11):85-88.

宋乃庆,高鑫,陈珊.基础教 STEAM 课程改革的路径探析[J].课程·教法·教材,2019,39(7):27-33.

宋乃庆,高鑫.中小学 STEAM 教育评估的内涵、价值与理论框架探析[J].教育科学研究,2021(10):47-53.

宋乃庆,沈光辉.STEAM 教育助力"双减"政策落地的现实困境与可为路径[J].现代教育管理,2024(6):43-50.

孙慧芳.新加坡小学科学教材中跨学科概念的建构与启示[J].教学与管理,2024(17):73-76.

唐晓勇.发展儿童可能性:未来视域下的教育思考与课程实践[J].中国基础教育,2023(7):51-54.

王迪.小学 STEAM 教育课程内容设计与实践研究[J].教育实践与研究(C),2021(6):58-61.

王鹤瑾,曹蕾,何明召.问题式学习对学生问题解决能力的影响——基于国内外 34 项研究的元分析[J].开放教育研究,2021,27(5):91-98.

王娟,吴永和."互联网+"时代 STEAM 教育应用的反思与创新路径[J].远程教育杂志,2016,35(2):90-97.

王凯月,李菲菲,方思琪,罗志苇,刘宝根.幼儿园教师工资收入对班级教育质量的影响:来自工作满意度的中介效应——以浙江省 11 个县区幼儿园为例[J].幼儿教育,2022(27).

王梅.幼儿园开展 STEAM 教育活动的多元价值与基本过程[J].学前教育研究,2022(9):91-94.

王素,李正福.国外 STEAM 教师的培训及启示[J].中国民族教育,2018.

王巍,袁磊.幼小衔接阶段基于项目的 STEAM 课程教学模式研究[J].现代远距离教育,2018(3):51-58.

王巍.国际项目式 STEM 教育的研究现状与启示[J].现代远距离教育,2019(4):90-96.

王妍妍.唤醒内在动力,激发儿童学习品质[J].教育家,2022(7):34-36.

王卓玉,樊瑞净.中学 STEM 教师的 TPCK 知识结构分析[J].广西师范大学学报:哲学社会科学版,2018,54(2):106-110.

韦倩倩.澳大利亚幼儿 STEM 教育实施及其特点[J].教育评论,2019(6):158-163.

卫籬羽,袁磊.STEAM 教师能力模型构建研究[J].软件导刊·教学技术,2019,18(3):1-3.

吴刚平.课程资源的开发与利用[J].全球教育展望,2001(8):24-30.

吴金娇.步入 AI 时代,"破圈"将是一种底线思维[J].文汇报,2023-2-12,第002 版.

吴康宁,石艳.培养"创新人":中国教育回避不了的世纪挑战——吴康宁教授专访[J].苏州大学学报(教育科学版),2023(3):40-53.

吴康宁.自主创新:幼儿的天性、天能与天权[J].学前教育研究,2002(4):19-21.

吴向东,王继华.面向高质量 STEM 教育的莺尾花教学模式[J].中小学数字化教学,2017(1):49-52.

吴永和,常馨予,王佳雯,郭守超."学习—研究—生涯发展"导向下的初中 STEAM 教育课程设计研究[J].中国电化教育,2019(2):51-56,125.

吴振华,张英,黄立安.幼儿园 STEM 活动内容的选择[J].陕西学前师范学院学报,2023,39(10):1-9.

肖英娥.当前幼儿园 STEAM 教育实践困惑探析[J].福建教育,2021(42):16-19.

许可峰.未来教育学论纲[J].教育科学研究,2015(12):44-48.

闫寒冰,王巍.跨学科整合视角下国内外 STEM 课程质量比较与优化[J].现代远程教育研究,2020,32(2):39-47.

杨彩香,林颖红,黄苗苗,潘霞.基于设计思维的 STEM 课程案例分析——以"运动场上的关怀"为例[J].电脑知识与技术,2020,16(30):104-106.

杨莉君,邓双.幼儿园区域活动教师指导的有效性研究——以湖南省部分示范性幼儿园为例[J].教师教育研究,2012,24(2):33-37.

杨柳玉,杨晓萍.学前儿童 STEM 教育:构成要素、理念及本土化[J].陕西学前师范学院学报,2021,37(7):25-31.

杨盼,韩芳.芬兰 STEM 教育的框架及趋势[J].电化教育研究,2019(9):106-112.

杨晓,张杨阳.论梁启超科学教育观的人文转向[J].河南师范大学学报(哲学社会科学版),2019,46(4):82-87.

杨晓萍,杨柳玉,杨雄.幼儿园科学教育融入 STEM 教育的核心价值与实施路径[J].天津师范大学学报(基础教育版),2018,19(4):72-77.

杨元魁,叶兆宁.突破 STEM 教育中科学与工程的链接难题——基于工程问题解决的教学模式[J].人民教育,2018(10):57-62.

叶浩生,曾红,杨文登.生成认知:理论基础与实践走向[J].心理学报,2019,51(11):1270-1280.

叶浩生.身体的意义:生成论与学习观的重建[J].教育研究,2022(3):58-66.

叶澜,王枬.教师发展:在成己成人中创造教育新世界——专访华东师范大学叶澜教授[J].教师教育学报,2021,8(3):1-11.

叶澜.叶澜:读懂教师,才能读懂教育[J].云南教育(视界综合版),2023(Z1).

叶平枝,李晓娟.对幼儿深度学习的深度理解与现实审视及其促进[J].学前教育研究,2023(7):13-24.

游森,秦建平,王逸尘.卓越教师教学行为评价指标研究[J].中国教育学刊,2021(12):72-78.

游知祥.教学目标及其改革[J].教育科学,1990(2):28-33.

于国文,曹一鸣.芬兰现象教学的理念架构及实践路径[J].外国教育研究,2020,47(10):117-128.

余文森,龙安邦.以问题为导引:指向核心素养的课堂教学过程[J].天津师范大学学报(基础教育版),2023.24(3):1-6.

俞芳,郭力平.婴儿是天生的"数学家"[J].学前教育(幼教版),2009,12:30-31.

俞慧友.30个!中国科协发布2022年科技领域重大问题难题[N].科技日报,2022-06-28(001).

俞莉.在早期STEM教育中促进幼儿主动学习[J].学前教育研究,2019(1):85-88.

袁磊,金群.在STEM教育中走向未来——德国STEM教育政策及启示[J].电化教育研究,2020(12):122-128.

袁磊,刘开玲,张志.STEAM教育:问题与思考[J].开放教育研究,2020,26(3):51-57,90.

袁磊,张昱昕.学科课程项目化:STEAM课程内容设计[J].开放教育研究,2019,25(1):92-98.

原晋霞.我国幼儿园课程质量现状探索与提升建议[J].学前教育研究,2021(1):43-56.

詹泽慧,李彦刚,高瑞翔.文化本位的跨学科学习:STEAM教育本土化的一种重要途径[J].中国电化教育,2022(1):95-104.

张洪波,张胜利,黄娟.基于STEM教育理念的项目式学习模式构建[J].教育理论与实践,2020,40(20):56-58.

张晖.教育高质量发展背景下江苏幼儿园保教质量提升[J].江苏教育研究,2023(9).

张辉蓉,唐佳欣,杨淏璇.基于深度学习的中小学生STEAM学习质量评价指标体系构建[J].中国电化教育,2021(1):102-109.

张会庆,许亚锋.基于复杂适应系统理论的STEAM教育产学政研一体化系统:理据架构困厄路径[J].数学教育学报,2024,33(2):55-63.

张静,张雪,丁林.STEM教育视角下美国高中物理课程教学案例评析[J].物理教学,2019,41(11):74-76.

张俊.论儿童科学思维的启蒙[J].幼儿教育(教育科学版).2006(4):8-10.

张奎志,刘秀哲.艺术本质核心元素探析[J].北京社科科学,2024(2):35-43.

张丽霞.生活化的幼儿园STEM项目实践路径探析[J].江苏教育研究,2019(11):39-42.

张末,王巍,袁磊.幼儿园STEAM教育的活动设计研究[J].现代远距离教育,2018(4):76-80.

张楠,宋乃庆,黄新,李业平.国际STEAM教师研究的热点与发展趋势——基于VOSviewer的文献计量分析[J].开放教育研究,2020,26(5):78-87.

张蕊.幼儿园STEM活动内容开发策略探析[J].中国教师,2022(8):5.

张蕊.真生活、真探究,找寻STEM教育内容源[J].贵州教育,2022(7):13-16.

张姝玥,顾高燕.德国学前教育质量评价体系框架、特点及经验[J].比较教育研究,2020(7):106-112.

张晓辉,唐锋,马媛,邹晓慧.高质量幼儿园区域活动体系构建的核心理念、逻辑理路与实践路径[J].学前教育研究,2024(7):76-82.

张新立,朱萌,胡来林.幼儿 STEM 教育现状的调查与分析[J].中国教育信息化,2019(2):35-38.

张雅倩.我国学前 STEM 教育的研究现状与反思[J].教育观察,2020,9(40):52-54,125.

张屹,高晗蕊,张岩,等.教学目标导向的小学 STEM 校本课程研发与实施——以《小红鹰气象站的建设与运用》课程为例[J].中国电化教育,2021(4):67-74.

张玉,余海霞,赵昉文,等.STEM 教育理念下幼儿园科学教育中存在的问题与对策[J].中国现代教育装备,2021(1):48-50.

赵辉,贺腾飞,王全旺.STEM 教育理念下幼儿基于项目学习的模式探究——以"制作滑轮喂鸟器为例[J].内蒙古师范大学学报(教育科学版),2019,32(1):63-68.

赵南.高质量发展背景下对幼儿园教育过程之内涵的探讨——基于过程质量评价需要的教师视角分析[J].学前教育研究,2023(6).

郑锋.论高校教师的教育素养及其构建[J].黑龙江高教研究,2011(10).

郑浩,王者鹤.美国本科 STEM 教育质量监测:逻辑、标准与启示[J].中国高教研究,2019(11):55-60.

郑旭东,饶景阳,陈荣.STEAM 教育的本体论承诺:理想的追问与反思[J].电化教育研究,2021,42(6):14-19.

钟启泉.从"知识本位"转向"素养本位"——课程改革的挑战性课题[J].基础教育课程,2021(6):5-20.

钟启泉.基于"跨学科素养"的教学设计——以 STEAM 与"综合学习"为例[J].全球教育展望,2022,51(1):3-22.

周川.量化评价的泛滥及其危害[J].江苏高教,2021(5):8-14.

朱立明,武丽莎,宋乃庆,黄瑾.STEAM 教育理念下的深度学习:意蕴、价值与表现形式[J].教育科学研究,2023(1):73-79.

朱美华,奚鹰,陆佳玮,杨玉娟,陈哲,李梦如.构建问题空间理念在工程材料教学中的实践[J].机械设计,2020,37,S2:290-292.

祝刚,于明星.学习化时代的多重教育目标及对教育改革的反思——与国际教育学者格特.比斯塔(GertBiesta)的对话与反思[J].全球教育展望,2023,52(3):3-15.

庄宏玲.幼儿园区域活动环境创设的策略[J].学前教育研究,2011(5):70-72.

常凡.河南省幼儿园区域活动现状的调查研究[D].开封:河南大学,2019.

陈璐.幼儿园区域活动中教师观察的现状研究[D].福州:福建师范大学,2020.

陈婷.幼儿园区域活动教师指导现状的个案研究——以福州市一所省级示范性幼儿园为例[D].福州:福建师范大学,2018.

陈小敏.上海市小学 STEM 教师跨学科能力的调查研究[D].上海:上海师范大学,2019.

陈珍珍.云南省小学科学教师 STEAM 素养结构实证研究[D].昆明:云南师范大学,2019.

段兰兰.从儿童视角审视幼儿园班级区域环境[D].上海:上海师范大学,2018.

胡英慧.学前儿童 STEAM 教育课程设计及案例研究[D].东北师范大学,2018.

皇甫佳珍.幼儿教师区域环境创设能力的现状研究[D].呼和浩特:内蒙古师范大学,2019.

康毅.中小学 STEAM 教师胜任力特征模型研究[D].西安:陕西师范大学,2018.

李旭蕾.基于儿童视角的幼儿园班级科学区环境优化研究[D].桂林:广西师范大学,2023.

刘昆.幼儿园教师的儿童行为观察与支持素养的提升研究——以 2-5 年教龄的适应期教师为例[D].上海:华东师范大学,2019.

马佳雯.中学 STEM 教师教学能力的结构模型研究[D].开封:河南大学,2020.

庞钰.幼儿园中班科学区活动教师指导行为研究[D].金华:浙江师范大学,2023.

邱文香.幼儿园区域活动分享环节的现状调查研究——以福建省 F 市为例[D].福州:福建师范大学,2019.

苏彤.小学 STEAM 教育课程内容设计与实践研究[D].沈阳:沈阳师范大学,2019.

王春林.基于项目活动的幼儿 STEM 课程实施的行动研究[D].武汉:华中师范大学,2019.

王珂.STEAM 视野下培养大班儿童工程思维的行动研究[D].上海:上海师范大学,2021.

王英.中班科学教育活动中的幼儿提问研究[D].大连:辽宁师范大学,2016.

王宇杰.幼儿园区域活动分享环节的现状与支持策略研究[D].大连:辽宁师范大学,2023.

韦倩倩.澳大利亚幼儿园 STEM 教育研究[D].重庆:西南大学,2020.

夏珂.中小学理科教师 STEM 教学实施与评价能力研究[D].武汉:华中师范大学,2019.

许海莹.美国 STEM 教育监测的指标体系研究[D].上海:华东师范大学,2015.

杨雪歌.生态学视野下幼儿园区域环境创设的研究——以 F 市幼儿园为例[D].福州:福建师范大学,2022.

张红.小学 STEM 教师专业素养的调查研究[D].青岛:青岛大学,2019.

张鲁青.幼儿园科学教学活动中幼儿提问特点的研究[D].鞍山:鞍山师范学院,2018.

张芮.我国 STEM 教育项目评价指标体系研究[D].北京:北京邮电大学,2019.

张雅卿.幼儿园 STEAM 课程实施的现状研究[D].太原:山西大学,2021.

仲盼.中班科学探索活动中幼儿提问现状的问题研究[D].上海:上海师范大学,2019.

周玉华.基于 STEM 理念的小学科学课程开发研究[D].武汉:华中科技大学,2018

国务院.全民科学素质行动规划纲要(2021—2035 年)[S].2021.6.3.

江苏 STEM 教育协同创新研究中心.《江苏省基础教育 STEM 课程指导纲要(试行)》[S].2018.

教育部,国家发展改革委,财政部.关于实施新时代基础教育扩优提质行动计划的意见[S].2023-7-26.

教育部.幼儿园教育指导纲要(试行)[S].2001.

教育部.基础教育课程教学改革深化行动方案[S].2023.5.9.

教育部.教育部等十八部门《关于加强新时代中小学科学教育工作的意见》[S].2023.5.26.

美国国家地理中文网:塑料污染触目惊心,现在解决为时不晚[N/OL].2020.10.4.

任朝霞,江倩倩.上海交通大学携手《科学》杂志共同发布新版"125 个科学问题"[N/OL].中国教育报,2021-4-13.

沈湫莎.一年万场科普教育,青少年想象力为何还是"不及格"?[N].文汇报,2019-07-12.

新华社.中共中央国务院关于弘扬教育家精神加强新时代高素质专业化教师队伍建设的意见[S].2024-8-26.

新华社.中国科协发布 2023 重大科学问题、工程技术难题和产业技术问题[N].2023-10-22.

新浪科技综合."青年科学家 502 论坛"发布"十大科学技术问题"[N].2021.8.1.

中国教育科学研究院 STEM 教育研究中心.STEM 教师能力等级标准(试行)[S].中国教育科学研究院 STEM 教育研究中心,2018.

中国日报网.塑料危机席卷全球塑料对人类的危害有多大[N].2017-12-7.

中华人民共和国教育部制定.义务教育科学课程标准(2022 年版)[S].北京师范大学出版社,2022.

Akhan, N. E., Çiçek, S., Kocaa g a, G. Critical and creative perspectives of gifted students on global problems: Global climate change[J]. Thinking Skills and Creativity, 2022, 46, 101131.

Barbre, J. G. Baby Steps to STEM, Infant and Toddler, Science, Technology, Engineering, and Math Activities[M]. St. Paul, MN: Redleaf Press, 2017: 16-32.

Burchinal, M. Measuring early care and education quality. Child Development Perspectives, 2018, 12(1): 3-9.

Butler D, McLoughlin E, O'Lear M, et al. Towards the ATS STEM Conceptual Framework. ATS STEM Report #5[R/OL]. [2022-04-10].

Bybee, R. W., Taylor, J. A., & Gardner, A. et al. The BSCS 5E Instructional Model: Origins and Effectiveness[R]. Colorado Springs, Co: BSCS: 88-98, 2006.

Bybee, R. W. What is STEM education? [J]. Science, 2010, 329: 5995.

Capraro, R. M., Capraro, M. M., Morgan, J. R. STEM Project-Based Learning: an Integrated Science, Technology, Engineering, and Mathematics (STEM) Approach[M]. Sense Publishers, 2013.

Carey, A., Dziengel, A., Scardino, A., Marashian, C., Abraham, D., etc. STEAM KIDS[M]. CreatSpace Independent Publishing Platform, 2016.

Chen, Y. L., Huang, L. F., Wu, P. C. Preservice Preschool Teachers' Self-efficacy in and Need for STEM Education Professional Development: STEM Pedagogical Belief as a Mediator[J]. Early Childhood Education Journal, 2021, 49: 137 - 147.

Chesloff, JD. Start early with STEM[EB/OL]. http://www.mbae.org/startearlystem/. 2017 - 10 - 25.

Chubb I. Science, Technology, Engineering and Mathematics in the National Interest: A Strategic Approach[J]. Canberra: Australia Government, 2013: 8.

Cloude, E. B., Dever, D. A., Wiedbusch, M. D., Azevedo, R. Quantifying Scientific Thinking Using Multichannel Data With Crystal Island: Implications for Individualized Game-Learning Analytics[J]. Frontiers in Education, 2020, 5(11).

Copple, C., Bredekamp, S., Koralek, D., Charner, K. Developmentally Appropriate Practice: Focus on Kindergartners[M]. the National Association for the Education of Young Children, USA, 2014: 1.

Corlu, M. S. Insights into STEM Education Praxis: An Assessment Scheme for Course Syllabi[J]. Educational Sciences: Theory and Practice, 2013, 13(4): 1 - 9.

Craft, A. Little c creativity. In A. Craft, B. Jeffrey, & M. Leibling (Eds.), Creativity in education (pp. 45 - 61). London: Continuum, 2001.

De-Abreu, S., Vogt, K. A., Schreier, A., Fawcett, P., Marchand, M. E., Vogt, D. J., Tulee, M., George, W., Martin, L., Matsumoto, K. Teaching holistic environmental thought: A classroom approach[J]. Thinking Skills and Creativity, 2022, 46, 101141.

DeJarnette, N. K. Implementing STEAM in the Early Childhood Classroom[J]. European Journal of STEM Education, 2018, 3(3): 18 - 27.

Department of Education and Training. Early Learning in STEM: Multimodal learning in the 21st century[EB/OL]. https://docs.education.gov.au/documents/early-learning-stem-multimodal-learning-21st-century, 2017 - 04 - 21.

Dubosarsky, M., John, M. S., Anggoro, F., Wunnava, S. and Celik, U. An Innovative STEM Curriculum for Early Childhood Classrooms. In L. English & T. Moore (Eds.) Early Childhood Engineering Research. Springer, 2018.

Early Childhood STEM Working Group. Early STEM Matters: Providing High-Quality STEM Experiences for All Young Learners [R]. Erikson Institute and

UChicago STEM Education，Report，2017.

EGAN K. Romantic understanding：The developmental of rationality and imagination，ages 8 - 15[M]. New York：Routledge，Chapman and Hall，Inc，1990.

Eroglu，S，Bektas. O. The effect of 5E-based STEM education on academic achievement，scientific creativity，and views on the nature of science[J]. Learning and Individual Differences，2022，98，102181.

Gamlunglert，Thitima，Chaijaroen，Sumalee. Scientific thinking of the learners learning with the knowledge construction model enhancing scientific thinking[J]. Procedia-Social and Behavioral Sciences，2012(46)：3771 - 3775.

Gheorghe Zaman，Zizi Goschin. Multidisciplinarity，Interdisciplinarity and Transdisciplinarity：Theoretical approaches and Implications for the Strategy of Post-Crisis Sustainable Development [J]. Theoretical and Applied Economics，2010，(12)：5 - 20.

Glenberg，A. M. Embodiment for education [C]//PACO C，TONI G. Handbook of cognitive science：an embodied approach. Amsterdan：Elsevier，2008：355 - 372.

Gopnik，A.，& Sobel，D. M. Detecting blickets：How young children use information about novel causal powers in categorization and induction[J]. Child Development，2000，71：1205 - 1222.

Guerrero-Rosada，P.，Weiland，C.，McCormick，M.，Hsueh，J.，Sachs，J.，Snow，C.，& Maier，M. Null relations between CLASS scores and gains in children's language，math，and executive function skills. Early Childhood Research Quarterly，2021，54：1 - 12.

Higde，E.，Aktamıs，H. The effects of STEM activities on students' STEM career interests，motivation，science process skills，science achievement and views[J]. Thinking Skills and Creativity，2022，43：1 - 13.

Indiana Department of Education. Indiana Early Learning Foundations[S]. 2015.

Jamil，F. M.，Linder，S. M.，Stegelin，D. A. Early Childhood Teacher Beliefs About STEAM Education After a Professional Development Conference[J]. Early Childhood Education Journal，2018，46：409 - 417.

Jean G. Barbre，EdD. Baby Steps to STEM，Infant and Toddler，Science，Technology，Engineering，and Math Activities[M]. St. Paul，MN：Redleaf Press，2017：1 - 181.

Johnson，M. Meaning and the body[J]. New Scientist，2008，197(2638)：46 -47.

Kasza，P.，Slater，T. F. A Survey Of Best Practices And Key Learning Objectives For Successful Secondary School STEM Academy Settings [J]. Contemporary Issues in Education Research，2017，10(1)：53 - 66.

Katz，L. G.，Chard，S. C. Engaging children's minds：the project approach.

Norwood, NJ: Ablex, 1989.

Khine, M. S., Areepattamannil, S. STEAM: Theory and Practice[M]. Springer Cham, Springer Nature Switzerland AG, 2019.

Kier, M. W., Blanchard, M. R., & Osborne, J. W., et al. The Development of the STEM Career Interest Survey (STEM-CIS)[J]. Research in Science Education, 2014, 44(3): 461 – 481.

Kilpatrick, W. H. Dangers and difficulties of the project method and how to overcome them: introductory statement: definition of terms[J]. Teachers college record, 1921, 22(4): 283 – 287.

Klahr, D. Exploring Science: The cognition and development of discovery processes[M]. Cambridge, MA: MIT Press, 2000.

Klahr, D., Zimmerman, C., & Jirout, J. Educational interventions to advance children's scientific thinking[J]. Science, 2011, 333(6045), 971 – 975.

Klein J T. Interdisciplinarity and complexity: An evolving relationship [J]. E-CO Special Double Issue, 2004, (6): 2 – 10.

Koerber, S., Mayer, D., Osterhaus, C., Schwippert, K., and Sodian, B. The development of scientific thinking in elementary school: a comprehensive inventory [J]. Child Development. 2015, 86: 327 – 336.

Koerber, S., Osterhaus, C. Individual Differences in Early Scientific Thinking: Assessment, Cognitive Influences, and Their Relevance for Science Learning[J]. Journal of Cognition and Development, 2019, 20(4): 510 – 533.

Koerber, S., Sodian, B., Thoermer, C., & Nett, U. Scientific reasoning in young children. Preschoolers' ability to evaluate covariation evidence. Swiss Journal of Psychology, 2005, 64: 141 – 152.

Kofac. Concept and definition of STEAM. Seoul: The Korea Foundation for the Advancement of Science and Creativity—KOFAC, 2017.

Kuhn, D. What is scientific thinking and how does it develop? In U. Goswami (Ed.), Handbook of childhood cognitive development (2nd ed., pp. 497 – 523). Oxford, UK: Wiley, 2011.

Kuhn, D., Iordanou, K., Pease, M., Wirkala, C. Beyond control of variables: What needs to develop to achieve skilled scientific thinking? [J]. Cognitive Development, 2008(23): 435 – 451.

Kuhn, D., Pearsall, S. Developmental Origins of Scientific Thinking[J]. Journal of Cognition and Development, 2000, 1: 113 – 129.

Land, S. M., Hannafin, M. J., & Oliver, K. Student-Centered Learning Environments: Foundations, Assumptions, and Design[M]//Jonassen, D., & Land, S. M. (eds.). Theoretical Foundations of Learning Environments (2nd Edition).

Taylor & Francis：3 - 25，2012.

Legare，C. H. Exploring explanation：Explaining inconsistent evidence informs exploratory, hypothesis-testing behavior in young children[J]. Child Development, 2012，83：173 - 185.

Legare，C. H.，Mills，C. M.，Souza，A. L.，Plummer，L. E.，Yasskin，R. The use of questions as problem-solving strategies during early childhood[J]. Journal of Experimental Child Psychology，2013，114：63 - 76.

Lewry，C.，Gorucu，S.，Liquin，E. G.，Lombrozo，T. Minimally counterintuitive stimuli trigger greater curiosity than merely improbable stimuli[J]. Cognition，2023，230，105286.

Lipsey，M. W.，Farran，D. C.，Durkin，K. Effects of the Tennessee Prekindergarten Program on children's achievement and behavior through third grade [J]. Early Childhood Research Quarterly，2018，45：155 - 176.

Lisa R，Lattuca. Creating Interdisciplinarity：Interdisciplinary Research and Teaching Among College and University Faculty [M]. Nashville：Vanderbilt University Press，2001. 21.

Maier，M. F.，Hsueh，J.，& McCormick，M. Rethinking classroom quality：What we know and what ae are learning. New York，NY：MDRC，2020.

Maier，M. F.，McCormick，M. P.，Xia，S.，Hsueh，J.，Weiland，C.，Morales，A.，Boni，M.，Tonachel，M.，Sachs，J.，Snow，C. Content-rich instruction and cognitive demand in prek：using systematic observations to predict child gains[J]. Early Childhood Research Quarterly，2022，60：96 - 109.

McDoniel，M. E.，Townley-Flores，C.，Sulik，M. J.，Obradovic，J. Widely used measures of classroom quality are largely unrelated to preschool skill development[J]. Early Childhood Research Quarterly，2022，59：243 - 253.

Meador，K. S. Thinking creatively about science suggestions for primary teacher [J]. Gifted-child-today，2003，26(1)：25 - 29.

Milner，D. I.，Horan，J. J.，& Tracey，T. J. G. Development and Evaluation of STEM Interest and Self-Efficacy Tests[J]. Journal of Career Assessment，2014，22(4)：642 - 653.

MonashSTEM. Exploring problem-based STEM teaching and learning approaches [C]. STEMinar Series 2019，Monash University.

Moomaw S. Teaching STEM in the Early Years：Activities for Integrating Science，Technology，Engineering，and Mathematics[M]. Saint Paul：Redleaf Press，2013：10 - 13.

Morris，B. J.，Croker，S.，Masnick，A.，and Zimmerman，C. "The emergence of scientific reasoning，" in Current Topics in Children's Learning and Cognition，eds H.

Kloos，B. J. Morris，and J. L. Amaral（Rijeka：IntechOpen），2012.

Morrison，J S. Attributes of STEM education：the student，the academy，the classroom. ［EB/OL］. ［2018 - 12 - 20］.

Mou T. Y. The practice of visual storytelling in STEM：Influence of creative thinking training on design students' creative self-efficacy and motivation［J］. Thinking Skills and Creativity，2024，51，101459.

NAEP. The nation's report card：2014 technology & engineering literacy（TEL）. Retrieved from http：//www. nationsreportcard. gov/tel_2014/#.

National Academies of Sciences，Engineering，and Medicine. Equity in K-12 STEM Education：Framing Decisions for the Future［M］. Washington，DC：The National Academies Press，2024.

National Research Council. Successful K-12 STEM Education：Identifying Effective Approaches in Science，Technology，Engineering，and Mathematics. Committee on Highly Successful Science Programs for K-12 Science Education. Board on Science Education and Board on Testing and Assessment，Division of Behavioral and Social Sciences and Education. Washington，DC：The National Academies Press，2011.

National Science Board. Undergraduate Science Mathematics and Engineering Education［EB/OL］. （1996 - 03 - 21）［2017 - 09 - 12］.

NGSS Lead States. Next generation science standards：for States，by States［EB/OL］. （2013 - 08）［2021 - 07 - 10］.

Nores，M.，Friedman-Krauss，A.，Figueras-Daniel，A. Activity settings，content，and pedagogical strategies in preschool classrooms：Do these influence the interactions we observe? ［J］. Early Childhood Research Quarterly，2022，58：264 -277.

Osterhaus，C.，Brandone，A. C.，Vosniadou，S.，Nicolopoulou，A. Editorial：The Emergence and Development of Scientific Thinking During the Early Years：Basic Processes and Supportive Contexts［J］. Frontiers in Psychology，2021，12：629384.

Peng，W. H.，Chung，H. S. A Study on the Impact of STEAM Education for Sustainable Development Courses and Its Effects on Student Motivation and Learning ［J］. Sustainability，2021（13）：1 - 24.

Perignat，E.，Katz-Buonincontro，J. STEAM in practice and research：An integrative literature review［J］. Thinking Skills and Creativity，2019，31：31 - 43.

Phillips，D.，Lipsey，M.，Dodge，K.，Haskins，R.，Bassok，D.，Burchinal，M.，& Weiland，C. Puzzling it out：The current state of scientific knowledge on pre-kindergarten. A consensus statement. Issues in pre-kindergarten programs and policy，2017：19 - 30.

Pianta, R. C., La Paro, K. M., & Hamre, B. K. Classroom assessment scoring systemTM: Manual pre-k. Baltimore, MD. : Paul H Brookes Publishing, 2008.

Piekny, J., Grube, D., & Maehler, C. The development of experimentation and evidence evaluation skills at preschool age [J]. International Journal of Science Education, 2014, 36: 334 - 354.

Pinnell, M., Rowly, J., Preiss, S., Franco, S., Blust, R. and Beach, R. Bridging the gap between engineering design and PK-12 curriculum development through the use the STEM education quality framework. Journal of STEM Education: Innovations and Research, 2013, 14(4): 28 - 34.

Quigley, C. F., Herro, D., & Jamil, F. M. Developing a conceptual model of STEAM teaching practices. School Science and Mathematics, 2017, 117(1 - 2): 1 -12.

Ramaley, J. Facilitating change: Experiences with the reform of STEM education.

Reeves, M., Fuller, J. We Need Imagination Now More Than Ever[J]. Harvard Business Review, 2020, 4: 1 - 12.

Russell, S. H., Hancock, M. P., Mcculough, J. Benefits of undergraduate research experiences[J]. Science, 2007, 316(5824): 548 - 549.

Rutherford F J, Ahlgren A. Science for All Americans[M]. New York: Oxford University Press, 1990: 139.

Salmi, H., Vainikainen, M., & Thuneberg, H. (2015). Mathematical thinking skills, self-concept and learning outcomes of 12 - year olds visiting a mathematics science centre exhibition in Latvia and Sweden. Journal of Science Communication, 14(4): 1 - 19.

Sargent, M. Project Approach in Early Years Provision : A Practical Guide to Promoting Children's Creativity and Critical Thinking Through Project Work. Luton, Bedfordshire, GBR: Andrews UK, 2011.

Saxton E, Burns R, Holveck S, et al. A Common Measurement System for K-12 STEM education: Adopting an educational evaluation methodology that elevates theoretical foundations and systems thinking[J]. Studies in Educational Evaluation, 2014, 40: 18 - 35.

Sayalı, C., Heling, E., Cools, R. Learning progress mediates the link between cognitive effort and task engagement[J]. Cognition, 2023, 236, 105418.

Shahbazloo, F., Mirzaie, R. A. Investigating the effect of 5E-based STEM education in solar energy context on creativity and academic achievement of female junior high school students[J]. Thinking Skills and Creativity, 2023, 49, 101336.

Siti, M., Rina, W. The Importance of STEAM Loose Part Learning

Effectiveness in Early Childhood Cognitive Learning[P]. 2nd Annual Conference on Social Science and Humanities (ANCOSH 2020), 2021.

Tang, A., Rankin, P., Staton, S., Thorpe, K. Access to high-quality early care and education: Analysis of Australia's national integrated data[J]. Early Childhood Research Quarterly, 2024, 67: 352 – 362.

Thibaut, L., Knipprath, H., Dehaene, W., Depaepe, F. The influence of teachers' attitudes and school context on instructional practices in integrated STEM education[J]. Teaching and Teacher Education, 2018, 71: 190 – 205.

Thomson, M. M., Walkowiak, T. A., Whitehead, A. N., & Huggins, E. Mathematics teaching efficacy and developmental trajectories: A mixed-methods investigation of novice K – 5 teachers[J]. Teaching and Teacher Education, 2020, 87.

Thuneberg, H. M., Salmi, H. S., Bogner, F. X. How creativity, autonomy and visual reasoning contribute to cognitive learning in a STEAM hands-on inquiry-based math module[J]. Thinking Skills and Creativity, 2018, 29: 153 – 160.

Torrance, D. P. Scholastic Testing Service, Inc. Bensenville, Illinois, Earth City, 1981.

U. S. Department of Health and Human Services. Head start early learning outcomes framework(Third Edition) [S], 2015.

Van der Graaf, J., Segers, E., & Verhoeven, L. Scientific reasoning abilities in kindergarten: Dynamic assessment of the control of variables strategy [J]. Instructional Science, 2015, 43: 381 – 400.

Van der Graaf, J., Segers, E., Verhoeven, L. Individual differences in the development of scientific thinking in kindergarten[J]. Learning and Instruction, 2018 (56): 1 – 9.

Waks, S., Trotskovsky, E., Sabag, N., et al. Engineering Thinking: The Experts' Perspective [J]. International Journal of Engineering Education, 2011, 27(4): 838.

Wang, M. T., Degol, J. L., Amemiya, J., Parr, A., Guo, J. Classroom climate and children's academic and psychological T wellbeing: A systematic review and meta-analysis[J]. Developmental Review, 2020, 57: 100912.

Weng, X. J., Chiu, T. K., Tsang, C. C. Promoting student creativity and entrepreneurship through real-world problem-based maker education[J]. Thinking Skills and Creativity, 2022, 45, 101046: 1 – 16.

Wilkening, F., & Sodian, B. Scientific reasoning in young children: Introduction [J]. Swiss Journal of Psychology, 2005, 64: 137 – 139.

Wisconsin Child Care Information Center. Wisconsin Model Early Learning Standards(Fifth Edition)[S], 2017.

World Development Report 2018: Learning to Realize Education's Promise[EB/OL].

Wu, Z. H. Understanding teachers' cross-disciplinary collaboration for STEAM education: Building a digital community of practice [J]. Thinking Skills and Creativity, 2022, 46: 101178.

Yakman G, Lee H. Exploring the exemplary STEAM education in the U. S. as a practical educational framework for Korea[J]. Journal of the Korean Association for Science Education, 2012(6): 1072-1086.

Yildiz, C., Yildiz, T. G. Exploring the relationship between creative thinking and scientific process skills of preschool children[J]. Thinking Skills and Creativity, 2021, 39: 100795.

Zhang, M. M., Yang, X. T. Wang, X. H. Construction of STEAM Curriculum Model and Case Design in Kindergarten [J]. American Journal of Educational Research, 2019, 7(7).

Zimmerman, C. The development of scientific thinking skills in elementary and middle school[J]. Developmental Review, 2007(27): 172-223.

后 记

　　早在 2015 年,我在全美幼教(教师专业发展)年会上接触到儿童早期 STEM 教育,当时的专题学习及随后在多个国家和城市科技博物馆的参观游历(如馆内开展的 STEAM 探究活动),既让我大开眼界,也给我留下了有关幼儿 STEAM 教育的不少疑惑,包括究竟什么是真正的 STEAM 教育? 什么是高质量的 STEAM 教育? 怎样定向 STEAM 教育能对幼儿当前与日后的学习乃至毕生发展带来深远助益? 如何开展 STEAM 教育能吸引住幼儿的注意、呵护好幼儿的 STEAM 探究兴趣并启蒙他们的 STEAM 思维,等等。本书尝试提出的本土化全新架构与系统性论证和实践性探索既是对自己当年疑惑的一一解答,同时更期望能给园所机构教师提供及时的、直接可用又富有启发的可再生资源,从而推动我国学前 STEAM 教育从一开始就走上高质量发展的轨道。

　　当今时代,儿童伴随着网络化、智能化、虚拟化的环境而成长,他们接触各类智能学习软件、短视频 APP 等的年龄也越来越小,时间越来越长。虚拟与数字世界越扩张越涌入,儿童早期越需要走进自然,融入真实的世界,关注与接触身边现实的大小问题,在开放性真实问题(背后蕴含核心科技工程问题)的感知与探索中启蒙问题意识,培养探究兴趣,累积跨学科探索经验。因此,以真实问题解决为本质特征的 STEAM 教育成为学前教育不可或缺的构成部分与新的发展趋势。本书从最开始学习借鉴广为盛行的"学科领域"思路到质疑反思,再到重建"真实问题驱动"的思路框架,最终坚持以有价值的典型真实问题来建设幼儿园 STEAM 优质项目资源。人类社会依然面临着诸多复杂的现实挑战,世界前沿领城也不断涌现棘手的科技工程难题。本书扎根幼儿的生活,精选幼儿生活中微小或前沿的真实问题,形成 STEAM 微项目、小项目或大项目,陪伴幼儿天马行空的想象与创造,让幼儿动手动脑地迭代探索与具身体验解决问题,从广阔的跨学科视野理解身边变化着的世界。未来时代,人工智能更会引发颠覆性的变化。人工智能发展越迅猛越突破极限,幼儿的 STEAM 教育越需要超越知识技能,关注他们的学习品质与高阶思维,包括 STEAM 探究钻研的兴趣、想象创造的热情、独特新颖的思维、主动与坚持的品质等。同时,培养他们关心社会、爱护环境、尊重生命与大自然的人文素养,从而顺利迎接未来复杂多变与不确定性时代发展的挑战。

　　最后,书稿的顺利完成离不开周围重要他人的支持。感谢一路上一起探索与实践的幼儿园园长、教师和小朋友们以及苏州科技大学学前教育专业的同行、同学们！感谢南京大学出版社责任编辑丁群老师对书稿质量与字句表述的严格把关！家人的投入与陪伴探讨也使我对该话题始终抱有探索的兴致与信心！这么一个有趣的话题,也得益于教育部规划基金与江苏省教育厅重大项目的资助与支持！期待后续能获得地区教育部门的协同支持以大范围地推广应用,增加幼儿体验高质量 STEAM 项目探究的机会,继而在广大幼儿心中种下真实问题探究兴趣的种子,为我国 STEAM 原始创新人才的培养、科技自强根基的夯实与世界科技强国的实现奠定基石。

　　疏漏或不当之处,敬请各位读者批评指正！

彭杜宏

E-mail:pengduhong@126.com

2024 年 10 月 6 日于苏

与园所教师交流探讨幼儿园 STEAM 教育实践

与班级教师交流探讨 STEAM 项目探究实践

典型现象呈现活动与区域环境创设

学 习 与 参 观